奄美の人・くらし・文化

フィールドワークの実践と継続

◎植松明石 監修
◎民俗文化研究所奄美班 編

論創社

1

2

1　笠利町用の海岸（2009 年 7 月）　青い海と白い砂浜、そしてアダンの海岸は奄美そのもの
2　住用村の三太郎祭（1998 年 8 月）　空が茜色に染まる頃、内海の広場で集落ごとにできる八月踊りの輪

3

4

3　宇検村芦検の豊年祭（2005年8月15日）集落の人も帰省した人も、ともに楽しむ一大行事
4　住村用見里のウデマクラ（1978年8月9日）土俵上で丸い石を手に歌い遊ぶ集落の人と学生

5

6

5　笠利町宇宿の高倉（2008 年 9 月 3 日）現在も伝統的な形を継承している高倉が存在
6　瀬戸内町請阿室の集落（1979 年 8 月 9 日）家を守るサンゴを積み重ねた屋敷囲いとフクギ等の高木

7

8

7　龍郷町中勝のサンゴン（1983年7月）　赤と黒色の椀の吸い物に刺身がつく奄美の祝いの膳
8　瀬戸内町諸鈍のシバヤ（2009年10月16日）　シバヤの最後の演目「タカキ山」

写真提供：1、2、3：福岡直子／4、6、7：跡見学園女子大学民俗文化研究調査会／5：川北千香子／8：森直弘氏

はじめに

1　刊行にあたって

植松　明石

鹿児島県の奄美大島を、勤務校（跡見学園女子大学）の民俗学・文化人類学ゼミ学生に実施するフィールドワークの地に初めて選んだのは、一九七七（昭和五二）年の夏でした。

学生たち（学生一三名、教員二名）は、当時としては珍しい現地（名瀬）集合のため、遥か南の島を目指して列車、船、飛行機などのうち、様々の方法を用いて名瀬に集合し、第一回の調査地鹿児島県大島郡住用村《すみようそん》川内《かわうち》（現・奄美市住用町川内）に向かったのでした。

学生たちは、それまで奄美大島についてほとんど知識がなく、この日までにその地理的、歴史的、文化的背景について学び、各自の調査研究テーマに関して準備をおこなってきたとはいえ、遠い初めての島を実感し、その美しい山や海をバスの窓から眺めながら、その緊張と不安はどのようなものだったかと思われます。

一時間余りで宿泊を許して下さった生活館に入り、早速用意して下さった昼食をとり、ふたたびバスに乗って山を越えて役場に行き、挨拶し、様々の資料を見せていただき、筆写させていただいたりした一日でした。炊事やお風呂はシマの人々が引き受けてくださいました。

夜はまた、各自の調査方法についての教員の指導があり、このように、緊張した第一日目が過ぎていきました。こうして始まった一〇日間、昼も夜もシマの方々が辛抱強くご教示くださったのは並大抵なことではなかったと思われます。

学生たちは、この調査で喜びも苦しみも経験したと言っています。喜びとは、遠い奄美文化の一端にふれたこと、何よりもシマの方々と深く親しいつながりをもったこと、そして苦しみとは調査指導のきびしさということでありました。

このような喜びと苦しみのフィールドワークは一九八五（昭和六〇）年まで九年間続き、その報告書『民俗文化』（巻末参照）を毎年刊行することができました。

それから更に歳月が流れ、卒業してからも学生たちは、度々シマを訪れ、それぞれにフィールドワークを続けてきました。シマの状況は様々に変化しましたが、シマの人々とのつながりも、奄美文化に対する認識もさらに深まり、新しい多くの方々との親しい関係を積み重ねることになったのです。

こうしたシマの人々に対するなつかしい想い、感謝の心が、新旧の写真を改めて眺めているうちに湧きあがり、本書の刊行を考えることになりました。こうして三五年前のフィールドワークに関することのみでなく、それ以後の新たな三〇年余の展開にもふれることになったのです。

この素晴らしい出会いに対する私たちの喜びの気持ちを、ぜひ多くの方々と共有したいと願っております。

二〇一五年四月一日

2　刊行にいたる経緯

浅野　博美・川北千香子
末岡三穂子・福岡　直子

本書は、跡見学園女子大学文学部文化学科で、かつて民俗学の教鞭をとっていた植松明石先生の発案によって刊行が計画されました。

先生は、大学を定年退職後、卒業生を中心とした研究会を主宰し、一九九九（平成一一）年、自宅に民俗文化研究所を開設しました。卒業生はそれぞれ仕事や家庭をもち、研究から遠ざかっておりましたが、先生の「研究は一生継続するもの」という姿勢に共感し励まされ、学生時代に奄美でフィールドワークを経験した人を中心に参加するようになりました。初めは、共通テーマ「食文化」を設定して発表を行ったり、海外生活の体験に基づくリポートをするなど、奄美にこだわることなく、各自の問題意識で研究を続けていました。

数年後、大学で保管していた一九七七（昭和五二）年から一九八五（昭和六〇）年の奄美の調査資料や写真が、民俗文化研究所へと移管されました。これらは、九年間、一一集落で学生が聞き取りをした資料、撮影写真の数々で、今となっては得ることのできない貴重な資料です。この九年間に渡る学生の調査成果は、跡見学園女子大学民俗文化研究調査会により『民俗文化』第二号～一〇号（一九七八～一九八六年）として発行され、すでに調査地や関係機関に贈呈されています。

しかし、それから三〇年以上が経過し、この膨大かつ貴重な資料等をそのまま眠らせておくのはあまりにも勿体ない、それを積極的に活かしたいと考え、私たち四名が中心となって、奄美でのフィールドワークを再開することにいたしました。

大学の調査の折にお世話になった奄美の方々とは、最初の訪問以降、それぞれに年賀状や近況報告などを交わすお付き合いをしていましたので、私たちの再訪を快く受け入れてくださり、その後も長くお付き合いいただくこととなりました。

私たちは、自分の関心をもつテーマに沿ってフィールドワークを継続していきました。ある者は、集落に一年間民家を借り、自宅と奄美を行き来しながら、奄美の一年の暮らしを経験しました。また、かつてお世話になった方の家に泊めていただき、学生のときの調査では経験できなかった奄美を深く実感しました。さらに、集落の行事には当事者として参加させてもらうなど、短期間の調査では経験できなかったさまざまな体験もしてきました。

私たちのフィールドワークは、諸機関から助成を受けることなく行ってきたものです。また、奄美が調査の対象であるというだけでなく、奄美に行くたびに多くの方々とかかわりをもち、奄美の自然に抱かれ、奄美独特の食べ物を食べ、シマウタを聞き、奄美への愛着も一層深まりました。そして、奄美を訪れる回数も重ねられるようになりました。

同時に、研究所では丸テーブルを囲み、遠い奄美に思いを馳せながら、継続的に研究会を開き、調査報告や情報交換を行ってきました。そのような状況を考慮して、二〇〇〇（平成一二）年、先生が私財を出して下さり、民俗文化研究所から『民俗文化研究』を創刊しました。その中で、私たちは再開した奄美調査に基づく論文、研究ノート、リポートなどを発表し、それは、一一号まで続きました（巻末の一覧をご参照ください）。

初めて大学の民俗文化研究調査会で奄美のフィールドワークを行ってから、早や三八年が経過しようとしています。その長きにわたりお世話になりました島の方々への感謝の気持ちを表したいと、本書の刊行にいたりました。

本書は植松明石先生の他、当時文化人類学を担当しておられた渡邊欣雄先生や、お世話になった島の方々にもご執筆いただき、写真も多くの方々よりご提供をうけて完成しました。

島の方々はもとより、これまで奄美を知らなかった多くの方々に奄美のことを知っていただく一冊となりましたら、さらに嬉しく思います。

目次

はじめに
1 刊行にあたって 5
2 刊行にいたる経緯 7
例言 18
序章 「奄美」とは 19
第一節 歴史的・地理的概観 20
奄美歴史年表 23
奄美群島概況 24
第二節 調査実習の場としての奄美 25
第I章 はじめての奄美 27
第一節 未知の世界 28
1 いざ奄美へ 28
2 調査地の日常 30
3 調査を終えて――データの共有 33
第二節 訪ねた集落 37
1 集落別人口変化 37
2 住用村川内――山懐に抱かれて 40
3 住用村見里――山に囲まれた内海 42
4 瀬戸内町請阿室――さらに離島の集落 44
5 宇検村芦検――傾斜の急な土地に穏やかな海 46

6　笠利町用――潮の干満を身近に　48
7　笠利町宇宿・城間・万屋――東海岸に沿う集落　50
8　龍郷町中勝――山の中の桃源郷　52
9　瀬戸内町諸鈍――峠からの絶景　54
10　龍郷町嘉渡――ハイビスカスと機の音　56
【寄稿】民俗文化研究調査会との出逢いから　58
第三節　集落滞在記　60
1　住用村川内の滞在日記――またたくまの一〇日間　60
【寸劇】ヘンダームエラビヨット　64
2　宇検村芦検の滞在日記――出会いと別れ　66
【インタビュー】都会から来た大学生　70
3　八月踊り唄をコーラスで　72
4　瀬戸内町諸鈍の滞在日記――調査しました。食べました　74
5　名残惜しい別れ――長期滞在を終えて　77
第Ⅱ章　人とくらし　79
第一節　働く　80
1　共同で米づくり　80
【寄稿】奄美の農業――さとうきびを例にして　83
2　奄美の漁業――待網漁を例にして　85
3　畜産業　88
4　稼ぎは機織り　90
5　集落の店　94
6　テルで運搬　98
7　飼育する動物――ブタとヤギ　100

「コラム」目次

「奄美群島◇島々の位置と特色」……36
「稲作と儀礼」……82
「『奄美』とは?」……97

8　自給自足　102
【寄稿】請阿室集落の産業　104
【インタビュー】区長の仕事　106
第二節　着る・食べる・住む　108
1　女の手仕事――ウンジョウギン　108
2　女の手仕事――キュビ　110
3　残されたノロの神衣　112
4　もてなし料理のサンゴン　114
5　日常の食事　118
6　さまざまな年中行事食　121
7　水とのくらし　124
8　風呂　127
9　屋敷と入口　129
10　家の間取りと大工さん　132
11　ハブとハブ除け棒　134
12　ハブ捕り　136
13　高倉――豊かさの象徴　138
第三節　つきあい　142
1　子どもの誕生　142
2　名前と社会　146
3　七歳の祝い　148
4　集落の土俵　150
5　共同作業　152
6　冠婚葬祭と助けあい　154
7　親族の名称　157

「コラム」目次

「川のめぐみ――カニとエビ」……120
「私的奄美の七不思議」……135
「奄美の東西南北」……141
「奄美市の誕生」……145

第四節　楽しむ　158
1　八六歳おばあさんトリオのわらべ唄　158
2　子どもの遊び　161
3　八月踊り　163
4　十五夜の余興――住用村川内を例として　168
5　豊年祭　170
【伝承】ケンムンとガァルの話　174
6　ふなこぎ競争――ハマオレの行事として　176
7　伝説の舞台――トンパラ岩　178
8　なぐさめは竪琴　180
9　道具は石だけ「ウデマクラ」　182
10　奄美の楽器　184
11　シマジマの芸能　186
第五節　祈る・守る　189
1　さまざまなカミ　189
2　位牌祭祀　192
3　墓参り　195
4　奄美大島におけるキリスト教――嘉渡を中心に　197
5　サシガミ　199
【伝承】ケンムンの話――笠利町用を例として　202
6　七夕は盆のはじまり　204
7　魔除けの石――瀬戸内町諸鈍を例として　208
第Ⅲ章　歳月の贈りもの　211
第一節　変わる奄美　212

「コラム」目次

「歌声に導かれて」……167
「奄美のお葬式」……194
「シマウタは島を越えて」……210

1 整備される集落 212
2 奄美大島はトンネルの島 216
3 集落をさがして 219
4 景観と海岸の変化 222
5 離島のくらし 225
6 シマの集会施設 227
7 墓の景観 230
【インタビュー】変わりゆくシマ――龍郷町中勝 234
第二節 変わらない奄美 236
1 奄美での博物館実習――大切な宝物 236
2 民家に泊まって 240
3 歓迎は横断幕で 242
4 集落に家を借りて 244
5 上がり相撲 246
6 思いがけない再会 249
第Ⅳ章 歳月をこえて 251
第一節 今に伝えて 252
1 諸鈍シバヤ 252
2 シマから発信 256
女性のパワーで農産物をPR 「サン奄美」 256
緋寒桜でシマおこし――川内 258
積極的なシマの人々――請阿室 260
3 琉球の島々の中の奄美――稲作、粟作などの播種儀礼から 262
4 かなえられた「十五夜」 264

「コラム」目次

「厨子甕」……232
「きれいにしてあげたから天国にあがりなさい」……233
「ソテツと遊ぶ」……239
「奄美大島の日本復帰運動」……263
「女子の髪型」……296

5　種下ろし行事　266
【寄稿】集落便りを都会に発信　268
6　シマの人との交流　270
残された手紙と日記　270
コミュニケーションの基礎を学んだ実地調査　271
第二節　明日に向けて　272
1　シマごとの年中行事　272
表1・住用村川内／表2・住用村見里／表3・瀬戸内町請阿室／
表4・宇検村芦検／表5・笠利町用／表6・笠利町宇宿・城間・万屋／
表7・龍郷町中勝／表8・瀬戸内町諸鈍／表9・龍郷町嘉渡
2　多様なシマのなりわい　292
3　絆はシマウタ　297
4　生まれたシマ　299
5　シマの個性が光る八月踊り　303
6　世界の中の奄美――一重一瓶というもちよりの宴　307
おわりに　シマの方々に感謝をこめて　309
調査と編集でご協力をいただいた方々　311
【本書執筆者】　312
【奄美での調査】　313
【参照資料】
『民俗文化』第一号〜一〇号　314
『民俗文化研究』創刊号〜一〇号　317
参考文献　319

編集後記　323
索　引　331

奄美大島を世界の中心にした地図

例言

一　本書は、民俗文化研究所奄美班により編集したものである。

二　各項目等の執筆者名は、文末の括弧内に記した。

三　民俗文化研究所が引き継いだ跡見学園女子大学民俗文化研究調査会（本文中に詳述）の資料ならびにその後、調査を継続した者が持つ資料と写真等を使用している。右記調査会撮影の写真のキャプションには、撮影者の断りはしていない。本文中の執筆者の撮影によるものについては（　）内に姓を記した。また、その他、撮影者、提供者が明確なものについては、氏名を記している。

四　二〇〇六（平成一八）年の市町村合併により、奄美地域においても変更があった。例えば、現奄美市は、旧名瀬市と住用村と笠利町が合併したが、本書においての市町村名は、断りのないかぎり調査年当時の自治体名を使用した。

五　地図については、国土地理院発行によるものを使用した。

六　語彙の表記については、かな・漢字で正確な表記ができにくく、また、集落ごとに微妙な違いがあるため、あえて統一せず、調査者の判断によった。不備な点があることをお断りするとともに、今後の、語彙の表記のご教示を願いたく思う。

七　掲載した聞き取り内容等は、当時の社会状況や通念を反映するものである。歴史的な用語等で表記の仕方に支障があるものがあるかもしれないが、奄美の文化を理解するうえのこととご理解いただきたい。

序章　「奄美」とは

第一節　歴史的・地理的概観

奄美群島は、北緯二七度から二九度の間にあり、奄美大島、加計《かけ》呂麻島《ろまじま》、請島《うけじま》、与路島、喜界島、徳之島、沖永良部島、与論島の八有人島を中心とした島々が飛び石のように連なる地域で、与論島の南は沖縄本島であるため、与論島はかつては日本の最南端であった。

奄美群島最大の奄美大島は、わが国の離島のうち佐渡島に次ぐ面積を有し、一市二町二村で構成され、人口も最も多い。

奄美群島北部の島々の多くは火成岩からなる山稜性地形で農地が少ない。これに対し、群島南部の多くはサンゴ礁が関連した低平な島々で農地も広く、サトウキビ、エラブユリ栽培など多面的経営をすすめ、また、隆起珊瑚礁にかかわる景観は観光地として重要であった。

奄美群島の南は沖縄諸島、宮古諸島、八重山諸島へと連なり、やがて台湾に至る。こうした海にのぞむ島々の小さな集落は、いずれも広大な海に面する開放性と同様に孤立性をともない、長い年月において多様な自然と歴史を経験してきた。

奄美は、古くは日本の遣唐使の中継地点でもあったが、一般的には遠い辺境の地とみなされていた。平家の時代には、その勢力がこの地域にも及んでくるが、平家没落後はその落人伝説が語られ、また流刑地として奄美の名が数多く残されている。

奄美に南接する琉球は、中世に地方豪族の争いの中から尚《しょう》巴志《はし》が琉球統一を果たし（一四二九年）、やがて喜界島征伐を行い（一四六六年）、奄美はそれまでの奄美世《ゆ》、按司世《あじゆ》を経て、琉球王家の支配下におかれて那覇世《なはんゆ》となる。

このような奄美に対し、今度は日本本土における下克上の過程を経て戦国大名から近世大名となった島津氏薩摩藩は、将軍徳川家康の許可を得、大島征伐を琉球征伐前に行い、一六〇九（慶長一四）年、奄美はその支配下におかれることになった。

一方、薩摩藩の琉球征伐によって琉球は薩摩藩の属島となり、その支配を通じて、中国・南海の密貿易の拠点として活動することになる。

薩摩藩の新しい領域となった奄美は、自給としての農業が年貢を納めるための米を中心とする水田の開墾を強制されるものに変化する。それが一八世紀になって黍（さとうきび）の栽培による黒砂糖の重要性が高まり、米の代わりに黒砂糖を納めることが出来るようになる。ところが、やがて「惣買入制」が実施され、黒砂糖のすべてを藩に納めることになる。この利益は薩摩藩の財政を立ち直らせたばかりでなく、奄美群島は薩摩藩活躍のための宝の島となったとされる。これは反面で「奄美の砂糖地獄」を招来させ、島民による多くの「一揆」を生むに至った。

この砂糖地獄の状況は、明治維新後も近代社会の体制のもとに維持される有様であった。

そして、明治維新、廃藩置県を経て、琉球は沖縄県、薩摩藩は鹿児島県となり、奄美は鹿児島県下の大島郡となる。

明治政府の新政策は、次々に発布されたが、奄美の島々に実施されるまでには年月を要し、実施されない施策も数多くあった。その後、国会開設、議員選出、日清・日露戦争、第一次世界大戦と多くの新事態に遭遇しながらも、旧藩時代の戸長制度が町村制に改まったのは、ようやく一九二〇（大正九）年という状況であった。

一九二七（昭和二）年八月、昭和天皇が奄美の名瀬、古仁屋《こにや》に行幸、沖縄に向かった。これは奄美の人々にとって大きな期待を与えられた出来事であった。

一九三七（昭和一二）年の盧溝橋事変に始まる日中間の交戦は次第に拡大し、一九四一（昭和一六）年一二月八日、太平洋戦争が勃発した。

奄美は海陸軍の基地としての重要性を増し、多くの将兵が配属されるようになる。

奄美への初空襲は一九四四（昭和一九）年一〇月一〇日であった。その後、奄美群島もおびただしい数の空襲をうける。日本軍は次第に戦闘能力を失い、軍艦や民間商船の撃沈も相次ぎ、奄美と本土との交通はまったく途絶えることになった。

一九四五（昭和二〇）年八月、日本はポツダム宣言を受諾し、終戦となる。アメリカ軍による武装解除、終戦処理が完了したのは一二月で、奄美は翌年二月、本土からの行政分離がおこなわれ、名瀬市に米国軍政府が開庁された。

奄美は、こうして本土と切り離され、沖縄地域の一部として米国軍政府の占領下におかれることになったのである。

占領下の奄美は、さまざまな苦しみの中で、本土復帰運動は激しさを増し、ついに一九五三（昭和二八）年八月、ダレス声明が発表され、奄美の本土復帰が確定し、同年一二月二五日沖縄から分離され、本土に復帰した。

沖縄の本土復帰は一九七二（昭和四七）年五月であった。

（植松　明石）

西暦	和暦	事　柄
1927	昭和　2	名瀬、古仁屋間に電話が開通する
1929	昭和　4	名瀬、住用間に電話が開通する
1937	昭和　12	日中戦争始まる
1941	昭和　16	太平洋戦争始まる
1944	昭和　19	奄美に初めて空襲がある
1945	昭和　20	4月名瀬大空襲、8月12日最後の空襲がある
1945	昭和　20	8月15日太平洋戦争終結
1946	昭和　21	奄美諸島日本本土から行政が分離され大島支庁内に米軍政府が設置される
1946	昭和　21	本土との航海全面禁止される
1949	昭和　24	6月、奄美博物館開館する
1949	昭和　24	6月、名瀬市連合青年団が再建され復帰運動に大きな役割を果たす
1951	昭和　26	復帰陳情団6人密航して渡日。第1回日本復帰郡民総決起大会が開催される
1951	昭和　26	関西・奄美間の定期船航路が開業し、関西汽船の黒潮丸（1639トン）が就航
1953	昭和　28	12月25日、奄美群島は日本に返還され、再び鹿児島県大島支庁が設置される
1955	昭和　30	九学会奄美調査団による奄美調査（7月～33年4月12日）が実施される
1957	昭和　32	県道名瀬トンネル（奄美で最初のトンネル）が完成する
1963	昭和　38	アマミノクロウサギが特別天然記念物に指定される
1964	昭和　39	奄美空港が笠利町節田に開港する
1975	昭和　50	大島紬が伝統的工芸品に指定される
1976	昭和　51	諸鈍芝居（瀬戸内町諸鈍）が国指定重要無形民俗文化財となる
1984	昭和　59	大宰府から「□美嶋」と書かれた木簡が発見される
1986	昭和　61	宇宿貝塚（現・奄美市笠利町宇宿）を国指定史跡とする
1988	昭和　63	新奄美空港が笠利町和野に開港し、ジェット機が就航する
1989	平成　1	三太郎トンネルが開通する
1993	平成　5	城間トフル墓群（現・奄美市笠利町万屋）を鹿児島県指定史跡とする
2006	平成　18	3月20日、市町村合併特例法により名瀬市と住用村、笠利町は合併し、奄美市となる
2010	平成　22	10月20日、奄美地方に豪雨災害が起きる
2013	平成　25	「奄美・琉球」世界自然遺産への登録についてユネスコの暫定リスト追加される
2014	平成　26	鹿児島県立大島高等学校野球部が第86回選抜高等学校野球大会に初出場する

※本書の内容・奄美調査歴・現代の奄美に関連する事項を列挙し、下記のものを参考文献にした。（作表　植松・福岡）

【参考文献】新里恵二・田港朝昭・金城正篤『沖縄の歴史』1972年、山川出版社
沖縄大百科事典刊行事務局編『沖縄大百科』上巻・中巻・下巻・別巻、1983年、沖縄タイムス社
鹿児島県大島支庁総務企画課編集・発行『奄美群島の概況』2010年
喜界町誌編纂委員会編『喜界町誌』2000年、喜界町
『月刊奄美』2013年3月号、南海日日新聞社発行
サンタ・マリアの島のカトリック教会編・発行『奄美宣教百周年記念資料誌（1）宣教師達の働き（長崎司教区・鹿児島知牧区の頃）』1991年
瀬戸内町誌歴史編編纂委員会『瀬戸内町誌　歴史編』2007年、瀬戸内町
東京奄美会八十年史編纂委員会編『東京奄美会八十年史』1984年、東京奄美会
名瀬市立奄美博物館編集発行『奄美博物館展示図録』1990年
麓純雄『奄美の歴史入門―奄美子たちに贈る―』2011年、南方新社
外間守善『沖縄の歴史と文化』1986年、中公新書
柳田国男著・酒井卯作編『南島旅行見聞記』2009年、森話社

奄美歴史年表

西暦	和暦	事柄
657	斉明 3	奄美大島が、「海見島」の名で『史書』に初出する
698	文武 2	文忌寸博士等を南島に遣わす
699	文武 3	多禰、夜久、奄美、度感の人、来貢する
714	和銅 7	「奄美」という漢字が初めて書かれる
997	長徳 3	奄美島人が、大宰府管内の諸国を襲撃する
1177	治承 1	僧俊寛等鬼界島に流される
1266	文永 3	大島、初めて琉球に入貢、後に貢物を納めるため泊村に倉を設ける
1430	永享 2	琉球からの貿易船、日本からの帰路、与論島沖で難破７０余名水死する
1466	文正 1	(室町) 幕府、島津氏に琉球の来貢を催促させる
1537	天文 6	琉球尚清王、大島を征伐する
1571	元亀 2	琉球尚元王、大島を征伐し支配下に置く
1609	慶長 14	島津氏大島諸島を平定し、奄美は薩摩藩に服属する
1611	慶長 16	奄美群島を薩摩藩の直轄地とする
1690	元禄 3	薩摩藩が製糖業を沖縄から導入する
1720	享保 5	島役人以外の紬の着用を禁止する
1745	延享 2	米で納める税を黒糖に換算して納めることが決定される
1830	天保 1	薩摩藩の天保の改革により奄美大島の砂糖専売制度が厳しくなる
1833	天保 4	黍、唐芋不作で大飢饉となる
1850	嘉永 3	名越左源太 (『南島雑話』著者)、配流となり小宿に着く
1859	安政 6	西郷隆盛、龍郷に配流となる
1865	慶応 1	白糖製造機械大島へ着荷、名瀬・久慈村・須古村・瀬留に取りつける
1868	明治 1	神仏分離を藩内で布告、寺院廃合される
1879	明治 12	ヤソ教伝わる。浦上、大熊、伊津部で布教される
1879	明治 12	大島他４島をもって大島郡とし大隅国に属する
1889	明治 22	大日本帝国憲法が発布される
1891	明治 24	奄美福音宣教が始まる。本年大晦日、フェリス神父来島する
1894	明治 27	日清戦争始まる
1894	明治 27	笹森儀助 (1845 ~ 1915)、大島島司に着任し、『南嶋探験』が刊行される
1899	明治 32	１月、東京奄美会 (奄美出身者による最初の会) が誕生する
1904	明治 37	日露戦争始まる
1908	明治 41	島嶼町村制施行される
1914	大正 3	第１次世界大戦勃発する
1917	大正 6	名瀬村営の火葬場建設される
1918	大正 7	第１次世界大戦終結
1919	大正 8	奄美大島最初の住用水力発電所、送電開始 (出力 150kw)
1921	大正 10	柳田國男、２月７日、那覇より出航、奄美大島名瀬着。８日、名瀬を発ち、和瀬峠、そして三太郎峠を越し、西仲間の冨士屋旅館に泊まる
1921	大正 10	ルリカケス、アマミノクロウサギが国の天然記念物に指定される
1921	大正 10	赤木名、名瀬、住用村間の県道に乗合自動車運行される
1924	大正 13	カトリック教会大島高等女学校設立される

奄美群島概況

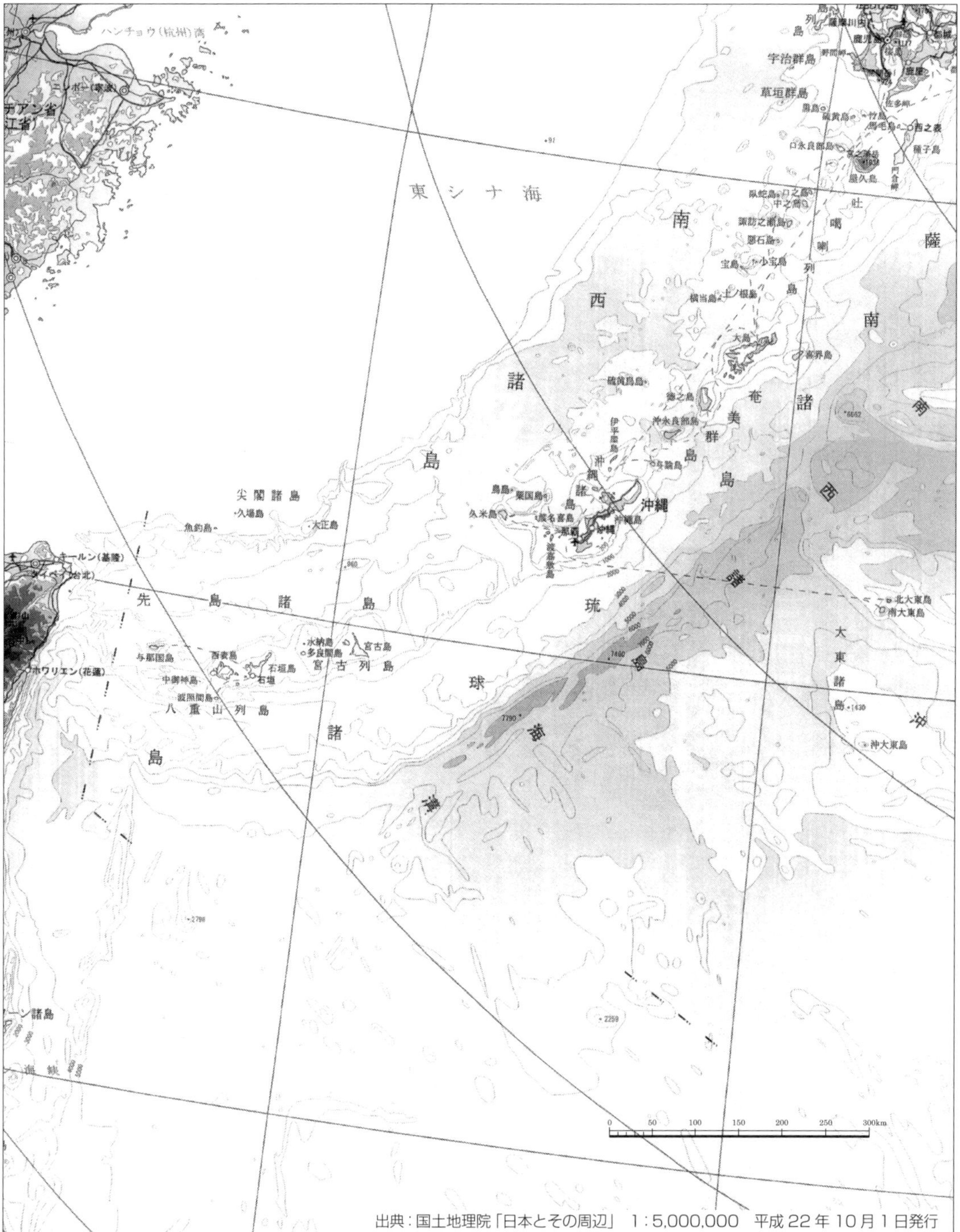

出典：国土地理院「日本とその周辺」 1：5,000,000 平成22年10月1日発行

第二節　調査実習の場としての奄美
——なぜ奄美調査を共同して行ったのか？

かつて跡見学園女子大学には、「文化学科」が存在した。そしてその学科には、「民俗学・人類学コース」があり、民俗学、文化人類学、自然人類学からなる専門科目四四科目を開講していた。開講科目数では、民俗学、人類学の両分野において当時全国一だった。

その専門科目のなかに、三年次学生を主たる履修対象とした「演習Ⅰ（民俗学調査実習）」と「演習Ⅰ（文化人類学調査実習）」があった。上記コースのなかで、主に民俗学を学びたい学生は植松明石ゼミ（民俗学調査実習）を、主に文化人類学を学びたい学生は渡邊欣雄ゼミ（文化人類学調査実習）を履修することが求められていた。履修の入口は異なるが調査実習の中身は同じという試み、それがかつてこの女子大学にあった画期的な教育上の試み、「両学共同による調査実習」だった。なぜ民俗学と文化人類学は、共同の調査実習を企てたのか？　理由は明白で、調査報告書『民俗文化』第一号にこう書かれている。

「両学は調査活動をもととする。どうしても両学を学ぶには、調査活動の関門を経ねばならない……」（渡邊欣雄「初刊にあたって」『民俗文化』第一号二頁）。

その試みのため「民俗文化研究調査会」という組織がつくられ、教育予算と教育活動とを統合して、ほぼ一〇年間、あたかも研究所のように外部に向けての宣伝活動も行っていた。植松・渡邊研究室には、当時「民俗文化研究調査会」の看板までが入口にかけられていた。そして学生の調査活動の成果報告書である『民俗文化』は、この調査会を母体として発刊され、調査した現地や他大学に配布され、他大学にも大きな刺激を与えていた。

この民俗文化研究調査会が初回に調査実習を行った地域、それは薩摩半島南端の鹿児島県揖宿郡《いぶすきぐん》穎娃《えい》町（現・南九州市）であり、ののち繰り返し調査実習の対象となった奄美大島ではなかった。しかしここでは、「当時なぜ『奄美大島』を調査実習地として選んだのか」について述べておきたい。

なぜ「奄美大島」を調査地に選んだのか？　この点についても、調査報告書『民俗文化』第二号に記されている。

「奄美大島は民俗学からも、文化人類学からも貴重な調査地として位置づけられる。奄美はまずもって〈道の島〉であり、本土の文化と沖縄の文化との接点に位置し、双方の文化と共通の特徴をもちながら、なお独自の文化を形成している地域である。奄美文化を理解するには、本土文化の研究に多くの成果をあげてきた日本民俗学の視点と、沖縄文化の研究に多くの成果をあげてきた文化人類学の視点とが併用されねばならない。その点で、わが跡見学園女子大学の今回の調査は、まさに妥当な企画をもつことができたといえるのではなかろうか」（渡邊欣雄「第二号によせて」『民俗文化』第二号）。

奄美大島調査は、民俗学と文化人類学双方の調査実習地として「最もふさわしい」〈道の島〉だということで、当時実施されたわけである。

しかし、理由はほかにもあった。当時の跡見学園女子大学には、植松明石先生とわたしが赴任していたことが、その大きな理由の第二である。二人は本土の調査に慣れていただけでなく、奄美・沖縄調査もすでに経験していた。とくに後者の理由こそ、その指導上の理由として欠かせない理由だろう。

第三に、このわれわれの試み（調査実習指導）以前に、すでに幾多の先例が奄美・沖縄において認められていたということ。とくにわたしは跡見学園女子大学に赴任する以前、明治大学の大胡欽一先生の指導する国際基督教大学（ＩＣＵ）における調査実習（Field Training in Anthropology）に関与し、その指導のノウハウを跡見学園女子大学に持ち込んだのである。

なぜ跡見学園女子大学・民俗文化研究調査会は「奄美大島」を調査実習に選んだのか？　理由は当時の諸大学の教育や専任教員の特徴に求められるが、しかし永遠に記憶したい跡見学園女子大学の特徴がある。それは民俗学と文化人類学とが共同して行った調査実習だったということである。その点について真似のできる大学は、二一世紀のいま、未だに見つかっていない。

（渡邊　欣雄）

第Ⅰ章　はじめての奄美

第一節　未知の世界

1　いざ奄美へ

それまで「奄美」とは無縁だった。奄美は、九州よりはるか南の亜熱帯気候の地であり、台風の通り道として天気予報で報じられる場所という程度でしか知らなかった。私は、漠然と野外調査というものにあこがれ、一九七七（昭和五二）年、大学三年生のとき、それができる必修科目の「演習1（文化人類学調査実習）」を履修した。最初、指導教員から、野外調査を大島で行うと聞いた。しかし、授業の途中まで、その大島は東京都の伊豆七島の大島と思って聞いていたほどのんきで無知だった。

毎回の講義は興味深く、面白そうなことができそうだと思った。教科書は、先生自筆のペーパーだった。そして、先行研究書として読むことを薦められた書籍は、まず、『屋久島民俗誌』（宮本常一著・一九七四年・未來社）だった。続いて、『沖縄の民族学的研究—民俗社会と世界像—』（日本民族学会編・一九七三年・財団法人日本民族学振興会）と『奄美文化誌—南島の歴史と民俗—』（長澤和俊編・一九七四年・西日本新聞社）があげられた。沖縄の郷土月刊誌『青い海』（青い海出版社）のバックナンバーにも目をとおすようにといわれ、神田神保町の地方出版書の専門店に行ったものだった。前者三冊の書籍は、今までまったく読んだことのない性質のもので、歴史・地理・旅行記とも違っていた。写真の掲載が少なかったこともあり、たとえば、祭礼を紹介する記述は想像が難しかった。また、掲載論文は難解で、調査地特有の言葉と学問上の専門用語の理解は、広辞苑をひいてもわかるものではなかった。

授業を重ねたある日、指導教員から「本に書かれてある内容を現地に行って確認してみると、それが違っているのではないかと思うことがある。また、新しい発見もあるはずだ」と言われた。さらに、「この学問に現地調査は必要なことで、それなくして発言することはできない」というようなことも言われた。学問とはそのようなものなのかと聞き入ったことが、つい先日のように思える。しかし、そのようなことよりも、見知らぬ遠隔地の奄美に行ってフィールド・ワークができる、ということが嬉しくてたまらなかった。

私は、大学の授業の一環として一九七七年の最初に奄美に行ったゼミ員一三名の一人だが、履修の資格とか条件のようなものはなかったと記憶する。しかし、後年、当時の参加者に聞くところによれば、翌年の一九七八年の二回目の奄美調査者には、次の三点が参加条件になったようである。

まず、どこでも寝ることができることで、これは、寝る場所が公民館の板の間の上であるからであった。そのため、シーツを袋状に縫いつけた簡易寝袋を自製し、また、ビーチマットも用意した。さらに、名瀬市内の商店で寝茣蓙《ねござ》を購入した者もいたそうである。準備がよかったのか順応性があったのか、板敷きのために眠れなかった者はいなかったという。

次の条件は、集落のお宅に訪問して出されたものは残さず食べることだった。これは、その方の好意を受け止めるとともに、その土地の食べ物に親しみ、知ることにつながることになるからだった。しかし、調査を終えてみれば、これに関する心配もまったく無用で、食べられないというより食べ過ぎによる体重の増加がそれを証明していた。

最後の条件は、虫を怖がらないということだった。公民館にクーラー等の設備がないため、窓・扉は常に開けていた。夜、蛍光灯に多くの虫が集まってくる。最初こそ騒ぎ、ミーティングにも支障があったが、蛾が落ちてきても平気で触れるようになっていったようである。ただ、これらの条件は日常生活に関することで、学習欲とか研究心は二の次だったのだろうか。

さて、奄美へ行くための準備は諸々あった。まず、当然のこととして奄美の事前学習であり、その一部は先述したとおりである。次に、遠隔地までの旅費と滞在費の捻出である。そのためにアルバイトをした。お世話になる集落内での滞在は、専ら調査地の人たちの好意にすがる。そこで、事前に、現地で不足している学童が読む本を贈ることと決め、大学のすべての教職員・学生に協力してもらうためのチラシの作成をし、船便で送るために本の梱包もした。

ところで、私たちの奄美行きの目的は、奄美の文化を理解することである。ゼミでは、最初に奄美の概要が講義され、その後は、各自が関心を寄せるテーマの個別指導になった。民俗学（指導教員は植松明石）と文化人類学（指導教員は渡邊欣雄）の両ゼミ員が一緒に同じ場所で調査するということから、授業も合同のことが多かった。

ここで、各自のテーマを記しておく。

一九七七（昭和五二）年、鹿児島県大島郡住用村川内の成果である報告書（『民俗文化』第二号・一九七八年・跡見学園女子大学民俗文化研究調査会）の目次からあげると、次のようになる。

①労力交換の契機としての労働慣行
②家族と親族
③婚姻形態
④産育習俗

⑤葬制
⑥生業暦と農耕儀礼
⑦年中行事
⑧三セツの儀礼
⑨食生活と共同飲食
⑩住生活と方位
⑪世界観
⑫八月踊

では、このようなテーマについて、調査地に行ってどのように尋ねたら、満足が得られることを聞き出せるか、事前に書き出してみるよう指導があった。これを質問項目と称し、聞きたい内容は当人によるが、一〇〇、二〇〇、三〇〇くらいは書いただろうか。たとえば、⑦年中行事を知りたいとした場合、例にして示すと次のような質問項目が考えられる。

「(1)正月を迎えるために、暮にはどのような準備をしますか。(2)それは、女の人がしますか、男の人ですか。子どもがしますか。おとなでしょうか。(3)門松はたてますか。(4)餅つきはしますか。(5)正月の料理にブタは欠かせないものということですが、家で飼育しているのですか。ブタをしめると聞きましたが、どこでしますか。浜ですか、庭ですか。家によって決まっていますか。(6)ブタを使った一年分の保存食とはどのようなものですか。(7)正月は、新暦でしますか。それとも旧暦でしますか。(8)いつ頃から新暦になりましたか。戦前ですか、戦後ですか。それとももっと前ですか。(9)新暦の正月をオランダ正月と呼んでいるところがあるようですが、この集落でもそのようにいいますか。(10)暮れには墓参りをしますか。」

といった具合にノートに書き出せるだけ書いておき、調査地で尋ねるのである。質問項目をいくつ書いておいても、その行事はしない、聞いたこともない、と言われてしまえばそれまでであるから、全国各地の民俗報告書を読みテーマに沿った質問項目をひねり出した。しかし、質問項目とはこのようなものというテキストがあるわけでなく、日本本土はもちろん、沖縄とも異なる歴史的・文化的背景がある奄美を理解するための質問項目の作成には四苦八苦した。そして、準備不足を反省し、大方の者が現地での滞在時間の不足をなげくことになるのだった。

現地では、大部分の時間を話を聞くことに費やす。したがって、集落の方にはその間は仕事の手を休めていただく。つまり、大事な時間を私たちの研究のためにいただくのである。指導教員からは「あなたたちは、調査をするのではなく、調査をさせていただくのです」という注意の話があったことは、今でもときおり思い出す。

2　調査地の日常

調査した奄美の集落の概況、および個々の事象は次節以降で紹介するが、ここでは、筆者が初めて奄美調査を経験した一九七七(昭和五二)年の住用村川内に滞在した折の一端を紹介し、当時の野外調査の様子を記しておくこととしたい。

一三名の学生が、関東から、夜行寝台列車、船、飛行機等それぞれの交通手段で名瀬市のバスターミナルに集合し、調査地の役場へ向かう。指導教員と調査者全員で挨拶し、調査のために有益な資料の収集をする。役場の複写機を利用させていただいたが、大部分は鉛筆で転記した。資料とは、たとえば、行政要覧・地図・農業や漁業関係の統計資料である。また、郵便局に出向き、各家を訪ねるために必要な地図を写させてもらい、その後、持参した黒色のカーボン用紙で調査者分を複写した。見知らぬ土地の家を訪問するにはこれが頼りである。このようなことができたのは、すべて、御地の方の格別な配慮からであった。

その作業後、一〇日間の滞在期間に寝食をする集落内の公的施設（生活館・公民館等）で集落代表の方と会い挨拶をする。第二節「訪ねた集落」で紹介するどの集落も、調査は八月一日前後から始まり、滞在期間中の日々の記録は記録係が書き残した。その記録については、第三節をご覧いただきたい。

ではここで、一日のスケジュールを簡単に記しておこう。

起床は午前六時。朝食をとる。食事のまかないは、調査地の女性二人の方にお願いした。三食を自分たちでつくることは、調理に慣れぬ当時の私たちには容易なことではない。また、なるべく地元の食事をいただきたいという意味もあったからである。生活館に設置された台所で調理していただいた。

朝食後、ミーティングがあり、終わると集落内の家々をひとりで訪問する。公民館に戻り昼食をとる。ミーティングをし、指導教員から個別指導、休息、また集落内の家へ向かう。夕食に戻る。その後、決められた家にお風呂をもらいに行く。夕方からの行動に懐中電灯は必携である。必ず、「ハブに気をつけなさい」といわれる。仕事から帰ってきたばかりの方から話を聞いて帰ることもあった。聞いたことを忘れないうちに、その日にノートにまとめる。一〇時が消灯という規則はあった。しかし、日がたつにしたがい、三度の食事以外の時間は乱れてくる。

調査内容がまとまらないあせりで、時間かまわず先生に尋ねた。就寝が一二時を過ぎることもあった。暑い日の公民館の中は三五度に達することもあり、寝苦しい翌朝のミーティングは眠かった。しかし、元気でよく食べた。そして、私たちは、まだ、指導教員の骨身を惜しまない二四時間労働を、なんとも思わない年齢だった。

すでに、私たちの訪問は人々に知らされてはいたが、「こんにちは」「ごめん下さい」と声をかけても家から人が出てこないことがあった。勧誘の人間と間違われたこともあった。嫌われたかと思った。

次第に、「キャオロウ（ごめんくださいの意）」と大声で言うと返事がくることがわかった。挨拶状（資料1・次頁参照）を渡し、恥ずかしいような自信のないような声で訪問した意図を伝えると、笑顔で家の中へ迎え入れてくれた。門に表札が出ている家ばかりではなかった。また、生垣がめぐらされ、どの家の屋根も黒く、同じように見えた。藪があると、ハブが出るのではないかと遠回りもした。一〇〇軒にも満たない戸数なのに、目的の一軒が探せなかったこともあった。留守なのに玄関の扉を開けたままで鍵をかけない家

資料１：各戸に渡した挨拶状

ごあいさつ　（調査の御依頼）

わたくしたちは、跡見学園女子大学文学部文化学科の学生であります。

このたび　この地方の　むかしから今にいたる風俗・習慣につきまして，実際に皆様からお話をうかがい，日本人のさまざまな生活のありかたについて学ぼうと思っております。つきましては　おいそがしいところを　まことに恐縮でございますが，下記期間中わたくしたちが訪問いたしました折には　当地方に伝えられるさまざまのお話や，現在の生活のありさまにつきまして　是非お教え下さいますよう　切にお願い申し上げます。

なお，この訪問につきまして御質問がございましたらどうぞ御遠慮なく引率者におたづね下さいますよう　おねがい申しあげます。

記

訪問期間：　昭和５２年８月１日　～　８月１０日

引率者：　積　松　明　石　（跡見学園女子大学助教授）
　　　　　渡　辺　欣　雄　（跡見学園女子大学講師）
　　　　　学生　　１３名

宿　舎：　川内生活館

跡見学園女子大学文学部文化学科
〒352　埼玉県新座市中野１－９－６
TEL 0484 (78) 3333 (代)

もあった。

一日に、学生ひとりが五～七軒の家をまわり、留守宅以外は全戸をお訪ねした。集落の誰からも、物知りといわれている人だけに聞くのではなく、また、集落の役職についている人だけに聞くのではなく、全戸から聞きとるということに意味をもたせた調査であった。

どの家についても共通に、集落内での組や班の所属・家族構成・生業・仏壇や神棚の所在・どのようなときに誰と共同で農作業をするかといったことを聞いた。公民館に帰って整理してみると、聞き損じがあるからまたその家に出かける。それを繰り返す。この戸別調査が終了したことは、指導教員二名の、「ＯＫ」サインをもらうことであり、これがないと次のステップへいけない。そうしないと、自分自身のテーマに沿った調査にとりかかれないのである。

さて、調査も半ばになると、暑さや集落の言葉にも慣れてくる。公民館には、積極的に話をしにきてくれる方も出てきた。差し入れにトマトやスイカ、自家製のアクマキ（一二二頁）をもってきてくれる方もいた。子どもたちが生活館の窓から室内をのぞき、わたくしたちと目をあわすと、恥ずかしそうにして逃げていった。

朝のミーティングでは、調査の進み具合を発表した。また、集落で、話し好きな人はだれさんとか、あの人はこの話にとても詳しいといった情報を交換した。何でもよく知っている人のところには、どうしても調査者が集中してしまう傾向になるので、なるべくそのようなことがないようにとか、いただきものをした人の家に次の人が行ったらお礼をいうように、ということも伝えあった。

調査の中日には、懇親会を開いた。その日は、調査の約束をした人を除き調査はしない。生活館内の椅子や飲食の準備、私たちの余興の練習があった。懇親会は集落の方たちとの交流の場だが、集落に伝わる芸能を披露していただける機会でもあり、うかれてばかりはいられなかった。調査の絶好な機会でもあった。懇親会には集落の常会より多くの人が集まったのではないかともいわれた。集落の人たちの豊かな遊び心とのどに比べ、私たちの持ち駒はさびしい。しかし、ヒットはあった。それは、指導教員脚本によるシマ言葉の寸劇である。多くの人を笑わせ、川内では今でも語り草になっているという。ぜひ、六四頁を参照していただきたい。

懇親会以後はより親しみがわき、道で会って立ち話をするようにもなった。その集落にとって日常的なことも、私たちにとっては新鮮なことであった。川内以外の集落においてもさまざまな交わりがあり、遠方に海水浴に出かけたり、板付け船に乗ったり、薪で沸かしてくれた五右衛門風呂に入ったり、古くからの慣習の洗骨に立ち会ったり、サンゴン料理の手伝いをしたり（一一六頁参照）、ノロの衣装や一族の系図を拝見したり、夜の一二時を過ぎても八月踊りをしたり、家の間取りを書いたり、青年団と交流をもったり、集落の方がおやつをつくってもってきてくれたりと、あげればきりがない。

しかし、私は、シマの言葉は挨拶程度しか覚えることができなかった。明治三〇年代生まれの方からの聞き取りは、どうしても言葉が通じず、また、先方も標準語では話しにくい様子だった。川内では、それを察した隣家の人がわざわざ出てきて通訳をしてくださった。

また、昼食の時間だから生活館で用意していただいた食事があるからといっても、家でつくったから食べていって欲しいといわれた。一日に二回の昼食を食べたのは、決して私だけではない。

調査地での人々との別れはとてもさびしく、にぎやかだった学生が急に無口になり、集落の人と手をとりあい、涙をぬぐった。そして、バスの窓から、集落が見えなくなるまで、いつまでも手を振り続けた。

そのような気持ちにさせた一〇日間の集落の方とのつながりは、懐かしさをともにし、今日に続いている。

3 調査を終えて——データの共有

奄美調査を終え、まだ夏休みが終わらないうちに指導教員から手紙が届き、同封されていたものが、次頁の資料2である。調査終了後の作業手順が期限厳守で書かれてあり、細部に至る注意事項と調査地への礼状を忘れないようにということが書かれてある。

さっそく、聞き取りしたノートを整理したが、なんで一〇日間しか滞在しなかったのか悔やまれることしきりで、あれも聞いてない、これも聞いてなかったと思うことが多く、レポートが書けないと思った。

各自が、B４判の大きさのコピー用箋をB７判に八分割し、統一した「調査資料カード」を規則にしたがって作成し、調査参加者がこれらのデータを共有する作業をした。資料３が指導教員から示された書き方であり、資料４は、八分割前のカードである。カード枚数は、一人が二五〇枚とすれば、一三人分で三二五〇枚となる。ひとりの調査者がひとつの事柄について、集落の複数の人に尋ねる。一〇人の人に尋ねれば、一〇枚のカードがつくられる。その内容が同じこともあれば、多少異なることもあった。知りたいことが必ずしも得られるわけでもなかった。しかし、このようにして、たくさんのデータが集積されたことは共同調査として意味深いことだった。

資料2：調査後のことについて（調査終了後、指導教員から送られたもの）

奄美より帰り来たってもなお炎帝情なき本土の夏でありますが、いかがおすごしでしょうか。住用村川内での調査は、村長・教育長をはじめ、川内区民の絶大な支援があり、無事故で終えることができました。めぐまれた調査環境を充分にはかすべく、後期の活動準備にとりかかってほしいと思います。そこで後期の活動を会のためもう一度確認すべく、以左の諸事項を伝える次第です。あやまりのないようつとめて下さい。

一、九月三日までになすべきこと
イ、聴取資料のカード化：自分が調査したすべての事項を、すでに配布してあるプリントを参考にしながらカード化しておくこと。
ロ、調査地その他にお礼状を出すこと：世話になった話者には必ず礼状をなるべく早いうちに出しておくこと。休暇中集まる機会があれば、各自分担して礼状を出してもよい。

二、九月三十日までになすべきこと
イ、各自がカード化した資料のコピー化：一枚のコピー用箋につき一八枚づつ印刷する。印刷は資料室にある印刷機を使用する。印刷機の使用日を配分すると能率的である。
ロ、コピーしたプリントを全員に配布：全員に配布することによって自宅で各自が資料をみながら調査報告を書けるようにする。図も表もすべてコピーするように。なお各自がコピーしたプリントは五枚づつ余るはずである。その五枚づつを教官に提出すること
ハ、コピーされた資料をなるべく早く全員からもらいうけること。全員から調査資料をもらいうけたら、発表準備にとりかかる。

三、十月一四日(金)までになすべきこと
イ、自分のテーマにそって調査報告の準備をする：調査中のミーティングの延長であるが、単に事実の断片的な報告ではなく、筋の通った報告ができるよう準備する。そのため、他大学などの報告(図書館にある)を参考にするとよい。
ロ、調査カード(コピーされたプリント)を住用村教育委員会などに送る。(これこそ最大の御礼である)

四、今年中(十二月一六日)までになすべきこと
イ、各自の調査報告：ゼミのときに発表する。調査報告書を書くための発表であるから、論文の体裁をととのえていなければならない。参考書を用い、他地域の民俗文化と比較して川内の民俗文化について論ずるようにする。発表で肝要な点はまず準備が完全であったか、順序だてられた発表であるか、事実描写が正確であるか、考察が正確であるか、などなど諸点に関することで、いつれかが十分でない場合、再調査を強いる場合もある。
ロ、備品、共通資料の保管：保管係の責任のもとに、必要に応じて貸出を行なえるようにする。紛失は最大の惨事である。

五、一月三一日までになすべきこと
イ、調査報告の作成：報告の執筆形式にのっとり、報告を作成する。執筆要領については、注意事項を伝達する。(採点は調査活動・ゼミ活動上の諸側面を加味はするが、主として報告内容及び注意事項の遵守の程度などによって行なう)

六、その他
イ、調査報告書として印刷され全国に配布するのは昭和五三年度中である。一冊の本として世に問うのであるから、以右の諸事項に関する注意に怠りのないように。報告書は以左のところに送る予定である。
(住用村関係)教育委員会、村長、本田碩孝、東城小中学校、奄美住用村各郷友会、川内の区民 など
(研究機関)民俗学・文化人類学講座設置の諸大学、鹿児島県各図書館、国立国会図書館、主要図書館・博物館 など
(跡見関係)本部、中高、短大、本大学の図書館及び機関長、文化学科、他諸科諸先生・非常勤(民・文)諸先生 など
◎なお報告書は各自に割引価格にて入手できるようにする。

調査はまだ終わったわけではない。以左にみるような一連の作業を控え、これからが重要な作業段階にはいる。これからの超絶的な研究時間に耐えぬくよう切に望んでいる。

植松明石・渡辺欣雄

写真１：各調査地で得られた大切なデータ（奄美再調査を奮起させたもの。福岡所有）

資料４：データのとり方

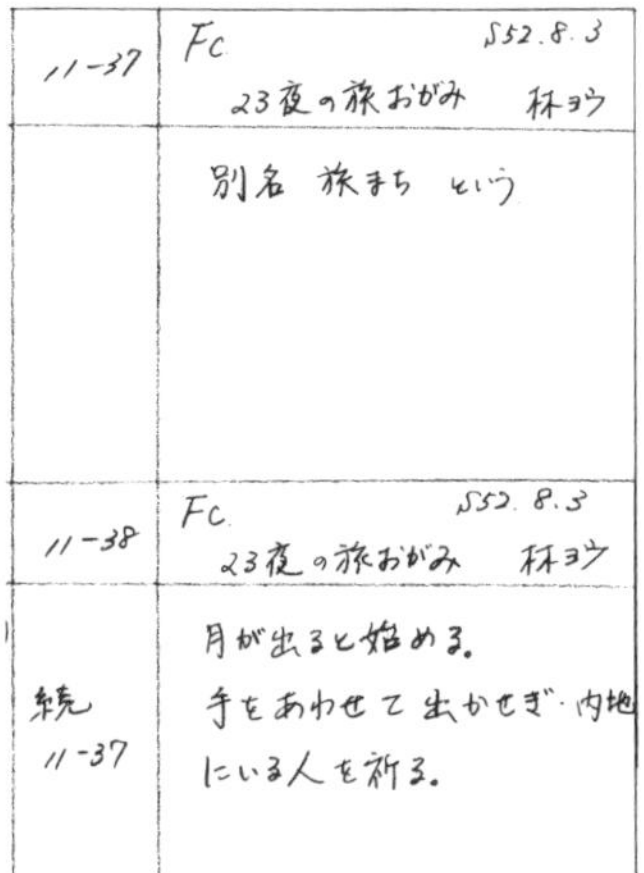

11-37　Fc　S52.8.3
23夜の旅おがみ　林ヨウ
別名　旅まち　という

11-38　Fc　S52.8.3
23夜の旅おがみ　林ヨウ
続
11-37
月が出ると始める。
手をあわせて出かせぎ・内地
にいる人を祈る。

Fc　S52.8.3

「11-37」は「調査者番号とカード番号」である。「Ｆｃ」は、大項目（Ｆ）と中項目（ｃ）であり、この場合はＦは信仰、ｃは民間信仰を示す。小項目は「23 夜の旅おがみ」である。調査年月日と話者を右に記し、小項目の内容は下の欄に記す。資料２，３は指導教員から渡されたもので、資料４は福岡が書いたものである。

資料３：調査項目の目安（Ｂ４判 15 枚に手書き）

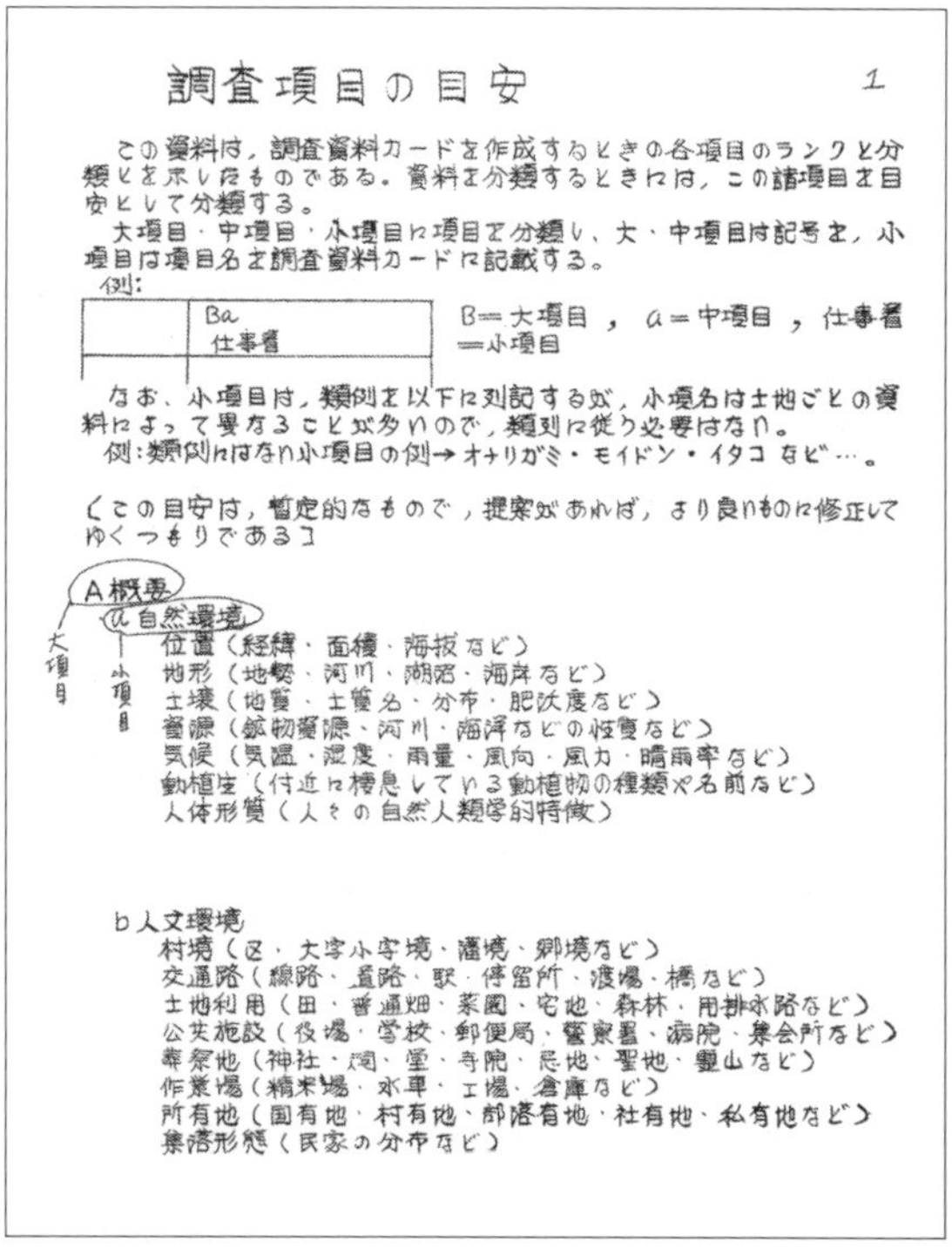

調査項目の目安　1

この資料は，調査資料カードを作成するときの各項目のランクと分類とを示したものである。資料を分類するときには，この諸項目を目安として分類する。

大項目・中項目・小項目に項目を分類し、大・中項目は記号を，小項目は項目名を調査資料カードに記載する。

例：

	Ba 仕事着

B＝大項目，a＝中項目，仕事着＝小項目

なお、小項目は，類例を以下に列記するが，小項名は土地ごとの資料によって異なることが多いので，類列に従う必要はない。

例：類例にはない小項目の例→オナリガミ・モイドン・イタコ など…。

〔この目安は，暫定的なもので，提案があれば，より良いものに修正してゆくつもりである〕

A概要（大項目）
a自然環境（小項目）
位置（経緯・面積・海抜など）
地形（地勢・河川・湖沼・海岸など）
土壌（地質・土質名・分布・肥沃度など）
資源（鉱物資源・河川・海洋などの性質など）
気候（気温・湿度・雨量・風向・風力・晴雨率など）
動植生（付近に棲息している動植物の種類や名前など）
人体形質（人々の自然人類学的特徴）

b人文環境
村境（区・大字小字境・藩境・郷境など）
交通路（線路・道路・駅・停留所・渡場・橋など）
土地利用（田・普通畑・菜園・宅地・森林・用排水路など）
公共施設（役場・学校・郵便局・警察署・病院・集会所など）
祭祀地（神社・祠・堂・寺院・忌地・聖地・霊山など）
作業場（精米場・水車・工場・倉庫など）
所有地（国有地・村有地・部落有地・社有地・私有地など）
集落形態（民家の分布など）

前頁の写真1は、すでに三〇年を経た、通称青焼きコピー（ジアゾ式複写機で複写）だが、保存状態がよかったのかあまり勉強しなかったのか、今でも書かれた文字は鮮明に残り、見るたびに苦い経験が思い出される。教員に提出したレポートは何度も書き直しをした。「もう一度奄美へ行って聞いてこなければならないけど遠い」と悩んだ。返信用の手紙と切手を同封した手紙を調査地の方に送って教えていただいた者もいた。

一九七七（昭和五二）年以後、大学では民俗学と文化人類学の両ゼミ合同の奄美調査が一九八五（昭和六〇）年まで継続され、その成果は、『民俗文化』第二号から一〇号として刊行し、毎年、お世話になった集落、役場へ送らせていただいた。

調査当時は、明治生まれの方から話を伺ったが、その多くの方たちは逝去され、現在、わたくしたちは、同世代の方たちとの交流になっている。そこで思い立ったことは、奄美の再調査だった（拙稿「旅の責任」―奄美再調査へ始動―」『まほら』三二号・二〇〇二年・旅の文化研究所）。そして、かつて奄美調査をした仲間とともに、再訪を、楽しみながら開始したのである。

久しぶりの奄美は変わっていた。それは、かつて無意識に撮影した景観写真と見比べても明らかだ。しかし、変わらない奄美もあり、また、新しい奄美もあるだろう。奄美との出会いから歳月を経た今だからこそ、書ける何かがあるかもしれないと感じた。そして、その完成は、奄美へ引率してくださった指導教員へのレポートの再提出であり、何よりも、お世話になった調査地の方々への感謝の集大成となれば嬉しいと思っている。

（福岡　直子）

奄美群島◇島々の位置と特色（24頁地図参照）

島の位置・面積・人口――

鹿児島県と沖縄県の中間、九州の南方洋上、北方は北緯28度32分44秒、南方は北緯27度01分07秒、東方は東経130度02分07秒、西方は東経128度23分43秒の間に連なる島々である。

奄美大島（面積：712.48㎢、人口：63138人）、加計呂麻島（77.39㎢、1379人）、請島（13.34㎢、131人）、与路島（9.35㎢、93人）、喜界島（56.93㎢、7802人）、徳之島（247.77㎢、25292人）、沖永良部島（93.67㎢、13637人）、与論島（20.47㎢、5436人）の有人8島と多くの無人島より形成される。

群島の総面積は1231.40㎢、総人口は118,773人（平成22年国調）である。市町村数は合併などを経て、現在は1市9町2村となっている。

各島の特色――（奄美大島、加計呂麻島、請島、与路島については97頁を参照）

喜界島（喜界町）：奄美大島東側に位置し、名瀬港から同島湾港までの航路距離69km。比較的平坦で、耕地面積が島の40％を占める。耕地に恵まれ農業が盛んで、サトウキビ栽培、花卉や野菜の生産、畜産（肉用牛）が営まれ、クルマエビ養殖も行われている。

徳之島（徳之島町、天城町、伊仙町）：奄美大島の南西に位置し、名瀬港から同島亀徳港まで航路距離109km。群島内、奄美大島に次ぐ面積であるが耕地面積は群島一。サトウキビを主体に、野菜、畜産（肉用牛）の複合経営の農業が行われている。漁業はマグロ漁、瀬物一本釣り漁業が営まれている。

沖永良部島（和泊町、知名町）：徳之島の南西に位置し、名瀬港から同島和泊港まで、航路距離163km。隆起珊瑚礁からなり、平坦地が多く耕地に恵まれている。ゆり、きくなどの花卉栽培が盛んで、ばれいしょ、里芋などの野菜、サトウキビが栽培されている。

与論島（与論町）：沖永良部島の南西に位置し、名瀬港から同島茶花港まで航路距離209km。群島最南端の島。沖縄本島が眺望できる。山岳、河川がほとんどない。農業は、サトウキビと肉用牛、野菜、花卉類の複合経営。マンゴーの果樹栽培も増えつつある。

（末岡三穂子。参考資料『平成25年度奄美群島の概況』鹿児島県大島支庁、2014年）

第二節　訪ねた集落

1　集落別人口変化

群島の概況

『奄美群島の概況』（平成二二年度版）による奄美大島全体の人口変化は、

一九五五年（昭和三〇年）　一〇三、九〇七人
一九八〇年（昭和五五年）　八五、六〇〇人
二〇〇五年（平成一七年）　七〇、四六二人

であり、「特に十五歳から六四歳の人口は昭和六〇年を境に減少し」「男女比は女性一〇〇に対して男性八九で、これは仕事などが理由で男性の島外流出が女性より多いことにも一因がある」となっている。

また約三〇年前のゼミ調査として奄美を訪れたときと二〇一四年時点での人口を集落ごとに示したものが次頁の集落別人口変化表である。ここでも人口は減少方向にあることが見て取れる。

集落の中でも、とくに人口・世帯ともに減少しているのが瀬戸内町《せとうちちょう》請阿室《うけあむろ》であるが、請阿室は奄美本島から一日一往復の船で約五〇分の請島《うけしま》にある。このように交通が不便なことに加え、請島には医療施設が整っておらず、高齢者は病気になると通院ができなくなり、請島から出て行くことになる。また請阿室には自宅から通える範囲に高校がなく（奄美大島の高校は本島に四校ある）、子どもも中学を卒業すると請島を出て行くことになる。

高校卒業後の進学は、奄美大島からも出ることになり、大きな産業もないため就職時も集落に戻らないことが多く、請阿室の人口は減少していく。これは奄美全体にもいえる人口減少の原因であり、請阿室はそれが顕著に出ている集落といえる。

しかし集落別人口変化を個別にみると、各集落とも人口の減少ほど世帯数は減っておらず、住用村見里のように人口は減少して

いても世帯数は増えている集落もある。これは奄美の特徴として、子どもは独立時に親の世帯を出て別居、その後親の家に戻るときでも、親夫婦と子供夫婦の同居は行われないため、親世代の一人家族が多くなっていることが理由にあげられるだろう。

そして、唯一爆発的に人口も世帯数も増えているのが龍郷町中勝である。中勝は本茶トンネルができたことにより名瀬へも空港へも短時間で行けるようになって通勤に便利な土地となり、子どもは高校まで自宅からの通学が可能な集落になったことが人口増加につながっている（詳細は二一九頁参照）。

（浅野　博美）

集落別人口変化

調査地点	調査地 / 調査年		人口　＊	2014 年人口 ＊＊
①	住用村　川内 1977 年	世帯数	67	75
		人口	185	151
		男	90	74
		女	95	77
②	住用村　見里 1978 年	世帯数	72	108
		人口	223	190
		男	110	87
		女	113	103
③	瀬戸内町　請阿室 1979 年	世帯数	74	37
		人口	202	59
		男	--	32
		女	--	27
④	宇検村　芦検 1980 年	世帯数	127	137
		人口	323	276
		男	--	125
		女	--	151
⑤	笠利町　用 1981 年	世帯数	94	77
		人口	304	136
		男	--	64
		女	--	72
⑥-1	笠利町　宇宿 1982 年	世帯数	107	124
		人口	296	262
		男	--	123
		女	--	139
⑥-2	城間 1982 年	世帯数	31	31
		人口	90	57
		男	--	28
		女	--	29
⑥-3	万屋 1982 年	世帯数	70	78
		人口	206	170
		男	--	77
		女	--	93
⑦	龍郷町　中勝 1983 年	世帯数	85	240
		人口	249	525
		男	--	267
		女	--	258
⑧	瀬戸内町　諸鈍 1984 年	世帯数	134	110
		人口	307	188
		男	141	92
		女	166	96
⑨	龍郷町　嘉渡 1985 年	世帯数	115	164
		人口	294	244
		男	132	101
		女	162	143

＊：『民俗文化』第二〜一〇号の各調査成果より転載する。
＊＊：奄美市役所・龍郷町役場・宇検村役場の各ホームページ掲載の 2014 年 2 月 28 日現在の人口で、同年 3 月 19 日の検索による。なお、2006 年 3 月に名瀬市、住用村、笠利町が合併、奄美市となっている。また、瀬戸内町役場には、同年月日の人口を、同年 3 月 19 日に、電話で問い合わせた。（作表：浅野）

調査集落

※ ①〜⑨は、右表「集落別人口変化」に一致する。『平成 11 年度奄美群島の概況』(平成 12 年 3 月 31 日、鹿児島県大島支庁総務課編集発行所収「奄美群島概況図」をもとに作成。

2　住用村川内——山懐に抱かれて

南の島へ

しなやかなネムノキの枝葉が、開けたバスの窓から入り、座った私たちの頬をなでる。亜熱帯性気候特有の植物の匂いや鳥の鳴き声で、次第に眠気が覚める。船で名瀬港に午前五時半に着き、バスターミナルから九時一〇分発のバスに乗り、目的地の川内《かわうち》に向かう山中のことである。バスには、沿線の郵便局に運ぶ大きな布袋に入った手紙や小包が積まれていた。

くねくねとした坂道を上り続け、峠かと思ったとき、ようやく展望が開け、奄美の海が見えた。太平洋である。そして、空の青と海の青の違いを知ることができた。バスのなかは、私たちとダイバーの熱気に満ちていた。これから、国道五八号線を一気に下る。バスは海沿いの集落を通過し、東仲間《ひがしなかま》の集落の停留所で、危うく降り損ねるところだった。

というのは、そこからさらに奥まった川内をバスは通らず、私たちがそこに行くためには、東仲間の停留所から二〇分ほど歩かなければならないからであった。

写真1：川内の集落と上川。集落は組を単位に構成され、8組で社会生活が営まれている。(1977年8月)

どこのシマからきたの？

川内の生活館では、早速、用意して下さった昼食のカレーライスをいただき、必要な筆記用具程度をもち、一一時のバスで住用村役場のある西仲間《にしなかま》へ出向いた。八月一日から一〇日まで実施する野外調査のための各種基礎データと、各戸を訪問するために必要な地図を写させていただくためだった。

役場からの帰り道でのことである。炎天下、麦藁帽子を被った一五名ほどの一団が歩くようすが奇妙に思われたのであろうか、農作業をしていた地元の男性から声をかけられた。「どこのシマからきた？」と。私は、妙な聞き方をされる方だと思い、おかしい返事とは思いながら日本地図を思い浮かべ、「本州からです」と答えた。男性は怪訝な顔をしており、通じない。先生に助けを求めると、「東京からですといえばよいのです」と言われ、そのとおりに話したところわかったようで、その方は笑顔になった。

奄美の方は、自分が生まれ育った土地のことを、愛着をこめてシマという。話の内容によってシマの領域が広くも狭くもなるが、農道での会話では、東京が適当だったのだ。私の事前学習が応用できなかったのである。今でもこのときのことは笑いの種だが、この「シマ」こそが、奄美の文化を知る上で大切なものであることがわかってきたのは、それから何年もたってからのことだった。

写真２：お茶やスイカをいただきながらノートに記す。（1977年）

写真３：生活館の懇親会で。調査の中日は集落の人との交流会。子どもたちも集まってきた。（1977年８月）

力水と親切をいただいて

奄美の集落といえば海に開けていると思われがちだが、川内は違っていた。集落の南には、川内川がほぼ東西にゆるやかに流れ、北には緑濃い山。その山懐に抱かれるようにして家々は集まっていた。集落内には、上川《うえんこ》と里川《さとご》の二本の小河川が山から流れ出ていた。上川からの水はとくに力水《ちからみず》と呼ばれ、枯れたことはない。私たちは、毎晩この力水のお風呂に入れさせてもらっていた。

昼間、各家をまわって話をうかがう。年長者であればあるほどその方の言葉を理解できずに困る。すると、隣家の若い方が来て通訳してくれる。また、「みしょれ。みしょれ（召し上がりなさい。召し上がりなさい）」と、珍しくおいしいものを出してくれる。昼間勤めに出ている方とは話す時間がない。そのため夕食後、自宅にお訪ねすると、帰りは調査拠点の生活館まで送ってくれる。また、有給休暇をとり、一日中、何人もの学生につきあって話を聞かせてくれる方もいらっしゃった。

最後の日、お風呂をいただいていた四軒それぞれにお風呂代のお礼の包みをおもちしたところ、どのお宅からも、「私たちは、それをもらうためにお風呂に入れたのではない。もってきて使っていた洗面器だけ記念にもらって、ときどき思い出すからね」といわれ、人の情けも教えられた野外調査だった。

（福岡　直子）

3　住用村見里——山に囲まれた内海

内海《うちうみ》のシマ

名瀬から繁華街を抜け二〇分程するとバスは亜熱帯の山に入る。濃い緑の草木が左右に繁り、バスは山道を登る。山の頂上、朝戸《あさと》峠まで来ると太平洋の鮮やかな青い海が視界に入る。バスが山を下って行くと、左手に太平洋に臨む和瀬《わせ》の集落が見えてくる。住用村の最初の集落だ。名瀬から一時間半以上が過ぎた頃、東城《とうじょう》という集落のバス停で降りる。

東城集落の前には川内《かわうち》川が流れている。しばらく前に雨が続いていたせいか川は茶色い。奄美に着いてから、湿度が高いと思っていたが、住用村は川が多い地帯のせいか、さらにじめっとした湿度を感じる。背の低いマングローブのある川に沿って下流に向かって五分ほど歩くと、松崎鼻《まつざきはな》という名の、内海に出張った標高八〇メートルの小さな山を曲がる。寝袋やゴザを背負い、まさに重装備で歩いてきたが、ようやく見里の集落が見えてきた。

一九七八（昭和五三）年八月一日、私たちは住用村見里に入った。見里は三方を標高三〇〇メートルから四八〇メートルの山に囲まれた集落で、バス停からも一キロメートルほど離れている。内海が近くにあるため平地はいくらかあり、海に近いが山が防壁となり、よほどの台風でもなければ直接被害を受けることは少ない。水田も近くにあった。

見里の十日間

見里に着くと、政木《まさき》好《よしみ》区長、そしてこれから一〇日間の食事を賄ってくださる久留《ひさとめ》さん、松島さんらにご挨拶。続いて今回、見里集落を紹介してくださった奄美民俗研究者でもある和瀬の小学校の本田《ほんだ》碩孝《ひろたか》先生にお会いする。午後は西仲間《にしなかま》の住用村役場にバスで行き、役場の方から話を聞いた。その後、見里に戻って政木区長と見里集落に入る手前の山、松崎鼻の山を登る。

写真1：住用村見里。松崎鼻に登って見里集落を見る。（1978年8月）

松崎鼻の山の頂上には古くからのお墓が所々にあり、古いお骨を入れた甕《かめ》が埋まっていた。この山のもち主の先祖の墓だ。見里の墓地は昔から各家が所有する土地にある。墓は集落に沿った山の側面や川沿いにもあった。松崎鼻の山道はめったに人が通ることはなく、雨が降った後だったのでハブが出没しそうだった。松崎鼻の頂上からは見里集落がよく見えた。

私たちが一〇日間宿泊する見里の生活館は、集落の北側の真ん中の山沿いにある。商店は三軒。民家は平屋の家が多く、二階建ての家は少ない。鉄筋三階建ての大島紬の工場はひときわ高い。

かつて米を備蓄していた高倉も一棟残っていた。初めて見る南国の建物だ。ただし今は物置になっている。家々の庭にはバナナの木が青々と生い茂り、小さな実をつけていた。ハイビスカスやブーゲンビリアの花は、とても色鮮やかで美しかった。

朝は見里集落の端にある南側広場の、シマの子どもたちとのラジオ体操から始まる。朝食、ミーティングを終えて、各々の調査宅へと向かうが、お茶うけにパパイアの漬物や黒砂糖のほか、昼食、夕食まで頂くことがあった。皆一〇日間で着実に体重を増していた。お風呂は個人のお宅に借りに行っていたが、風呂上りの歓談も話を聞く機会だった。また、歓迎会を設けてくださり、奄美の八月踊り、六調《ろくちょう》の節の早い踊り、ウデマクラ等を教わった。

そのときに頂いた差し入れには、スイカやお菓子の他に黒糖焼酎やミキがあった。黒糖焼酎やミキは私たちには初めての味で、黒糖焼酎はキレのあるすっきりとした味だった。また、ミキは甘酒とは違う珍しい飲み物だった。お礼に私たちが上演したシマことばの寸劇は、あらかじめ何度もシマの言葉を教えていただいていたのに、本番では発音が変なのか、にわかじこみのシマクチに大笑いをされてしまった。

生活館には、小さな子どもたちが遊びに来ていた。大人の方々も気にかけてくださり、いつも賑やかだった。先生による私たちの中途半端な調査内容への厳しい追及は辛かったが、私たちはケンムンの話も聞くことができ、祝儀、不祝儀をもとに一族の系図も作成させていただいた。紬を織る仕事の手を休めてまで話をしてくださったり、時間をさいて話につきあってくださった見里の人たちにとっては、とんでもない一〇日間であったに違いない。

生活館では、板の間なのでなかなか寝付けなかったが、その生活も五日を過ぎる頃から次第に慣れ、熟睡できるようになった。ゴキブリの大きさに驚いたり、夜道で梟《ふくろう》が鳴いて怖かったり、就寝中に小さな蛙が口の中に飛び込んだりと、ハプニングもあった。

最後の日、久しぶりの太陽とともにスコールに見舞われた。その中を松崎鼻の角で、私たちが見えなくなるまで見里の方々が見送ってくださった。そして私たちは涙のスコールで東城のバス停まで歩いたのだった。

（川北千香子）

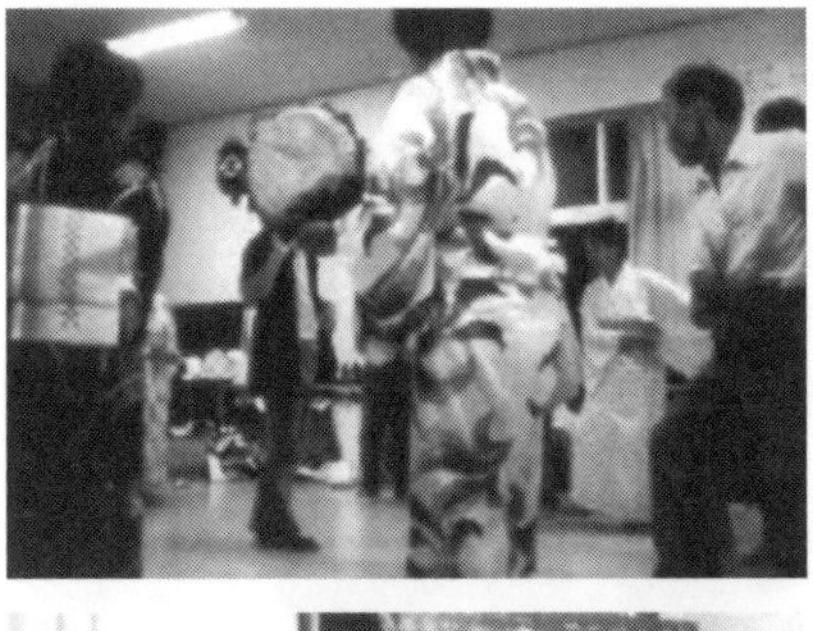

写真２（上）、写真３（下）：見里の公民館にて。歓迎会で八月踊りを指導してくださった見里の人たちと本田先生、森山先生の飛び入り余興。（1978年８月）

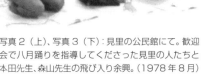

4　瀬戸内町請阿室――さらに離島の集落

請島に渡る

奄美大島本島の南、加計呂麻島《かけろまじま》と徳之島との間に請島《うけじま》はある。請島は、瀬戸内町の古仁屋《こにや》から町営の船「せとなみ」に乗れば一時間ほどで着く。

一九七九（昭和五四）年八月一日、私たち一八名は請島に向かった。天気は快晴だったが風があり、波は高く、海が荒れていたため、太平洋の外海に小さな四五トンの船「せとなみ」では出航できなかった。そのため、「中渡り」という方法で向かった。古仁屋から加計呂麻島《かけろまじま》の瀬相《せそう》までフェリーで渡り、瀬相から伊子茂《いこも》まで車で横断し、伊子茂からサバニと呼ばれる動力がついた小舟に乗って請島の請阿室まで渡るのだ。

私たちは二つの舟に分乗し、シートを波除けにかぶって、まさしく舟底一枚下は地獄のような思いで海を渡った。数名はコバルトブルーの美しい海をまじかに眺めるゆとりがあったが、船酔いの者や、恐怖で涙をこぼす者も多かった。

碧い海に忽然と現れた小さな桟橋では、区長の宮之原常輝《みやのはらつねてる》氏、見里《みさと》の調査にも訪問同行してくださった請阿室出身の森山力蔵《もりやまりきぞう》先生、民宿の森政則《もりまさのり》氏一家の出迎えをうけた。

請島には、加計呂麻島《かけろまじま》と対面している請阿室と池地《いけじ》の二つの集落がある。白い砂浜と照葉常緑樹の多い山に囲まれ、やや北に向いているため夏でも朝陽が当たるのがやや遅い。しかし、南からの台風の直撃は少ない。小さい島ながら、大島本島の人たちからはハブが多い島といわれている。ハブ除けの棒が家々の玄関前に置いてある。山には野生のヤギがいる。私達が過ごした民宿の家の前にもヤギが飼われていたが、それがヤギ汁にするための食用のヤギと知ったのは後日のことだった。

写真１：伊子茂から請島に向かう舟に乗って。（1979年８月）

請阿室には二本の川が流れている。道は白い砂で覆われ、積み重ねたサンゴの塀が南国らしく美しいシマだ。戸数は八五戸程。小、中学校へは隣の集落である池地までひと山越えて行かなくてはならない。商店は農協を入れて四店、簡易郵便局が一局、民宿が三軒あった。公民館の隣には紬工場があり、また、請島近くで獲れたウニを加工して瓶詰めにする加工場もあった。

生業は、女性は大島紬を織っていたが、養豚等畜産業を営む家も多く、自宅の敷地内で豚や肉牛を飼育していた。農作物としては、落花生、漬物用のニンニクを換金作物として栽培するほか、自家用の野菜、米を多毛作でつくっていた。半農半漁をしている家庭も数軒あった。民宿の夕食で毎日出る魚は、すべて民宿の森さんが漁で獲った。

亜熱帯の果物も多く採れる。パッションフルーツ、グアバ、バナナ、パパイアがある。ここで初めて味わったパッションフルーツは、赤黒く丸い卵のような実でオレンジに似た南国特有の香りがして、食感もおもしろく、忘れ得ぬほどおいしかった。

シマの十日間

写真２　調査風景：宮之原常茂さんに聞く。（1979年８月）

過去二回の住用村川内、見里の調査地では、公民館を借りて寝泊りしていたが、ここでは公民館は昼間は保育所になるため、私たちは民宿に宿泊した。その民宿は商店も兼ねており、また、当時は家庭電話の普及率が低かったため、宿泊先の民宿が有線放送で電話の呼び出しも行っていた。シマの人たちも、買い物や電話のついでに立ち寄って私たちに声をかけてくださった。

数日たつと、私たちは民宿の森さん一家に代わって電話の呼び出しの手伝いや店番もするようになっていた。おかげで、請阿室のシマの人たちとますます親しくさせていただいた。そして、シマの民俗はもとより、近隣関係や祝儀・不祝儀帳もたくさん見せて頂き、血縁、地縁によって成り立つ集落内の社会関係を知ることができた。

調査五日目、請島の東四〇〇メートル程離れた木山島というハブのいない小さな島に、請阿室の方たちが歓迎会を兼ねて連れ出してくれた。その場で獲れた魚や貝、大きな海老を大鍋で煮てごちそうをしてくださった。味はもちろん絶品である。旧暦三月三日、四月のハマオリには、集落中の人たちはこうして海辺で潮干狩りなど、浜遊びをするのだという。

同じ五日の夜、私たちからの紹介を兼ねた交歓会も行った。シマの婦人会の方々が浴衣を貸してくださり、公民館に入りきれないほどシマの方々が集まり、私たちの寸劇を見てくださった。私たちは、シマの八月踊りと六調《ろくちょう》を教わって、一緒に踊り、夜遅くまで楽しいひとときを過ごした。

民宿にはプロパンガスの風呂があったが、一部の者は、薪で焚き、足で板を押さえながら入る外の五右衛門風呂へ優雅に月を見ながら入った。これも貴重な経験である。

十日間はあっという間だった。「せとなみ」で島から去るときは「涙の連絡船」になり、桟橋が見えなくなるまでシマの人たちとの別れを惜しんだ。

（川北千香子）

5　宇検村芦検――傾斜の急な土地に穏やかな海

芦検のある宇検村は奄美大島の南西部に位置し、焼内《やきうち》湾の入り組んだ海岸線に一四の集落が点在している。

一九八〇（昭和五五）年八月に私たちが調査に入った時は、名瀬からバスを利用し、住用村（当時）の新村《しんむら》で乗り換え、約二時間半を要した。住用までの数々のトンネル（朝戸《あさど》、小和瀬《こわせ》、新和瀬《しんわせ》、城《ぐすく》）も三太郎トンネル、役勝《やくがち》トンネルも開通していなかった当時、バスは、山間の対向車とすれ違うのもやっとの細くくねくねとした道を通り抜けていった。平地に下りたところに村役場のある湯湾《ゆわん》があった。湯湾からさらに西へ約三キロ、入り組んだ海岸線に沿った道を進み、二つ目の集落が芦検であった。

外洋から深く入り組んだ焼内湾に面している芦検は、対岸が見え、湾を山々が囲み、まるで湖に面しているようだ。昔から風待ち港として利用される程、波が穏やかな海である。この穏やかな海では真珠の養殖が行われていた。

芦検は、海沿いに県道が走る。南側は海に面しており、北側は山に覆われている。私たちの調査中に宿泊先となった公民館は、集落の中心部に位置し、県道沿いの海に面した場所であった。

写真１：芦検入口より集落を望む。中央の建物が公民館。手前の海には真珠養殖のいかだが浮かぶ。（1980年８月）

この公民館はこの年の三月に完成したばかりの新築の建物だった。そして、公民館に宿泊する初めての客が私たち調査会であった。県道を挟んだ向かい側には共同売店の「芦検商店」があり、集落民の行き来の多い場所であった。また、調査後の八月一五、一六日に行われる豊年祭に向け、新しい土俵をつくるため、毎日、青年・壮年団が公民館の前に集まり、作業を進めていた。調査をしながら、日に日にできあがる土俵づくりのようすを見ることができた。

シマの誇りは団結心

シマに伝わるしきたりや習慣、伝統的な行事などを聞き取り調査をするため、主にお話をうかがうのはシマのお年寄りだった。公民館の前にあるガジュマルの木のそばには、夕涼みがてら、大勢のお年寄りが集まってきた。ここは私たちの格好の調査場所となっていた。奄美独特のシマグチ（方言）で話すお年寄りは、恥ずかしがってなかなか話をしてもらえないこともあったが、ここでは一人が話し出すと次から次へといろいろな話が飛び出してきて、たくさんのお話を聞くことができた。すっかりお年寄りと仲良くなったが、シマグチのわからないことにもどかしさを感じた。

写真２：公民館裏手に集まるお年寄り。多くのお年寄りに話者となってもらった。（1980 年８月）

　調査の中日に集落と調査会の交歓会が催された。シマグチによる面白い話。私たちには理解できない言葉にシマの人たちは大爆笑であった。八六歳の三人のおばあさんによるわらべ唄や、民謡保存会によるシマウタも披露され、八月踊りを一緒に踊り、最後には六調《ろくちょう》で締めくくられた。

　一方、私たちと同年代の青年団は、調査最後の夜、集落の交歓会とは別に、公民館の屋上で交流会を開いてくれた。青年たちは、豊年祭の八月踊りで披露されるイッソ（仮装）を踊り、私たちも一緒に八月踊りを楽しんだ。

　また、独特の漁法である「待《ま》ち網漁《あみりょう》」を体験させてもらう機会にも恵まれた。集落のはずれの当間《とうま》という場所でそれは行われており、舟で網をしかけ、その網に魚が入るのを松の木の上から見張り、魚が入るとそこから石を投げ入れ、待機している人が網をいっせいに引くという漁法である。私たちも一緒に網を引き、魚やイカがかかっているのを実際に見ることができた。

　同年代の集団、民謡保存会、漁業組合などを始めとする集落の組織が秩序正しく存在し、その団結力の強さを目の当たりにした。

唄はシマの宝

　芦検の唄を初めて聴く機会を得たのは、調査に赴く直前の大丸東京百貨店の物産展であった。そこで、芦検と関東の二つの民謡保存会が一緒になり、「稲摺《いねす》り踊り」「八月踊り」を披露していた。これから向かう地でどのような民謡が聞けるのか、とても楽しみで期待した。一〇日間という短い滞在期間であったが、わらべ唄、八月踊り唄、シマ唄と何十曲もの唄を耳にすることができた。数多くの八月踊りが残り、有名な唄者《うたしゃ》も輩出し、シマの唄を大切に歌い継いでいる、名実ともに唄を宝とする集落である。**（末岡三穂子）**

6　笠利町用——潮の干満を身近に

リゾート地笠利町

笠利町用は、奄美大島本島の太平洋側に面した大島本島で最も北にある集落である。一九八一（昭和五六）年七月末、私たちは名瀬からバスで行くこと一時間半、左に東シナ海を望見しながら途中、龍郷町を通過した。過去四回の調査をしてきた集落は名瀬から南へ向かう集落であったため山の中を通ってきたが、笠利町への道は空港への幹線道路が開発され、山道をほとんど通ることがない。龍郷の役場を過ぎるとすぐ右に太平洋の青い海が見えてくる。

笠利町は観光の町である。奄美空港もあり、奄美で最初のリゾートホテル「ばしゃ山村」もある。風光明媚なアヤマル岬、キリスト教徒の墓地で有名な辺留《べる》の集落を抜け、笠利の漁港を通ると用の集落が見えてきた。

用は南北に長い集落で、西側に標高一四〇メートルほどの山が連なり、東側は太平洋となる。鹿児島県道六〇一号線がその間を通り、わずかな平地にできた細長い集落の中心に、海を背にして公民館がある。集落の北にはサトウキビ畑が山の方まで広がっている。公民館の前の海は遠浅で、珊瑚礁と岩が所どころ砂地にある。チンジと呼ばれている岩が海の中から怪獣のような姿で飛び出している。北北東の沖にはトンパラ、ヒラセと呼ばれている大きな岩礁が海から少し頭をのぞかせている。東には喜界島が見え、遠く船影を目にすることも多い。この辺りの沖も岩が多く、それが漁礁となっているので、漁で生計をたてる人もいる。漁港は隣の集落の笠利にある。用の白い浜に続く海は段状に深くなっており、海の色が手前の薄い緑から始まり、沖になるほど深い青になっていく。白い砂浜は昔から海亀が卵を産みにくる浜でもある。

写真１：笠利町用の集落と遠浅の海岸。遠くに喜界島が見える。（1981年８月）

用での生活

私たちが泊まった公民館は、本来は集落の人たちが集まる場所であり、祭りをする場所でもあり、子どもたちの遊び場でもあった。朝は六時半にラジオ体操がこの公民館前の広場であり、子どもからお年寄りまで集まっていた。紬の工場や黒砂糖の製糖工場が笠利町内にあり、働く場所も近くにあり、若い人たちも多く住む。

一九八一（昭和五六）年の夏は、雨が降らない年であった。用集落の後ろに小高い山が連なっているが、平地は少し北の方に広がっているだけで、細い川が数本あるものの、湧き水はほとんどない。井戸（第Ⅱ章第二節第7項参照）はいくつかあるが雨が降らない日が続くと渇水し、当然断水が続く。同じ奄美でも、それまでに行った川内、見里、請阿室、芦検集落とは違い、地形によってずいぶん水の豊かさが異なってくることを知らされた。水が少ないせいか、ハブを一度も見たことがない二〇代のシマの人もいた。

写真２：用の青年団と。（1981年８月）

私たちは、食事もお風呂もシマの方々にお世話になった。風呂は各家へ三、四人位で分散して借りに行った。水が不足している中、一六人もの若い女子が髪の毛を洗ったりするので、先生からは節水の号令がかかっていたのだが、お風呂を貸してくださった家はさぞ大変だったに違いない。私たちは焼け石に水のようなスコールでも、降ると喜んでいた。

炊事も柳井ミヨさんらシマの方々にお願いし、奄美の北部地方の郷土料理である鶏飯《けいはん》等を堪能したが、水不足の中、大勢の調理は苦労されたに違いない。シマの方々の差し入れのスイカ、トマトも嬉しい甘露だった。また、熟していない青いパパイアのサラダ、パパイアや瓜を黒糖で漬けた漬物はとても美味しかった。奄美ではパパイアは果物ではなく野菜として食べるのだ。用ではパパイアの木が各家々にあった。

美しい海を眼前にして泳げないのももどかしい。後半になってようやく水不足から解消され、私たちは調査だけでなく、海水浴も何度かシマの子どもたちと楽しんだ。大きな海鼠や、ウニ、小さな熱帯魚がいて、岩場にはタコもいるそうだ。また、塩崎勝磨《かつまろ》さんの案内でトンパラ岩まで舟で行き、ダイビングにも挑んだ。岩と砂だけの海の中は静かで、黄色と黒の縞が鮮やかな海蛇が呼吸するために海面へと身をくねらせて泳いでいた。その姿が目に焼きついている。

シマでは泉逸男《いつお》区長、元区長の吉田照和《てるかず》さんらのご配慮で、私たちに八月踊りなどを集落の祭り本番さながらに、歓迎会、送別会で披露してくださった。奄美の集落は民俗、風習、様相が集落ごとに異なる。笠利町用は八月踊りも主に女性が太鼓をもち、男性と女性で掛け合う恋の歌が楽しげである。初めはゆっくりだが、だんだんテンポが早くなりとてもついていけなくなる。昔の歌垣もこの様な形だったのだろう。

用を去る日、大勢の方がバス停に集合してくださり、バスの窓から紙テープの両端をひきあって、船で旅立つかのように見送ってくださった。


（川北千香子）

7　笠利町宇宿・城間・万屋 ——東海岸に沿う集落

例年、一集落に滞在し調査を行ってきたが、一九八二（昭和五七）年は、初めて隣接する三集落を同時に調査することとなった。調査会は宇宿の公民館に寝泊りして、城間、万屋へと調査に出かけていた。

笠利町は奄美大島北部の町で、中央部の高嶽（一八三・六メートル）、淀山（一七五・七メートル）、大刈山（一八〇・七メートル）の三山を結ぶ笠利山脈により、太平洋側と東シナ海側に分けられる。この三つの集落は太平洋側にあり、北から南へ、宇宿・城間・万屋と並んでいる。大島南部の山がちな地形に比べると、比較的平地が多く、笠利中央の山地から緩やかな傾斜をした起伏の多い土地で、畑地に恵まれている。三集落の連なる海岸線はアダンの林が続き、海岸はリーフが広がっている。リーフを境に海の色が鮮やかな青に変わり、のどかで静かな海の風景をみることができる。

これらの集落は奄美の空の玄関口の近くに位置している。調査当時の空港は、万屋集落の南方節田《せった》集落の内陸部、現在の奄美パークの場所にあった。新しい空港は一九八八年に、万屋集落に面した海を埋め立てて建設され、海側に移動して開港した。

三集落（宇宿・城間・万屋）の位置図
（国土地理院「奄美空港」 1：25,000 平成19年6月1日発行）

写真1：城間のトゥフル概観。

写真3：六月灯の準備。

写真2：骨が収められているカメが並ぶトゥフル内部。

写真4：調査会がつくった灯篭。

*写真1〜4：一九八二年七月二六日〜八月四日。

集落内を歩くとあちらこちらで高倉を目にする。萱葺き屋根のものと、トタンの屋根に変えられたものとがある。宇宿には貝塚が出土しており、民俗調査が実施される以前に、発掘調査が行われ、奄美の文化を理解する上での成果をあげている場所でもある。また、三集落には、かつて風葬が行われていた頃の墓、トゥフルが現存している。遺体を土葬や火葬することなく、洞穴に安置し、そのまま自然に白骨化させ、洗骨した骨を瓶《かめ》に納めトゥフルに納骨し、改葬するのである。城間にはとくにトゥフルが多く、トゥフル群落と呼ばれている。

生業は農業と紬織りが中心である。農業は、昭和四〇年代の政府の減反政策や一九七二（昭和四七）年のパイロット事業により水田はなくなり、サトウキビ栽培へと転換した。宇宿では一九八一年にはすべての水田が畑へと転換したのである。サトウキビを中心とした畑作が行われ、サトイモなどの野菜、花卉《かき》などを栽培している。豊かな海に面している集落だが、漁労活動をしている人は極めて少なく、漁港を擁している万屋で、副業的に漁業を行っている人が数軒あった。

調査会の滞在中、宇宿にある宇宿神社で六月灯《ろくがっとう》が行われ、調査会も集落の人に灯篭のつくり方を教わり、写真4のような灯篭をつくり、奉納した。

一九八二年七月二九日付の奄美群島の地方新聞「大島新聞（現・奄美新聞）」に、七月二六日から宇宿・城間・万屋に調査会が入り、聞き取り調査を始めたことが記事となり、掲載された。

（末岡三穂子）

8　龍郷町中勝――山の中の桃源郷

新しい中勝

一九八三（昭和五八）年に訪れた中勝は、険しい本茶《ほんちゃ》峠の麓の奥深い山の中にある小さな集落だった。奄美の中心、名瀬市には直線距離では近いのだが、実際には峠を越え迂回しなければならないので、車で一時間以上かかっていた。

当時は、名瀬へ直通するためのトンネル掘削工事が進んでいた。このトンネルが開通すると、今までは道路交通としては行き止まりの集落であった中勝が一転して空港と名瀬を結ぶ国道の通る集落となり、名瀬まで車で一五分の通勤圏となる。

すでにこれを見越して集落のはずれにはニュータウンと呼ばれる住宅群ができていた。その情報があったので、トンネル開通前の中勝の様子を記録しておきたいという理由で調査地となった経緯がある。

調査会はこの時期に訪れることによって、中勝が大変化する直前を見ることができたのである。

一九八五年、実際に本茶トンネルが開通すると、中勝は大きく変化した。交通の便がよくなったことで、人口は急激に増え、二〇〇〇年には国道沿いに大きなスーパーマーケットもできた。現在も訪れるたびに変化を続けている。

私は、この一九八三年の調査時には行っていない。次の項で、当時のメンバーがその頃の中勝について紹介する。

（浅野　博美）

写真1：中勝に大きな変化をもたらした本茶トンネル。（2011年7月11日、浅野）

懐かしい中勝

中勝は、山の中にぽつんとある小さな集落だった。公園と呼ばれる場所が山の中腹にあり、屋根つきのベンチに座ると、そこから集落全体を見渡すことができた。メインストリートの両側は奄美の伝統的なつくりの木造住宅が連なり、集落の中央には前田商店があった。

ある日、商店主のおじさんが、嫌がるヤギを小さなトラックに乗せようとしていて、「お客がくるから山羊汁にする」とニコニコしていたのを思い出す。商店はこの一軒だけで、その他には週一回食料品や日用品をトラックに積んだ移動商店がきていた。

写真２：シマウタを披露する唄者。（1983年７月）

前田商店からトンネルの方へ少し行った左手に町議会議員（当時）の重信《しげのぶ》義宏さんのお宅があった。古い木造の民家で離れがあり、風がよくとおる独特の造りだった。中勝では公民館は保育所として使用されていたので、昼は重信家の離れを使わせてもらい、夜は公民館に宿泊していた。重信義宏さんの奥さんと娘さんが賄いをして下さった。

重信家からメインストリートを山へ向かって渡り、少し行くとカミミチと呼ばれる道があった。人がすれ違うのも難しそうな狭い道で、青々とした生垣が丁寧に刈り込まれていた。あるとき、道の向こう側から植松先生が来るのが見えたので私は迂回して別の道を行ってしまい、後から「カミミチであなたを待っていたのに、消えたからびっくりした。神隠しにあったのかと思った」と笑いながら言われたことがあった。

カミミチの近くに、ノロガミばあちゃんと呼ばれる一人暮らしのおばあさんが住んでいた。明るい気さくな方で、「大晦日の夜に鈴の音が聞こえたので慌てて外へ出ると、屋根の上に三人の神様がいるのを見た」という話を聞かせて下さった。また、メンバーが何人もお話をうかがったご夫婦が実はユタだったことが帰る直前にわかり、皆で驚いたことも印象深い出来事である。

中勝を語る上で忘れてはならないのは、川野実吉《かわのさねよし》さんという年配の唄者《うたしゃ》の方だ。たくさんの唄とサンシンを聞かせていただき、貴重なお話をうかがった。当時の中勝にはウタシャと呼ばれる唄の名人が五人いて、うち一人は女性だったと記憶している。

当時は、やがてできるトンネルに期待が高まり、多くの人が中勝の発展を楽しみにしていた。現在の便利で暮らしやすくなった中勝の話を聞いても、信じられない思いである。本書を執筆するための再調査には行くことができなかったが、心から再訪したかったと思う。中勝は、思い出すたびに、胸が熱くなるほど懐かしい大切な場所である。

（荒井　典子）

9　瀬戸内町諸鈍――峠からの絶景

峠からの眺め

一九八四（昭和五九）年七月二五日、大島本島瀬戸内町の古仁屋《こにや》の民宿で起床し、その後、役場、農業委員会、漁業、教育関係機関で挨拶をして調査のために必要な統計的な基礎データをいただいた私たちは、町営船フェリーかけろまに乗り、対岸の加計呂麻島《かけろまじま》生間港《いけんまこう》を目指した。所要時間は約二〇分。下船後、目的地の諸鈍《しょどん》までは重いリュックサックを背負い、比較的勾配がある細い山道を登った。荷物が木の枝先に触れることもあったが、その道が、ふだん使われている道であることは、土が踏みしめられた感じからよくわかった。

二〇分ほどたっただろうか、急に、松林の中の山道の間から展望が開けた。眼下に見える弓なりの海岸線とそれに沿うようにして植えられているデイゴの木々。さらにその木々に見え隠れする民家。そして、左前方には耕地が広がっていた。この美しい眺めは、汗をかいて山道を歩いてきたことを忘れさせ、しばし足を止めて空を仰いだ。この集落が、樹齢三〇〇年のデイゴの並木と諸鈍《しょどん》シバヤで近隣に聞こえる美しい景観の諸鈍であることを実感した。

広い集落

集落には諸鈍小中学校があった。私たちが生間港から登ってきた道は、近隣集落の子供達の通学路でもあったのだ。集落の西は諸鈍湾である。三方を山に囲まれ、中央に耕作地が広がっていた。

写真１：赤原峠からの諸鈍。（1984年8月）

家々は、耕作地の周辺四ヶ所に集まっていた。海側の集落を金久《かねく》と繰《くり》、山側を里《さと》と大田《おおた》と呼んでいた。金久と繰は、家と家がまっすぐな道で区切られ、手入れの行き届いた生垣が印象的だった。

一方、里と大田は山際にあり、生垣は平屋の屋根より高く、外から敷地は見えにくかった。聞けば、第二次世界大戦において空襲を受け、そのときに大きな被害があったのは山際の集落ではなく、海側の集落である金久と繰であったという。

諸鈍の領域に関していえば、かつての範囲はもっと広く、小勝《こがち》や徳浜《とくはま》といった地理的に近い隣の集落も含まれていたという。

諸鈍で私たちは八月三日まで滞在し、大島本島とは幾分違った民俗的事象に触れた。その一例としては、沖縄との歴史的・文化的交渉を彷彿させる、琉球の第二次大島征伐の伝承やその伝承地、道々にみられる石敢當《せっかんとう》（いしがんとうともいう）の存在があげられる（二〇八～九頁参照）。

広い集落を歩き回ることで、いろいろ観察することができた。八月初めは二期作の田植えの時期だった。戦後、水田は、五アールごとに圃場整備《ほじょうせいび》され、整然としていた。しかし、奄美の多くの集落がそうであるように、離農者が多く、数家族による田植えが行われていただけだった。

写真2：二期作の田植え。（1984年8月）

テンマセンによるムロアジ漁が、かつてほどの勢いではないが行われており、九～一一月が最盛期で、その漁で使用する網を干す場所が、海岸沿いにみられた（二一五頁参照）。

また、集落の各所にまとまって墓地があった。それらは、新《しん》墓・旧《きゅう》墓・ボズノジョウ・金久《かねく》の墓・泉《いずみ》の墓・中《なか》の墓・御崎《うさき》の墓というように呼ばれ、毎月一日と一五日を墓参りの日と決め、その光景は、あちらこちらの墓で見られた。そして、「諸鈍はとくに墓を大切にする」、「墓にお金をかける集落だ」といわれるということを複数の人から聞いた。

洗面器三杯まで

滞在期間中の寝食の生活拠点は、金久にある瀬戸内町中央公民館諸鈍分館。そして、ミーティングの拠点は、そこから歩いて一〇分ほどの諸鈍小中学校の図書室だった。校庭には大きなアカギが植えられ、私は、暑さや調査に疲れると、その太い枝に吊り下げられたブランコに揺られ、炎天下の風と広がる樹木の枝葉の下での風の違いを感じ、元気を取り戻したものだった。

日々のお風呂は、公民館に近い民家にお借りした。滞在中、天気に恵まれ、降雨はほとんどなく、とうとう給水制限が始まった。先生から、「お風呂のお湯を使うのは、一人、洗面器で三杯まで」との触れが出たことを思い出す。

それを気の毒がった集落の方々からは、「家にくればいい。どうせ一人住まいだから何人か連れておいで」と声をかけていただき、洗濯もさせてもらった。

私たち調査者二〇余名が増えただけが給水制限の理由ではなかったと思うが、あらためて、水の大切さを感じ、さらには三食の賄いをしてくださった方のご苦労に思いを寄せるのである。

（福岡　直子）

10　龍郷町嘉渡 ―― ハイビスカスと機の音

一九八五（昭和六〇）年七月、私たちは調査会の第一〇期生として奄美大島に降り立った。その年の関東地方は梅雨明けが非常に遅く、どんよりと曇った肌寒い羽田を出発したのだが、奄美空港では目も開けられないほどの真夏の太陽が私たちを迎えてくれた。

バスの車中から見える青々とした南国の海に目を奪われながら、龍郷町役場経由で「いざ嘉渡へ！」

シマでは、道端のあちこちで咲いている真っ赤なハイビスカスの花が私たちを歓迎してくれているように思え、また石垣の道とハイビスカスの花を見ては、「本当にここは南のシマなんだ」と、まだ受け止めきれていない実感にとまどいを覚えた。

嘉渡の中心にはカトリック教会が建っていて、ときどき鐘の音が響いてくる。また、小道を歩くと「トッテン　カラリン」と機織《はたお》りの音が聞こえてくる。そんなシマの姿が今でも目に浮かぶ。

宿泊地は教会の近くにある生活館。初めての寝ゴザでの生活が始まった。最初の不安もなんのその、いざ調査が始まるとすべてのことが楽しく、シマでの生活に慣れていった。朝は子どもたちのラジオ体操の音楽から始まる。シマの有志の人たちがつくってくれる食事をいただきながら、何軒もの家を訪ね歩いた。

ある家に九〇歳を過ぎたおばあさんがいらっしゃり、「やった！」とばかりに昔の話を聞こうとおばあさんに話しかけたことがある。ほとんどのシマの方は奄美の方言と標準語をバイリンガルの様に使い分けていたが、このおばあさんは標準語を話さない方だった。「なんとかわかるかも……」という甘い考えは通るわけもなく、おばあさんの言葉はまったく理解不可能だった。

写真１：山から見た嘉渡集落と海。（1986年７月）

突然の訪問にもかかわらず、私たちはシマの方からいろいろなものをいただいた。〈ミキ〉という白い飲み物、口が溶けてしまいそうに甘くておいしいパッションフルーツの実、おばあさんが自分でつくっている〈大島紬の小物類〉などなど。生活館ではその日にシマの方から聞いたお話と、いただいた物の話でもちきりだった。

数日後の夜、集落の人たちが歓迎会を開いてくださった。大勢の方が生活館に来て下さり、太鼓を叩いて八月踊りを踊っていただいた。私たちも、ぎこちないながら心から楽しんで踊った。また、私たちからは恥ずかしながら寸劇を披露した。内容はすでに忘れてしまったが、驚いた場面で「アゲー!」とひっくり返ったときにシマの方が大笑いしてくださり、とても嬉しかったことを覚えている。

また、あるときには、偶然にも私たちが滞在中に開催された記念すべき「第一回龍郷町商工会・紬祭」に、私たち学生数名が大島紬の着物を着て参加させていただいた。真夏の大島紬はさすがに暑く感じたが、初めて触れる紬の感触に胸が躍った。

写真２：紬祭りに出演した学生たち。（1985年7月）

調査方法は例年のとおり、基本カードをつくるために全戸に同じ内容の話を聞きに行く。この担当は機械的に割り振って決めた。その後、そのカードを見たり、実際にお話を伺った人から情報を仕入れて、自分のテーマに即した話者を訪ね歩く。

写真３：機織りの様子。（1985年7月）

「△△のおばあさんは機を織っていたよ」

「□□のおじいさんはサンシンを弾いて唄を歌ってくれたよ」

「○○の家にはお位牌が沢山あって古い家みたいだ」

など、夜の生活館はその日に聞いたさまざまなことを話し合う声がいつまでも響いた。このような仲間からの情報をもとに、翌日行く家を決め、質問項目をチェックし、わからないことは先生に質問して翌日に備える。不思議なもので最初に自分がその家の担当になり調査に入ると、その家は自分のもののように感じる。自分にとって特別な家になり、その後ずっと気になる。

今から思うと、突然知らない若い女の子が家に来て、家の祖先のことから、仕事のこと、家族のことなど根掘り葉掘り聞いていくなんて考えられないことだ。でもみなさん嫌な顔一つせずに一生懸命教えてくださった。感謝感激である。

手の甲と平の分かれ目がはっきりとわかるまで日に焼け、「今日は○○のおじいさんが……」と普通に話が出て、まるでシマで育ったような錯覚を覚え始めた頃に別れのときが来た。何人もの人が生活館まで見送りに来て下さった。妙に寂しさはなかった。「また来週来られる」そんな気持ちになっていた。いつでも帰ってこられる故郷のように……。

（槇島　知子）

【寄稿】

民俗文化研究調査会との出逢いから

本田　碩孝

はじめに

奄美のシマジマ（集落ごと）には、隣シマとも違う民俗文化の豊かさがあり、小宇宙を形成しているとも言われています。本土出身者には異質的な文化にさえ映るようです。「出逢いは人生を変える。よき出逢いを」（相田みつを）と言われていますが、当時住用村《すみようそん》立東城《とうじょう》小学校和瀬《わせ》分校在職中（昭和五二年四月から四年間）はよき出逢いに恵まれ、思い出も多く創らせていただきました。

思い出の数々

一番目は、植松明石先生をはじめ、当時、学生の指導にあたられていた若き学究渡邊欣雄先生、藤崎康彦先生といった方々と、初めて奄美大島に来られた学生等々との出逢いです。小学校の教員をしながら余暇の善用として民話を中心にした民俗文化を学んでいる私には、学生に接する諸先生方の話は知的刺激を与えるものでした。著書を恵贈いただいたりもしています。

写真１：本田先生を囲んで。住用村川内の調査時、学生と指導教員と共に。（1977 年８月、末岡）

二番目は、跡見学園女子大学民俗文化研究調査会の奄美大島での調査実習に少しでもかかわりをもつ事ができたことです。集落を紹介したり、カードでナマの資料を拝見したり、時折、ミーティングにも出席させていただいたことが、私の民俗文化研究にも大きな刺激になりました。そして奄美民話集1『住用村和瀬の民話』（一九七九年、郷土文化研究会）、同2『吉永イクマツ嫗昔話集』（住用山間）（一九八四年、郷土文化研究会）、『和瀬民俗誌』（一九八〇年、住用村教育委員会）にまとめることができました。

三番目は、調査報告書『民俗文化』（第二号〜第一〇号、一九七八年〜八六年刊行）という成果の重みです。奄美諸島で実習調査しこれだけの成果をまとめた学生たちがいるでしょうか。今では聞き出せない多くのシマの記録を残してくださいました。各シマの基礎資料としてこれからも輝き続けるでしょう。

四番目は、大学の多くの教員・学生の協力を得て、献本運動をしてくださったことです。その成果は個人の利用に待つしかありませんが、本の少なかった所に本がおかれるようになったことだけでも意義があったと思っています。

おわりに

一九八一（昭和五六）年に私は鹿児島県阿久根《あくね》市立尾崎小学校に転出しましたが、その後も調査研究は継続され、その成果が『民俗文化』にまとめられ、恵贈いただきました。有難いです。また、当時、学生であった方々の中から、その後も奄美研究に尽力している人も出て嬉しい限りです。今度は大島との比較の視点で徳之島での調査実習はできないものでしょうか。

本田碩孝（ほんだ・ひろたか）　一九四三（昭和一八）年、徳之島町井之川《いのかわ》生まれ。二〇〇四年鹿児島県知覧町立松ヶ浦小学校校長退職。鹿児島大学非常勤講師（奄美の民俗文化担当）を経て現在、徳之島郷土研究会顧問。

写真2：本田碩孝先生近影

第三節　集落滞在記

1 住用村川内の滞在日記
― またたくまの一〇日間 ―

私たちにとっても、また、大学にとっても初めての奄美調査は、一九七七（昭和五二）年だった。調査地の決定をはじめ、引率の指導教員の緊張と期待は相当であり、学生も同じだったと思う。

ここに示すことは、調査の成果ではない。調査準備と現地での日々の行動を記録したものである。当時の記録係山田和子が中心になって記した日記を、調査の翌年に簡易製本したものがある。それは、『生活館での十日間――川内生活館・一九七七年八月一日～一〇日――』（B5判、一五頁・一九七八年・跡見学園女子大学民俗文化研究調査会）である。次に、それを紹介する。（写真は、同会撮影による）

― 調査地へ行くまで ―

大学三年生になり、野外調査が必修の植松明石・渡邊欣雄の両ゼミ員は、四月から奄美へ行くための準備を開始した。授業は、両ゼミ合同のことも多く、初回が四月一五日、その後、回数を重ね、最後の七月八日までで一二回実施された。三年生一一名と四年生二名で、対外的には、跡見学園女子大学民俗文化研究調査会と称した。

事前の準備は、奄美大島の知識や調査方法を知る以外にも多々あった。まずお世話になる現地の方々への献本だった。大学の許可を得て、学内の教職員・学生から本を収集し、それを調査前に送ることだった。六月二三日に、「住用へ本の便りを！」という呼びかけのビラを学内に配布した。最初、四〇冊が集まり、結局、七月五日までに、四八四冊の本が集まり、昼休みや授業終了後に、みんなで郵便小包九箱に入れた。

七月六日は、池袋の飲食店で先生と学生の懇親会を開いた。九日は、授業時に両先生から奄美へ行く時および現地の行動面の注意を受けた。集合は、奄美大島名瀬のバスターミナルと決まる。私たちは都合を考え、四組になって出発した。

― 奄美までの交通 ―

①組…七月二九日、一六時四五分、東京駅から寝台特急はやぶさに乗車し、西鹿児島駅まで鉄道の旅。七月三〇日、夕刻、鹿児島港から「エメラルドあまみ」に乗船し一一時間。名瀬港に着いたのは、七月三一日の午前五時半だった。六名。

②組…七月三〇日、八時二八分、長野県の塩尻駅発。大阪港から乗船し、七月三一日、一九時五〇分に名瀬港に着いた。二名が発掘調査のアルバイトを終えてきた。

③組…七月三〇日、羽田発一一時の鹿児島行きの飛行機に乗り、鹿児島空港に着き、翌日、飛行機を乗り換え、三一日の一〇時五分に奄美空港に着いた。四年生二名。

①から③組は、名瀬市入船町一三―二〇のホテル南風荘に宿泊。

④組…七月三〇日、一六時四五分、東京駅から寝台特急はやぶさに乗車し、鹿児島から乗船し、八月一日の午前六時頃、名瀬港に着いた。三名。

写真1：東亜国内航空で鹿児島空港着。（1977年7月30日、西田）

― 滞在中の喜怒哀楽 ―

◎一九七七年八月一日（月）

九時一〇分、名瀬バスターミナルを出発。足を怪我しているひとりと、その付き添いは、川内の生活館までタクシーで。バスから降りて歩いていると、二人を乗せてくれたタクシーが戻ってきて、私たちの荷物を車に載せて生活館まで運んでくださった。

一〇時三〇分、生活館で、川内の方が作ってくださった昼食のカレーライスを食べ、一一時二〇分のバスで住用村役場へ。

夕食はトンコツ料理にキュウリとワカメの酢の物。朝昼晩の食事の用意をして下さるのは栄ツヤ子さんと吉崎チミ子さん。お風呂は、集落内の、永野恵信さん、林喜八郎さん、城武磨呂さん、吉村武広さんの四軒でお借りすることになった。

写真2：川内生活館。10日間の滞在拠点。左は上川にかかる石橋。右は川内小学校跡を示す記念の石碑。（1977年8月1日）

生活館では、林善英区長さん、本田碩孝先生（五九頁参照）、植田さん、森山先生、校長先生の紹介があった。私たち学生と植松先生は生活館で、渡邊先生は、永野恵信さんのお宅でそれぞれ川内での寝起きが始まる。

◎八月二日（火）

六時起床。六時半、ラジオ体操。生活館に集まる子供たちと。

久しぶりのラジオ体操。互いにちらりとみながら行う。床の上に直接タオルケット

写真３：住用村役場への道。（1977年8月1日）

をかけただけで寝るというのは、キャンプの時に経験して以来の事だったので、夜はなかなか寝つかれないし身体中がボキボキ音をたてそうなほどあちこち痛む（若干名）。

挨拶状をもって戸別訪問。各自、各方面に散らばる。

◎八月三日（水）

六時起床。七時半朝食。九時から一二時までミーティング。昼食後、一時から三時半まで再びミーティング。その後は各自調査の時間。

どこのお宅へ伺っても親切に教えて下さる。嬉しい悲鳴。

写真４：シマの料理で元気に調査。（1977年8月）

◎八月四日（木）

八時から一二時半までミーティング。本田先生が大きなスイカを差し入れにもってきて下さった。

午後、水の神がまつられてある所へ行ってみた。悪い虫がいるようで、刺されたあとひどく痛んだ。

城さんのお宅の裏の方から出ている水は力水といって、体の力が出る水ということで、城さんのお宅の風呂はその水を沸かしている。他にも、永野さんのお宅もそうだった。

今日は、名瀬で結婚式があり、川内の多

写真５：聞いた内容を記録する。壁の正面には覚えたシマの言葉を、左にはシマの地図、右には訪問先を表にした。（１９７７年8月）

くの方がそれに招待されていたため、調査の方はあまりはかどらなかった。お風呂は、二軒から借りた。

夜、青年会の方が生活館に遊びに来て、話をした。

◎八月五日（金）

本田先生と一緒に住用村の小学校の先生がおいでになった。

仰さんが、わざわざノロの頭にまくツルマキカズラを上間《うえま》のお墓まで出向いて採ってきてくれた。それをいただいて生活館へもって帰り、植松先生も頭にのせてノロの気分（？）を味わっていらしたとか。

◎八月六日（土）

本日で、本田先生がいらして下さるのは最後になった。先生を囲んで記念写真を撮った。

調査はしない日。夕方までは、思い思いに遊び、寸劇の練習もした。夜は楽しみにしていた村の方との交歓会だった。互いの出し物で遊んだ。歌、踊り、変形二人羽織が私たちの芸。川内の方たちからは、伝統的なシマウタをたくさん聞かせていただく。

また、八月踊りを教えてくださる。全員踊ったが、なかなか思うように手足が動かないことがわかった。

写真６：トッツブル。大きく重たい南瓜の一種。毎日、薪でお風呂を沸かしてくれた永野末子さん。（1977年8月）

ところで私たちは、渡邊先生脚本による「ヘンダームエラビヨット」という寸劇をした。次頁が、その台本である。学生A・B・C、村人A・B・Cは、もちろん学生が演じ、ハブは渡邊先生自ら演じた。

台本と実際の寸劇に多少の差はあったが、川内の方が、「みんなとても上手だった」とおしゃってくださった。急遽、習ったシマ言葉も、いくらかは通じたようだ。変な村人とは、もちろん私たち学生です。ハブの大役は渡邊先生。丸めた新聞紙でハブを思いっきり叩くはずだったが、最後は床を叩いておしまい。村の方に「本当にハブを叩けばよかったのに」と言われた。本当は、学生もそのつもりだったがうまくはいかなかった。

◎八月七日（日）

写真７：懇親会での楽しいひととき。（1977年8月6日）

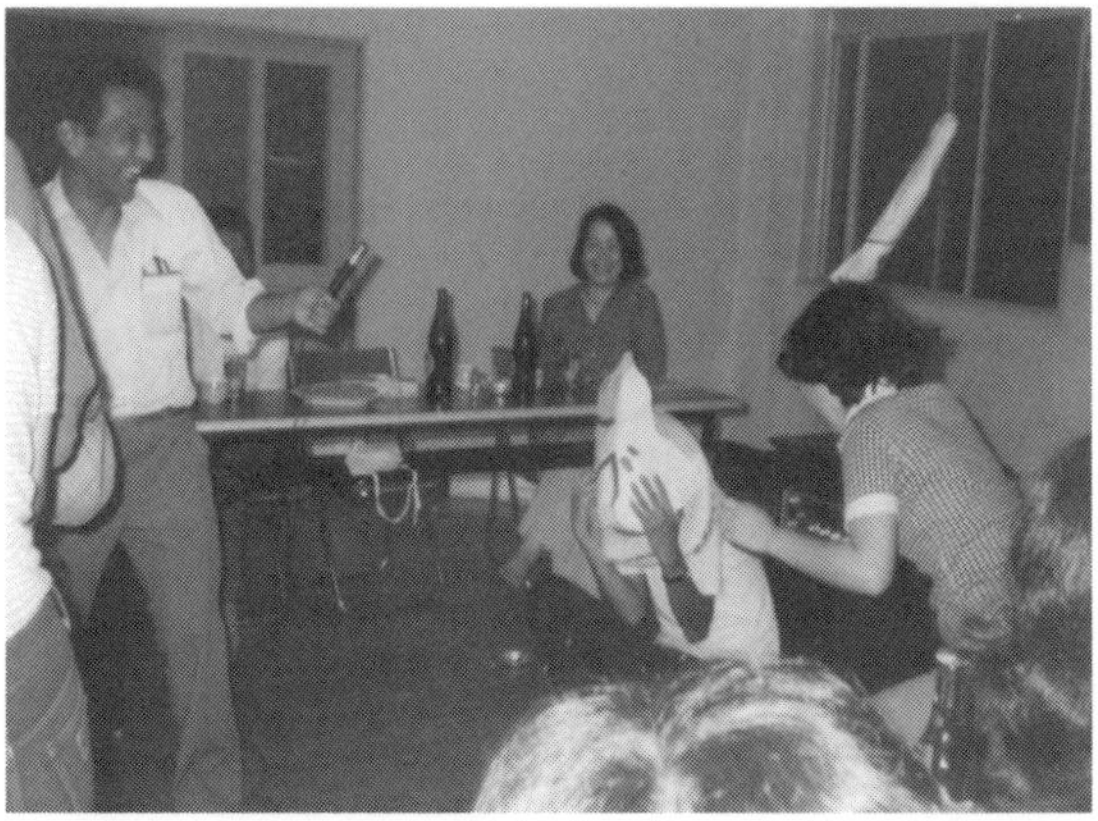

写真８：大きな笑いを誘った寸劇のひとこま。（1977年8月6日）

【寸劇】

ヘンダームエラビヨット（変な村人）

〈学生A・B・Cは、村人A・Bの家に訪ねる。村人Aは居眠りをしており、村人Bは台所で御飯の支度をしている〉

学生A　「こんにちは」

村人A　〈居眠りをしていて気づかず〉

村人B　〈まだ御飯の仕度をしている〉

学生B　「キャオロー」（こんにちは）

村人A　〈まだ寝ている〉

村人B　「ダラキョータカイヤ」（どのイエから来たのかね）

学生C　〈強く〉「キャオロー」

村人A　〈起きあがりつつ〉「ハイ、オモレー」（はい、いらっしゃい）

学生A　「イッチ、イッチャリョーカイ？」（家にはいってよろしいですか）

村人A　「イリンショレイー」（入りなさい）

学生達　〈家の中に入る〉

村人B　「ナキャ、タッタアリンショカイ？」（あなたたちは誰ですか）

学生B　「ワキャー　跡見学園女子大学ノ学生ダジョットー」（私たちは跡見学園女子大学の学生です）

村人A　「ヌーシガイモチャカイ？」（何をしに来たのかい）

学生C　「川内ノ生活ノ話、キキンショリガイモリンショシガ」（川内の生活の話しを聞きたいのですが）

村人B　〈村人Aに向かって〉「ヘンダームエラビヨットー」（変な娘だぞ）

村人A　「ワキャーシリオランガ区長ノ前デ、キキンショレヨー」（私たちは知らないから区長のところで聞きなさいよ）

学生A　「ワンヤ、ナキャムェラド、キキササリョンジャガ、ナンガハナシキキャシクリンショリ」（私たちはあなたのところから聞きたいのです。あなたが話してくださいませ）

村人B　「ガツ、ダジョーカイ。キャシュンハナシキキササカイヤ」（そうですか。どんな話が聞きたいのですか）

学生B　「ナキャノヤーニンズ、ナキャオカデモンカミサマ、ナキャヤーノエヘカナシ、ユイタバノコト、ヒヤノマドリノハナシ、シテクリンショリ」（あなたのご家族、あなたの拝んでいる神様、あなたの家の位牌のこと、ユイタバのこと、部屋の間取りの話をして下さいませ）

村人A　「ガシダリョンニャー、イッチャリオリョー」（たいへんなことですね、いいですよ）

学生達　「アリガトサマリョータ」（ありがとうございます）

村人B　「カムイオラン、カムイオラン」（かまわないよ、かまわないよ）

村人A　「キャシスルバ、イチャリョーカヤ？」（どうしたらよいですかね）

〈「しばらく話が続く」という垂れ幕を持って小道具係が舞台を歩く。「やがて夕暮れになる」という垂れ幕を持って小道具係が舞台を歩く〉

学生C　「ナガマリシォウテ、スミオランタ」（長くお邪魔してすみませんでした）

村人B　「カムイオラン、カムイオラン。イツモオモリー」（かまわんよ、かまわんよ。いつでもおいで）

村人A　「イツモオモリンショレー」（いつでもおいでなさい）

学生A　「マタ　アッチャタガ　オモシテクリンショレー」（また明日、教えて下さい）

村人B　「イッチャリオリョー、イツモオモリー」（いいですよ、いつでもおいで）

〈学生が帰る。すると帰り道にハブが出る〉

学生B　「アゲー、ハブジャガ、ウドゥッジャガ」（キャー、ハブだあ、驚いた）

村人A　「アゲー、ハブジャガ、ヘクボーモチコー」（ア！　ハブだー　早く棒持ってこい！）

〈むら人数人が出てハブをたたく!!〉

終わり

ミーティングなし。一日自由時間。川内の人は、名瀬の「港まつり」に行き、人が少なくなり調査は困難だった。民俗音楽を調査している人と両先生は名瀬に行く。とてもよかったと興奮して帰ってきた。

◎八月八日（月）

ミーティングが長引く。そろそろ疲れとあせりが出始めた。

あの学生はあの家の東京にいる娘に似ているとか、「ミショレ！　ミショレ！」と、いろいろ食べるようにすすめられ、つい長居をしてしまう。夜、生活館の黒板に、渡邊先生の字で「このままで論文が書けるか。明日は個人攻撃。質問を用意しておけ。キヨーフだぞ」という意味の言葉が書かれた。

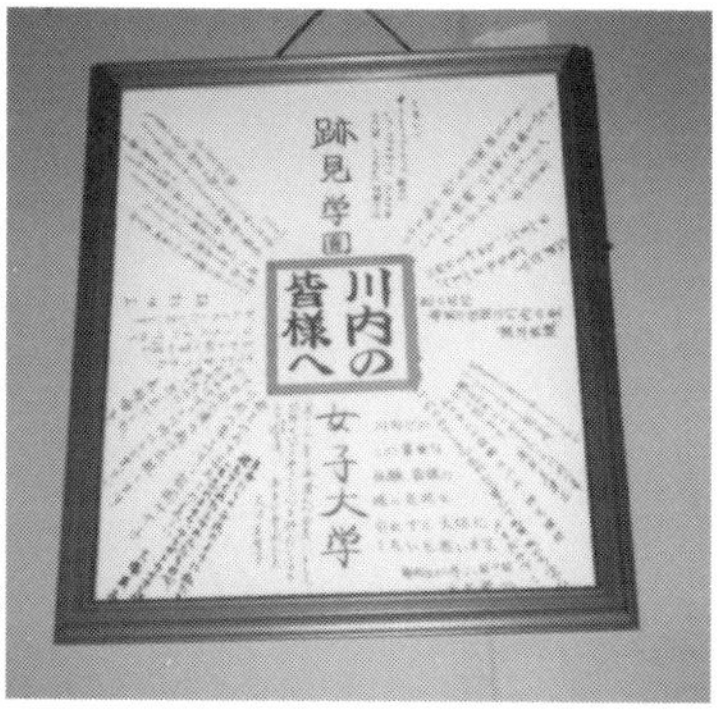

写真９：感謝の気持ちを込めた寄せ書きは、歳月を経ても川内の生活館に飾られている。（１９９８年8月１０日、福岡）

◎八月九日（火）

個人のミーティング予定時間

①班　六名、八時〜一〇時

②班　二名、一〇時〜一一時

③班　二名、一一時〜一二時

④班　三名、一時〜二時

実際は、①班から③班までが一二時過ぎまでかかってしまい、④班は、夜の一〇時からになった。

写真１０：別れの朝。雨の朝、多くの方が見送りに来てくれた。（1977年8月11日）

◎八月一〇日（水）

今日は「農業調査」のため生活館に農業委員の方がいらして調査をした。私たちは、外出して残りの調査をした。また、今夜は川内最後の晩ということで、川内の人々がお別れ会を開いてくれた。

私たちは、感謝の気持ちをこめて、全員で寄せ書きを書いた。

◎八月一一日（木）

朝、雨の中を、サトウキビやマユガラなどをとって見せてくれた。生活館からの出発は、バスで帰る人とタクシーとに分かれた。

雨の中、ほとんどの方が見送りにきてくれた。「またいらっしゃい」「お元気で」「ありがとうございました」そんな言葉がとびかい、握手をかわし、涙を流して別れを惜しんだ。

以上が、現地調査の楽しかった日々のことで、レポートを書く苦しさは、九月になって始まった。

（文責　福岡直子）

2 宇検村芦検の滞在日記
―出会いと別れ―

調査地での日々のできごとは、記録係（平山裕子・宮崎節子）が日記として残した。ここで、すでに、『民俗文化』第五号に収めた「芦検調査日誌」（一九八〇年七月二九日〜八月七日）を再録し、それに掲載できなかった写真等を入れ、得がたい一〇日間の見聞と感想を紹介する。なお、調査参加者は、指導教員二名、卒業生三名、学生一五名だった。

◎一九八一年七月二九日

朝八時、名瀬のバスターミナルに集合。バスで宇検村へと向かう。途中、新村《しんむら》のドライブインにて休息、宇検村湯湾の中央公民館には一〇時四〇分に到着する。村長さん、教育長さんにご挨拶をしたのち、昼食。午後は役場・郵便局等に分かれて、共通調査カードに必要事項を書き入れていく。四時半、ふたたびバスに乗りいよいよ芦検へ。三〇分ほどで芦検公民館に着く。さっそく手分けをして、村の皆さんにご挨拶をしに行く。夕食後、芦検の役員の方々がお集まり下さる。我々がどのようなことを知ろうとしているかなどを聴いて下さった上、村の組織について、いろいろお話をしてくださった（「計画表」参照）。

◎七月三〇日

六時一〇分起床。ラジオ体操、朝食後、ミーティング。ミーティングにて諸注意を受けたのち、各人、共通調査カードを携え出かける。いよいよ本格的な調査が始まった。

◎七月三一日

ラジオ体操の後、八月二日の交換会に備え、八月踊り唄（＊千鳥浜〔原曲〕を三部合唱に編曲したもの）の練習をする。交歓会は、人々とのより深い交流を求めて行なうもの。練習にも自然と熱が入る。ミ

跡見学園女子大学民俗研究団受入計画

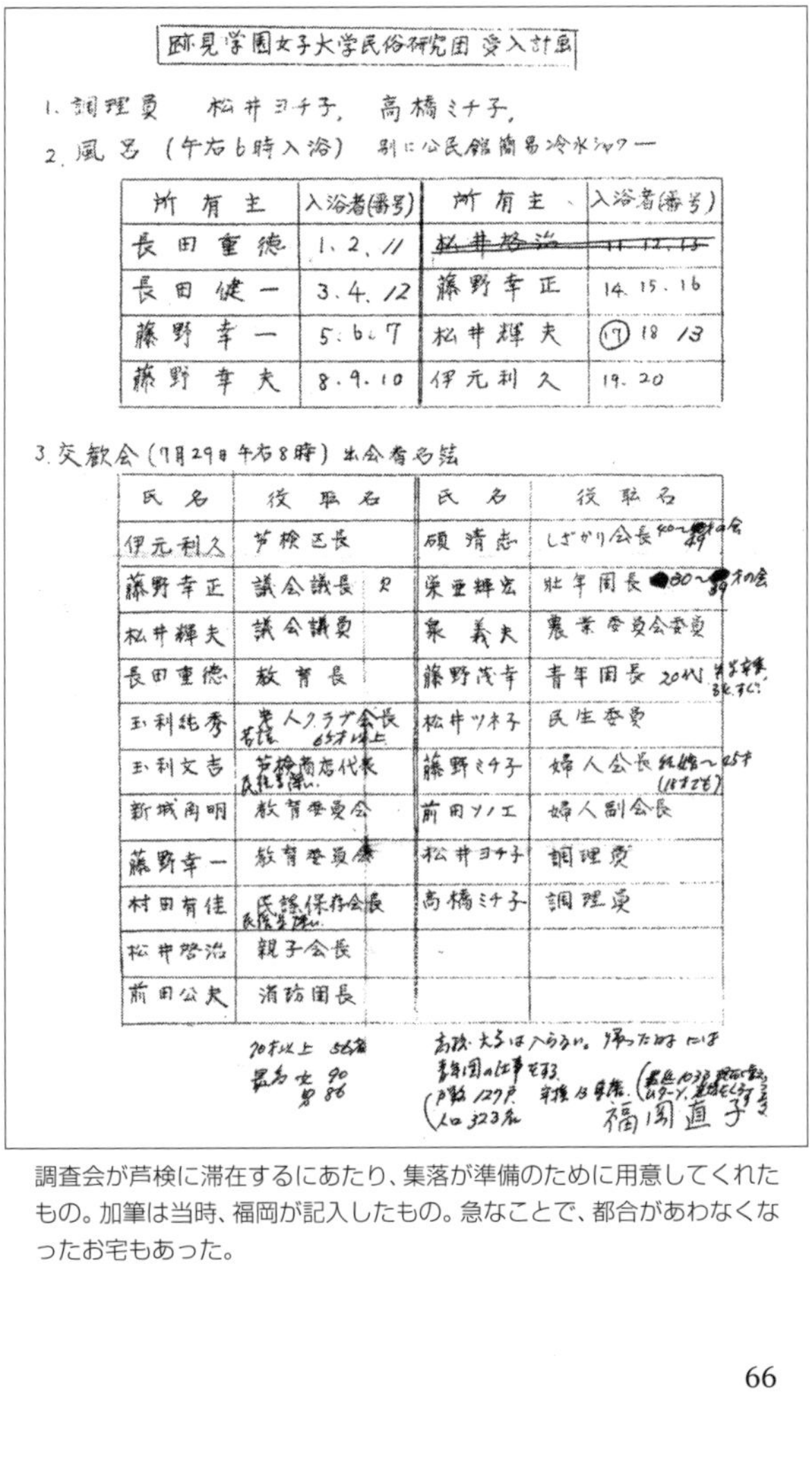
跡見学園女子大学民俗研究団 受入計画

1. 調理員　松井ヨチ子，高橋ミチ子，
2. 風呂（午后6時入浴）別に公民館簡易冷水シャワー

所有主	入浴者(番号)	所有主	入浴者(番号)
長田重徳	1、2、11	~~松井裕治~~	~~11 12、13~~
長田健一	3、4、12	藤野幸正	14、15、16
藤野幸一	5、6、7	松井輝夫	⑰ 18 13
藤野幸夫	8・9・10	伊元利久	19、20

3. 交歓会（7月29日午后8時）出会者名簿

氏名	役職名	氏名	役職名
伊元利久	芦検区長	碩清志	しざかり会長
藤野幸正	議会議長	栄亜輝宏	壮年団長
松井輝夫	議会議員	泉義夫	農業委員会委員
長田重徳	教育長	藤野茂幸	青年団長 20代
玉利純秀	老人クラブ会長 65才以上	松井ツネ子	民生委員
玉利文吉	芦検商店代表	藤野ミチ子	婦人会長
新城角明	教育委員会	前田ツノエ	婦人副会長
藤野幸一	教育委員	松井ヨチ子	調理員
村田有佳	民謡保存会長	高橋ミチ子	調理員
松井裕治	親子会長		
前田公夫	消防団長		

70才以上 56名
最高 女 90 男 86

高校・大学は入らない。帰ったときには青年団の仕事をする。
戸数 127戸
人口 323名
福岡直子

調査会が芦検に滞在するにあたり、集落が準備のために用意してくれたもの。加筆は当時、福岡が記入したもの。急なことで、都合があわなくなったお宅もあった。

ーティングの後、各自出かける。午後からにわか雨。

◎八月一日

四年生は共通調査と並行して、各自のテーマへのアプローチをし始めた模様。午前中は大雨。午後、本田碩孝先生（住用村の小学校の先生）と芦検の民謡保存会会長の村田有佳さんが出向いてくださる。本田先生のはやしで、村田さん自らサンシンをとり民謡を唄って下さった。夜、村はずれにハブが出る。青年団長さんがそれを我々に見せにきて下さる。みんな大騒ぎ。

◎八月二日

明け方、公民館の前で村の人々の騒ぐ声。またしてもハブが出る。午後は家々に交歓会のお知らせをしてまわる。余興の打ち合わせ、練習などを行ない、慌ただしく公民館に会場をしつらえる。夕食後の八時からということであったが、その三〇分前あたりからしだいに人々が集まる。若者からお年寄りまで多数の方々が来てくださった。自己紹介、挨拶などのあと、三年生、四年生、卒業生がそれぞれ芸を披露。村の人たちも飛び入り参加でたくさん唄をうたってくださった。心から楽しい時を過ごす。一二時近くまで。

◎八月三日

いつもより三〇分遅く起床。午前中は一時雨。村の簡易水道のスナアライのため、九時〜一一時、一時〜四時と断水。スナアライとは、雨水の浄化に用いる砂を三か月に一度洗う作業のこと。砂全体を取り替えるときは、大人から子供まで村中の人が砂を運ぶという。午前中、植松先生をはじめ数名でこの様子をみせてもらいに行く。浄水場は集落の小高い山の中腹にあったが、そこへ行くまでの坂道がかなり急で、なかなか大変であった。

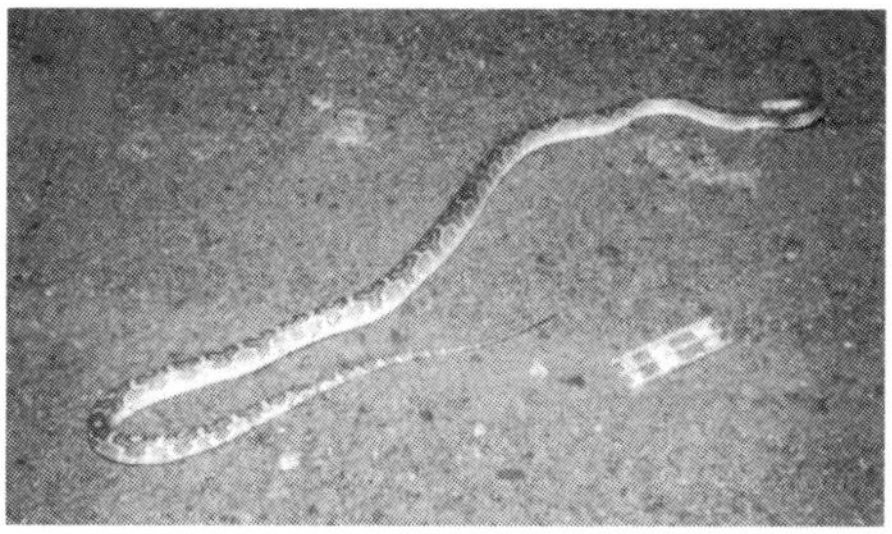

写真１：ハブが遊びに来た！（1980年８月１日、深見瑞子氏提供）

写真２：時を忘れて。（1980年８月２日、深見瑞子氏提供）

写真３：スナアライ。（1980年８月３日、直川裕子氏提供）

写真４：マチアミ漁を終え焼内湾から板付船で帰る。（1980年８月４日、植松）

写真５：笑顔の先生と学生。余裕があるのか終わったのか…聞き取りノートを前に質疑応答の暑い夏。（1980 年８月５日、深見瑞子氏提供）

◎八月四日

マチアミ漁という古くから伝わる漁をする組合の方たちと、船で漁場へ行き、調査のなかにも楽しさがあった。桟橋では、帰ってきた学生たちを、植松先生が迎える。漁は、大漁ではなかったようだ。残念。

夜、いつにも増してむし暑い。細かい虫が多いので、どことなく落ち着かない……三年生はノート整理どころではない様子。さすがに四年生はビクともせず、調査経験によって積まれたたくましさを感じさせていた。

写真６：夕方、いつも集まるおばあさんたち。わかるようにと、熱心に教えてくれた。（1980 年８月、深見瑞子氏提供）

◎八月五日

ラジオ体操、朝食、ミーティングの後、出かける。調査の追い込みに入る。ミーティングも非常な熱気を帯びていた。

◎八月六日

調査最終日。四年生は全体調査終了後も数日湯湾に留まり、調査を続ける由。淡々としたペースでやっている。三年生は少々あせりぎみ。夕方までには全員公民館に戻る。夕食には、二種の吸物と刺身のついた三献（祝いの席の正式な食事）を作っていただく。夜、青年団の方々が、八月踊りの練習を見せてくださる。公民館の屋上で、芦検の民謡に酔いしれる。青、壮年団の人々との交流の場をもち、楽しいひとときを過ごした。

写真７：別れのとき。シマの人みんなが送ってくれた。（1980 年８月７日、深見瑞子氏提供）

◎八月七日

午前中、後片付けをする。一時、バス停前

写真８：さようなら芦検。右手の公民館で過ごした１０日間は忘れられない。（1980年８月、植松）

に集合。いよいよ別れのとき。村の人も続々と見送りに来て下さる。ミッチャレをうたい、踊りをおどって下さる。ミッチャレは、別れの時にうたう最高の唄――その唄の中に、わずか一〇日間とは思えぬほどの強烈な別れ難さを感じる。

涙をうかべて手をとる古老に、思わず泣き出した学生。言葉に詰まって、何も言えなくなった学生。さまざま……。バスは芦検をあとにする。四年生は、調査続行のために途中でバスを降りる。三年生は、在学中の調査地住用村へ。卒業生は名瀬へ。それぞれに散り行く。ずっしりと重くなったフィールドノートを携えて。（了）

後年、調査当時に区長だった伊元利久さんとお会いしたが、公民館は落成したばかりで、まだ利用規則も集落の常会で決めていなかった。そのため、寝泊りをする目的での使用料を、もらうことはできなかったという。

わたくしと知人は、「では、電気代、水道代などは、お支払いしなかったのですか」と伺ったところ、伊元さんは、「これから当時の宿泊代を計算しましょうかね？」と冗談まじりで言っておられたことを思い出す。

また、滞在中の私たちの日々の三食をつくっていただいた二人のうちのひとりの松井ヨチ子さんは、区長から調査会の賄いの依頼があって、引き受けたという。あらかじめ予算を示され、お祝いとお悔やみの献立を入れるようにとのお願いがあったそうだ。その他の献立はいっさい二人に任せられ、もうひとりの、高橋ミチ子さんと相談してつくった。

最初は、朝食もという依頼だったようだが、子供の世話と自分の家の食事が作れなくなるので、朝食は、集落内の共同売店で売られているパンや牛乳にしたともいう。

集落の人たちから野菜の差し入れがあったので何の苦労もなくできた、と当時を振り返ってくださった。

楽しく、元気に調査をすることができた陰には、集落の人々の好意と、細部にわたる区長他みなさんのご配慮があったのだということを、あらためて感じたのである。

（文責　福岡直子）

【インタビュー】

都会から来た大学生

私たちが集落に入り調査をしているとき、話をする機会が多いのはお年寄りであり、意外と同年代の人たちと交流をもつ機会が少なかった。一九八〇年宇検村芦検で調査した折、私たちの宿舎である公民館を時折訪ねてくれ、話をしに来てくれていた一人の女子青年団員がいた。その元女子青年団員の松村雪子さんに調査から二九年後の二〇〇九年の春、当時のようすを振り返ってもらい、どのような気持ちで私たちを迎え、受け入れてくれたのかを話してもらった。

＊　＊　＊

跡見学園女子大学から人が来るということだけを聞かされていたので、「いったい何をしに来るのだろうか」と不思議に思っていた。そして、二〇名近い女子大生が集落を訪れ、公民館に寝泊りをするということを聞き、「布団はどうするの?」「風呂はどうするの?」「食事はどうするの?」ととても気になり、公民館に見に行った。

集落の役員からは、同年代の、それも同じ女子なのだからようすを見に行ってほしいといわれ、仕事の帰りに、バレーボールの練習前にとちょくちょく顔を出していた。

女子大生を初めて見たときは、その服装を見て、「さすが都会の人、とても綺麗だな」と思い、島にはない雰囲気をもち、いきいきしているという印象をもった。今の自分の生活は、女子青年団で活動し、仕事に行き、バレーもやっていて楽しくて充実していたけれども、自分のどこかにあった寂しさが見えてきたことも事実だった。その頃、女子青年団は三名だけであり、大勢来た女子大生を見て、友達がほしいという気持ちになった。

青年団員（男性）は大勢の女子大生に大いに刺激を受けた。そしてその中から嫁さん候補を探そうと思っている者までいたそうだ。また、何が楽しくて都会の若い人たちが、島まで来て、島の文化を調べているのか不思議に思った人もいたという。

集落全体の懇親会とは別に、青年団は公民館の屋上で懇親会を

写真１：芦検を発つ日、見送りに来てくれた松村雪子さん（左）、ゼミ員の小幡和子さんと共に（1980年8月7日）

催した。学生たちが古い伝統や習慣を調査していることを知り、伝統的なイッソと呼ばれる仮装を見せた。一緒に八月踊りを踊り、学生たちを楽しませ、交流を深めることができた。青年団が学生たちと触れあうことで、真剣にシマのことを調査しているということを理解することができた。

自分も、他所から来た若い学生が、シマの古い習慣や伝統のことなどをお年寄りから聞いて勉強していることに刺激を受け、自分たちの文化をもっと知らなくてはいけないと思った。自分では聞いたことがなかったシマのお年寄りの話を、聞いてきたばかりの学生の口から聞くのがとても楽しく、学生たちの話を聞くとシマのことが学べるのではないかと思ったりもした。

また、あるとき、植松先生と一人の学生の話を耳にしたことがあった。それは、「シマの人たちがとても温かく親切に接してくれるのでとてもありがたい」という内容だった。その会話を聞いて、皆にシマの温かさに触れてもらって嬉しかったと感じた。なぜならそれがシマの自慢だったからだ。

都会から大学生が来たことは、シマに「風が入った」と感じた。今までのシマの日常の暮らしがあたり前だと思って気に留めることがなかったが、皆がシマに来たことによって、シマの人たちが自分たちの文化を知らなければならないと感じるようになった。自分はそれまでは母親が口ずさんでいるシマウタにさほど興味がなかったが、それからは、母にシマウタの歌詞の意味を聞いたり、母親と一緒にシマウタを歌ったりするようになった。

写真2：最近の松村さん、諸鈍で（2010年10月16日、末岡）

松村 雪子（まつむら・ゆきこ） 一九五八（昭和三三）年、宇検村芦検生まれ、芦検在住。

＊　＊　＊

一〇日間もの長い間、公民館に寝泊りをする者は後にも先にも私たちだけであったという。それだけにシマの人たちの学生に対する印象はとても強かった。

調査が終わり、都会に帰ってからは、松村さんは皆とはもう会えないのではないかと思ったという。しかし、その後もずっとシマのことを忘れずにいてくれて、それから何年か後にシマで再会でき、一緒に豊年祭の「アガリ」をお祝いすることができたのがとても嬉しかったと話してくれた。

（末岡三穂子）

3 八月踊り唄をコーラスで

調査中、どの集落でもシマの人たちとの懇親会が開かれ、私たちは何か余興を披露しなければならなかった。

一九八〇年の芦検は私にとって二度目の調査であった。私は最初の調査地川内《かわうち》では八月踊りの調査を行い、八月踊り唄全曲の採譜をして楽譜に表し、『民俗文化』第二号に発表した。

余興ではシマの人たちに喜んでもらえることはないかと考えた末、川内で採譜した八月踊り唄をコーラスに編曲し、それを学生が合唱することにした。選曲は、私が採譜した際にすぐにメロディーを口ずさむことのできた「千鳥浜」と「しゅんかね」の二曲にした。編曲は、音楽短大の作曲科に在籍する友人に依頼すると、すぐにコーラス曲としてアレンジしてくれた。どんな曲になるのか楽しみだった。歌う学生はもちろん音楽が専門ではなかったし、メロディーは初めて耳にする八月踊り唄で無伴奏の曲ということもあり、かなりハードルは高かった。その上、「千鳥浜」のアレンジの、出だしのハーモニーの音がメロディーからかけ離れていたので、かなりの難曲に取り組むことになってしまった。結局、メロディーが美しく、歌いやすい「千鳥浜」一曲のみを歌うことにした。

写真１：ミーティングの合間にコーラスの練習をする学生（1980年８月、菊池瑞子氏提供）

練習は皆が集まるミーティングの時間を少し割いて行われた。私が東京よりもってきたハーモニカの音にあわせて音取りをしながら何度も練習した。回を重ねるうちに美しいハーモニーになってきた。学生の中には民俗の調査に来て、コーラスの練習をするとは思っていなかった者もいただろう。

次頁の楽譜は調査会のメンバーの家から見つかったものである。現物は、青焼きされたものであるが、年月の経過で色もまだらになっていた。手書きでブレス（息つぎ）も書き込まれている。どのようなハーモニーが奏でられたかは、この楽譜から想像していただきたい。懇親会で演奏されたテープは今でも残されている。今、私が聞く限りでは、かなりの完成度で歌うことができたと自負している。

（末岡三穂子）

資料：川内の八月踊り唄「千鳥浜」をコーラス曲としてアレンジした楽譜。（1980 年作成の楽譜）

4 瀬戸内町諸鈍の滞在日記
—調査しました。食べました—

一九八四(昭和五九)年七月二五日から八月三日まで滞在し、調査させていただいた加計呂麻島《かけろまじま》の諸鈍では、記録係二名が残した日記がある。日々のタイムスケジュールに加え、集落のできごとが書かれているが、その中で、三食の献立と集落の方々のご好意でいただいた食べ物がとくに細かく記述されている。日記を読み返すたびに、賄いをしていただいた調査地諸鈍の方のご苦労と、都会育ちの私たちの暑さの中での体力の消耗を心配してくださったことが思い浮かぶ。

ここでは、日々の食事を中心に記した。わずか一〇日間ではあるが、三食の献立からも奄美らしさを感じ取ることができる。ことわりのない限り、朝食は午前七時、昼食は一二時、夕食は七時だった。その時間以外は、広い集落内を歩き訪ねて話を聞き、珍しくみえるものを観察し、そして、互いにもち寄った調査結果を交換しながら学習した。

二〇人の調査者は、各自、七~八軒の家を回る。全戸にお尋ねする内容は、家族の人数、出生地・出身地、生業、墓の場所等である。その他に、各自のテーマに沿って知りたいことを調査した。就寝は、規則では一〇時だったが、一二時を回ることもあった。左記は、当時の記録係による日誌である。

◎七月二五日(水)

前日の宿泊地の古仁屋《こにや》の民宿にて起床。九時三〇分、瀬戸内町役場で挨拶をする。基礎データを得るために、農業委員会、漁業、教育関係期間等に分担して出向く。各自で食事をすませ、一二時、古仁屋から乗船し、一五分後に加計呂麻島《かけろまじま》に着く。寝食の拠点となる公民館に着き、一二時四〇分、各自が挨拶のため集落内の各家へ散らばる。挨拶状・手土産・名刺を持参。五時からお風呂(集落内の家)。そして夕食である。

夕食…ごはん・わかめの味噌汁・野菜いため・パパイアのサラダ・すいか

いただきもの…トケイソウ・飴

◎七月二六日(木)

朝食…ごはん・味噌汁・卵・のり

昼食…うどん・ポテトサラダ

いただきもの…パパイア・モンキーバナナ

夕食…ごはん・豚骨・刺身・パパイアの漬物・梅干

初めてうかがったお宅で親切にされたようだった。暑さのため、外回りをするのがたいへんだった。昨日の夜は、公民館の扇風機を消して寝たがあまりに暑いので、今日の夜からは扇風機をつけて寝ることになった。

◎七月二七日(金)

朝食…パン・牛乳・サラダ・紅茶・オレンジ

昼食…未記入

夕食…未記入

いただきもの…らっきょ・パパイアの漬物・グアバジュース・黒糖煎餅・パイクッキー

今日は二日目。少しは慣れた気もするがやはり三年生は聞きもらしが多い。

◎七月二八日(土)

朝食…バナナロール・イタリアパン・牛乳・

サラダ・チーズ・ゆで卵・オレンジ
昼食…未記入
三時、各自、最初に挨拶状を持って行った家にもう一度行って、今夜の懇親会に来てもらうようお願いする。懇親会の出し物の練習をする。
夕食…未記入
八時三〇分から懇親会を始める。

「懇親会プログラム」　司会＝ゼミ長
1　開会のことば
2　引率教員の挨拶
3　区長さんの挨拶
4　本の贈呈式
5　自己紹介
6　出し物発表（学生・集落の方）　八月踊り　島唄等
7　お礼のことば

一〇時三〇分、懇親会終了。後、民宿山下で島唄を聞かせてくれたので録音した。

一一時三〇分、就寝。

いただきもの…ジュース・スイカ・バナナ
村田安秀区長の挨拶は、この調査の結果が郷土の資料になるからという内容。集落の人々に協力をよびかけてくださった。また、大学からお礼の意味で贈呈した本（調査前に学内に呼びかけて集めた）は、公民館に棚をつくり、そこに置いて利用しやすくしてくださるということだった。

懇親会後、民宿山下で島唄のために集まってきてくださったのは次の方たちである。島唄をうたった方は吉川忠さん、蛇味線は吉川彦一さん、口笛（ゆびぶえ）は徳島富人さんである。

◎七月二九日（日）
朝食…パン・ゆで卵・野菜・牛乳・リンゴ
昼食…スパゲッティ・ツナサラダ
夕食…ごはん・味噌汁・とんかつ・きんぴら・すいか
いただき物…パパイア・おはぎ・らっきょ・お茶・ヨモギ餅・オレンジ・ビール・虫さされ用薬・絆創膏・オキシドール・団扇

◎七月三〇日（月）
朝食…菓子パン・ゆで卵・オレンジ・おにぎり
昼食…未記入
夕食…未記入
いただき物…佃煮
今日から、各自の調査のすすみ具合、調査の細部にわたる指導があった。晩には、社会関係、村落構造、宗教等、テーマごとに班に分かれてミーティングをした。
夜は台風の影響か、すごい雨と雷だった。しかし、「もっとすごいのが本当の台風だ」と集落の方は言っていた。

◎七月三一日（火）
朝食…サンドイッチ・牛乳・りんご
昼食…サバの揚げ物・かぼちゃの煮物他
夕食…揚げ物（えび、鶏肉、いか、かきあげ）・もずく・ピーマンの炒め物・豆腐の味噌汁・オレンジ
いただき物…パパイア・オレンジ・ミキ・スモモ酒・夏ミカン
留守の家がどこか、集落の人の動きがわかるようになった。紙に記入し、行かないようにした。また、今日は、沖縄で亡くなった与友千代さんの葬儀が行なわれ、葬式の準備、葬式、野辺送りに立ち合させていただいた。

◎八月一日（水）
朝食…菓子パン・ゆで卵・チーズ・サラダ

昼食…冷やし中華・ポテトサラダ
夕食…ごはん・味噌汁・はるさめサラダ
　おでん・メロン
いただき物…飴・落花生

今日はテーマ別の二回目のミーティングがあり、各自、自分の質問で聞き漏らしたことを先生に指摘していただき、今後の質問の手がかりとした。残りはあと一日半で、みんなもあせっている。

◎八月二日（木）
朝食…食パン・野菜サラダ・ゆで卵・オレンジ
昼食…オムライス・パパイア・かぼちゃの味噌汁・漬物
夕食…サンゴン
いただき物…ジュース・クッキー・飴・スモモ酢・ミカン・パパイアの漬物
＊帰り支度で、郵便局で郵パックを使うことができる。

【婦人会の方にしていただいた三献】
集落の参加者
区長＝村田安秀さん、老人会長＝昭山時男さん、シバヤ保存会＝吉川実さん、老人会副会長＝積時秀さん、青壮年団長＝山下清美さん
出す順は次のとおりである。
六時四五分…椀に二つの餅・コンブの飾り一つ・しいたけ
六時五〇分…お茶・吸い物を配る。シンカンの盛り付けを始める。中味は、エビ・豚肉・白身の魚・ゆで玉子・なるとしいたけ・ネギ
七時一〇分…食べ始める。お茶―漬物―吸い物―酒―刺身―酒―干し物の順で、三献《さんごん》終わり。最後のうどんを食べる。
八時三〇分…各自、自由にお話を伺う
＊三献では、お酒をついだりシンカンを運んだり、苦労をした。また、席は、年齢順に並ぶ決まりだった。学生は、何月生まれまで厳密にして座った。

◎八月三日（金）
朝食…未記入
昼食…巻き寿司
最後の日。諸鈍小中学校でミーティングをし、お世話になったお宅へ挨拶。帰郷後にすることの話し合いをした。午後からは、公民館と小中学校の掃除をする。二時三〇分に公民館を出発し、三時、事前に頼んでおいた「でいご丸」に乗船し、古仁屋に行き、解散。三年生にとっては長いようでいて本当に短い調査期間だった。各自、言葉に表すことのできないものを得たようである。全員病気をする者もなく終えることができてよかったと思う。

なお、日々の食事の世話をしていただいた方たちについては、二四九〜二五〇頁に記したので、お読みいただきたい。

（文責　福岡直子）

5　名残惜しい別れ——長期滞在を終えて

調査会が一〇日間の調査を終え、シマを後にする日は大勢の人が見送りに出て来てくれ、別れを惜しんだ。

始めは、家を訪ねてきて面倒な質問をする私たちは招かれざる客であったと思うが、懇親会や毎日のふれあいの中で、徐々に両者が打ち解け、調査もスムースに行われるようになり、シマの人たちに受け入れられるようになってきたように思う。調査では手づくりのお菓子やシマで採れた果物などを出してくれ、まるで、自分の子や孫のように可愛がってくださり、親身になってお世話くださる方もいた。

調査を終え、シマを発つ日は、宿泊先の公民館やバス停まで大勢の方が出て来てくださり、名残惜しそうに見送ってくれた。

学生たちはシマの人々に感謝の気持ちをこめて、挨拶をした。

「どうぞ、いつまでもお元気で」

「また遊びにいらっしゃい。待ってますよ」

「はい、また遊びにきます。ありがとうございました」

そんな会話をしながら、握手をして別れを惜しむうちに、涙がこぼれてしまい、やっとの思いでバスに乗りこむ者もいた。

写真1：請阿室の船での見送り。テープでお別れする。（1979年8月）

写真2：再訪の請阿室。定期船「せとなみ」まで小舟で見送ってくださった。（1980年3月、川北）

奄美大島南部の古仁屋港から定期船で小一時間かかる請島《うけじま》の集落請阿室では、船の別れだった。定期船「せとなみ」まで小舟を漕いで見送りにきてくれる人、紙テープを渡されそれを握り締めながらの別れは、一層、別れをつらくするものとなった。

「みっちゃれ節」に送られて——宇検村芦検《うけんそんあしけん》

宇検村芦検を後にする日、学生が乗るバスの予定時刻よりずいぶん早くからシマの人々がバス停の前に見送りに出てきてくれた。

昔、芦検では就職や結婚、あるいは戦時中は出征などでシマを出るときは、舟に乗って出発して行った。見送りの人は浜に出て、入り組んだ海岸線に点在するシマジマに寄りながら焼内《やきうち》湾を出て行く舟を、その姿が見えなくなるまで、「みっちゃれ節」を歌いながら見送ったという。別名「送り節」とも言われている。

私たちが芦検を発つ日も、民謡保存会の人がチヂン（太鼓）を手にして、叩きだした。誰が歌いだそうと言いだしたわけではないのに、チヂンの音が鳴ると「みっちゃれ節」が始まった。

「ふりたちゅる加那《かな》ぬ　ゆしでゆしまれゆれ
　いもちもれしょうしりゃ　朝夕《あさゆ》ふがも
船出《ふねい》ぢゃち三日《みきゃ》に　雨風《あめかで》ばいきゃて
　雨やわが目なだ　風《かで》やわがいき」（『芦検民謡集』より）

（意味―行ってしまわれる愛しい人は、惜しんでも惜しみきれない。行って、必ず帰ってきてください。旅の安全を朝夕神に拝んで祈っていますよ。舟が出て三日、雨が降ったり風が吹いたりしていないでしょうか。もし、降っているのなら、雨は私の涙、風は私の息なのです）

「みっちゃれ節」の「みっちゃれ」は漢字で「道祓い」と表記され、旅立つ人の行く先によい事があるようにと安全の祈りをこめた言葉である。高音から低音に下がる哀調を帯びたメロディーが、別れの悲しさを一層切ないものにする。

この唄は途切れることなく、バスが出発するまで、いえ、きっとバスが見えなくなるまで続いたことだろう。この唄と太鼓で見送られたシマの人たちは、愛郷心も強くなるといわれているが、私たちも、芦検の思い出を深く胸に刻み、また奄美に戻ってきたいという思いを強くした。

二〇〇〇年、芦検を訪れる機会を得た。一週間ほどの滞在であったが、友人が自動車で空港まで送ってくれることになり、公民館の前でその車を待っていると、区長夫妻や民謡保存会会長夫妻など数人の方が見送りに来てくださった。そして、公民館からチヂンをもちだし、「みっちゃれ節」を歌い始めた。再び、この唄で見送られることになった私たちは、皆さんの温かい思いを背中に感じて芦検を後にした。

（末岡三穂子）

写真３：中勝のバス停で見送られる学生。（1983年７月）

写真４：芦検、「みっちゃれ節」で見送られる。（1980年８月７日）

写真５：再訪の芦検で。「みっちゃれ節」で見送られる。（2000年２月、福岡）

第Ⅱ章　人とくらし

第一節　働く

1　共同で米づくり

人々の一年の暮らしのリズムは、農作業と共にあった。その中でも稲作は特別で、多種類のイモ・サトウキビの栽培以上に大きな存在であった。朝な夕なに働き、収穫の感謝と翌年の豊作への祈願をカミに祈った。また、どの集落でも、農作業では家同士が助けあい、作業内容によっては協働のこともあり、集落内の地縁・血縁的関係で行われることがふつうだった。

しかし、稲作は、若年層の島外への転出、紬産業の台頭、政府による減反政策（一九七〇年代）等により次第に減少し、田は荒地となる。これは、奄美の多くの集落で同様な状況が生じ、次にあげる二集落においても同様な報告がある。たとえば、笠利町用では、「水稲は、昭和四五、六年以降、ほとんど作られていない」（『民俗文化』第六号四頁）といい、龍郷町嘉渡では、田を手離した理由として、「昭和三五、六年頃から紬が盛んになり、農業から紬業に移った家が多い。農業より紬の方が現金収入が多く入る。現金で何でも手に入る時代となった。昭和四五、六年、お米の過剰生産のため、田を休田にしておけばお金がもらえた」（『民俗文化』第一〇号八頁）といわれた。

減反政策により自給用以外で米を作る人が不在になったことから、それまで折々に行っていた稲作の儀礼が、だんだん行われなくなった。

稲作中心の農業から離れ、「そのうち、このあたりにミカンができるようになる。まだ木は小さいが」と聞き、そのタンカンの幼木に見るような生業の転換期の一九七七（昭和五二）年、住用村川内の集落を訪ねたのである。その後もご縁があり、米づくりを盛んに行っていた当時の写真を拝見する機会を得た。ここでは、その写真とともに、説明していただいた内容を記したい。

一九六三（昭和三八）年の田植え

写真1は、一期作の田植え（旧暦二～三月初旬）をしているところを、昭和三八年四月二三日に撮影したものである。現在の前里地

区（土地改良時は中間田）の状況である。遠景の山名はオンダカヤヤマである。写真右下には、土を砕く砕土機をクロウシが引き、砕土機の後方には、写真提供者の中善勇さんがいる。写真中央から左にほぼ一列に並び、腰をかがめている一〇人ほどの方たちはすべて女性で、田植えをしている光景である。中さん宅の田植えを一日で終わらせるために、手伝いあうのである。

写真１：ユイタバで田植え。（1963〔昭和 38〕年、住用村川内、中善勇氏提供）

同氏は、長年にわたり、日記をつけている。それには、田植人夫と記し、城千恵子・中田サツ子・中江つよ子・麻ナツ江・林むつ代・林良子・前田りき子・中島ひろ子・松村かよ子（永田タイさん代人）とある。この他には、もちろん同家の女性もいるであろう。

この労働作業は、互いの家の同じ作業を手伝い合うことから、川内ではユイタバと称している。米の収穫のときや、その他のさま

写真２：耕運機で田おこし。（1980〔昭和 55〕年、住用村川内、中善勇氏提供）

ざまな作業でも、ユイタバは行われるが、川内の場合、田植えはみな女性が行っていたようだ。また、田植えの場合、この写真からはわからないが、その家の妻方の親戚によってなされることが多いという傾向がみられた。田植えは、主に、一日おきに行っていた。さらに、ユイタバは、労力に対し、賃金を支払うことではなく、労力の交換で行われるものであった。つまり、互いに欠かしてはならない互助的関係で成り立っていたのである。同氏の日記に、代人と書かれてある人名がある部分があるが、これは、代役を立ててでも相手の家とのつきあいを全うするという意味であろう。集落で生活する上の知恵であり秩序と考えられる。

一九八〇（昭和五五）年の田起こし

写真2は、昭和五五年三月二二日、中氏がゴム長靴をはき、田植え前の準備のために田を起こしているところである。手にするものが砕土機から耕運機に変わっている。この耕運機は、昭和四一年、名瀬の小沢鉄工所（電機具工場）で購入したものである。川内字前田地区の様子である。

二枚の写真は、使用する農具の変化、そして人のつきあいのあり方までも教えてくれる。

（福岡　直子）

稲作と儀礼《ぎれい》

一九七一（昭和四六）年、政府の減反政策により、奄美の水田耕作者の減少は加速した。そのため、それまで行われていた稲作に関する儀礼は次第に行われなくなった。一九七七（昭和五二）年、住用村川内を訪ねたとき、「田をやらないから今は草が生い茂っているけれど、いずれ、このあたり一帯はミカン畑になるよ」と説明を受けた。

それが、現在、南の島の味として普及しているタンカンの栽培のことと知ったのは、ずいぶん後になってからだった。ここでは、生活暦が旧暦で、稲作とともにあったことを示す。儀礼は、一期作のときに実施していた。

（福岡　直子）

川内の稲作儀礼

ア）	予祝儀礼	旧正月2日	ミーシゴト
		旧正月14日	ナリモチ
イ）	播種儀礼	旧10月中	タネオロシ（モチモレする）
ウ）	田植儀礼	最初に植えた日	植え付け始めの祝い
		植え終わった日	田植えジマイの祝い
エ）	生育儀礼	旧4月初午の日	ムシカラシ（ハマオリする）
		〃　初壬の日	アズラハネ
		〃　午の日	マーネアソビ
		〃　子の日	ネノアソビ
オ）	収穫儀礼	旧6月戊の日	シキョマ
		〃　初子の寅の日	アラホバナ
		稲を刈り終えた日	稲の刈り上げ祝い
		旧8月初丙の日	アラセツ（三大収穫祭）
		アラセツから中5日おいた壬の日	シバサシ（三大収穫祭）
		旧9月甲子の日	ドンガ（三大収穫祭）
		旧8月15日	八月十五夜

（『民俗文化』第二号97頁）

【寄稿】

奄美の農業――さとうきびを例にして

前田　篤夫

奄美群島は与論島《よろんじま》・沖永良部島《おきのえらぶじま》・徳之島《とくのしま》・喜界島《きかいじま》・奄美大島の島々からなり、さとうきび栽培が盛んに行われている。奄美の農業の主幹作物であるさとうきびは、約三八〇年の歴史があると言われており、奄美の気候と土壌によく適している。現在、農地の約八割はさとうきび畑である。

私がさとうきび栽培を始めたのは一九五五（昭和三〇）年頃からで、当時の品種は「POJ二七二五」だった。一九五九（昭和三四）年に「国内甘味資源自給力強化総合政策」が打ち出され、関税や砂糖消費税の改正にともない、黒糖工場からの転換や新式大型分蜜糖工場の建設が行われ、さらに大型製糖工場の進出により、さとうきび産業の転換期に入った。品種も「NCO三一〇」という反当《たんとう》収穫量や品質もよく、これまでの重量買い上げから糖度一三度の基準の買い上げに変わった。

一方、栽培型も春植え株出しの二回だったが、新植《しんしょく》夏植え株出し一回の作型が推奨された（表1参照）。春植えの長所は土地の利用効率が高いことである。春植え跡の株出しは、夏植え跡の株出しに比べて萌芽がよい。短所としては、植え付け時期が収穫時期と

表1：さとうきびの春植えと夏植え

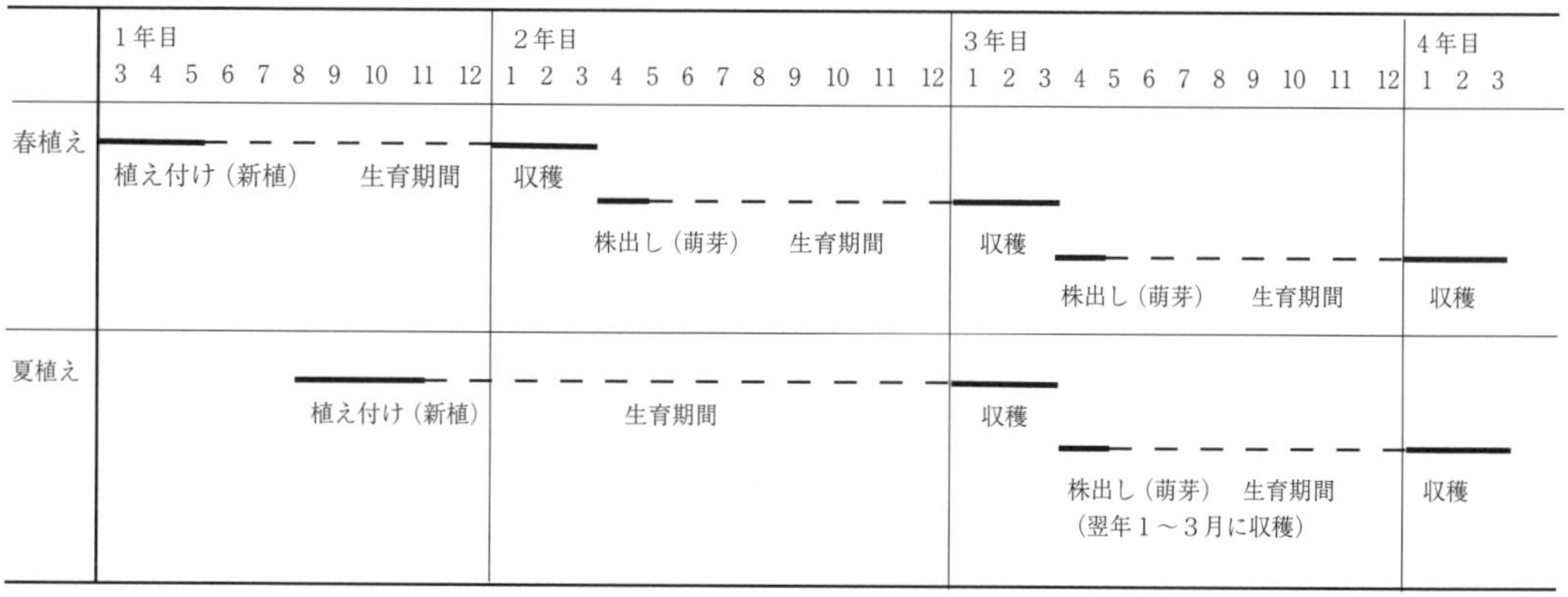

重なり労働が競合することである。また、植え付け時期が遅れると減収につながる。さらに夏植えに比べて、干ばつおよび台風の影響を受けやすい。そのために生育初期に雑草防除を徹底する必要がある。夏植えの長所は、植え付け時期が収穫時期と重ならないため労力分散が図られることである。春植え及び株出しに比べて干ばつや台風被害が少なく反収も多く、生産が安定する。

しかし短所は、二年に一度の収穫のため土地の利用効率が悪く、とくに借地の場合には負担が大きい。また、原価償却費も大きい。春植えに比べて夏植えからの株出しが少なく、毎年の新植面積が大きい。地域全体で見ると収穫面積が減少して生産量が低下するため製糖コストに影響する。また、害虫の加害による株出しの不萌芽が発生しやすく、一回の収穫で終わるため、収穫後から新植までの期間、雑草の繁茂が多くなりやすいという特徴がある。

現在では、作型・労力・生産の安定から夏植え面積が多い。全体的な春植えへの移行には、植え付け時期と収穫時期とが重なり、また、雨が多いため農業機械を使っての準備作業が図りにくい。以上のように、春植えと夏植えのそれぞれの長所と短所を考慮し、さまざまな条件の違いにより、春植えか夏植えか選択することになる。また一方で、さとうきび栽培の農業機械も独自に開発され普及している。今後の奄美の農業には、島別・地域別・個人別にそれぞれ違いがあることから、安価にするためには省力化対策が必要である。

昔から、「作物は人の足音を聞いて育つ」という言葉と「七回耕すと肥料いらず」ということを聞かされている。常々、畑の状況や作物を良く観察する事と、愛情をこめて適期に植え付けて管理収穫することで望みが叶うことだと思う。

写真１：宇宿に広がるさとうきび畑。（2010年12月7日、福岡）

写真２：前田篤夫さん、照代さんご夫妻。（2008年9月3日、川北）

前田　篤夫（まえだ・あつお）　一九三三（昭和八）年、笠利町《かさりちょう》宇宿《うしゅく》生まれ。中学卒業後、農業研究指導所に入る。笠利町役場に勤務。定年後、笠利町助役、笠利町福祉協議会理事を歴任。現在、奄美市社会福祉協議会会長

2　奄美の漁業 ── 待網漁を例として

調査地での滞在中には、いろいろなことを体験した。そのひとつが、宇検村芦検の待網漁《まちあみりょう》（集落では、マチャミと呼ぶ）だった。波静かな焼内湾の一角に網を張り、回遊する魚を獲る漁である。この漁法が始まった時期は、一〇〇年以上前だろうといわれている。獲るためにモリや餌はない。回遊魚の習性と潮の干満を考えて行う。漁法の知識はもちろん、それに加えて、辛抱強くその時を待つことが必要で、待網漁と表記されるゆえんだ。

　芦検では、待網漁をする組が漁場ごとにあり、筆者たちが体験したのは当間《とうま》待網の方たちとで、他に、内《うち》待網、桟橋《さんばし》待網の組があった。

　一九八〇（昭和五五）年当時の当間待網の方は、八人の男性たちによって行われていた。生年は、明治三〇年、三三年、三五年、三八年、四〇年は二名、大正一一年、そして、昭和七年生まれの方だった。漁は、魚を市場に出すことが目的ではなく自給用だった。

　芦検は、網漁が盛んといわれ、待網の他に、サデイ網、夜焚《よだ》き網、定置網、カーリ網、キンチャク網が行われていたという報告がある。（『民俗文化』第五号・一一頁参照）。

　待網漁では、漁場に偶然通りかかった際、網を引く作業を手伝っただけでも、その人に、相応の魚を分配する習慣がある。その分け前のことをタマス（魂のことという説がある）と呼んだという。

　では、一九八〇年八月四日、午前七時半から午後五時頃までに経験した待網漁の様子を、地図と筆者撮影の写真で紹介しよう。

子細は『民俗文化』第五号・一四七〜一七二頁を参照していただきたい。

（福岡　直子）

待網漁関係図

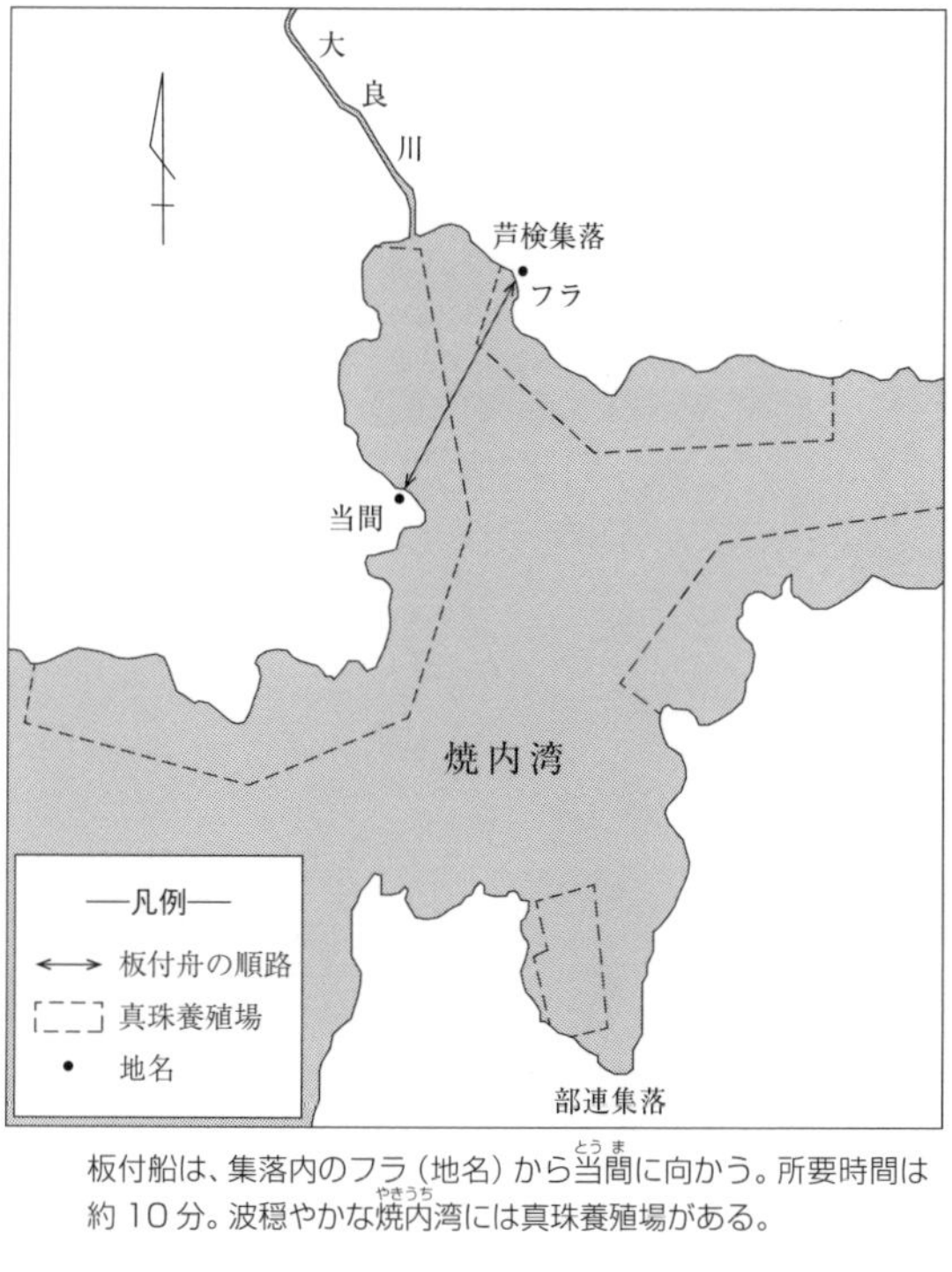

板付船は、集落内のフラ（地名）から当間《とうま》に向かう。所要時間は約10分。波穏やかな焼内《やきうち》湾には真珠養殖場がある。

待網漁の体験

写真１：お世話になった当間待網組合の方たちと。

写真２：集合は午前７時半。ヨウ（櫂のこと）とマグ（魚を入れる竹製籠）を持つ。建物は湾内で行っている真珠養殖の工場。

写真３：前日の雨が板付船に溜り、ユトリという道具でかき出す。

写真４：真珠養殖場のブイと作業者の休憩所が焼内湾に浮かぶ。透明度が高いので、泳ぐイカがよくわかる。

写真５：定員６名の板付船。そのうち３名が芦検の方。３名（撮影者１名）分の席を私たちに譲ってくださり、他の方たちは陸路で当間に。

写真６：漁を終えて乾した漁網を取り、準備する。漁網は、1950年代までは木綿製、その後、ナイロン製に変わった。

写真７：横たわるのは竹棒。この上に網をすべらせながら板付船に運び入れる。写真には見えないが、学生２名は、この手伝いをした。

写真８：網の端を、海に突き出た垣にかけて沖に出る。垣は、潮の干満を考えて設えてある。

写真 13：松の木からの遠望。芦検集落、真珠養殖のブイ、垣にしばりつけた板付船が見える。

写真 14：魚が入った合図が松の木の人からくるまで、ハリダシで談笑。漁以外のことを教えてもらうにも十分な時間があった。

写真 15：ハリダシの近くにあるシュビ（巻き上げる滑車のこと）を利用して網を引く。午後からきた学生も加勢した。タメアミが切れるまでは気が抜けない。クックミキ（ヒラアジのこと）とイカが少し入っていた。獲れたものは、加勢した者にも平等に分配される。

写真 16：決して大漁とはいえなかったが、体験という大きな収穫を得た。帰りは芦検の桟橋に着く。当間に学生も行ったことが集落内に広まり、伊元利久区長（写真左）をはじめ大勢が出迎えてくれた。

写真9：網を束ねて藁で結ぶ。魚が網に入ったとき、みなが浜で引く。そのときこれが切れるようになっている。

写真 11：松の木の上部には梯子であがる。人が座れるようになっており、1時間交代で魚群を見張る。海面が光るのでとらえるのが難しい。

写真 10：マチアミの全景。垣とハリダシ（中央に小さく見える小屋）。一本の松の木が目立つ。これが見張り台で、潮の満ち引きがよくわかる。

写真 12：松の木の棚に用意されたモリイシ。回遊して網に入った魚が引き戻らないようにするとき、ここから、この石を投げる。

3　畜産業

請阿室の養豚

鹿児島県は畜産が盛んで、主に豚の生産が多い県である。近年は黒豚といえば鹿児島を代表するブランド豚である。奄美大島に豚が入ったのは江戸時代といわれている。

奄美群島でも沖縄諸島と同様、正月や豊年祭などの行事食として豚を食べる風習がある。シマでは、親戚内で豚を一頭つぶし皆で分けるのだ。宇検村の芦検では今も豊年祭で豚を一頭つぶして食べている。かつては、請阿室でも正月に豚をつぶして、親戚に配り、大皿に載せて出されていたそうだ。

写真１：かつて使われていた屋敷内にある豚舎（右）
（2010年９月、川北）

写真２：請阿室の現在の豚舎。衛生的に管理されている。
（2010年９月、川北）

請阿室は、私たちが行ったシマの中でも養豚業が盛んなシマであった。請阿室の養豚は明治時代から行われていたといわれているが、本格的に養豚業が始まったのは一九六〇（昭和三五）年頃からで、その当時の養蚕業やサトウキビ栽培の衰退、パインの露地栽培の失敗などにより、瀬戸内町役場から養豚の奨励を受けて始まったといわれている。一九五九年には、本土の企業竹岸《たけぎし》ハム（現プリマハム㈱）が入り、工場を設けていた時期もあった。全盛期は一九七〇年頃、全戸八五戸中七〇戸で養豚業を行っていた。当時は瀬戸内町の豚の競り市で請阿室の豚が七〇パーセントを占めていたといわれているほど盛んだったため「豚の島」といわれていた時期もあったそうだ。

一九七九（昭和五四）年、私たちが初めて訪れたときもほとんどの屋敷内に豚舎があり、時折豚が豚舎から外に飛び出して来た。表1は、請阿室の繁殖豚の推移である。一九七〇年と比べると繁殖豚頭数や養豚家が大幅に減少している。それでも瀬戸内町の他のシマが養豚を行わなくなったため、一九九〇（平成二）年頃から瀬戸内町内の豚はほとんど請阿室産で占めているといわれている。

請阿室新公民館建設推進委員会『請阿室集落のあゆみ』（二〇〇五年発行）によると、「昭和五十五年に農村基盤整備事業の集落環境整備に伴い、各戸での養豚は出来なくなり、昭和六二年城亦原《しろまたはら》（請阿室集落の南西はずれ）に母豚一二〇頭程飼育出来る養豚団地を

写真３：請阿室から古仁屋まで「せとなみ」で運ばれる豚（2011年９月、川北）

一億二千万円かけて造り、当初八戸の農家が入植したが、現在は二農家で経営しており、農協と契約して平成一六年現在月二回程、年間約一千頭の肉豚を出荷している」とある。

一九七九年当時は黒豚がいたが現在ランドレース、大ヨークシャの二種と三元交配により肉豚用の白い豚が養豚されている。お産の数も多く、成長が早くて育てやすい。しかし最近は人気の黒豚にふたたび変わりつつあり、二〇一二年以降はまた黒豚も出荷されるようになった。請阿室では子豚から肉豚になるまでの一貫経営を行っている。豚は六、七ヶ月で百キログラムに成長すると出荷できる。ほとんどが大島本島で消費され、名瀬の精肉会社に直接一〇頭～二〇頭、古仁屋の精肉会社に二頭から三頭が卸される。

牧畜業（牛）

請阿室では、二〇一〇（平成二二）年には養豚の他に、六軒の家であわせて三五頭ほどの牛を飼っている。以前は豚と同じく牛も屋敷内にて飼育されていたが、一九八七（昭和六二）年、集落から離れた場所に家ごとに分かれた牛舎ができた。当時が牧畜の全盛期で、二四戸の家で六〇頭の牛を飼育していた。二〇一〇年には六戸の家で四五頭飼育している。放牧も各家の畑で行っている。飼育品種は黒毛和牛で人工的に種付けを行い、八か月から一〇か月まで成長させ子牛のうちに古仁屋の市場の競りに年六回、奇数月に出している。

以前加計呂麻島《かけろまじま》で豚コレラが流行ったときがあったが、請阿室は離れた島のため、伝染することはなかったそうだ。孤島の特性を生かし伝染病等から隔離できるのが利点であるが、飼料の運送費や牛、豚の運搬費がかかり、利益の面で損をするのが現状である。請阿室の集落の戸数が減少していく中、畜産業が衰退していかないためにも、また大島本島内で豚、牛を自給していくためにも、請阿室の畜産業の後継者の確保が今後の課題となっていくだろう。

表１：請阿室の養豚家数と繁殖豚（母豚）の数

調査年	繁殖豚の頭数（約　母豚／養豚）	養豚家／全戸数
1970、71（昭和45、46）年（注1）	300～330／3000	70／85
1979（昭和54）年（注1）	270～280／2700	50／80
2005（平成17）年（注2）	110／1300	2／55
2010（平成22）年	50／500	2／42

（注1）跡見学園女子大学民俗文化研究調査会編『民俗文化』第四号。
（注2）『請阿室集落のあゆみ』二〇〇五年、請阿室新公民館建設推進委員会。

（川北千香子）

4　稼ぎは機織り

世界で最も細かい絣《かすり》織物と言われる大島紬《おおしまつむぎ》は約一三〇〇年の歴史があり、芸術性の高さや製造工程がほとんど手作業であることから国の伝統的工芸品にも指定されている。

また本場奄美大島紬と呼ばれているものは奄美大島で織られ奄美大島紬織物協同組合が認定したもので、地球印の証紙（写真1）がついている。

地球印がつく条件とは、①絹一〇〇%、②先染め手織り、③平織り、④締機《しめばた》で手作業により（経《たて》・緯《よこ》）絣の加工をしたもの、⑤手機で（経・緯）絣を絣合わせして織り上げたもの、の五つで、一番の特徴は、先染めされてできた細かい絣（点）で柄を表現していることにある。また生地に表裏がないため仕立て直して三代着用できるとも言われ、大島紬で仕立てられた着物は軽くて皺になりにくく暖かい。

染めは泥染めという伝統的な製法が使われる。泥染めは、まず奄美に自生する車輪梅（テーチギとも呼ぶ）の木の幹をチップにしたものを煮出して液をつくり、この液に糸を漬けて揉み込む作業を数十回行い濃褐色にしていく。次に濃褐色にした糸を泥田に浸し（写真2）、黒っぽい色にする。この過程を三〜四回繰り返すと糸が濃い黒になっていく。これが車輪梅に含まれるタンニンが奄美の泥田の鉄分に反応して生まれる独特の黒色である。

写真1：地球印の印紙。（本場奄美大島紬共同組合工程パンフレットより）

写真2：龍郷町中勝の泥田。（1983年7月）

模様にも特徴があり、身近にあるものをデザイン化したものが多く、また集落の名前をつけられた集落独特の模様もある。龍郷柄《たつごうがら》（写真3）・秋名《あきな》バラ（「バラ」とはザルの網目のこと）（写真4）・用《よう》ツバキ（写真5）などである。

大島紬ができあがるまでには大きく分けて①デザインを決め、②必要量の絹糸に糊張りをして、③デザインにあわせ糸の染めない部分を締めるために一度全部を織り（絣締め）、④染色して、⑤織ったものを解いて糸に戻すなど多くの仕上げ加工をして、⑥製機する、という六つの工程がある。しかしこの工程の中の細かい作業はあわせて五百種類にもなり、ほとんどが手作業なのでひとつの反物ができあがるまで半年以上がかかることになる。

こうして手間をかけてつくりあげる大島紬は高価なものになり、着物を着る人も少なくなった現在では需要が減っている。生産高は一九七二（昭和四七）年をピークに、一九八九（平成元）年には最盛期の四分の一になっている。

私たちが奄美に最初に行った昭和五〇年代はまだ大島紬生産は島の経済を支える大きな産業として栄えていた。とくに主に女性の仕事である製機《せいはた》（機織《はたおり》）作業は主婦の内職の範囲を超えて一家を支える収入源となっていた。

一九七八（昭和五三）年に訪れた住用村見里では集落の中心に機織り工場があった。二〇〇二（平成一四）年に再訪したときにはなくなっていたが、一九七八年時の機織り工場は賑やかだった。若い人もお年寄りも集落中の女性が集まって機を織っているのではないかと思われる様子で（写真6、7）、話を聞きに工場に行くと織手の女性に連れられてきた就学前の子供たちも工場の中を走り回っていたりした。また自分で高機《たかはた》を用意して自宅で織っている女性もいて、集落を歩くと機織りの音が聞こえてきたものだった。

宇検村芦検では二〇〇六（平成一八）年にはまだ能勢《のせ》さんの機織り工場で能勢さんと徳田さんの二人が高機を使っていた。当時芦検に家を借りていた私は時間があくと工場に上がりこみ、複雑な模様が織りあがるのをずっと眺めていたり、話し相手になってもらったりしていた。パタンパタンという規則正しい機織りの音がする中でのおしゃべりが私には心地よい時間であった。

この工場では昭和四〇年代には一六人の織手がいて、そのときも手は休めずにおしゃべりをしたり、時には皆でシマウタを歌いながら織っていたそうである。能勢さんは織物の技術を誰かに教わったというわけではなく、昭和四〇年代に嫁いできたときから工場で皆が織るのを見て覚え、練習に残り物の糸を集めて一反織り、二反目に初めて仕事として模様入りの大島紬を一人で織り上げた。その初めての反物は記念に自分で買取り、着物に仕立てて

写真3：龍郷柄。

写真4：秋名バラ。

写真5：用ツバキ。

＊写真3～5は『本場奄美大島つむぎ―技術ノート』（赤塚嘉寛・1996年）より。

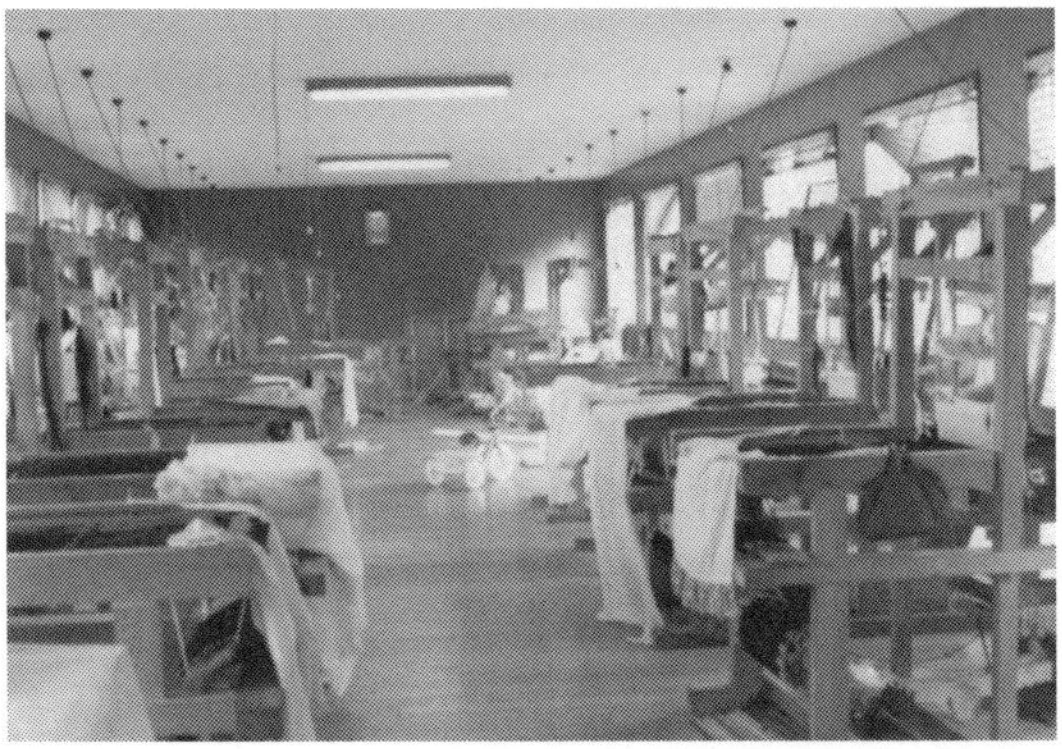
写真6：見里の機織り工場。休憩時間、織りかけの紬が汚れないように布をかけた高機がずらりと並んでいる。（1978年8月）

写真7：工場で機織りをする女性。（見里、1978年8月）

写真8：能勢さんと能勢さんが織り上げた大島紬。能勢さんはこの反物を最後に機織りの仕事をやめた。（芦検、2006年11月、浅野）

何度も着て大事に保管してあり、娘さんに引き継ぐそうである。

芦検では昭和四〇年代までは泥染めも行い何軒かの織物工場があったが、一九七五（昭和五〇）年に大きな水産会社ができ、女性もパートで現金収入が得られるようになったので若い女性はそちらに移り、織手が減った。また芦検の織物工場では名瀬の親方から材料の絹糸をあずかり一反ずつ織って手間賃をもらうという形だが、どんどん手間賃が安くなり、長く機織りをしていた人たちも年金支給を機に機織りから離れていった。

反物を織る手間賃は最盛期に一反九万～一〇万円だったものが二〇〇六年には三万円程度となっていた。細かい模様の反物になると一織りごとに織目をあわせていくので一時間で数センチしか進まないような根気のいる作業となり、加えて背が高くなった現代人にあわせるため織る反物の長さが以前より長くなり、機織りの手間賃はより安くなっていることになる。そのため二〇〇六年の芦検では機織りは稼ぎのためというよりは子供や孫のために織るなどの趣味的な方向に向かっていた（写真8）。

龍郷町嘉渡は大島紬の古典柄で集落の名前をとった龍郷柄（写真3、ハブの模様にソテツの葉をデザイン化したもの）の発祥地である。

以前の嘉渡では図案を描く、糊張《のりば》りをする、図案にしたがい糸に模様を入れるための締機《しめばた》を織る、泥染めをする、白く色を抜いた部分に赤や青などの色を入れる、機織りをするという紬のすべての工程が行われていた。

紬の工程の中で最初の大仕事となる糊張りは、必要な本数の糸を揃え糊で固めてから十分に乾燥させるので専用の広い場所が必要となる。この糊張り場（写真9）は嘉渡には二場あり、一場では四か所で糊を張ることができたが、最盛期には糊張り場を利用するためには一週間前から予約をしなければならないほどだったそうである。最盛期の昭和四〇年代から五〇年代までは集落の九〇%が紬産業に従事していたといわれている。一九八五（昭和六〇）年の調査時はまだ嘉渡の紬産業も盛んで、商工会議所の紬普及のためのイベントに調査で居合わせた学生たちが大島紬の着物を着せてもらい参加したこともあった（写真10）。

しかし嘉渡でも平成に入る頃から紬離れが進み、二〇一一（平成二三）年には、泥染めは農業と兼業している家が一軒、締機をする人が二名、龍郷柄を織る人は四〇代から九〇代までで一〇名前後がいるだけとなってしまった。かつては泥染めの工場も四か所あったが、継続して使っていかなければだめになってしまうという泥田は今では草が生い茂りその跡すら確認できなくなっていた。

それでもこうして時間をかけて織られた大島紬はやはり魅力的で、現在は着物以外に洋服や小物をつくるなど工夫され（写真11）、依然奄美大島を代表する産業に変わりはない。

（浅野　博美）

写真9：龍郷町嘉渡での糊張り作業。（1985年7月）

写真10：大島紬を着て「第1回龍郷町商工会・紬祭」に参加する学生たち。（嘉渡、1985年7月）

写真11：大島紬の小物。後列：鞄と鞄にかけた龍郷柄のスカーフ。前列左より：カードケース。ポーチ。バラ柄の長財布。すべて末岡三穂子所有（2014年5月、末岡）

5　集落の店

共同売店

宇検村芦検集落には共同売店である芦検商店というお店が一軒だけある。共同売店とは沖縄や奄美の一部にある、集落を単位に集落の住民の出資によって運営されている商店のことである。

芦検の共同売店は購買組合として一九五〇（昭和二五）年～五一年に数人の有志により集落の住民に品物を安く供給する趣旨のもと設立された。当初は朝五時から正午までの営業で隣の集落である湯湾《ゆわん》の農協から衣料品・食料品・雑貨を借りてきて販売していた。

一九六一（昭和三六）年に現在の場所に移り芦検商店と名前を変え、一九七四（昭和四九）年に株式会社となり、一株五〇〇円で集落の全世帯から出資金を集めて運営されるようになった。利益は一世帯の一年分の買い上げ高（レシートの合計金額）の数％を還元する買い高配当で一世帯ずつに還元された。株主総会は年一度ひらかれ、社長一人を含む役員五人と幹事二人を決めている。役員、幹事は給与が出ないボランティアで、実際のお店の運営は専任のスタッフを雇って行っている（『民俗文化』第五号）。

跡見学園女子大学の調査会が最初に訪問した一九八〇（昭和五五）年は集落の全世帯が芦検商店の出資者で、買い高配当の分配も行われていた。またこのときは集落の消費活動の大半が芦検商店で行われており、集落の人たちが毎日売店に出入りして、経済的機能に加え情報交換の場としても機能していた。売り上げは、祭の盛んな芦検という土地柄もあり約五割は酒類で、豊年祭がある八月の酒類売り上げが年間売り上げの一割以上の金額になったこともあったそうだ。

二〇一一（平成二三）年現在では、道が便利になり車を運転する人たちは名瀬などの安いスーパーに買い物に行くようになったた

写真 1：芦検商店の店内のようす。正面はレジ。（2010 年 12 月、浅野）

写真 2：芦検商店の外観。（2010 年、末岡）

め全体の売り上げは落ち、買い高配当は一九九七（平成九）年以降出ていない。新しく出資者（株主）も加えていないので集落全世帯が出資者ではなくなっている。

それでも芦検商店は、現在も年中無休で朝七時から夜七時まで開店し、食品と日用雑貨類を扱い、行事にあわせ必要なものを仕入れて提供する便利な店として機能している。集落の人々はお年寄りを中心に、まとまった買い物はしなくなっても日常的に商店を訪れ、集落で一軒だけの商店は今でも重要な情報交換の場所であり、集落を訪れる私たちにとっては、訪ねれば必ず誰かがいて困ったときには助けてもらえるという大事な場所になっている。

（浅野　博美）

変わりゆくシマの店

奄美大島の集落は、山や川で分離されて一つひとつが孤立している。集落をひとつの島のように「シマ」と呼びならわすゆえんである。以前はそのシマジマには必ず日用品などの雑貨、食品など何でも揃っている二、三軒の商店があった。毎日の生活はそのいくつかの店でこと足りていた。ほとんどはバスの停留場近くにあり、また民宿等の兼業を行っているところもあった。毎日開いていて、シマの人々のふだんのコミュニケーションの場でもあった。ところが、現在大きくその商店が変わりつつある。

一九八〇年代に名瀬から各町村へのトンネルがあちこちに完成し、山を何度も越えずにすむようになり、町との距離が短縮された。そのため名瀬や空港への国道、県道沿いに急激に、ファーストフードの店や大型のショッピングセンター、家電、衣料品の量販店が本土から入ってきたのだ。それによって車のあるシマの人々は安い大型の店に行くようになっていった。大型店が地元にできた龍郷町《たつごうちょう》の中勝《なかがち》はもとより、住用村の見里《みさと》からも車で二〇分もあれば大型店に着く。宇検村の芦検の人々は、日曜日にはガソリン代を出しても一時間半かかる龍郷町の大型店へ向かうそうだ。さすがに、加計呂麻島《かけろまじま》、請島の離れた島の人々は行けないが、そのようなところでは人口が減ってきて需要が少なくなり商店が減ってき

写真３：川内バス停前の無人販売店。（2010年12月、川北）

写真４：同バス停前の店。（2010年12月、川北）

写真５：加計呂麻島諸鈍でシマ中を回っている移動販売車。（2009年８月、福岡）

写真６：住用村のトンネル前にある本土資本のスーパー。（2010年９月、川北）

ている。農協などは開店時間が短縮されてきた。

まったく商店がシマになくなったのが、調査した九つのシマの中では、見里と用《よう》の二つのシマである。車のある家は大型店に行けるが、ない家は毎日来る移動販売車に頼っている。移動販売車は日用品、食料品と何でも販売している。加計呂麻島《かけろまじま》では移動販売車がシマを回っている。また、今はどこのシマでも電話やインターネット注文で商品が購入できるようになってきた。

こうして、シマジマの消費経済が変わっていくなか、住用村の川内では昔ながらのお菓子（灰汁でつくった餅アクマキ、黒砂糖と黄な粉の菓子、黒砂糖とヨモギ餅）やお惣菜、生鮮野菜、そしてお弁当を売る店が出てきた。川内集落は国道沿いになく、奥まった所にあるにもかかわらず離れた別のシマの人たちも買いに来るという。各家で調理しなくなったお菓子をお土産用に、あるいは自家用で食べるためにと買って行くそうだ。

しかし、需要はあっても、シマの人口が減っていく状況にあるためか、二〇一四（平成二六）年にはなくなっていた。

大型店に近いシマは人口が増えつつあるが、人口が逆に減っていくシマは買い物難民が多くなっていく。電話等の通信販売による購入者が増えていくのだろうか。以前から奄美の家には大型の冷凍庫が各家に入っていた。自家製の野菜や釣った魚等を、保存、買い置きしておくためだ。またそれが、店が近くにないことの対策でもある。これからのシマの店はどう変わっていくのだろうか。

（川北千香子）

「奄美」とは？

①広義では、奄美群島（奄美大島、加計呂麻島、請島、与路島《よろじま》、喜界島、徳之島、沖永良部島、与論島、但し無人島を除く）を指す。(24頁地図を参照)
②奄美大島という場合においても、行政区分上、瀬戸内町に含まれる加計呂麻島、請島、与路島も含まれる。
③奄美大島だけを単独に指す場合もある。
④奄美市だけを指す場合もある。

本書は、調査地が奄美大島と加計呂麻島、請島に及ぶので、断りなく「奄美」と使用する場合は、②を指し、現在の行政区分では、奄美市(旧名瀬市、笠利町、住用町)、龍郷町、瀬戸内町、宇検村、大和村で形成されている地域を示す。

②の意味での奄美の概況。(群島については、36頁の「奄美群島　島々の位置と特色」を参照)

面積は？ — 812.6㎢（加計呂麻島、請島、与路島含む）
位置は？ — 奄美大島奄美市名瀬は、鹿児島港より383km、那覇港より352km（航路距離）
人口は？ — 約65,000人
年間平均気温は？ — 21℃前後（奄美群島）
年間降水量は？ — 3000㎜程度（奄美群島）
気候は？ — 亜熱帯、海洋性気候に属し、温暖多雨で台風の常襲地帯
地形は？ — 急峻な山稜性の地形で、海岸線は複雑。最も高い山は湯湾岳694mで、河川は短小急流。
動植物の特徴は？ — 猛毒をもつハブが生息する。天然記念物として、アマミノクロウサギ、オオトラツグミ、ルリカケス、アカヒゲ、オカヤドカリ、アマミイシカワガエルが生息。絶滅危惧種のリュウキュウアユ、アマミヤマシギ、アマミマルバネクワガタが生息し、アマミセイシカ、アマミエビネなど、奄美の固有種がある。日本の自然分布における北限のマングローブ林が広がる。
主な特産物は？ — サトウキビ、タンカン、パッションフルーツ、マンゴーなどの農作物の他、黒糖焼酎、大島紬、養殖真珠、マグロ。

（末岡三穂子。参考資料『平成25年度奄美群島の概況』鹿児島県大島支庁、2014年）

住用町に広がる、自然分布北限のマングローブ原生林。(2008年3月27日、末岡)

6　テルで運搬

一九八一（昭和五六）年八月、笠利町用《かさりちょうよう》集落の調査中に、ちょうど旧暦七月七日がめぐってきた。この日は七夕である。短冊に願い事を書いて竹に飾り、庭に立てる風習は全国的にみられるが、奄美では、この日が盆の始まりという意味があった。

用集落では、この日は「一年で一番墓をきれいにする日」といわれ、午前中、女たちは墓掃除をする。集落の前の浜からきれいな砂をテルに入れて墓まで運び、自分の家の墓と周辺に撒いて地表面をきれいにする。これが、盆に先祖を迎える準備であるという（写真1）。

墓は海岸から近いが、テルに半分ほどの砂を入れて背負うと、肩紐が肩に食い込む。親しくなった集落の方に偶然会い、「手伝わせて下さい」と言ったもののあまりの重さと足が砂浜にとられてなかなか前に進まなかったこと、リュックサックのように両肩で背負うのではなく、額に紐をつけたほうがいくらか軽くなったことが思い出される（写真2）。

よくみると、テルにはさまざまなものを入れて運んだりしている。また、それを身につける方法もいくつかあるようだった。

写真1：盆の準備のためにテルにきれいな砂を入れて墓まで運ぶ人たち。（1981年8月）

では、二〇一〇（平成二二）年八月、浅野博美さんの調査結果を交え、笠利町宇宿の前田篤夫・照代御夫婦に教えていただいたテルの担ぎ方を紹介する。写真3は、片方の肩に斜めにして担ぐ方法で、収穫したものをすぐに入れることができる。写真4は、ものを入れて運ぶときの一般的な方法で両肩がけである。そして写真5は、とくに重いものを運ぶときの方法である。紐を額にかける。

写真２：笑ってはいるけれど……。（1981 年８月）

写真３：肩かけ。（2010 年、福岡）

写真４：両肩かけ。（2010 年、福岡）

写真５：額を使う。（2010 年、福岡）

写真６：鎌をもって。（2011 年、浅野）

照代さんは、まだよちよち歩きの子どもをこの中に入れて畑仕事に行き、イモを収穫したあと、イモをテルに入れ、さらにその上に子どもを乗せて帰ってきたこともあったという。写真６は、牛の餌にする草刈りのときに、手にカマをもつときの格好である。

今、テルをつくることができる人はごくわずかであると聞く。従来、テルをつくる人は男性だった。材料はマダケ、ホウライチクを用いたようだ。さて、日常生活の変化とともにテルに替わるものができるのであろうか。

（福岡　直子）

7　飼育する動物――ブタとヤギ

ブタは「ワー」

食べるため、使役するために、人々の暮らしと動物の関係は密接だった。ここでは、屋敷内で飼育してきた動物についての例を示す。

　筆者が最初に奄美を調査したのは一九七七（昭和五二）年八月、住用村川内《すみようそんかわうち》だった。当地では、すでに各家が、屋敷内でブタを飼育している光景はみられなかった。しかし、多くの人たちのあいだでは、どの家でも、屋敷の広さによって飼育小屋の大きさや場所は違うが、正月に食べるために一頭や二頭の豚は養っていたということが、ついこの間まで行われていたように言われていた。

　そのとき、「ブタを飼《か》う」のではなく「ブタを養《やしな》う」という言い方に、動物との間に時別な関係があることを感じたものだった。日々のブタの餌やりの方法や食べものについてはあまり聞いていないが、いかに肥えさせるか、イモ等は欠かすことなくやり、家と家が、互いに競いあうかのようにしたという。豊かさの象徴としてのブタである。

　年末、川内川でブタをしめる。それを「ワーツブシ」という。「キーキー」という鳴き声が耳から離れないともいう。ブタのすべての部位を使い切り、塩漬け、みそ漬け、あるいは乾燥させ、田仕事の繁忙期の栄養源や接客用に甕に入れて保存食とした。

　結婚前の男性が田植えの手伝いに婚約者の家に行き、作業が終わったあと、豚肉と野菜を炊いた料理をいただいたとき、自分の器の底の方に、他の人より豚肉がひとつ多く入っていたと、照れながら話す昭和初期の生まれの方がいたことが思い出される。

　筆者は、指導教員から、「調査のときに出されたものは食べなさい」といわれ、それを真に受け、話を聞きながら出された豚味噌を全部いただいた。覚えたてのシマの言葉で、「マッサリョウタ（お

写真1：豊年祭を前に、集落の一部の人たちが、集落内で飼育する人から共同で購入し分ける。これを「カブ分けする」という。（芦検、1980年8月1日、福岡）

いしかったです」と礼を言った。奥の部屋の方で、おばあさんとその親戚の女性が、「あの娘は、どうも豚味噌が好きらしい」と笑っていた。後日、まだ聞きたい話が残っていたのでその家にうかがったところ、また、豚肉をフライパンで味噌と炒めて出してくださった。ふたたび、おいしくいただいてしまった。

宇検村芦検《うけんそんあしけん》では、一九八〇（昭和五五）年八月、集落内を肉屋さんが回ってきた。そして、豊年祭が近くなり、親戚や子どもたちが帰ってきたら食べさせるための豚肉を大きく切り分けていた光景に出会った。そこは、湧き水が絶えることなく出ており、家ごとに必要な量の肉を量っていた（写真1）。一〇日後に始まる豊年祭の前まで、各家では冷凍しておく。また、一九八三（昭和五八）年には、集落内の最大の行事である豊年祭のときに青壮年団が調理する接客用の豚を飼育しているところもあった。そこは、集落のはずれだった（写真2）。

写真2：集落のはずれにある豚小屋。（芦検、1983年8月、福岡）

写真3：畑の中のヒンジャー。（諸鈍、1984年8月、福岡）

ヤギは「ヒンジャー」

一九八一（昭和五六）年八月、笠利町用《かさりちょうよう》では、各家が、どのような動物を家畜としているか統計をとった。当時は、九四世帯、三〇四人だった。そのうち、ブタは〇軒、ウシは一軒、ヤギは二二軒、ニワトリは八軒だった。正月にブタを食べることは変わらない。しかし、すでに飼わなくなって何十年とたっていた。ヤギのことを、用集落では、方言でもヤギといい、「とくに瀬戸内町古仁屋《せとうちちょうこにや》方面の人がヒンジャーという」と話す人もいた。

集落では、ヤギは売るものではなく、専ら自給のために飼育した。ヤギの好物は、主にイモヅルだった。暑い盛りの旧暦六月には「六月のヤギ」といい、身体のために、すき焼き、汁炊きにして、帰郷した子どもたちを迎えるときに食べた。肉は味噌炊きとし、トウガンやネギと一緒に炊いた。血も滋養のために飲むこともあった。また、ヤギの肉は、産後や病後の薬にもなったという。

ところで、二〇一〇年八月、諸鈍《しょどん》で聞いた話では、正月一日の朝、自分が起きて、ヒンジャーが向いている方角が、その年のよい方角であるという。そして、その方角を拝み、その方角で何かを始めるとよいといわれているという（写真3）。

一般に動物を飼育するということは、最近では少なくなったようだ。しかし、食としての動物は今も存在する。　（福岡　直子）

8　自給自足

シマの生鮮野菜と果物

南国の青い空に向かって一直線に伸び、その先に傘を広げたような青い葉が繁り、葉の下には、瓢箪のような形をした青い実のパパイアが鈴なりに成っている。大きな青い葉と縦に長く実をつけたバナナの木も家の塀際か土地の境に植えられている。もっちりと甘い台湾バナナに似た島バナナだ。奄美大島の集落の庭には南国のフルーツが必ずと言っていいほど植えられている。その他にパッションフルーツやグアバ、タンカン、柿、近年はドラゴンフルーツ、マンゴーも植えている。

写真1：笠利町用にてパパイアの木（2010年12月、川北）

ただし、パパイアは奄美のシマの人々はほとんど野菜として食している。まだ実が青いうちに千切りにしてサラダや漬物にするのが一般的だ。奄美で漬物と云えばパパイア漬けである。

まだ青く固いうちに取り、瓜のように漬物にするのだ。各家庭によって味が異なるが、基本的には酢と醤油、塩、黒砂糖を入れて漬ける。パパイアは一年中実が成っているため、いつでも漬けることができる。

写真2：請阿室にて朝7時頃テルを背負って野菜を採る女性（2010年12月、川北）

写真3：笠利町用にてパパイアの漬物（2010年9月、川北）

シマジマの商店には葉物などの青野菜はあまり置いていない。各家で生鮮の野菜を栽培するからだ。一年中、土地さえ耕せば二毛作、三毛作で野菜ができる。カボチャ、ピーマン、ナス、キューリ、トマト、ニガウリ、カリフラワー、ニンジン、青梗菜《チンゲンサイ》、ホウレンソウ、コマツナ、サツマイモ、ムラサキイモ、ダイコン、キャベツ、ブロッコリー、ニラ、ネギ、ニンニク、ラッキョ、ピーナッツ、タケ

写真4：請阿室。池田勝丸氏が休日の釣りに出かけて獲った南国の魚。（2010年12月、川北）

写真5：請阿室民宿とやまにて請島で獲れた魚貝の料理。（2010年12月、川北）

ノコ、ほとんどの野菜を栽培することができる。気候的にできないのはタマネギ、キノコくらいかと思っていたが、龍郷町《たつごうちょう》の嘉渡《かど》、加計呂麻島《かけろまじま》の諸鈍では一二月にシイタケの栽培を行っていた。

海の幸、山の幸

一九七九（昭和五四）年に請島を訪れたとき、夕方桟橋で子ども達が魚を釣っていた。子どもでも簡単に釣れるのだ。奄美の海や川では魚貝が豊富に獲れる。川ではウナギや川ガニが獲れ、海の浅瀬ではタコや貝、エビ、ウニ、沖ではイセエビが獲れる。魚は赤や青の色鮮やかな魚が豊富だ、グルクン、アイゴ、カワハギ、メバル、エラブッチ、スズメダイが釣れる。舟をもっているシマの人々は海が穏やかな日に魚釣りに出かけ、豊漁であれば、各家の大型冷凍庫に入れて保存している。

また、山にはヤギ、イノシシがいる。ヤギは捕獲して売ることもあり、行事食にもなっている。魚貝以外のタンパク源でもある。

昔はほとんどの奄美大島の集落で米を栽培していたが、減反政策で栽培することが少なくなった。加計呂麻島《かけろまじま》の諸鈍では今も自給自足用の米を栽培している。自給自足でも十分に生活して行くことが可能だ。奄美諸島は薩摩藩が統治していた頃から戦時中まで、ソテツ地獄といって、食べることにも窮していた時代があったそうだ。今は農業の改革、品種の改良と共に、どこの集落でも亜熱帯の気候を利用した豊富な種類の野菜と果物が栽培され、魚が獲れる島である。

（川北千香子）

【寄稿】

請阿室集落の産業

宮之原常輝

その集落にはそれなりの歴史があり、人々は長い歴史の中で独自の「伝統・文化・産業」を育て守り、自給自足の生活を得ながら、諸々の産業に携わってきた。併し、時代の移り変わりと共に変貌を遂げ、これまで一時期続けられていた産業も、一部を除き現在はほとんどが消滅し、新しい産業が生まれつつある。

これまでに行われてきた産業は「農業（黒糖・米作・養豚・牛の飼育・ニンニク・ウコン・落花生・キク・ソテツ）、加工業（ニンニク・ウニ・砂糖豆・モズクの加工）、紡ぎ業（機織）、林業（木炭）、漁業（鰹節）、製塩業、養蚕業（原蚕・繭）」等である。これまで島の経済を支えてきた、主な産業を以下説明することにしよう。

製糖業――明治・大正から昭和の初期の頃はほとんどの農家が、それぞれの作場に砂糖小屋をつくり、牛車を使って黒糖の製造をして、自家用または一部販売を行っていた。一九三七（昭和一二）年頃共同製糖場ができ、動力の圧搾機を使い、三連層のカマドで大量に黒糖が生産されるようになり、この頃から大量の黒糖が外部に販売されるようになって、島の経済を支える一大産業になった。しかし、一九七五（昭和五〇）年頃より生産が徐々に減り、現在は生

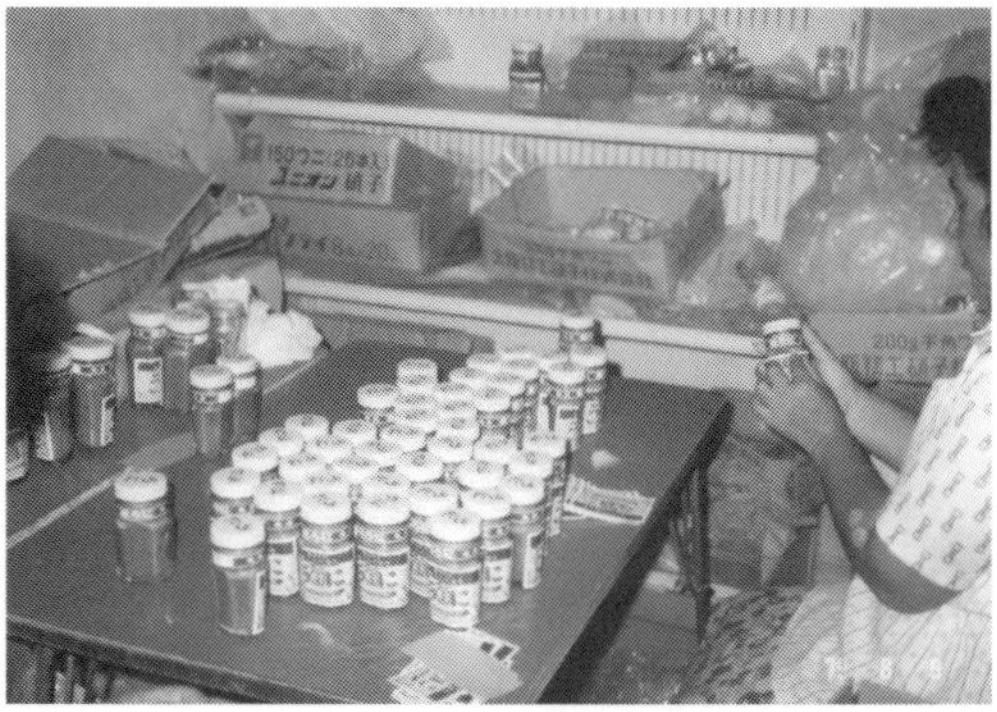

写真１：ウニ工場にてウニの瓶詰作業。（1979年8月）

写真２：菊のハウス栽培。（2010年12月、川北）

産されていない。

養豚――明治の頃から、自給自足を目的に各戸肉豚の飼育が行われていた。一九五五（昭和三〇）年頃より養殖豚が飼育され、競り市のほとんどが当集落の子豚で占められ、当時集落の経済を大きく支えた時代もあった。昭和五五年集落内の環境整備事業の導入により、養豚団地が造成され、現在二業者によって養豚の一貫経営が行われている。

ニンニク栽培――以前から自家用として栽培されていたが、一・五次産業（農産加工）の進出により、加工用のニンニクとして大量に、盛んに栽培されるようになり、現在も栽培が一部続けられている。

キクの栽培――一九九八（平成一〇）年頃よりキクの栽培が行われており、現在七名ほどの方がハウスによる切花の栽培を行っている。今後キクの栽培は島の基幹産業として盛んになる可能性を秘めている。

ソテツの栽培――ソテツ栽培は島の歴史を語る上で大変重要な産業のひとつである。とくに一九四五（昭和二〇）年（敗戦前後）を中心に、食糧として島民の飢えを凌いでくれたのがソテツであり、食糧としての加工方法がいくつかある。現在奄美振興事業の予算の一部を取り入れ、「実生苗の栽培・ソテツの植栽」が行われており、一一月から二月にかけて、赤ナリ（ソテツの実）の収穫出荷が行われている。現在人口の減少高齢化により、一部を除き産業の維持も大変難しい状況にある。

宮之原常輝（みやのはら・つねてる）　一九三三（昭和八）年大島郡瀬戸内町請阿室生まれ。青年団長・壮年団長・委員・監査員・区長・老人クラブ会長・町嘱託員・町防犯協会連合会会員、食品加工業経営を経て現職農業（家庭菜園）。

写真４：宮之原常輝さんと福枝さんご夫妻。（2010年12月、川北）

写真３：砂漠地緑化のため海外に輸出されるソテツの実。（2010年12月、川北）

【インタビュー】

区長の仕事

奄美の区長とは、集落のまとめ役のことである。選挙ではなく集落内の話しあいで決められ、集落で区長が決定すると所属する自治体（市町村）から任命され集落の大きさにあわせた報酬が支払われる。任期は二年だが集落から推され一〇年勤める区長も少なくない。仕事は自治体からの連絡を集落民に伝える、住民の苦情などを聞いて調整する、行事の運営を中心となって行うなど多岐にわたる。

私たちが初めての集落を訪問するときにも最初に挨拶をして情報をいただくのは集落の区長である。その後も集落訪問を繰り返す私たちは行事の日程をうかがうなど区長に連絡をとり、集落の方々との窓口になっていただくなどして、訪問したすべての集落の区長にはそれぞれにいろいろな形で労をとっていただいている。そしてそのままご面倒をかけ続けて三〇年以上のお付きあいをさせていただいている元区長の方々も多い。

その中のお一人が一九八五（昭和六〇）年八月の調査会嘉渡《かど》訪問時の区長である畦町廣和元区長である。

畦町さんはこの年の四月に区長になったばかりで、嘉渡の区長としての初めての大きな仕事が八月の跡見学園女子大学生を集落

写真１：龍郷町嘉渡公民館での畦町氏。窓を背に立つ男性。（1985年8月）

に受け入れることであったという。畦町さんにこのときの話をうかがった。

受け入れの経過は、龍郷町《たつごうちょう》教育委員会から畦町区長に女子大生を引き受けてほしいとの打診があり、同じ龍郷町の中勝《なかかち》集落で二年前に引き受けた実績があったので、区長の判断で受け入れを決めてくださったとのこと。嘉渡では公民館を他で使用しない時期だったので、公民館で学生が宿泊することは問題がなく、受け入れの事前準備での区長の仕事は、学生の食事をつくる賄いの人の選定と学生がお風呂を借りる家の決定だった。賄いの女性二人は区長の奥様が近所の人に頼むなどして順調に決まったが、お風呂を貸してもらう家はなかなか決まらず、これが唯一の苦労だったと畦町さんは笑いながら教えてくださった。

写真２：お話を聞かせていただいたときの、 畦町氏と筆者。（2010 年 12 月、末岡）

お風呂を貸すということは、学生が家の奥に入ることと感じられ、私生活全部を見られるような気がして抵抗を感じる家もあったということだが、学生たちとお風呂の前後にゆっくりと話ができる機会が得られるということで、納得してもらえたそうである。

また調査会の滞在中には、交流会のとりまとめをお願いするなど（写真１）区長の仕事を増やしてしまったが、畦町さんは今でも当時の学生との集合写真を手帳に入れてときどきながめてくださっているそうで、調査会の受け入れはよい思い出になっているといっていただけた。

調査会を受け入れた年の秋には、畦町さんは区長として青年団と老人会がそれぞれ別に行っていた祭りを統合して一緒にするなどの仕事をして、一九八八年に町議会議員となり区長職から離れた。現在は龍郷町町議会議長だが、今でも私たちが嘉渡を訪れるときはお会いして集落の方を紹介していただくなどお世話になっている。

（浅野　博美）

畦町　廣和（あぜまち・ひろかず）　一九四四（昭和一九）年、龍郷町嘉渡生まれ。一時、大阪に出るが、一九六八年に嘉渡に戻る。嘉渡区長、龍郷町町議会議員、一九八〇年、龍郷町町議会議長に就任。

＊一九八五年の調査以来親しくお付きあいをさせていただきましたが、二〇一二年二月に急逝されました。ここに生前賜りましたご厚情に感謝し、謹んでご冥福をお祈りいたします。

第二節　着る・食べる・住む

1　女の手仕事──ウンジョウギン

ウンジョウギン再び

宇《う》検《けん》村《そん》芦《あし》検《けん》の村田真知子さん宅で興味深いものを拝見した。それは、ウンジョウギンである（写真1）。畑仕事や漁のときに防寒用として着た野良着で、男女を問わず着用してきたものである。しかし、今は、それを着用する人を見かけることはない。

ウンジョウギンとは、自分が着ていた着物や他の人の絣の着物を、一センチ幅くらいに縦に裂いて緯糸《よこいと》にし、経糸《たていと》には木綿の太めの糸を用いて織ったものである。古くなった絣の着物があれば、全部、裂いて織ったということである。袖は、織った布ではない。子どもが着なくなった着物の一部などを利用した。身頃は、機の幅である。衿から前身頃の端に沿っては、木綿の布で包み込むような始末をしている。そして、背中で二枚の織地を縫い合わせて

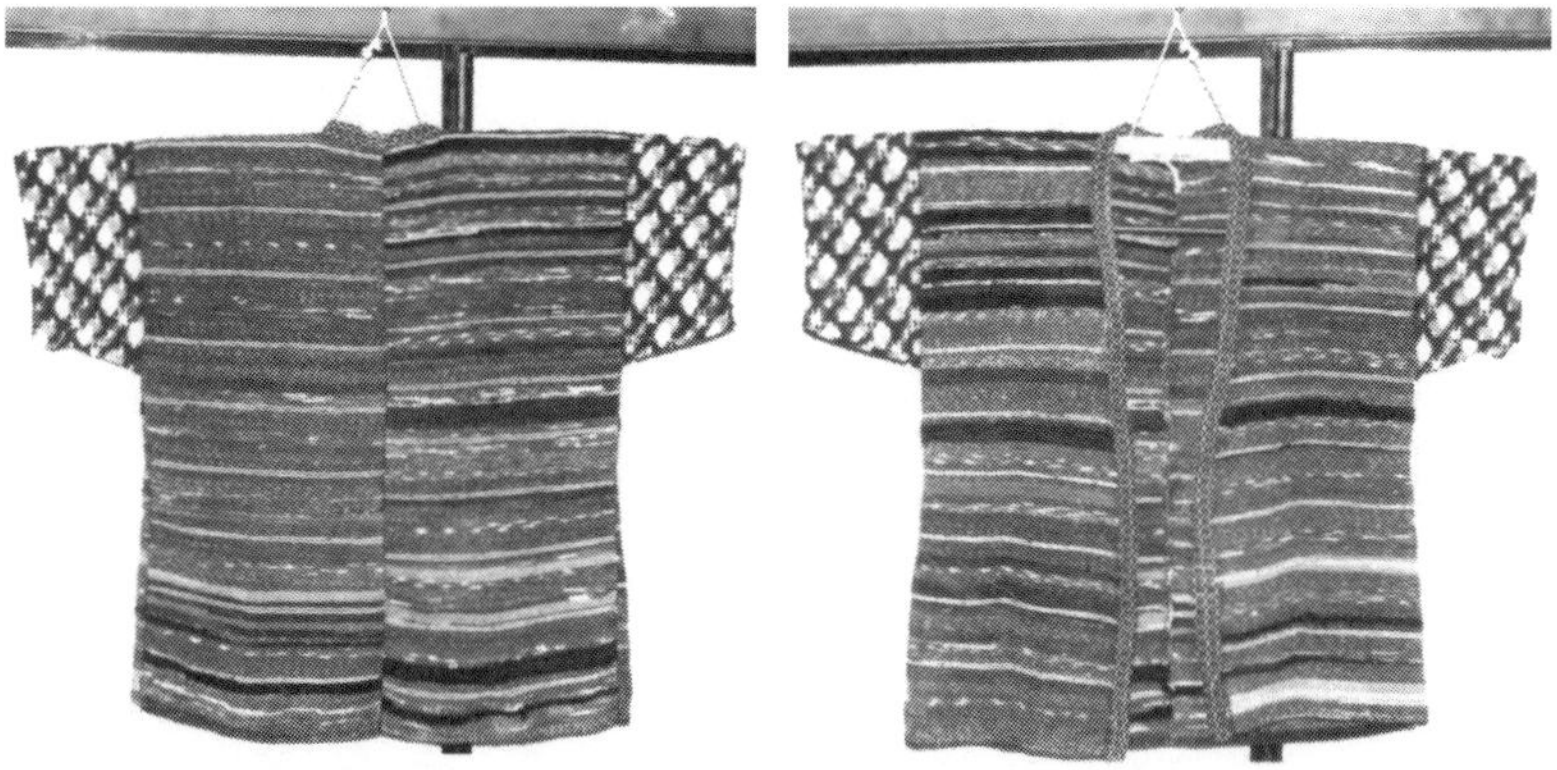

写真1：ウンジョウギン。右が前、左が後ろ。身丈は、約70㎝、身頃は、約30㎝。袖は筒袖で、子どもの絣木綿の着衣の一部である。身八口はない。前身頃から衿までは、木綿の布で包まれている。約30㎝の幅の布を、背中で縫い合わせている。背模様は、柄をあわせてはいない。2～3㎝の幅の縞模様である。紺、青、紫、黒等の色に、桃色がちらっと顔をのぞかせる。織りあがっていく楽しさに時間を忘れるであろう。想像するばかりである。（村田家にて、1998年8月、福岡）

いる。肩に縫い合わせはない。前身頃の丈の部分が後身頃より多少長くなっている。また、前身頃の上部と下部の幅を、若干違えて織っている。着ているときに、前がはだけないようキュビ（帯のこと）を前結びにしたものだったという。

ウンジョウギンは、高機で織る大島紬とは異なり、本来は地機で織った。しかし、地機を使用する人がいなくなったので、村田さんたちは、一九七〇年代後半、ウンジョウギンを復活する際、高機で織ったということである。当時、芦検に伝えられている稲すり踊りが、鹿児島県の内外で披露される機会が多くなり、その際に、ウンジョウギンが必要になったからである。集落の長老の呼びかけで、ウンジョウギンをつくったことがある人たちが集まり、個人経営だった集落内の紬工場で、村田さんより年長の、明治二〇年代生まれの女性たちから習ったものだったと伝わる。

奄美の裂織

古くなった木綿などを裂き、新たな布に再生する手仕事がある。全国各地に見られ、ここ奄美にもある。いま、途絶えて久しいが、芦検では、豊年祭のときにこれを見ることができる。それは、フリダシの際、その行列の先頭になり、顔と手足の部分を墨で塗られ、ときにおどけたしぐさをしながら常に腰を曲げ、後ろ向きのまま力士を土俵まで誘導するシタンシタンの着衣である（写真2）。この役の者は、ウンジョウギンを着ることになっている。帯は、稲藁をなって紐にしたものである。いつからウンジョウギンを着るようになったのか詳らかではないが、かつての仕事着が、現在の豊年祭で見られる。筆者は、芦検以外のシマのウンジョウギンを知らないが、シマごとに個性があれば、それは美しく、また楽しいことだ。

写真2：豊年祭のフリダシのシタンシタン。身に着けているものは、確かにウンジョウギンである。これをもっている人から借りて着ているようだ。（2005年8月、福岡）

裂織《さきおり》からの着衣は、土地の厳しい生活環境を知ることができる一方、最後まで布を捨てることなく活用してきた、布への慈しみが感じられる。奄美の歴史的な着衣の移り変わりに無知だが、古くは糸バショウが素材だったといわれる。

鹿児島と琉球を結ぶ道の島である奄美は、多様な文化の交差点である。ウンジョウギンは、双方の文化の影響をうけたものかもしれない。

（福岡　直子）

2　女の手仕事──キュビ

ウンジョウギンと同じ宇《う》検《けん》村《そん》芦検《あしけん》の村田真知子さんのお宅で、キュビ（帯）を織る道具を拝見することができた。この道具をヒデキと呼ぶ（写真1）。このキュビは、寝巻きの浴衣などを結ぶためのもので、白と黒の木綿糸を経糸と緯糸に使い、菱形やクロス形で模様を織りなしている。幅約五センチ、長さ約一六〇センチ（房の部分を含むと二〇五センチ）のものである（写真2）。

二〇〇八（平成二〇）年三月、芦検で唄遊びをした折、『芦検民謡集』（関東芦検民謡保存会・一九八五年）にある「いちょまんくだか節（糸満久高節）」という唄を聞いた。その唄の歌詞の一つに「芦検女童や手熟きちゆつど　さつさ　何回ケリ見ちやんテも　めんさんきゆびど」（『芦検民謡集』四三頁、表記は原本のまま）とある。芦検の女童の手先の器用さを歌った唄である。歌詞の「きゆび」は「キュビ」であり帯のことをいう。

唄を歌ってくれた唄者の米田愛子さんが、これが「めんさんきゆび」だと言ってもってきて見せてくれたのが、この帯（写真2）であった。このキュビを織ったのは、一八九四（明治二七）年生まれの前田ヨシさんで、村田真知子さんもヨシさんに織り方を習ったという。

写真1：ヒデキを手にする村田真知子さん。（1998年8月16日、福岡）

ヨシさんの娘さんで唄者である栄シズさんに、織り方についてお話を聞いたところ、木の幹や柱などに経糸の一方を括りつけ、もう一方は織り手の体に固定させ、織っていく。織りあげていくにつれ、体はくくりつけた木の幹あるいは柱に近づいて行ったという。その様子から、「いざり織」と思われる。だが、今では、芦検でこのキュビを織る人がいなくなってしまった。

実は、前田ヨシさんは「八六歳おばあさんトリオのわらべ唄」（本書一五八頁）の項に書かれている、わらべ唄を歌ってくれたおばあさんの一人であった。ヨシさんにお会いして唄を聞いた一九八〇（昭和五五）年には、キュビの織り手であることを知らず、話を聞いていなかったことが悔やまれる。

あるとき、偶然に手にした雑誌で、沖縄の伊波メンサー織を目に

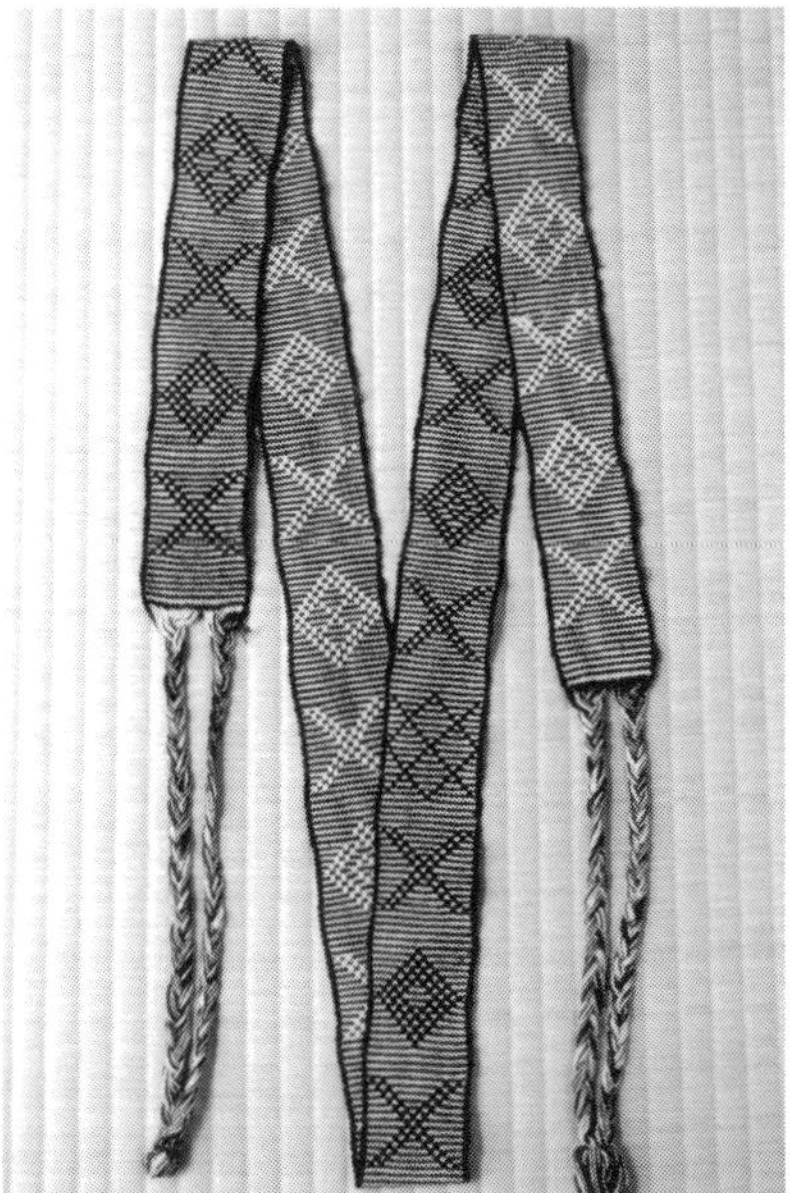

写真２：芦検のキュビ。（2012 年３月、末岡）

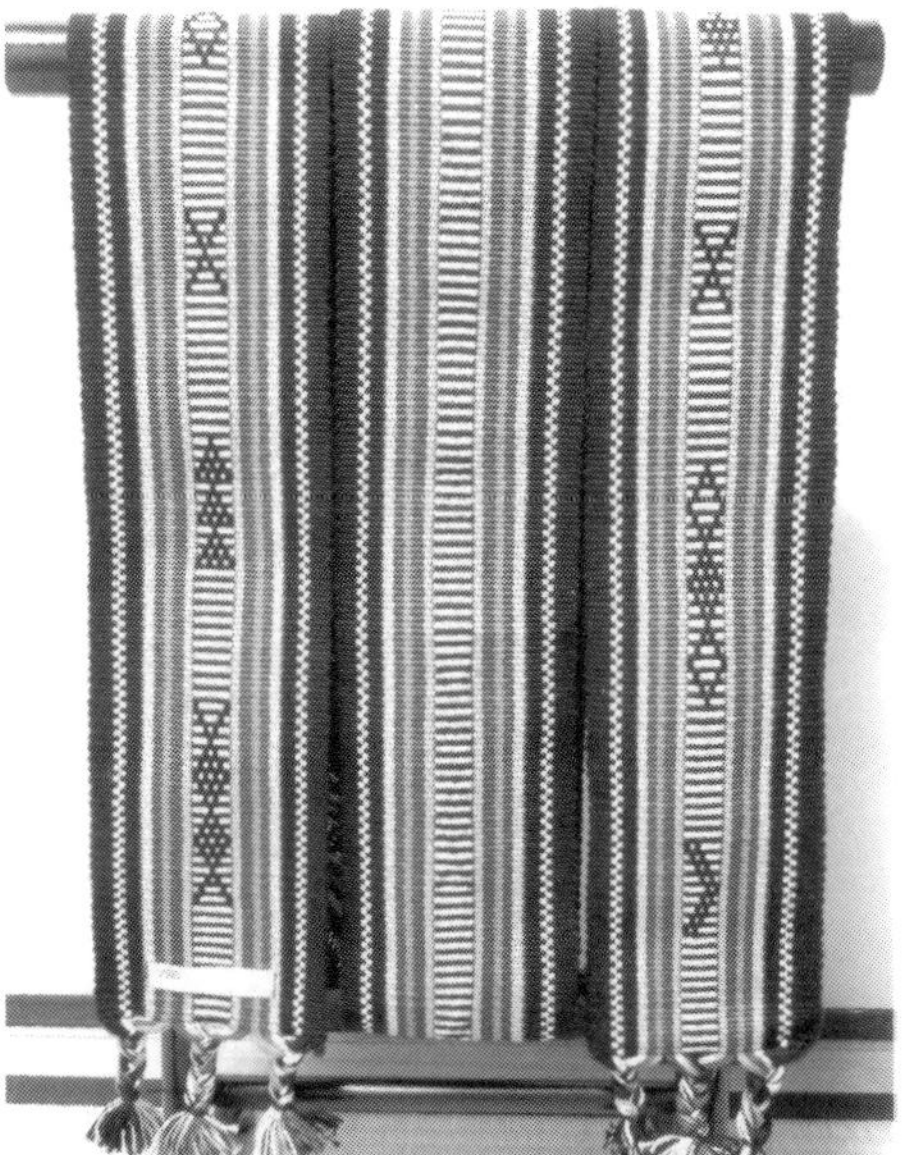

写真３：沖縄の伊波メンサー織の帯。幅 11 センチ、長さ 350 センチ（房の部分を含む）。「沖縄県石川市伊波メンサー織」のタグがついている。（2012 年３月、末岡）

した（写真3）。芦検のキュビにとても似ていると直感した私は、沖縄県伝統工芸士である伊波貞子さん（一九二〇年生まれ）が主宰している伊波メンサー織作業所を訪ねた。メンサーとは「綿でできている細い帯」のことを意味している。機を使わず、道具は竹や木など身の回りにあるものを使い、その道具も手作りしているという（写真４）。

この伊波メンサー織も芦検のキュビ同様、「いざり織」という手法で織られている。

『ミンサー全書』（南山舎、二〇〇九年）には「（伊波メンサー織は）奄美大島にある両面浮き花織の細帯に似ている。ルーツがわかると大変興味深い」という記述がある。

写真４：伊波メンサー織作業所にて。（2012 年３月、末岡）

芦検の「いちょまんくだか節」という、沖縄の地名を題名とする唄の中に歌われているこの「めんさん　きゆび」が、沖縄の「メンサー織」と関連があるのか、今では実証することはできないが、まったく関連がないとはいえないだろう。

（末岡三穂子）

3　残されたノロの神衣

奄美は、一三世紀には南の琉球王家に朝貢するというふうに、琉球と関係をもっていたが、やがて沖縄の地方勢力の抗争時代が終わり、中山の尚巴志《しょうはし》が琉球を統一した（一四二九年）。奄美は一五世紀以降、行政、宗教の両方面から琉球王国の支配に服することになり、「按司世《あじゆ》」「奄美世《あまみゆ》」から「那覇世《なはんゆ》」にかわる。

奄美の村落祭祀の長はノロ（ヌル、祝女。宮古・八重山ではツカサ）と呼ばれる女性で、琉球王国の最高女性司祭者の聞得大君《きこえのおおきみ》を長とする祭祀制度の末端に位置づけられ、王府から就任の許可や役地（ノロクモイ地）の給付をうけた。ノロは特定の旧家やその父系集団の女子に受け継がれるのが原則であった。

一六〇九（慶長一四）年、奄美が薩摩藩の支配下におかれるようになったが、ノロの存在は認められた。ところが、間もなくそれまでの政策は変更され、政教分離策が進められ、琉球国王による奄美のノロ任命は廃止され、ノロの宗教的、政治的地位は低下することになった。しかし、ノロを消滅させることはできなかった。奄美のノロ制度は、宮古・八重山地域より沖縄本島に近いものであったとされる。

写真 1：ノロの扇（表）と玉ハブル

写真 2：ノロの扇（裏）と玉ハブル

奄美のノロ制度は長い年月を経過したが、藩政策もあって次第にすたれていき、現在その祭祀は奄美市大熊《だいくま》など一部での実施が知られている。

私たちの調査地でもわずかではあったがノロに関する話を聞くことができ、ノロ祭祀に関する貴重な祭具を拝見し写真を撮ることができた。

写真1〜4は、一九八〇年に調査した宇検村芦検の玉利《たまり》文吉《ぶんきち》家に伝わるノロの装束と、祭祀に使われる扇と玉ハブルである。

写真1・2のノロの扇は、表面に太陽と二羽の鳳凰が描かれており、裏面には蝶や牡丹などが描かれている。玉ハブル（玉ハブラ）は、ノロが祀りのときに首にかける。幅一〇センチ、長三〇センチくらいに、すきまなく多数の色ガラスの南京玉を通してハブラ模様を作り、その先に布でつくったハブラをひらひらとさげる。ハブラは、不思議な霊力を象徴するとされる三角形で、これを布でつくり、玉ハブラの先端に下げる。

写真3のノロのドギン（胴衣）は、祭のとき、ノロが神の座につくときに着る着物。写真の胴衣はハブラをつぎあわせてつくる霊的胴衣である。写真4は白地の胴衣で、他に、藍地、黄色地の胴衣を見ることができた。

（植松　明石）

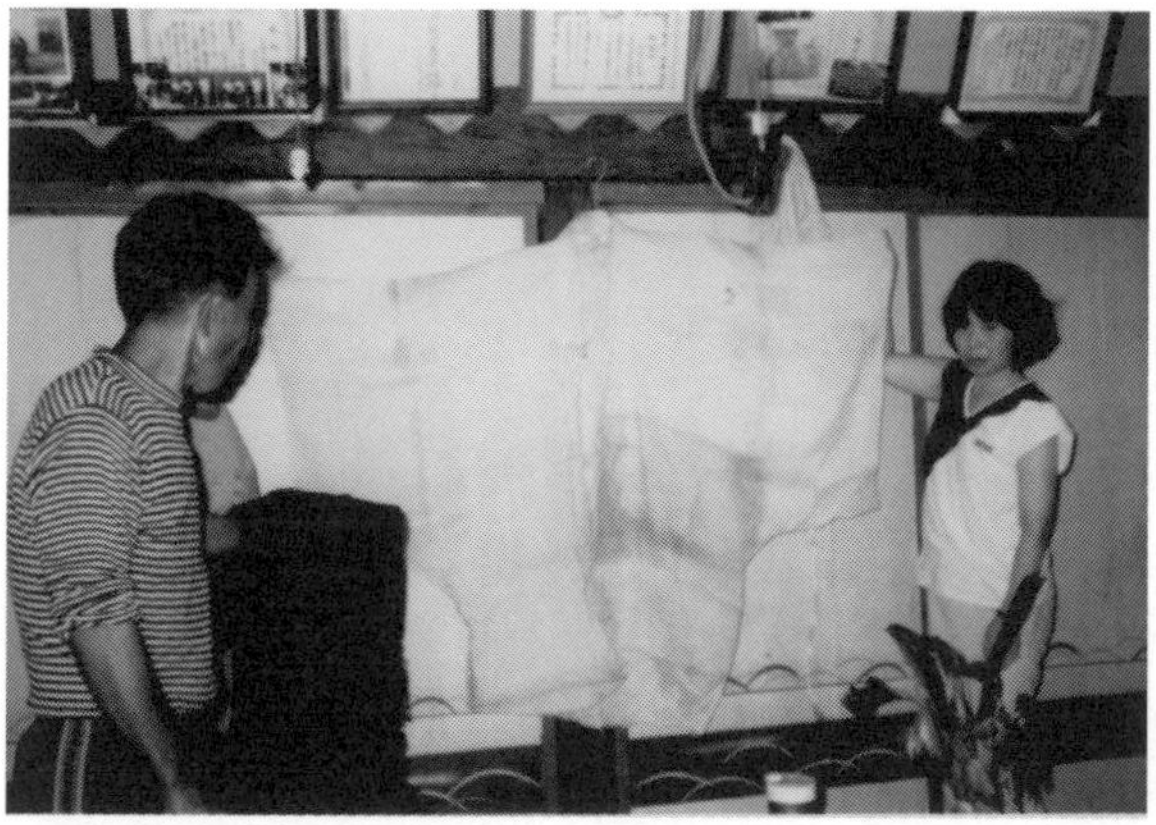

写真４：ノロの装束、ドギン（白地）

＊写真１〜４：宇検村芦検の玉利文吉家に伝わるノロの装束。（1980年８月）

写真３：ノロの装束、ドギン（ハブラドギン）

4　もてなし料理のサンゴン

奄美の祝いの席で欠かすことのできないのがサンゴンと言われる料理である。サンゴンとは「吸い物→刺身→吸い物」の順に供され、それぞれの間に酒を三回酌み交わすことからサンゴン（三献）と言われている。しかし、吸い物の中身や、刺身の種類・数、器、供される順番などは集落により異なっている。

祝いの席は、年中行事では元旦、一月二日の大工の祝いなどがあり、人生儀礼では、婚礼に関わる儀式、子どもの誕生後三三日目に行う祝い、七歳の祝い、年の祝いなどにサンゴンが行われる。年の祝いはその年の干支《えと》にあたる人の祝いで、昔はその年の初めての干支の日にお祝いをしたが、今は新暦の一月二日に行われる。四九歳以下は家族でお祝いをするが、六一歳以上は盛大に行われる。八八歳の祝いは八月八日に行われる。

サンゴンの内容

一番目の吸い物には餅が入っているのが全集落共通である。餅を含め、奇数種の具が入っており、餅の下に昆布、ゆで卵半分、椎茸、

写真１：宇検村芦検。（1980 年８月、直川裕子氏提供）

写真２：笠利町宇宿。（1982 年）

カマボコ、海老を具に入れるところが多く、その他に豚肉や魚やネギなどを入れ、ほとんどは具を七種類としている。

刺身はタコの場合が多く、赤身（芦検）、白身（用《よう》）などさまざまである。数は祝儀の場合は奇数にすることが多いが「三切れ」は「身を切る」に通じるため、二切れにしている場合が多い。刺身にはショウガやニンジン、キュウリなどを添えて、数が奇数になるようにしている。

二番目の吸い物は鶏肉が入った吸い物（川内《かわうち》・見里《みさと》・芦検《あしけん》・宇宿《うしゅく》・中勝《なかがち》・嘉渡《かど》）、豚肉の入った吸い物（請阿室《うけあむろ》）、塩魚を用いる吸い物（用・諸鈍《しょどん》）などさまざまである。吸い物の器は一番目を赤椀、二番目を黒椀にする所が多いが（口絵写真を参照）、赤い椀は祝儀の席に使い、黒い椀は不祝儀の席に使い、赤い椀と黒い椀を場により区別して使っている所がある（川内・芦検）。また、二番目の吸い物でシンカンと言われる蓋付きの陶器の器を使う所（請阿室・諸鈍）もある。

サンゴンの酒は焼酎の原酒が使われる。

サンゴンのプロセス（諸鈍の例）

諸鈍の調査時、本番さながらにサンゴンを体験することができた。その録音を元にプロセスを再現してみることにする。

祝いに出席する人が揃うまで、茶と菓子と漬物が出される。出席者が揃うと主人の挨拶がある。その後、吸い物が左手前、盃が右手前、刺身が奥という配置の膳が出される。全員に配られたのを確認して、主人あるいは一番の年輩者が「おしょうろ」（めしあがれ）

写真３：サンゴンの準備。

写真４：吸い物の具。

写真５：左上は吸い物椀、右側蓋つきの器はシンカン。

写真６：一番目の吸い物と刺身（２名分）。

笠利町用	笠利町宇宿	龍郷町中勝	瀬戸内町諸鈍	龍郷町嘉渡
膳の上に塩盛り、昆布、干物 （タコかイカ） 床の間に飾っておく ▼酒 ●吸い物 赤い椀 餅、昆布、椎茸 カマボコ、海老、豚肉、ネギ ▼酒 ★刺身　2切 生姜あるいは花人参など添える ◆塩盛り 昆布、干物 ▼酒 ●吸い物 黒い椀 塩魚（黒鯛） 針生姜	▼酒 ●一の膳 吸い物 （餅の吸い物） 赤い椀 餅、昆布、海老 椎茸、卵、ネギ カマボコ（紅白） ▼酒 ★刺身　2切 タコ又はイカなど ▼酒 ●吸い物 （鶏の吸い物） 鶏肉と春雨（ソーメン） ◆シオモリ （ターゼン（高膳）に富士山形の塩盛り。昆布、魚の干物）	▼酒 ●吸い物 赤い椀 餅、昆布、海老、ゆで卵 ▼酒 ★刺身 切数には決まりはない ▼酒 ●吸い物 黒い椀 カシワの吸い物 豆腐を入れる 三献が終わったら ◆シュムリ（塩盛り） 昆布、雑魚に塩をつけて渡す	祝いの時は集まるまで茶、菓子、漬物 ●吸い物 赤い椀 餅２個、椎茸、昆布、醤油味 ▼酒 ★刺身 ２切 （タコが多い） ●吸い物 塩魚の吸い物 （ソウジという名の魚） ▼酒 ●シンカン 陶器の蓋付き、魚、カマボコ、肉、卵 ▼酒 ◆シュムリ （塩盛り） ※今は２番目の吸い物なしでシンカンが出る	▼酒 ◆昆布、サキイカを塩につけて家主が皆に上げる ●吸い物 赤い椀　7つの具 餅（角２個）昆布、海老、魚、椎茸 ゆで卵半分 ネギ ▼酒 ★刺身 タコ２切 丸い生姜 ▼酒 ●吸い物 黒い椀　5つの具 鶏のササミ割いてアオサをちらす ネギ、大根、人参を刻んで湯がく
吉田照和夫妻	前田篤夫夫妻	重信義宏夫妻	村田裕子	畦町廣和夫妻

写真８：干物を手に渡す学生。

写真７：お酒を注ぐ学生。手にもっているのは酒器のカラカラ。

＊写真３～８：瀬戸内町諸鈍のサンゴン。（1984年８月）

各集落のサンゴン

	住用村川内	住用村見里	瀬戸内町請阿室	宇検村芦検
サンゴン内容	●吸い物 赤い椀 餅１個、卵、 海老、椎茸 昆布、カマボコ 青葱 ▼酒 ★刺身 鯛２切 ▼酒 ●吸い物 黒い椀 カシワ（鶏肉） の吸い物 大根またはトウ ガン 人参、青葱 ▼酒 ◆塩盛り 昆布に塩をつけて 渡す 酒は黒糖焼酎 原酒	▼酒（カラカラで） ●吸い物 餅は必ず入る 卵、椎茸、 海老、カマボコ 中身は奇数 ▼酒 ★刺身 ２切 つまはなく、 生姜を添える ▼酒 ●吸い物 カシワか魚 ネギ 正月は 屠蘇器か三重ねの 酒器を使う	●餅の吸い物 （塗りの椀） 餅２個、 椎茸、昆布 （出汁は椎茸、昆 布、鰹節） ▼酒 ★刺身 奇数の５切か７ 切 白身の魚かタコ 生姜を三角に結 ぶ ▼酒 ●シンカン （陶器の蓋付き） 肉の吸い物 大根、人参、卵 海老、豚肉、椎茸 ニンニクの葉（家 によって違う） 里芋を入れる場 合もあり、里芋 は子宝に恵まれ るといわれる。 出汁は豚肉、鰹節、 昆布、椎茸など 右回りで出す。 ▼酒 焼き魚の箸１切	▼酒 ◆ 皿の上に紙を敷 き、塩、昆布、ス ルメイカを乗せ ておき、清め ●吸い物（餅の吸 い物） 餅２個、下に昆 布 ゆで卵半分、 豚肉、カマボコ 椎茸、ネギ、海老 ▼酒 ★刺身　奇数　５切 キハダなど赤身 ▼酒 ●吸い物 カシワの吸い物 シブリを下に敷 く。 ※祝儀は赤い椀 （不祝儀は黒い椀） 今は区別はしない
参考資料 話　者 （敬称略）	中善勇 平良シゲ子	師玉逸子	『民俗文化』第四号 宮之原常輝夫妻	『民俗文化』第五号 能勢計子

と声をかけると、一礼して、箸をとり、吸い物をいただく。吸い物を食べ終わるまでは箸は置かず、全員が食べ終わるのを見計らって、同時に箸を置くようにする。次にカラカラ（酒器）に入った酒が一人一人の盃に注がれる。客は一礼して、盃を手にして酒を注いでもらい、飲む。酒を飲んだら、刺身をいただく。そして、再び、盃に酒が注がれ飲み干す。給仕人は一番目の椀をさげ、二番目の椀であるシンカンをそれぞれのお膳に粗相がないよう両手で置く。三回目の酒を注ぎ、給仕人は箸で干物を取り、客は手で受ける。干物をいただくとサンゴンは終わる。サンゴンの間は私語を慎み、厳粛に行われる。サンゴンが終わると「ごゆっくりしてください」と言われ、この後はさまざまなご馳走が供され、自由に酒を酌み交わすことができる。

諸鈍を例にサンゴンのプロセスを紹介したが、諸鈍であっても祝いの席が違うとこの限りではない。また、吸い物の前に酒が出され、いちばん始めの酒のときに塩盛りと昆布と干物が出される集落もあり、集落によりさまざまな形態でサンゴンが行われている。

近頃は年の祝いや婚礼に関する祝いをホテルや料理屋で行うことが多くなり、家庭で行われるサンゴンは正月のみという傾向になっている。

（末岡三穂子）

5　日常の食事

奄美大島での日常の食事は本土の私たちの食事とほとんど同じだが、三〇年前に訪れたときは、地元で採れる独特の食材を使っている場合も多かった。その食事や名称を写真と共に紹介していく。

三〇年前の一日の食事

（引用・『民俗文化』第二号・四号・五号・括弧内は奄美での名称）

①朝茶（アサチャ）

朝起きたら朝食をとる前に茶（緑茶か番茶）を飲み、先祖にも供える。お茶と一緒にナリミソ・漬物を食べることもある。

②朝食（アサバン）

ご飯・味噌汁・漬物

③間食（マドム＝宇検村芦検、チャウク＝瀬戸内町請阿室、ムッサリー＝住用村川内）

茶・黒砂糖・味噌・漬物

④昼食（ヒルバン＝芦検・川内、ヒンマジキ＝請阿室）

ご飯かシンガイかサツマイモ・漬物・野菜炒めや焼き魚

⑤間食

写真１：ツワブキの煮物。（笠利町用、2010年８月、浅野）

写真２：ニガウリの漬物と自家製佃煮。（笠利町用、2010年８月、浅野）

写真３：ナリミソ。（2011年７月、浅野）

写真４：笠利町用での調査時の食卓。うなぎ丼とモズクの酢の物。みつ豆パック、お茶。（1981年８月）

午前の間食と同じ

⑥夕食（ユーバン）

ご飯かシンガイかサツマイモ・味噌汁かそうめん

野菜炒めや肉や野菜の煮物

一日の食事は以上のような六回である。

主食のシンガイは、ソテツの幹の澱粉をお湯で延ばしたおかゆで、味はアクが強めだが消化がよく、冷えたシンガイは夏の食欲がないときでもノドを通ったそうである。芋は煮るか蒸して食べた。

野菜はニラ・ネギ・ニンジン・ダイコン・細いタケノコ・ツワブキ（写真1）等、そのほか海藻類のモズク・アオサ・イギス等も多く食べた。

漬物はニガウリ（ゴーヤ）や青いパパイアでつくられたもの（写真2）。ナリミソ（写真3）はソテツの実からつくった味噌で、これに魚などを混ぜて茶受けにする。

三〇年前の学生時代、賄いの方が私たちにつくって下さった食事にはうなぎもでた（写真4）。

食事の挨拶は、食べる前は「イタダキオーリョ」と言い、食事が終わるとおいしかったという意味の「マサリョータ」という。最初に箸をつけるのは家の主人であるが、その後はとくに決まりはない。食事はみんなが顔をあわせ一緒に食べることが大事であるようで、好き嫌いのある人を「グゥースムン」、つまみ食いをする人を「ツンゴレ」と呼び、よくないこととしている（住用村川内）。

写真6：家庭料理の煮物。（住用村川内、2008年9月、福岡）

写真5：バンシロウ。（笠利町用、2010年8月、浅野）

間食・おやつ

七〇代の男性に子どもの頃の話をうかがったところ、おやつは、お菓子などが出ることは少なく、自分で調達してくるものだったそうだ。

バンシロウ（グアバ）（写真5）、バナナ、サトウキビの茎は自生しているものや庭や畑にあるものをとってきて食べた。どれも自然の甘さがある。また、川ガニなども自分たちで捕まえてゆでて食べたそうである。

奄美で家におじゃました時のお茶うけで、まず思い出すのは、今も三〇年前もお漬物に黒砂糖で、各家庭でつくられた煮物もよくご馳走になった（写真6）。手づくりの黒糖蒸しパンのような「ふくらかん」（写真7）も奄美を思い出す味である。

（浅野　博美）

写真7：手作りのふくらかん。（2010年8月、浅野）

＊ふくらかんの作り方（住用村川内の豊年祭で聞き取り）
小麦粉300ｇ、黒砂糖300ｇ、ソーダ（重曹）30ｇを振るって混ぜて、卵3個に牛乳200mLを加えて45分蒸す。昔は卵と牛乳は入れず、替わりに水を300mLいれて蒸した。

川のめぐみ——カニとエビ

住用村川内では、川内川にいるカニを獲って食べる。シマではカニのことをガンという。そして、ガンを獲る道具をアネクという。ガンは手のひらにのるくらいの大きさである。

川にいるガンは、ノロ（集落の行事を司る女性のことで複数いた）が獲る権利をもっていたが、昭和三〇年頃からは、集落の常会で入札制度になった。現在、川でガンを獲る人が少なくなってはいるが、民家の外壁に吊り下げられてある竹製のアネクを目にすることがある。そして、アネクを仕掛ける場所は、家によっておおよそ決まってもいるようだった。

また、川内川には、タナガ（川エビ）もいる。八月、「昨日、仕掛けて、今朝、獲ってきてゆでたからミショレ（召し上がりなさい）」とすすめられ、食べながら話しをうかがったもので、タナガのカリカリとした食感を思い出す。

これからも、ガンやタナガが豊かに獲れる川内であってほしいと願っている。

（福岡　直子）

写真：川内川に仕掛けられるアネク。（2006年5月4日、福岡）

6　さまざまな年中行事食

奄美で行われる年中行事にはその行事ごとにつくられる特別な食べ物が多い。各集落によって呼び方や形状が少しずつ異なるが（二七二から二九一頁参照）、ここでは奄美を訪問した際に撮影した写真で行事食を紹介していく。

豚料理

豚料理は年越しの他、豊年祭やお盆のお供えとしてもつくられる。年越しのワンホネ（写真1）

夏の豊年祭で青壮年団がつくるトンコツ（写真2）

節句のフチ餅

フチ餅はよもぎ餅のことである。

三月三日の節句ではフチ餅をサンキュラの葉（写真3）で包んだ「サンキュラ餅」、五月五日の節句ではフチ餅を芭蕉の葉やゲットウやサネンの葉（写真4）で包んだ「カシャ餅（写真5）」をつくって食べる。

また、五月の節句には「アクマキ」をつくる集落もある（写真6）。アクマキはもち米を木炭汁で煮てつくる餅状のものである。砂糖を加えた黄粉つけて食べることが多い。

写真1：笠利町用。ツワブキ・切り干しダイコンと一緒に煮たワンホネ。（2010年8月、浅野）

写真2：宇検村芦検8月の豊年祭で配られるトンコツ料理を作成中。ゆでた豚を煮込んでいる。（2007年8月、浅野）

写真３：笠利町用。自生するサンキュラ。（2010年12月、浅野）

写真４：笠利町用。自生するサネン。（2010年12月、浅野）

写真５：笠利町用の塩崎イヨさんお手製のカシャ餅。（2008年５月、川北）

写真６：住用村見里。師玉仁義宅のお手製アクマキ。（2010年８月、浅野）

現在はこれらのお菓子は日常のおやつにもなり、市販もされている。

ハマオレのご馳走は一重一瓶《いちじゅういちびん》

集落中の人が浜に下りて潮干狩りなどをして遊ぶ春の行事がハマオレである。そのときに参加する各自がもって行くお弁当が酒を一瓶と重箱をひとつという意味の一重一瓶である。カラカラといわれる瓶（酒器）の中にお酒（焼酎）を入れ、お重の中には家庭でつくったご馳走（赤飯・野菜のてんぷら・豚肉の煮物など）を詰めて浜にもって行き、皆に配ったり皆から貰ったりしながら会食をする。今も一重一瓶は行われているが、集落でお弁当をお店に注文して、皆で同じものを一緒に食べることも多くなってきた。

祭のもてなし料理

豊年祭では、豚料理のほか、祭に来たお客さんの接待に婦人会がつくる料理がある。大皿（写真７）・餅・カシキ（赤飯）。（写真８）また、夜に長い時間集落内を回るムチムレの踊りや、アラセツなどで八月踊りを長時間踊るときは、休憩所に振舞いのご馳走がならべられる。（写真９・10）

夏に欠かせない飲み物　ミキ

夏の豊年祭やお盆のお供えにする、米を発酵させた白い飲み物がミキである。ドロリとした濃いヨーグルトドリンクのような味で甘く酸味がある。材料が米なので食欲のない夏の滋養食にもなり、現在は奄美の商店には普通においてある（写真11）。

写真９：笠利町でのアラセツの八月踊りでの振舞い。海苔巻き。（2006年９月、浅野）

写真７：住用村見里の豊年祭での大皿料理。野菜やサバの揚げ物など。（2008年８月、浅野）

写真10：笠利町でのアラセツの八月踊りでの振舞い。小豆入りおかゆ。（2006年９月）

写真８：住用村見里の豊年祭で招待客のお土産用のカシキ（赤飯）。（2008年８月、浅野）

写真11：スーパーで売られているミキの１リットル紙パック。牛乳パックの脇に普通に置かれている。価格は350円前後。（2010年12月、浅野）

ミキの作り方（住用村川内の豊年祭）

米を蒸してさまし、芋をすった汁を混ぜ、途中で米粉を丸めたものと砂糖を加えて一晩発酵させる（写真12）。酸味が出てきたら漉して（写真13）、砂糖を入れて冷やして（写真14）飲む。

（浅野　博美）

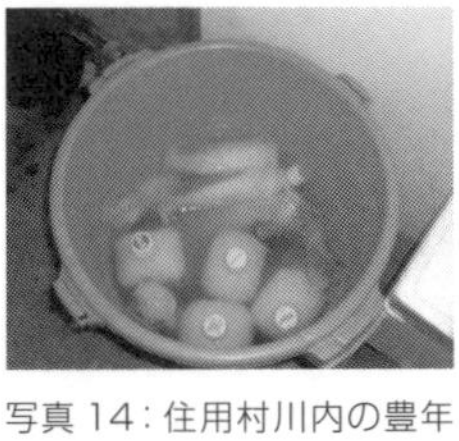

写真14：住用村川内の豊年祭時につくられたミキ。公民館に置いたバケツの中で冷却中。（2007年８月、浅野）

写真13：液状になってできあがったミキ。保存用にペットボトルへ。（2007年８月、浅野）

写真12：バケツの中で発酵中のミキ。（2007年８月、浅野）

7　水とのくらし

笠利町用集落の湧水

大島本島北部は、南部より比較的平坦な土地である。そこに用《よう》集落はある。中部の住用村《すみようそん》、南部の宇検村《うけんそん》では、ハブには注意するようにとよくいわれたが、ここでは、それほど言われなかった。一九八一（昭和五六）年の調査当時、三〇代の男性は、集落で、今までハブを見たことはないと言っていた。その人が特別かと思ったがそうではなく、年配の方たちも同じで、ハブで命を落とした人やその後遺症がある人はいなかった。奄美といえばハブを連想する人が多い中で意外だった。本当にいないのか検証してはいないが、ハブの生息は、地形・小河川に生息する他の動物などと関係があることが想像できてきた。

さて、水道がひかれる以前、集落では、いくつかのゴー（井戸・湧水池のこと）から生活用の水を調達していた。一九六〇年代後半、集落内では地区ごとに水道ができ、一九八五（昭和六〇）年、ダムの完成により給水制限がなくなった。

用集落の湧水地点（×印・1～5）を図中に記した。人家が集中する場所は、およそ標高五～一〇メートルで、湧水地点はそれより高所にあり、水汲みがきつい労働だったことがわかる。

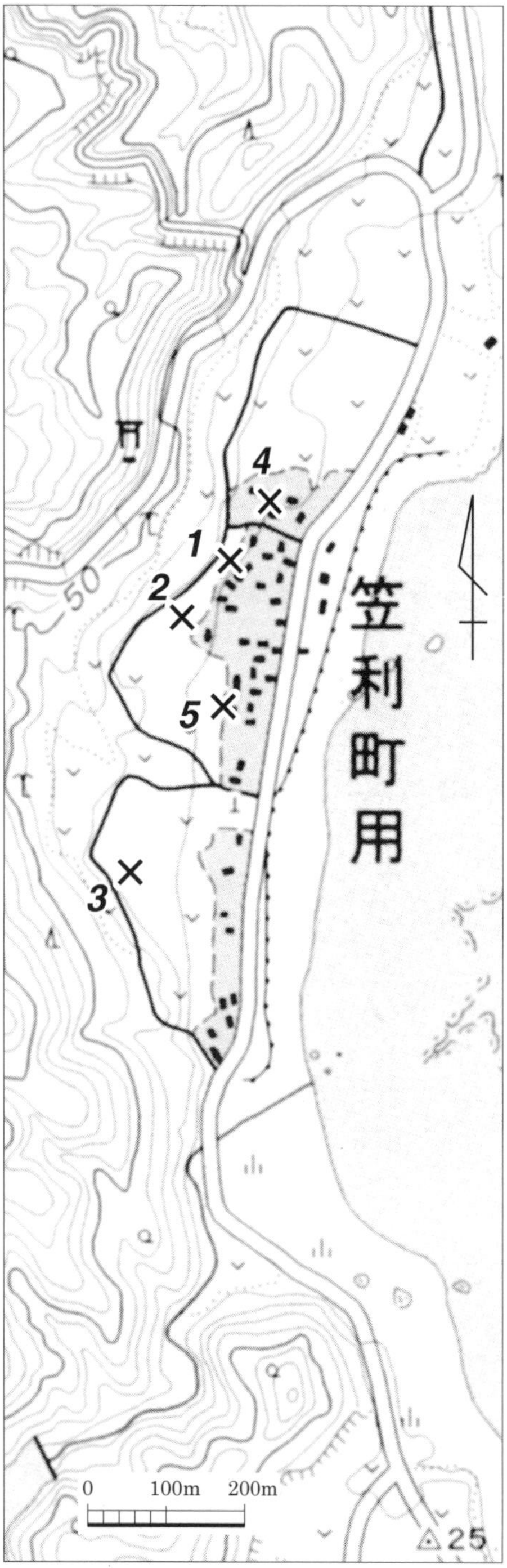

笠利町用集落の湧水の位置図

（国土地理院「笠利崎」 1：25,000、平成19年6月1日発行）

写真２：ミジョリゴ。周囲がコンクリートで固められているが、かつては、サンゴで固められ、隙間は砂石で埋められていた。下方の田に、ここから水を引いていた。今は少しだが水は染み出て流れている。飲料水、料理用として使った。ハンドという甕に入れ、水がこぼれないようにソテツの葉を被せた。朝一回、夕方二回、小学生のときから高校を卒業する頃まで家まで運んだと植田さんは述懐する。

写真３：ハサゴ。探すことは容易なことではなくなっていた。

写真５：ムェーゴ。ムェは前の意味（集落内の地区名）。洗濯用の水として使用した。今は防火水槽である。四畳半位の広さだった。ウシロゴ（ウシロは後・集落内の地区名）は六畳位の広さだった。双方とも共同で地域ごとに使用した。

写真１：イジュンゴ。昔は以前より大きく２つに分けられていた。大きい方は野菜の洗い場に、小さい方は飲料用に使用した。井戸には蓋がかぶせられている。その上方の木をアクチと呼ぶ。「その木にはカミサマがいるので切らない」という。今はほとんど湧いていない。

写真４：フーゴ。フーは大きい、ゴは井戸という意味である。洗濯に使用した。飲料用としては使用しなかった。

＊写真は、２０１０（平成２２）年２月１１日、植田俊秀さんの案内により、末岡三穂子さんが撮影したものである。写真で紹介した以上に、かつての水場はあったが、使用されずになって歳月が経ち、わかりにくくなった地点もあったという。ヤブをかき分けながらの水場探しからは、かつての水汲みが、いかに重労働だったかを知る。

水とくらしとハブ

大島本島北部は比較的平坦だが、南部は急峻な地形のところも多く、山肌にぴったり沿うようにして集落が独立して存在している。かつての交通路が山道ではなく、海上だったことがよく理解できる。

筆者が、最初にうかがった奄美の集落は、住用村川内だった。一九七七年、集落の人からは、会うたびに、ハブには注意するようにといわれた。特に、蒸し暑い夜は、人家や人が通る道にも出やすく、上を見ると木の枝にからまっていて、それが、ドスンと落ちてくるとも聞かされた。夜間の外出に懐中電灯は必携で、なるべく出ないようにしていたが、夜は友人と懐中電灯を左右上下に振りながら歩いたものだった。もちろん、集落の方も持ち歩いていた。集落の宮口川《みやくちがわ》の水源から流れ出る水は近隣に名高く、きれいでおいしく、水量が豊かだといわれていた。八〇歳代の人の記憶でも、渇水したことはないということだった。

その川の近くの家々は、その水を力水《ちからみず》と呼び、家庭で使用していた。滞在中、薪をくべてお風呂を沸かしてくださった永野恵信さん宅の水は、確かに気持ちよかった。薪の火と五右衛門風呂にあふれんばかりに水を張って沸かしてくれた奥さんの末子さんの笑顔が浮かぶ。では、本当に、渇水、旱魃はなかったのだろうか。昭和初年生まれの男性は、戦前に一度、雨が降らずに困ったとき、鍋底についた炭を顔に塗って雨乞いをしたというかすかな記憶があるとのことだった。

一九八〇年八月、宇検村芦検に行った。一〇日間の滞在中に、なんと、集落内に、三回、ハブが出た。蒸し暑い晩、雨が降ると、ハブは川を流れてくるという。また、ハブ道といい、ハブが出やすい道があることを教えられ、その道は回避したものだった。

続いて一九八三年八月、また、芦検に行った。多くの人が公民館に集まり、間近にせまった豊年祭のために八月踊りの練習をしていた午後八時頃だった。

「〇〇さんの家にハブが出ました。〇〇さん、至急、自宅に帰ってください」という集落中に響きわたる大音量の防災無線からのアナウンスに、その家の方は、急いで帰った。翌朝、複数の人が公民館の広場に集まって笑っている。

聞けば、「昨日の夜に出たハブはメスらしい。それは、奥さんの鏡台の前にいたからだ。たぶん化粧でもしていたんだろう」というのだ。ハブ棒で仕留めたようだが、怖い話を笑い話に変えてしまうところは、この集落らしいところであるとも思った。しかし、笑ってばかりはいられない。芦検では、親戚にひとりはハブに咬まれた人がいるともいわれているからである。

先に記した笠利町用では、一九八一年八月の一〇日間の滞在中に降雨がなく、一日四時間の給水制限があった。ここにはハブがいない。水が豊富なところにはハブがいる。大島本島にハブがいるのは確かだが、集落によってずいぶん様相が異なることを感じたのだった。

（福岡　直子）

8　風呂

調査会が滞在していたのは一部を除き、公民館・生活館といわれる集落の集会所であった。施設には風呂はなく、また、集落には共同風呂や銭湯もなかったため、私たちは集落の方の好意により、総勢十数名という大勢の学生が数軒のお宅に分かれて、風呂を使わせていただいた。

　私たちが調査を行っていた時期には、ほとんどの家には内風呂があったが、それ以前はどうしていたのだろうか。ドラム缶に水を汲んできて沸かして入っていたという話、また、内風呂のある家までお礼の薪をもって借りに行っていたという話を聞いた。

　一九七九年に調査をした瀬戸内町請阿室《うけあむろ》では、調査会は森民宿に宿泊していた。その民宿ではプロパンガスの風呂もあったが、まだ五右衛門風呂も残されており、四、五人の学生が、五右衛門風呂の体験をした（写真1）。薪をくべる役、見張りの役を交代にしながら、入った。風呂の中に板が浮いておりその上に乗るのだが、板がひっくり返らないように水平を保ったまま沈めていくのが意外と難しかった。そして、湯がこぼれると焚き口の火が消えてしまうので、こぼれないように考えなければならなかった。

　五右衛門風呂は今では珍しくなっているが、住用村《すみようそん》川内《かわうち》の平良さんのお宅では今でも五右衛門風呂を使用している。薪とガス給湯を併用しながら使っているそうだ。

　宇検村芦検には集落の玉部良《たまぶら》と下部良《しもぶら》の地区それぞれに一か所ずつ共同風呂があった。風呂は水が豊富な場所に建てられていた。下部良にあった共同風呂の取り壊される直前の写真が寄贈されているということで、宇検村湯湾《ゆわん》のギャラリー真人庵《まちゅあん》の元田信有さんに写真を見せてもらった（写真2）。おそらく取り壊しの直前だ

写真1：瀬戸内町請阿室　調査会のメンバーも入った森民宿の五右衛門風呂。（1979年8月9日）

ったのだろう、壁板と屋根が取り外され、中の風呂釜を見ることができる。大きな風呂は四～五人が一度に入れる大きさで、回りには洗い場があり、壁に打ちつけてある釘に脱いだ衣類をかけて入浴していたという。

写真2の右下の石段から上り、その石段の横が焚口になっていた。左側には水が噴出している様子が写っているが、この場所は今でも途絶えることなく水が湧き出している。

玉部良の風呂跡は残っていないが、玉部良の風呂に入っていた米田愛子さんによると、以前、おじいさんが大島紬の染物をやっており、染料をつくるために、車輪梅を細かく切り、煮出すのに大きな釜を使っていたが、使用しなくなったその釜を玉部良の風呂釜として提供したという。

風呂掃除や風呂焚きは当番制で、薪は各自が持参した。風呂の残り湯は、次の日の衣類の洗濯に使われていた。

夕方、男性が入浴し、日が暮れて暗くなった後に女性が入浴していた。シマの人たちに当時の共同風呂の話を聞くと、風呂で雑談などをして楽しい交流の場になっていたという。シマの共同風呂は賑やかな社交場であったことが想像できる。

この共同風呂に入り、まるでひとつの家族のように協力しあいながら生活をしていたシマの人たちの姿がうかがわれる。

集落に簡易水道が引かれ、次第に各家庭に内風呂がつくられるようになった。宇検村誌（集落編）『芦検　あしきん』（芦検集落編集委員会編、二〇〇〇年）によると、一九六六（昭和四一）年にこの共同風呂は姿を消したという。

（末岡三穂子）

写真２：宇検村芦検下部良にあった共同風呂。（撮影年不明。ギャラリー真人庵提供）

9　屋敷と入口

庭にはカミサマがおられる

一九八四（昭和五九）年八月の加計呂麻島《かけろまじま》。瀬戸内町諸鈍《せとうちちょうしょどん》での見聞から、印象に残った屋敷に関係することを紹介しておきたい。諸鈍の長浜に沿って植えられたデイゴの並木。その並木のそばには、石垣に囲まれた家があった（写真1）。

天然石やサンゴ石灰岩を積んだ石垣からブロック塀に変わった家が多い中で、この家は印象的だった。後年、再訪したときの当家の石積みは、きれいに修復されていた（写真2）。また、その周辺の家には、ゲツゲツと呼ぶ樹木の垣根がめぐらされてあった。これらは、台風の襲来が多い風土ならではの景観である。

さて、Mさん宅にうかがったときのことである。海辺に近く、石垣の家に近いそのお宅の屋敷は広かった。ブロック塀がめぐらされ、その内側に、カンギという樹木の垣根があった。建物は、七〇年は経たものであるということだった。

当家は、庭がきれいだった。広さを聞きそびれたが、手入れが行き届いた芝生は、今でも瞼に残る。Mさんは、「庭にはカミサマがおられるからきれいにしておかなければいけない」とおっしゃっ

写真1：石垣に囲まれた民家。（1998年8月、福岡）

写真2：写真1の撮影地点と同じところから撮影。半ば崩れかけていた石垣は、他集落の職人さんが修復した。（2007年8月、福岡）

ていた。潮風は強い。夏草の繁殖力も強い。渇水もある。いつもきれいにしておくためのご苦労はいかばかりか。今では、写真を撮らなかったことが悔やまれてならない。

ジョウグチの方角は大事だ

諸鈍では、外から屋敷に入るところをジョウグチ（門口と表記）と呼んでいた。屋敷の周囲には、石塀や垣根をめぐらせているが、どこか、その一部分が開かれている。わかりにくいかもしれないが、「屋敷の入口と間取り」のようになっている。右の図は、一九八四年当時の筆者の野帳の覚えである。稚拙だが、参考にしていただきたい。屋敷の囲いには、いわゆる扉はない。潜り戸もない。なかには、垣根に袖がついており、曲がって屋敷に入っていくようになっている家もあった。

右の図にはないが、Mさんの広い屋敷には、家が二軒並んでいた。奄美の民家は、分棟型《ぶんとうがた》と聞いていたが、その面影があった。並ぶ二棟のうち右がウンヤ、左をトーグラと呼んでいた。Mさんが生まれる前には、ウンヤとトーグラの間に、ナハンヤという建物があったという。

これも諸鈍の民家だが、屋敷だけで一〇アールという大きなWさん宅を訪ねた。屋敷に二棟並んでいた。やはり分棟型だ。この二棟は、厚みは計測しそびれたが、七〇センチ×四〇センチの大きさの板状の石二本が、二棟をつなぐ役目をしていた。

家屋の周囲には垣根。一五〇年くらいはたったもので、例えば垣根は、ゲツゲツと呼ばれる植物だった。庭には、果樹が豊富で、モモ、ダイダイ、ボンタン が植えられ、ガジュマルもあった。屋敷の

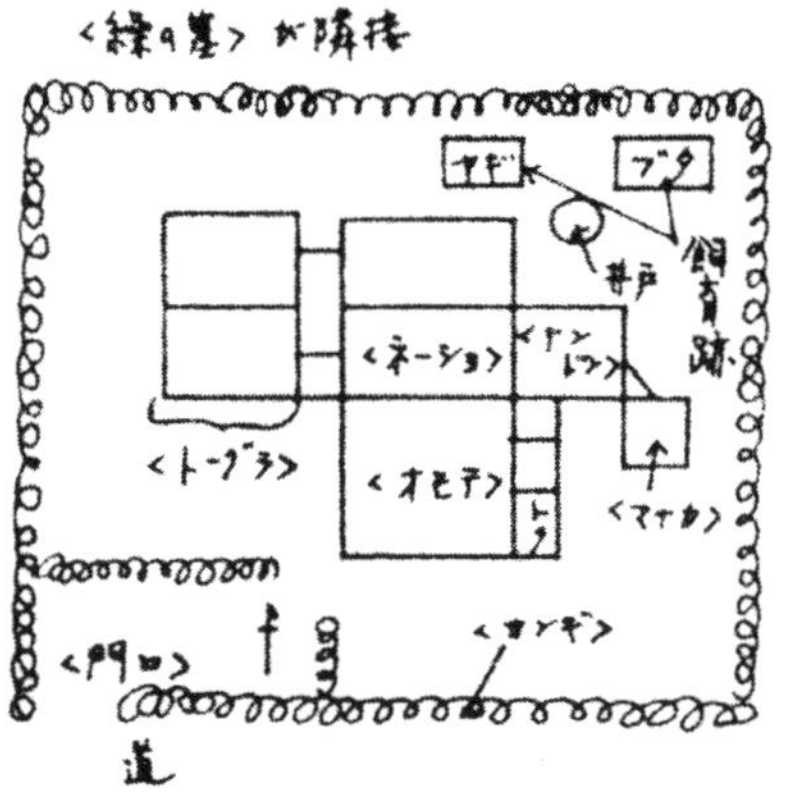

事例1

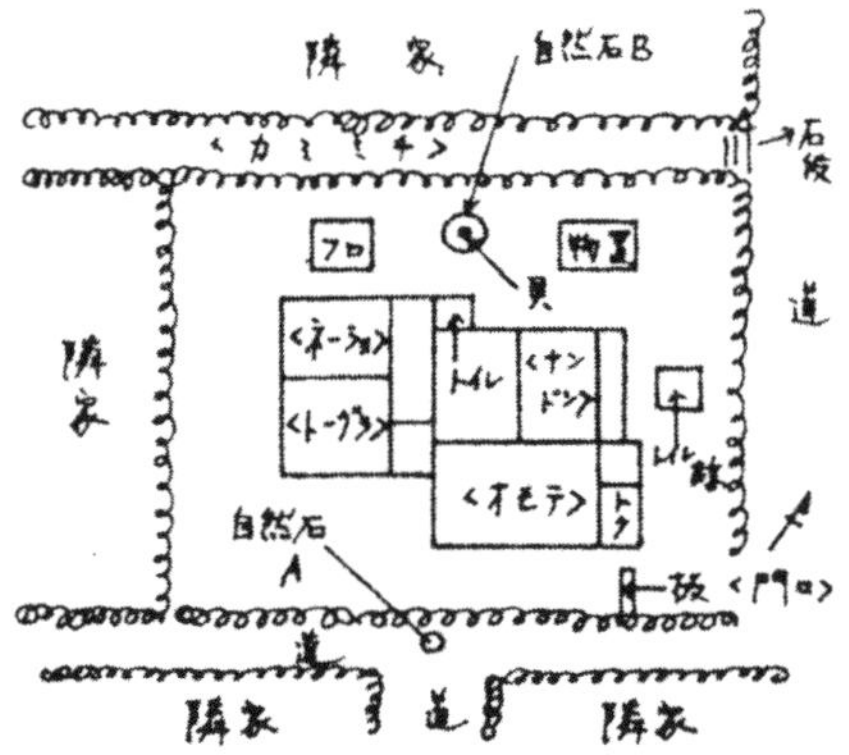

事例2

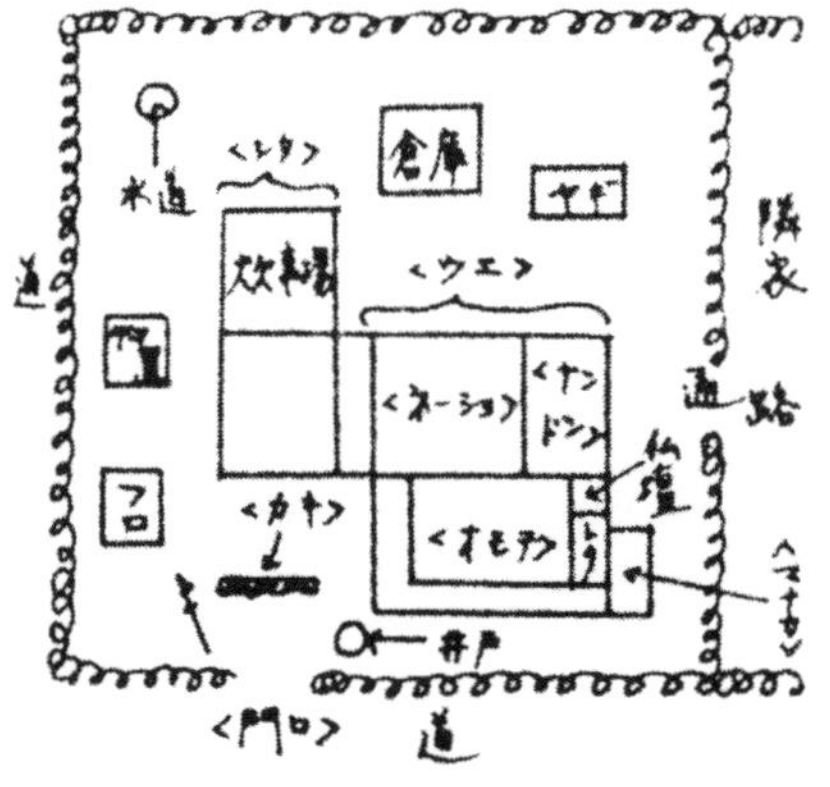

事例3

屋敷の入口と間取り
（『民俗文化』第九号、215頁参照）

北側にはササのような植物が密になって家を囲んでいた。

ジョウグチももちろんあり、この方角についてWさん（男性）は、「門はたいてい南向きにする。これが福相である。ほかに東もい い。北は凶相で、家が枯れる、家の滅亡が早い」と言っていた。

どの家を訪ねても、屋敷の入口からまっすぐ家の入口には行けないようになっていた。道路と家の位置関係がそうさせるのか、それとも別の理由かはっきりとはしなかったが、どの家のジョウグチも、外から進入するものを遮断するようなつくり方がなされていた（写真3）。

写真3：入口の正面に遮断のブロックと貝。（1998年8月、福岡）

門には魔除けの貝を置く

諸鈍では、ジョウグチやその近くに、貝が下げられている光景をよく目にした。どの人も魔除けのためだと言っておられた。中には塀の上に置かれていることもあった。ひとつではなく、複数あった。近年、どの集落でも、樹木でなく新建材による強固な材質の塀やブロック塀が多くなり、伝統的な樹種の垣根は少なくなっているが、この習慣はあちらこちらで見られ、貝のツノが多いものほどよいともいわれている（写真4）。

写真4：入口にふたつの貝（2010年12月、福岡）

このような従来の習慣とは異なる最近のものとして、魔除けのためにシーサーを置く家も多くなっていた。それは、当地を二〇一〇年の再訪時に感じた。沖縄では、主に民家の屋根にシーサーが設置される。近年、鉄筋コンクリート製の住宅の普及により、門柱に置かれる傾向もあるといわれているが、入口に魔除けのものを置くことが意識にあれば、シーサーが奄美に広まることも不思議ではないだろう。

（福岡　直子）

10　家の間取りと大工さん

シマのことばと親しさの時間

初めてのお宅に上がり、家の間取りを教えていただくには勇気と図々しさと謙虚さがなくてはできない。それよりも何よりも、お宅の理解がなくてはできない。筆者が、一九七七（昭和五二）年八月、初めてフィールドワークを行った住用村川内《すみようそんかわうち》ではとても不安だった。しかし、それは取り越し苦労だった。事前学習で、奄美の伝統的家屋は分棟型で、屋敷内に棟が二つあり、それぞれに用途が決まっているという知識はあった。ところが、実際は、茅葺きの家はもはやなくなっており、増改築がされているため、外観では、分棟型には見えないお宅が多く、中には二階建ての家も一軒あった。

集落内のすべての家の間取りとその呼称、広さ、用途は、調査者が数件ずつを分担して調査し、図化した。調査をはじめて数日目の午後、その日の調査を終えた友人が調査拠点の生活館に興奮して戻ってきた。そして、早速、みんなの前で、スケッチをもとに成果を披露した。

「親切に教えてくれたの。全部、わかった。川内ではね、ここをオモテッチと呼ぶんだって。ここがトーグラッチね。それから、トイレは便所《べんじょ》というけど、お年寄りはユージンッチということが多いんだって！」と。

そこに、仲間が次々に戻ってきた。互いの情報を出しあう。どうもおかしい。呼称の最後の「ッチ」は、話者が、「〇〇〇〇というのよ」と、図を指さしながらの言い方を、調査者が誤解してそのままを記述したからだということがわかった。わたしたちは、調査の危うさを反省しながらも、指導教員と共にお腹を抱えて笑ってしまった。遠方からの来客は、オモテ（六畳か八畳）に通される。わたしたちも最初はそうだったが、何度もうかがううちに、いつしかトーグラに座っていた。主に、オモテは冠婚葬祭や来客の応接の部屋で、トーグラは台所、食事をする場所、そして女たちが茶飲み話をする部屋だった。こうしてわたしたちも次第に集落の人たちと親しく

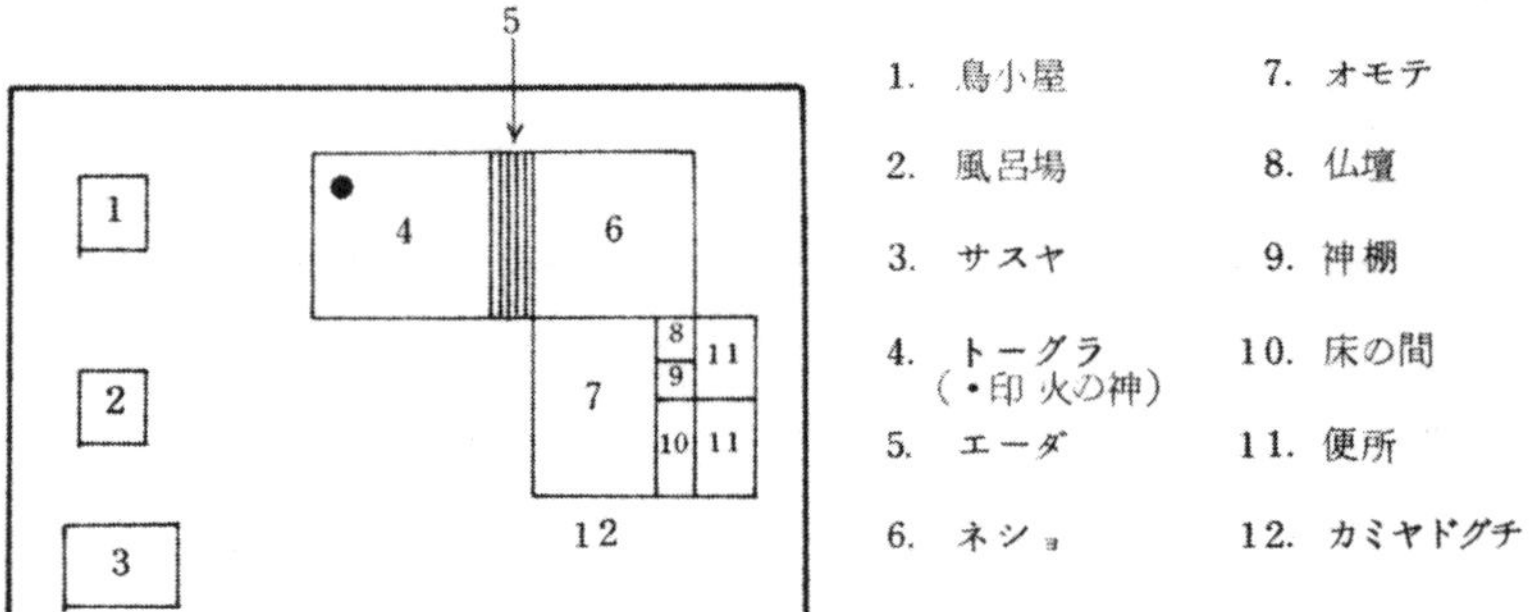

『民俗文化』第二号、146頁参照。

建物と間取りの呼称
（川内のQ家・図の上方が北）

なっていくことが実感され、嬉しくなったものだった。

思わぬご縁で

一九八四（昭和五九）年七月、瀬戸内町諸鈍《せとうちちょうしょどん》に行った。お会いした方に、大工の山下清美さんがいらした。大正生まれの同氏からは、紙面に書ききれないほどのことをうかがっているが、今でも思い出すことがある。

山下氏は、すでに小学校四年生のときには自分用の大工道具をもっていた。カンナやノコギリは、大工の父親が、子どもでも使える大きさのものをつくってくれたからだ。最初、畳や土に釘を打った。「本人がやる怪我は、その年齢に応じた怪我だから良い、慣れることが大切だ、という方針からどんないたずらでもやらせてくれた」という。同氏は、東京で数年間の仕事の経歴をもつが、諸鈍集落の八割くらいは、自分と父親がかかわった家屋だという。瀬戸内町内の複数の集落にも、建てた家があるが、遠方の仕事を請け負うときには、何日も家をあけることがあった。その一か所に、大島本島の住用村川内があった。筆者は、その集落に一九七七年にうかがっていたが、それ以降もお世話になっている林喜八郎・カヅエさんご夫妻のお宅を、山下さんが建てたと、七年後に聞こうとは思いもかけず、たいへん驚いたものだった。

後年、山下氏にお会いした際、林家とは親戚だったので仕事を請け負ったということだった。棟梁として数人の弟子を連れ、四〇日間くらい川内集落の空き家に滞在して仕事をしたそうで、それは、一九五〇年代の話であり、奄美の建築に特徴的なヒキモン構造の家を建てたということだった。ヒキモン構造とは、主に二〇センチ角の横架材を床、内法、天井廻縁の位置に井桁に組み、柱に落とし込んだ構造である。日本列島民家史上、たいへん重要な位置にあるといわれているものである。

（福岡　直子）

写真１：住用村川内の家。山下清美さんが建てた林喜八郎・カヅエさんご夫妻の家の前での記念撮影。何度お訪ねしただろうか。「ちゃっこみしょれ」（お茶、おあがりなさい）といわれ、いつも家に上がらせていただいた。（1998 年８月、末岡）

写真２：「これはほんとうに諸鈍の家でしょうか」。1934（昭和９）年に撮影された諸鈍の写真といわれたもののコピーを山下清美氏にご覧いただき、特定していただく。（2007 年８月、末岡）

11　ハブとハブ除け棒

奄美諸島のハブ

ハブは猛毒をもった毒蛇である。奄美群島では奄美大島、徳之島、加計呂麻島《かけろまじま》、請島、与路島、枝手久島に生息する。しかし、喜界島、沖永良部島、与論島にはいない。この三つの島はどちらかといえば平坦な地形の島だが、ハブのいる島は山々があり、森が鬱蒼と繁っている。地質学的には島ができた年代が違うらしい。

奄美群島のハブは、沖縄のハブより猛毒で気性も荒いと伝えられている。今は血清ができているのでハブに噛まれて亡くなる人は殆どいないが、それでも噛《か》まれたらすぐに血清を注射しなければ、死亡するか、噛まれた箇所が麻痺する恐ろしい毒蛇だ。奄美群島の自治体では、駆除と血清を製造するため生きたハブを買い上げている。

請阿室のハブ除け棒

奄美群島の中でも請島、与路島は、とくにハブが多い島といわれている。ハブは主にネズミを餌としている。そしてネズミは人家近くの珊瑚の石垣に巣をつくり、ハブはそれを狙う。そのためハブも、珊瑚の石垣に巣をつくることが多い。とくに注意しなければならない時間帯は、暑い日の夕方から夜にかけての雨が降った後、じめじめした湿度の高い夜である。いくらか涼しくなってから動き出すのだ。といっても私たちが訪れた二週間では出没したことがないし、シマの人たちもめったに遭遇するわけではない。が、やはり夜はハブ除けに懐中電灯が必需品となっている。

請阿室はところどころ珊瑚の石垣が残るシマだ。一九七九（昭和五四）年当時と比べると、今は石垣は減っている。小さな子どもが珊瑚の石垣で遊んでハブに噛まれぬよう、石垣を壊して、普通のブ

写真１：瀬戸内町請阿室の珊瑚の石垣と用心棒。（2007 年８月、福岡）
珊瑚の石垣は減って、左のブロック塀に変わりつつある。

ロック塀にしてきたとのことだ。人口が減って空家や崩壊しかけた家が多くなり、逆にハブが出没するようになったのか。以前と比べハブ除けの棒が目につくようになった。シマの人はその棒を「用心棒」と呼び、シマの中に何十本と立てかけている。棒があるだけでシマの人々は安心するという。

「用心棒」は、山に生えているまっすぐな木を使う。ねむの木、しいの木、竹でつくる。請阿室では、私たちが訪れた数年後、たいへんお世話になった方がハブに噛まれて亡くなるという悲しい出来事が起きた。また、民宿のご主人（五〇代）の話では、十代の頃、ハブにちょっと指先を噛まれ、三日間七転八倒の激痛に苦しみ、噛まれた箇所は結局麻痺したままになったとのことだ。

現在も請島、与路島でハブに噛まれたら、救急で加計呂麻島《かけろまじま》の病院に行くため、海上タクシー等のボートで海を渡らなければならない。ハブはネズミを駆除してくれるとはいえ、恐ろしい毒蛇だ。

（川北千香子）

写真２：ハブとハブ取り棒、森政則氏捕獲。（1979年8月）

私的奄美の七不思議

奄美大島に何回か行って不思議に思うことがある。

①多くの家の御手洗が玄関の近くではなく、床の間の裏側もしくは廊下を隔て、その後ろ側に位置している。床の間の多くは南か、西向きなので御手洗はその東か北に位置することになる。

②家の入り口に屏風のような塀（生垣）がある。玄関と庭を人目から遮るためか。あるいは魔除けなのか、ちょっとした間を置いている。植木を並べて屏風のようにしている家もある。

③門柱の上に魔除けとして蜘蛛貝を置いている。なぜ蜘蛛貝なのか。

④沖縄民謡とも異なる奄美民謡の独特の音階。

⑤チヂン（手にもつ太鼓）を叩く人は、奄美大島では北の笠利町は女性、南の瀬戸内町は男性と決まっている。なぜ違うのか。

瀬戸内町請阿室の家の入口。低い塀（生垣）が真正面にある。門柱には貝がある。（2010年9月、川北）

⑥奄美にはケンムン（ケンモン）の話が至る所にある。

⑦奄美の人のほとんどが、ケンムンの存在を信じている。

実は不思議なことはそれだけではない。奄美は魅力的で不思議な所だ。　（川北千香子）

12　ハブ捕り

奄美の調査において最も注意を払わなくてはならないのは、猛毒をもつ蛇「ハブ」の存在であった。草むらを通るとき、暗い夜道を歩いて訪問先の家と公民館を行き来しなければならないとき、そして、奄美特有のスコールが降ったときはとくに注意が必要だった。

初めての調査地である川内《かわうち》では、ハブが捕獲されたと言って、集落の山田本治さんが私たちにハブを見せようともってきてくれた。それまで写真でしか目にしたことがなかったが、初めて生きている姿を目の当たりにし、ハブの恐怖を現実のものとしてとらえることになった。

宇検村芦検《うけんそんあしけん》に住む玉利好文さんは、一九九三年に東京からUターンした。Uターンしてから七〜八年は、自家用車にハブを捕獲するための棒と箱を載せ、ハブ捕りをしていた。捕獲のための棒と箱は玉利さんの手づくりで、棒はハブを捕獲するとゴムの力で先が閉じるようになっている。箱は内部が二室に分かれ、仕切りの板は差込み式になっており、板を引き抜くと仕切りがなくなる。捕ったハブは写真2の箱の上部から入れ、下部で保管される。二匹以上捕獲した場合でも、ハブが飛び出さないように工夫されている。ハブは三月から一二月の間、雨が少し降り湿度の高い日に、舗装していない道路によく出るという。玉利さんは夜七時半から、ハブ捕りをするため、湯湾岳《ゆわんだけ》から大和村大棚《やまとそんおおだな》の奥や、宇検村部連《ぶれん》の方まで車を走らせる。ゆっくり走り、ハブを見つけると棒を持ち出して捕まえ、箱に入れる。捕獲したハブは生きたまま役場にもって行くと大きさにかかわらず五〇〇〇円で引き取られていた。しかし二〇一四年四月から財源不足により三〇〇〇円に下がっている。民間業者の買い取りは重さで値段が決まっており、一キログラムあたり八〇〇〇円で買い取られていた。大きいハブの場合は業者にもち込む。玉利さんが捕獲した最大のハブは一・八キロだったそうだ。ハブの皮は加工用に、身は粉末にして食品として利用されている。役場にもち込まれたハブは最終的には名瀬の保健所に送られ、血清を製造するために利用されている。

玉利さんは多い時で年間一〇〇匹ほど捕獲したこともあった。しかし、ハブ棒をもっていないときに手で捕まえようとして嚙まれたことがあった。すぐに腕の付け根をしばったが全身が腫れあがり、一か月半、入院したこともあったという。幸い命に別条はなかったが、ハブ捕りは非常に危険をともなうと話してくれた。

宇検村では二〇一〇年の一年間で二三三五匹のハブがもち込まれた。役場ではハブによる咬傷を未然に防ぐため、道路の草とりや下払いなど美化作業を積極的に行うよう、村民に呼びかけている。

（末岡三穂子）

写真1：川内で山田本治さんが捕まえたハブ。調査会が初めて遭遇したハブであった。（1977年8月、末岡）

写真2：芦検で以前、ハブ捕りをしていた玉利好文さん。（2009年9月28日、末岡）

写真4：ハブ捕り棒の先J字型の部分にハブをひっかける。ここが閉じてハブは逃げられない。（2009年9月28日、末岡）

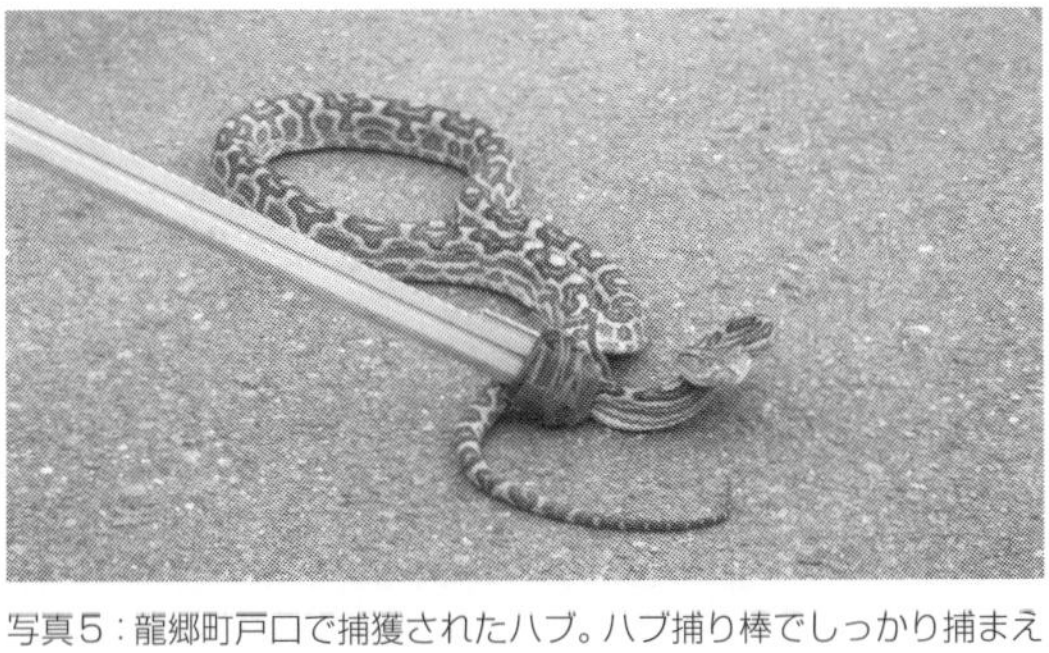

写真5：龍郷町戸口で捕獲されたハブ。ハブ捕り棒でしっかり捕まえられている。（2009年9月30日、末岡）

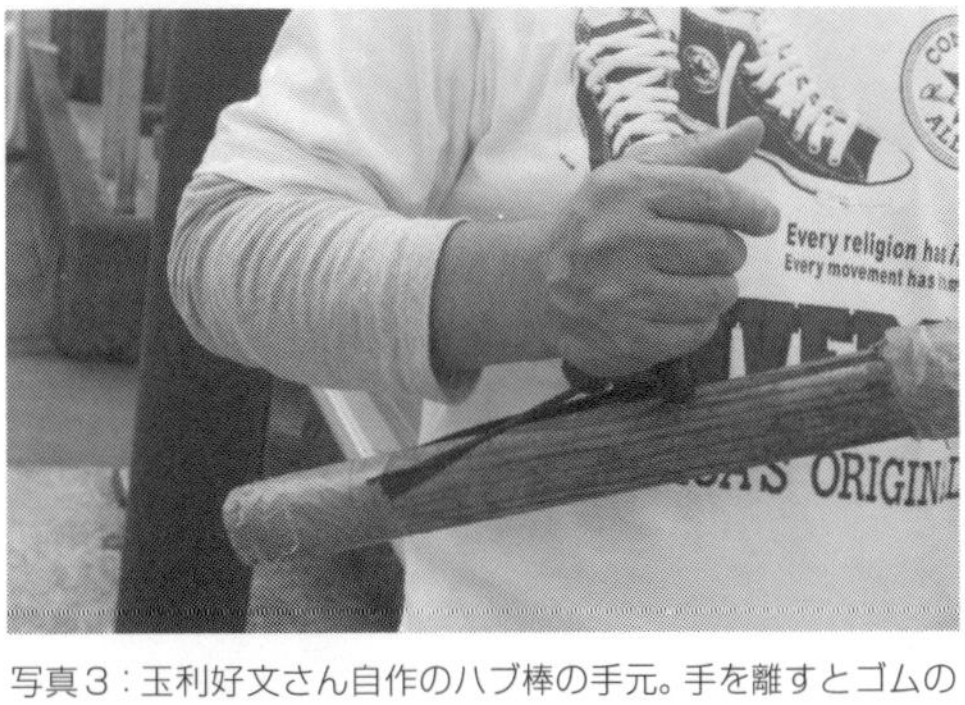

写真3：玉利好文さん自作のハブ棒の手元。手を離すとゴムの力で棒の先が閉じる。（2009年9月28日、末岡）

13 高倉――豊かさの象徴

今に生きる高倉の記憶

奄美らしさの代表的なものに高倉がある。一般にタカクラと呼ばれている。高倉は、現在では市町村役場の玄関先、観光リゾート地、そして博物館の屋外展示で見かけることが多い。ここでは、高倉が、日常の暮らしの中でいきいきと活用されていた往時のようすを、筆者の調査結果から紹介しておくこととしたい。

高倉の外観の特徴は、高床であるということである。そして、太い構造柱が、上部の収蔵庫としての機能を果たす空間部分を支えているということである。柱は四本が一般的だが（写真1、2）、まれに六本、九本のものもある。穀物等を保管し、湿気や害虫、小動物から守り、出入り用の梯子がついている。

高倉は自分の屋敷内にある場合と、集落内の一か所に複数の高倉を共同で利用するために、まとめて建ててある場合があった。筆者が調査を始めた一九七〇年代後半には、すでに減反政策が行われて稲作は衰退し、穀物倉庫としての高倉の本来の機能をみることはなかった。しかし、人々に高倉の記憶は鮮明に残り、また、外観上、新しい高倉が建てられてきている奄美大島北部のような地域も出始めていた。

住用村川内

屋敷内に高倉をもつ家が数軒あったが、あとは、集落の西側の上間《うえま》という場所（現在、集落の共同墓地が所在する）に、高倉が密集していた。しかし、昭和三〇年代頃から売却や台風の襲来による倒壊のため減少し、一九六一（昭和三六）年を最後に高倉は姿を消した。それまでは、高倉には穀物、黒砂糖、味噌、稲籾を保存し、四本の柱のところの板敷きになる場所では、テル（主に女性が使用する背負い籠）を編み、縄をない、米を精米し、竹細工等をつくっていた。また、板敷きは、格好の涼み場所にもなった。

ところで、赤ん坊が歩き始めのときには、一升餅を背負わせる儀式があった。その際、高倉の階段をのぼらせた。また、高倉の跡地には人が住むための住居を建てることを嫌ったということが聞かれた。「高倉は穀物倉庫といわれるように、人の腹を肥やすものがあった場所である。だから、そこに家を建てることは、米を踏むことになるからだ」という理由だそうだ。

高倉が消滅してから新しく建てることはなくなり、敷地内では、サスヤ（納屋・倉庫のこと）と呼ぶ建物に変わっていった。

宇検村芦検

屋敷内に高倉があった家は数軒だった。集落の西側のシッパマ

（字名）に、二〇～三〇棟（人によって四〇棟とも）の高倉が集まっていた。そこを群倉《ぼれぐら》といった。ひとつの高倉を親戚同士が共同で使っていた。例えば、稲籾であれば、親戚のどの家が、高倉内部のどの場所を使うか、仕切られ、決められていた。

高倉には、ネズミが入らないようにするため、ネズミオトシがあった。高倉の下では、農耕やサトウキビの車引きに使役する馬を飼育していたともいう。高倉を、龍郷村（現龍郷町）に売却したという話も聞かれ、集落では、一九五〇年代には高倉はほとんどなくなった。

龍郷町中勝

高倉は穀物倉庫や保存食としての豚肉の倉庫として使われた。暮れに塩漬けにした豚を甕《かめ》に入れ、その下に藁を敷いて高倉に保管したのである。

また、新暦一月一五日を小正月と称し、夜、高倉の下で弁当をもち寄って食べ、男女別々に歌などを歌った。第二次世界大戦後、この行事は夜間にすることがよくないという理由から行われなくなった。しかし、子どもたちだけで高倉の下や特別に決めた家に集まることはあった。旧暦五月のハマオレは、浜ではなく、高倉か高い木の下で行った。高倉で行ったときは、間隔をあけて臼を置き、その上に近所の家の畳を敷き、一重一瓶《いちじゅういちびん》（各自が弁当と酒をもち寄り宴会をすること）をした。

さらに、赤ん坊に初めて日の光を当てるハガリョーという行事のとき、赤ん坊を供する者は、赤ん坊が男の子であれば、米を風呂

写真１：笠利町宇宿の高倉。（2006年5月3日、福岡）

写真２：住用村見里の高倉。（2006年5月4日、福岡）

写真３：笠利町宇宿の高倉。（2008年９月３日、川北）

敷に包むかクブシ（笊のこと）に入れて頭上に載せた。この所作には、「将来、子どもが米蔵である立派な高倉を建てるほど裕福になれるように」という願いが込められているといわれた。

高倉は、台風により一九六三（昭和三八）年、さらに残る高倉も一九七六（昭和五一）年に全部倒れ、再建されることはなかった（『民俗文化』第八号・16頁）。

写真４：笠利町宇宿の高倉。（2008年９月３日、川北）

写真５：笠利町宇宿の高倉。（2008年９月３日、川北）

写真６：笠利町宇宿の高倉。（2009年７月31日、川北）

龍郷町嘉渡

現在の竜北中学校のところに、群倉《ぼれぐら》または倉と呼ばれる高倉が集まって建っていた場所があり、穀物、正月用の豚の塩漬けを貯蔵した。まとまってあったときの高倉の数は、話し手により多少異なるが、二〇～四〇棟で、二列か二列半に並んでいたといわれる。これらの高倉は、第二次世界大戦中の空襲で全部焼失した。群倉の場所に高倉を所有していた家は、自分の屋敷内に建てる空間がなかったからともいわれていた（『民俗文化』第一〇号・二五二頁）。

瀬戸内町諸鈍

諸鈍は、琉球の第二次大島征伐（一五五五～五八年）の戦場となったところである。そのことは、集落内で古老により語り伝えられ、筆者もうかがう機会を得た。子細は『民俗文化』第九号（二〇五～二二〇頁）に所収してある。長文なため、ここでは、高倉と豊かさが密接であるという要素が話の端々にうかがえるということを述べるにとどめるが、概略は次のようである。

伝承は、集落内の二豪族の栄枯盛衰を語るものである。ある一族は豪華な生活をし、高倉（中には柱が一本という高倉もあった）をいくつも建てたが、結局は没落し、その高倉の跡地は、現在の墓地（集落内に六か所ほどある）やその近辺になっているという。このような話が、四五〇年を経た今日まで伝承されていることに驚くとともに、家の豊かさの象徴としての高倉が見え隠れすることを印象づけるものとなっている。

これからの高倉

穀物の保管のために独立した建物の高倉、そしてその場所に集う人の暮らしは、今や見ることができない。しかし、人々に、高倉を希求する気持ちがなくなったのかというとそうともいえない。

かつての高倉は、建築に際して共同作業ができる集落の若者の人数がいたこと、建築材料があり、建築技術を保持する職人が揃っていたこと、生業が農業という社会だったから必須だった。

現在、大島本島北部方面には、外観上、新しい形の高倉ができている（写真3～6）。これらの新しい高倉は、外観上にみる伝統的な形を変えつつも、時代にふさわしい機能を持つ家の象徴としての建物となり、奄美の文化を伝えることだろう。

（福岡　直子）

奄美の東西南北

一九八一年八月、笠利町用の農道を歩いていたとき、シマの人から、「この道を真っ直ぐニシに行けばシマのはずれだよ」といわれた。わたしは、西に行けばキビ畑や山だから、その山を越えられるのかと考え込む。その人が指さす方角を、携帯した方位磁石で確かめると、西（W）でなく北（N）である。「山はイリだよ」と。ますます混乱する。

そこで奄美では、北《きた》をニシといっていることを思い出した。明治末年生まれの女性は、東《ひがし》をアガレ、西《にし》をイリ、南《みなみ》をハイ、北《きた》をニシと言った。

また、台風では、「ウシホウの風が強い」という。ウシは、十二支による方位認識の「丑」のことのようだ。また、明治末年生まれの男性は、「アガレはティダ（太陽のこと）があがる方角、イリは、日が隠れるところ」であり、「ターバチヤマ（集落の近くの山名）は南《みなみ》になるね、東《ひがし》と南《みなみ》の間をミナミクウンベというよ」ともいう。

動かぬ目標物、台風の風向き等、確かに日常の生活で東西南北は生きている。

（福岡　直子）

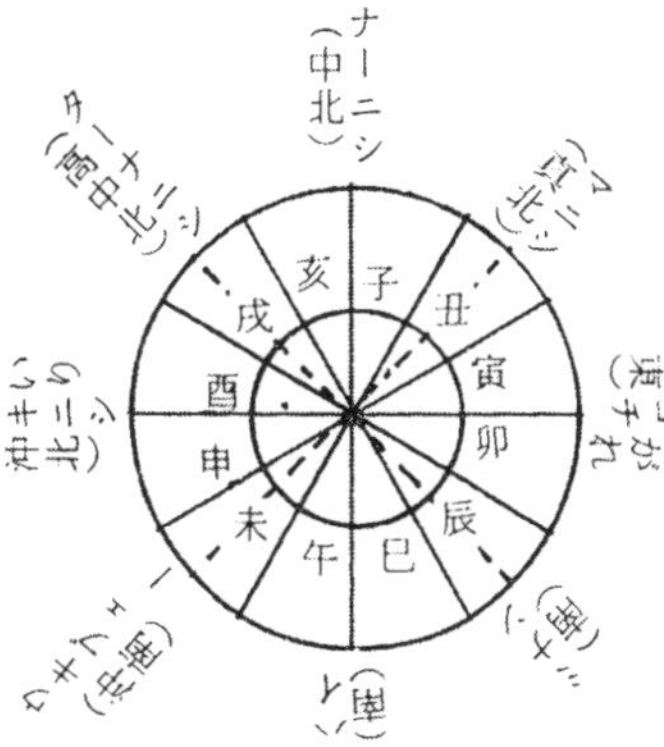

方位、風向きの呼び方

（『うらげどり』関豊志著・関玲子編集・1987年・道之島通信社、166頁）

第三節　つきあい

1　子どもの誕生

お産と限地産婆

病院で子どもを産むことが普通になった現代社会であるが、自宅出産があたりまえだった時代には、産婆さん（助産婦）が活躍した。ここでは、奄美の「限地産婆《げんちさんば》」の事例について報告する。詳しくは、『民俗文化』第一〇号の四二〜四四頁を参照していただきたい。なお、（　）内は筆者の加筆である。

嘉渡に産婆はいなかったので、子どもをとりあげた経験のある親戚や近所の人が赤ん坊をとりあげることが普通だった。終戦から昭和二九年まで、限地産婆という存在の女性がいた（奄美は昭和二八年に日本に復帰する）。限地産婆とは、警察の許可を受けた人で、琉球政府から資給薬品（「資給」は原文のまま）をもらっていた。その人は、看護婦、保健婦の免許を持っていたが、名瀬の産婦人科で見習いをして限地産婆の資格を得た。（出産のときの）料金は、むこう（妊婦側のことであろう）の心持ちで、二〜三〇〇〇円だった。限地産婆の限地とは、嘉渡《かど》から安木屋場《あんきゃば》の地域に限られているという意味である（地図参照）。なお、この人がとりあげた子どもは一五人だそうである。秋名《あきな》や名瀬には産婆がいたので、戦前は、難産のときは集落から船を出して迎えに行った。しかし普段は、経験ある親戚の人、近所の人、姑や母親が、お産を手伝った。現在は、名瀬の病院に行き、医師の指示に従っている。また、妊婦の検診を龍郷町役場で行っている。

自宅で出産をしていた頃は、産婦の母親や姑、身内の者が介添えをした。また、初産から夫と二人で出産をしたという人もいる。限地産婆は、出産後一週間、初産の時は一か月（集落に）通ってきてくれた。

胞衣《えな》は産婦の母親が、人の通らない、人に見られない所、つまり家の後ろ（方位では北・西にあたる）に埋めた。または、夫が、同じく家の後ろの人に踏まれない所に、三〇〜四〇センチ位の深さの穴を掘って埋めて、上に重い石をのせた。限地産婆に世話をしてもらった人は、限地産婆のところへ持って行って胞衣を処分してもらった。

限地産婆関係図

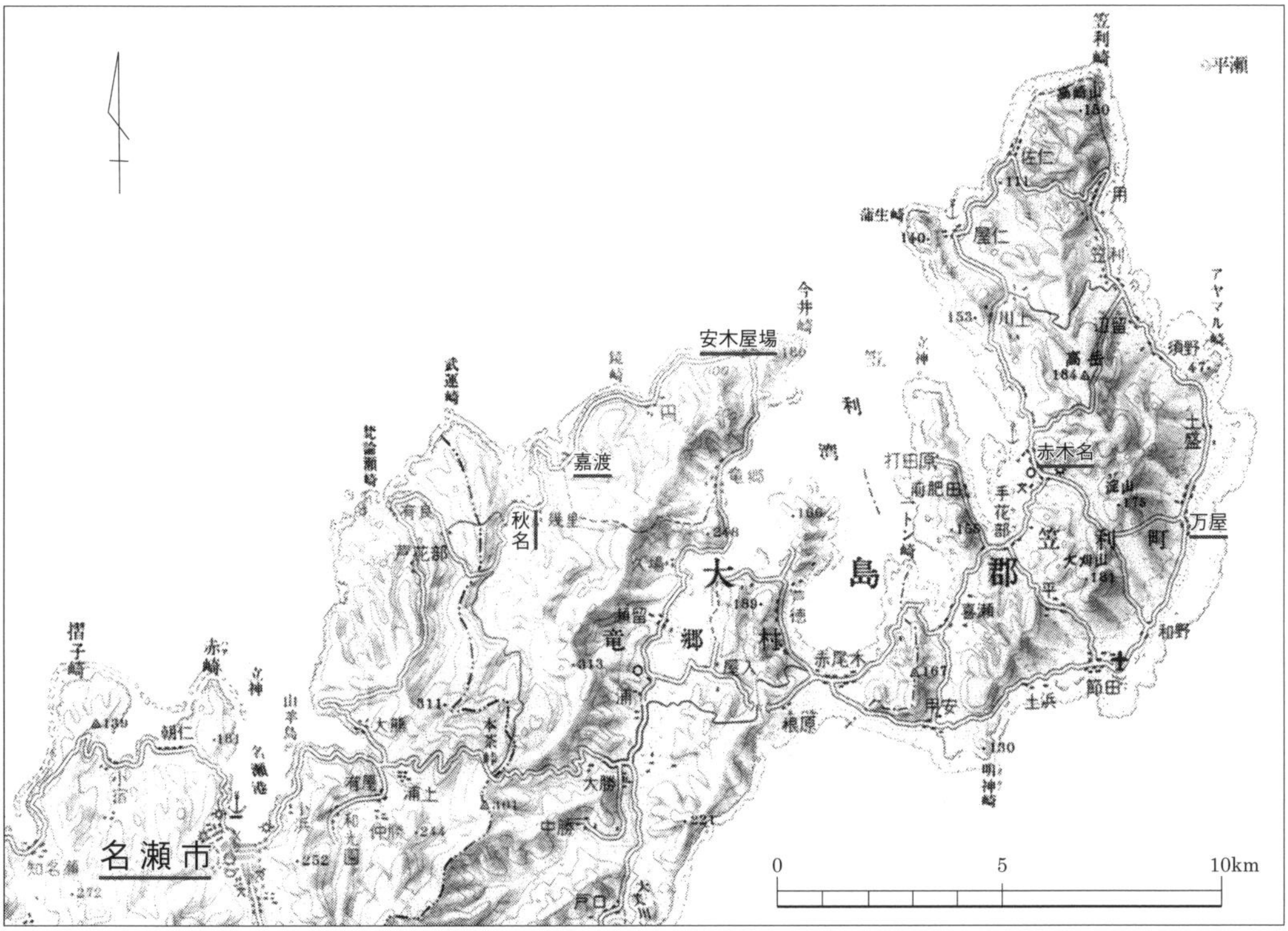

「奄美大島」20万分の1，昭和49年10月30日、国土地理院発行。

奄美では、復帰とともに社会のさまざまな制度が本土のようになっていき、限地産婆のことから、当時の社会の動きがみてとれる。出産に立ち会った経験豊かな人から、次第に資格をもつ産婆が生まれ、城間《しろま》集落と万屋《まんや》集落には、こうした産婆がひとりずついたということが集落の人の記憶にあり、二〇一〇年現在、ひとりは、八八歳で健在であるという。

ヤンハズサスの話

一九七七年八月一〇日、住用村川内でお産にまつわる話を聞いた。林ヨウさんと仰フミさん（ともに明治末年生まれ）からで、このふたりが、身振り手振りよろしく話したものをまとめた。シマの言葉でお話されるので、表現上の誤りがあったらお許し願いたい。あえて掲載したのは、このような話が、奄美各地に広く知られているからである。それは、次のようである。

臨月の奥さんを家におき、漁師は磯釣りに行って寝転がっていた。すると、物の声があるので、漁師は寝たふりをした。そして、ふたりのケンムン（ガジュマルやアコウの木にいる妖怪）が話しているのを聞いた。ひとりが、「〇〇の家に女の子が生まれたと定めを指した」と言った。するともう一方のケンムンは、「ヤンハズを指した。女の子だから二一歳のときに必ず結婚する。必ずよそのシマ（集落のこと）の山を越えたところの人に望まれるであろう。峠にさしかかるときに、娘が休まなければならない大木がある。雨を降らせる。そして、大木をつぶして娘を殺す」と言った。

これを聞いた漁師は家に帰った。すると、女の子が生まれていた。その漁師は、今日、ケンムンが話していたことを誰にも話さないで、試そうと思った。そして、娘が二一歳になると、よそのシマから求婚者がきた。本来なら、よそのシマへ行く娘を送るための送り人がいるが、漁師の父親はそれを断り、ひとりで娘を連れて出た。そうしたら、本当に雨が降ってきた。

娘が雨宿りをしようとしたが、漁師は娘の手を引っ張り、娘より先の方を歩いて行った。すると、大木が倒れ、娘は助かった。この娘は、ケンムンのヤンハズをはずしたのだ（ケンムンが生まれた子どもの運を定めることをはずした）。だから、ケンムンに運定めを指されないようにしなくてはいけないといわれている。

生まれた子どもの将来の幸せを祈る気持ちは、昔も今も変わらない。

多くの集落に類似する話があるのは、そのためかもしれない。

（福岡　直子）

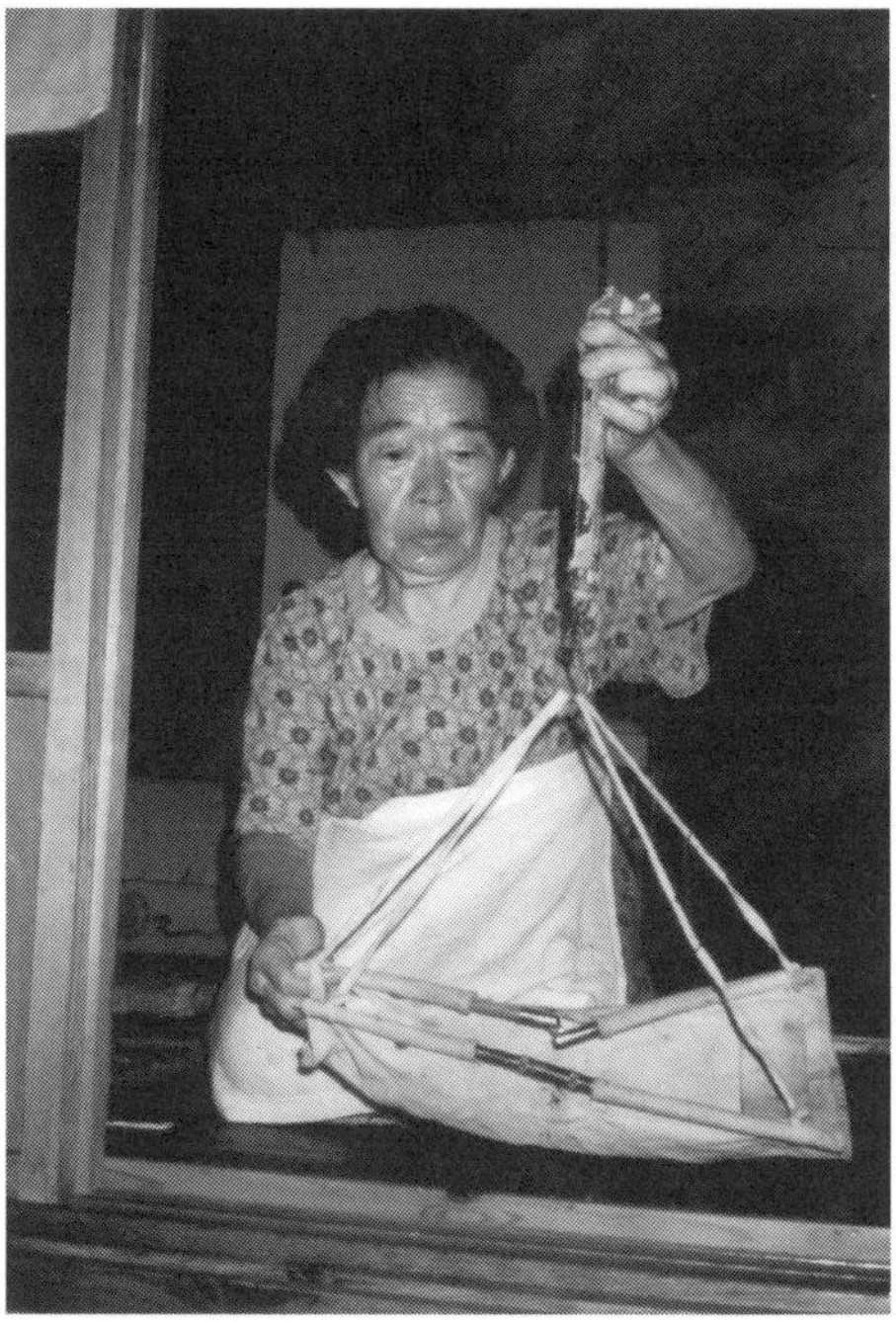

写真１：産婆さんと体重量り。（1982年、笠利町城間）

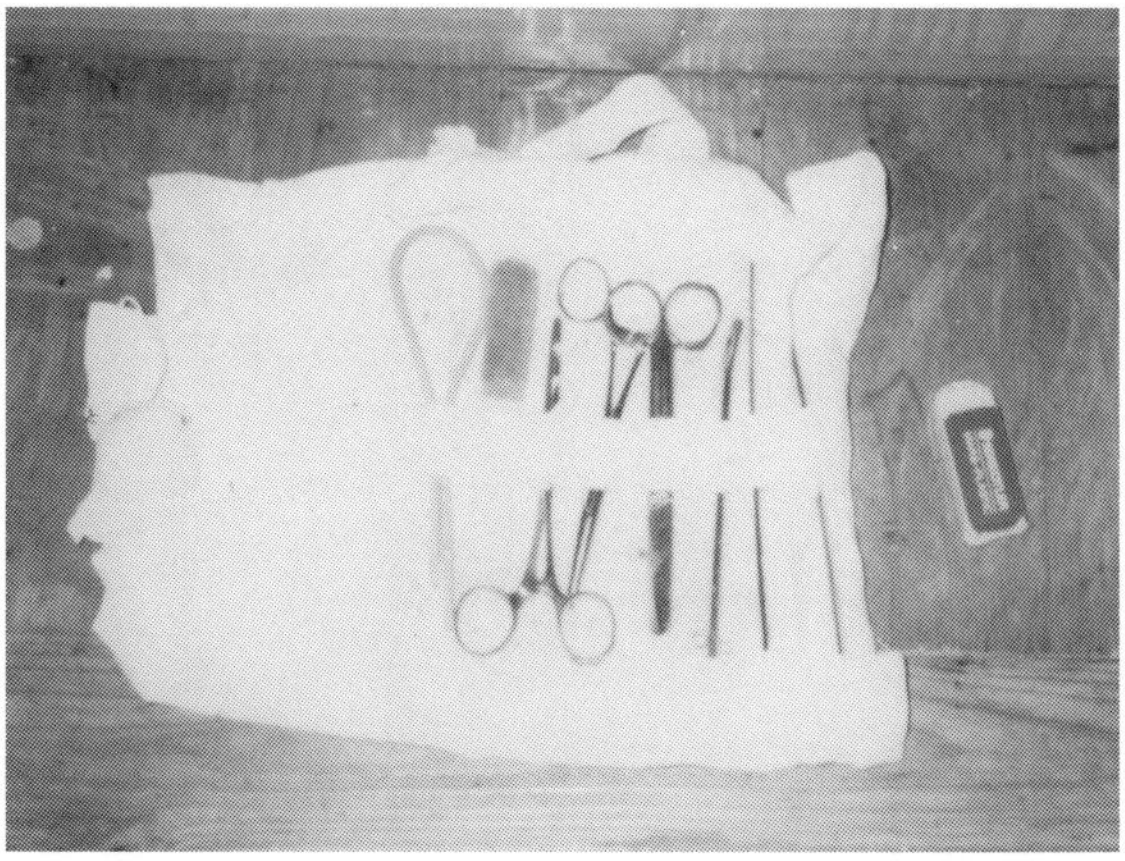

写真２：出産道具。右端のケシゴムは、大きさを伝えるためのもの。

奄美市の誕生

2006年３月20日に奄美大島の名瀬市、笠利町、住用村が合併して奄美市が誕生した。それまでは、名瀬市、笠利町、瀬戸内町、龍郷町、宇検村、住用村、大和村の１市３町３村だったのが、１市２町２村へと移行した。旧名瀬市は奄美市名瀬○○町、旧笠利町は奄美市笠利町○○、旧住用村は奄美市住用町○○と地名が変更された。

下の地図に示した通り、奄美市は龍郷町を挟んで飛び地となっている。

本書では、特別な場合を除いて、旧地名で表記していることをお断りしておく。　（末岡三穂子）

図１：2006年３月19日以前

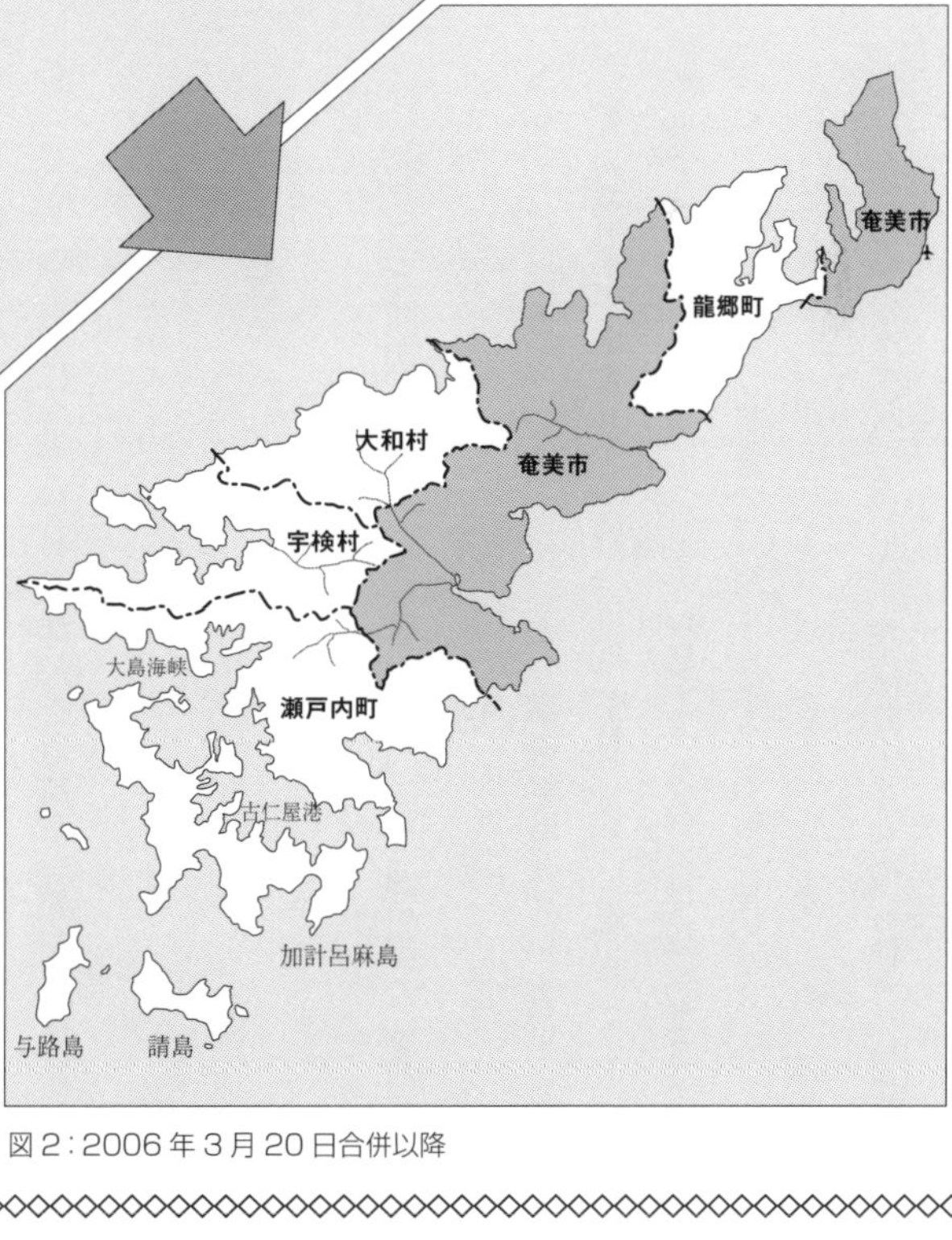

図２：2006年３月20日合併以降

2　名前と社会

呼び名は「八番」

一九九八（平成一〇）年、宇検村《うけんそん》芦検《あしけん》で久しぶりに会った知人と話をしているときだった。

「それは八番《はちばん》に聞けばわかるよ」と言われた。「八番？」、「店にいるあの男の人のことよ。公民館の前に共同売店があるでしょう。あそこでわかるから」、「八番という人に聞けばわかるのですか」、「そうよ」、「初めて会うのに八番とは言えないから名前を教えて下さい」、「えーと、八番は……」と、知人は家にいたご主人に聞き、しばらく沈黙し、ご主人は、他の兄弟の名前を小声で言いながらようやく思い出してくれた。「名前で呼ばないから忘れていたよ、好文だな」、「あれ！　好文《よしふみ》というの」と奥さん。

誰がそのように呼び始めたかはわからないが、芦検で八番といえば玉利好文さんに決まっている。他にはいない。集落で、その家を特定する家号のようなものは見当たらない。同姓が多いから、姓だけでは会話にならない。八番の呼称の由来は、兄弟姉妹の八番目に生まれたからだ。他の家にも一〇人の兄弟姉妹がいて、その八番目に生まれた人が男女を問わずいるかもしれないが、とにかく芦検で八番は彼だけである。ご本人は、このように呼ばれることを好んでいるようだ。しかし、誰もが八番と呼ぶかというとそうではない。同年齢者と年長者で、八番より年少の人は、「八番兄《にい》」と呼んでいる。兄弟の八番目であるということに加え、彼の人柄と、「はちばん」という呼びやすさがそうさせているのだろうか。

通称がつけられた背景には、集落の人と人の関係が密であるからと考えられる。そして名前は、親兄弟のことまでをも彷彿させる力があることがわかる。

本名、呼称、愛称、いろいろあるが、ひとりの人間の成長過程において、どの年齢になったとき、年齢を意識して相手を呼び始めるのだろうか。

シマ名《な》と改名

ひとりの人間が、戸籍上の名前と集落の中で通用する名前、つまりふたつの名前をもつことがあるという。なぜそうなのか、はっきりした答は得ていない。わずかな調査経験からいえば、傾向として、明治末年生まれから第二次世界大戦以前に誕生した人に、比較的多くいるように思われる。戸籍上の名前は学校で使うための名前で、家に帰れば集落で通用する別の名前を使っていたという人もいた。

たとえば、ある集落では、大正年間の生まれの女性で、戸籍上は〇〇千代だったが好まず、戦後、改名することが許されたとき、〇〇子と、自分で自分の名前をつけたという。また、筆者は、次のようなことを体験した。昭和一〇年前後に生まれた女性の家に挨拶に行きたいと、その人について明治末年生まれの男性に聞いた。その男性は、そんな名前の人はこの集落にいないという。つい三日前に三人で話していたのに。行ってはいけない事情でもあるのかと思い、地図を見て話したら、同じ家を指す。話しているところに、ちょうど、その女性の旦那さんが通りがかった。男性は、「この娘は、わしの知らない名前を言っているけど、お前の奥さんは本当にその名前か」と。おじいさんは、女性の戸籍上の名前を知らずにいて、女性のもうひとつの名前、つまり集落内だけで通用するシマ名しか知らなかったのである。筆者は、このことにたいへん驚いたものだった。何十年と同じ集落に暮らしていてもシマ名を知っていれば、困らなかったのであろう。

二〇〇九年、私は、瀬戸内町諸鈍《せとうちちょうしょどん》で郵便の配達をしている男性からこんなことを聞いた。二、三〇年前、郵便配達を始めた頃、困ったことがあった。葉書に宛名はあるが、どこに届けたらよいのかわからなくなったという。一軒一軒の家の場所と居住者は、家族構成までわかるくらいよく知っている。だから、番地がなくても届けられる。ただその葉書には宛名が本名で書かれてあったから、わからなかったという。だから、配達するには本名とシマ名、両方の名前がわからないと届けられないそうである。

諸鈍では、一人前の男になったとき、ニセーナというふたつ目の名前をつけたという報告がされている。これ以上のことはわからないが、幼い頃の名前とその後につけられる名前、そのふたつの名前をもつことは、シマ社会においてどのような意味があるのだろうか。

写真１　床の間の命名の半紙（住用村川内、2010年12月6日、福岡）

床の間に貼られた命名の半紙

調査年はさかのぼるが、一九七七年、住用村川内のお宅の床の間には、誕生した子どもの名前と生年月日が書かれた半紙（松竹梅の模様入り）が貼られていた。比較的新しい慣習であるというが、産後、生れた子どもは父親の実家に帰り、祝いをする。それに招待された身内は祝い金を持参する。その祝いの帰りに、餅や菓子などが入った折り箱をもらうが、その折り箱に、命名〇〇とか、生年月日が書かれた紙がつけられており、それを、家の床の間などに貼っておくという。年数が経っても取らない

現在、半紙の大きさは変わり、短冊ぐらいの大きさになっているが、変わらず行われている習慣である。

（福岡　直子）

3 七歳の祝い

「七歳の祝い」

奄美の多くのシマジマでは子どもが生まれて最初に行う歳の祝いは「七歳の祝い」である。

数え七歳の子どもの成長を祝う「七日の雑炊」「七歳の祝い」（ナナツカユ、ナナサイユウェー等）と呼ばれる行事で、この行事は一月七日に行われる。以前は旧暦であったが、近年はサトウキビの収穫など、農作業で忙しい時期にあたるため、新暦で行うようになった。当日は各家で朝、雑炊を調理する。具は一般的な春の七草ではなく、米に塩豚、餅、アオサ、コンブ、干しシイタケ、ニンジン、ダイコン、サトイモ、菜の茎などから奇数の種類の具材を入れ、具材は各家庭によって異なる。

七歳の子どものいる家では、前日に子どもがまわる七軒（七軒以上の場合もある）の家を決めておき、事前に連絡をしておく。当日朝、七歳の子は姉か兄か従兄姉をともない、お盆に椀をひとつ載せ、一軒ずつお椀一杯分の七草粥をもらい、七軒分もらうと家族で無病息災を願いながらもらってきた雑炊をいただいた。シマによっては、その日の午後から、回った七軒と親戚を家に招きサンゴンでともに祝っていた。

奄美では、七歳までは「神の子」といわれ、七歳を過ぎると「人の子」になるといわれて住む世界が変わるとされる。雑炊を他家からもらい歩くということは、新しい世界に入る挨拶の行事となり、証としての共食行為でもある。子どもの健康と成長を親戚だけでなく、隣近所の身近な、いつも見守ってくれる人たちと共に祝う行事なのである。

また、この旧一月七日は鬼が天から降りてくる日といわれており、一九五五（昭和三〇）年頃までは、集落によっては夜に鬼を追い払うために空に向かって猟銃で空砲を撃ったり、子どもたちが各家の閉めた表戸を「オニハソト、フクハウチ」と言いながら叩いて回った。なお、奄美では、二月三日の「節分の行事」、関東近辺で主に行われている十一月十五日の「七五三」の行事は行なっていない。

シマジマの「七日の雑炊」

一月七日（以前は旧暦）に「七日の雑炊」を食するのは、調査した一一のシマすべてで行われていたが、数え七歳の子どもが「雑炊」をもらいに七軒の家を回るのは住用村の川内、見里、笠利町の用、宇宿、城間、万屋、龍郷町の中勝、嘉渡、瀬戸内町の諸鈍の九シマであった。

「七日の雑炊」もシマジマにより言い方が異なる。七歳の子どもが「雑炊」をもらう習俗がないのが、瀬戸内町の請阿室、宇検村の芦検である。奄美のすべてのシマで行われているとは限らない行

図1：笠利町用のナンカンジョウスイの例（『民俗文化』第六号）

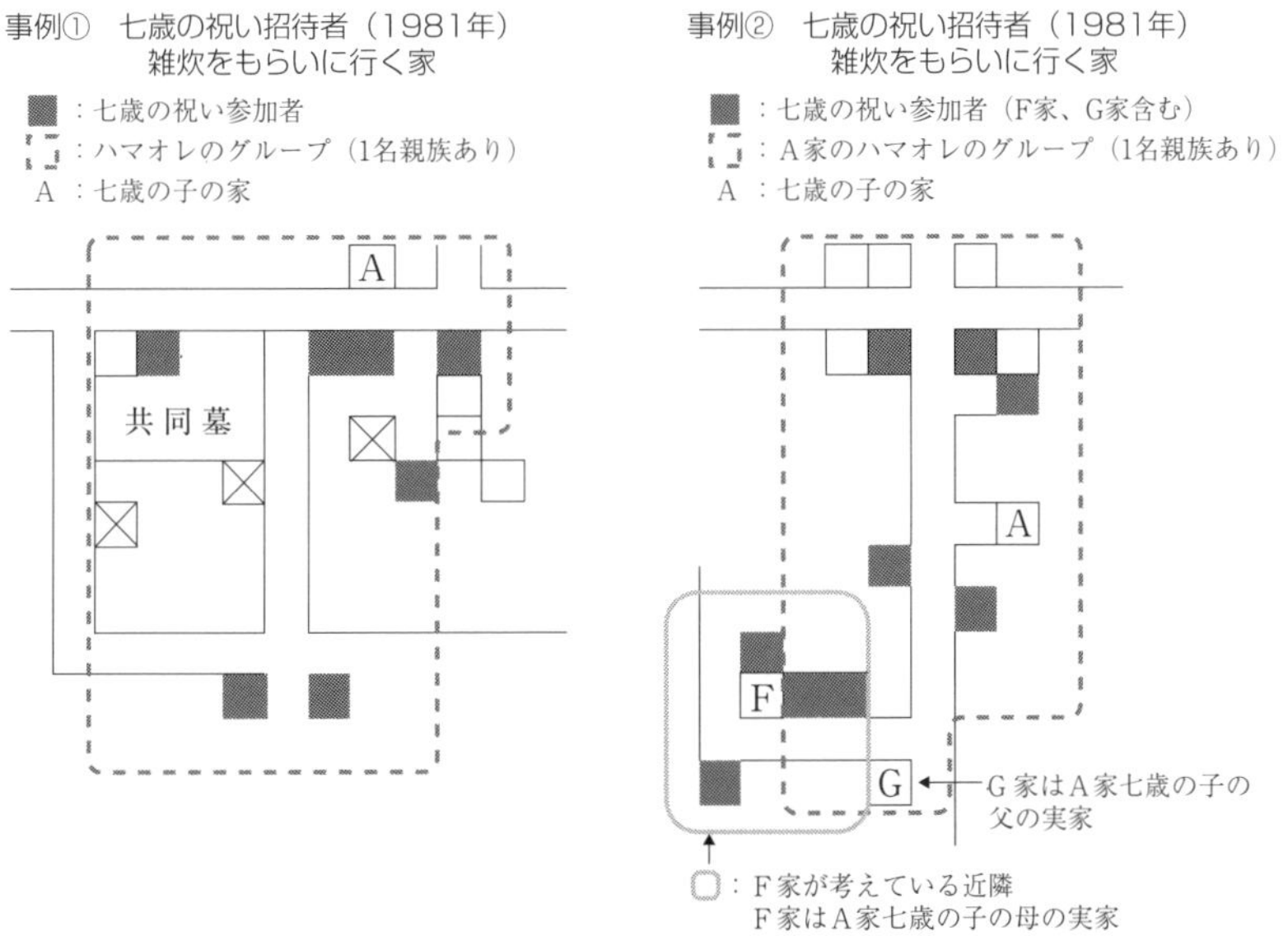

事であった。近年はシマの子どもも少なくなり、七軒や親戚から雑炊をもらい歩く習慣がなくなってしまったシマもあるが、現在、近親者だけで近くのホテル等で「七歳の祝い」だけは行う家もある。三〇年前と比べると変化している行事である。

笠利町用の事例

笠利町では、「七日の雑炊」を「ナンカンジョウスイ」と呼んでいる。「ナンカンジョウスイ」をもらいに行く家を図1に一九八一（昭和五六）年の事例を二つあげた。事例①は近隣で行っている行事「ハマオレ」のグループを七軒まわっている。事例②はハマオレのグループの他に母親の実家（F家）が近くにあり、その実家近くもまわり一一軒もらい歩いている。また、両者とも午後にはシマに在住している親戚も招待してサンゴンを行った。

親戚は用に在住している父母の兄弟姉妹、祖父母、曾祖父母の兄弟姉妹を招待した。「七歳の祝い」に集まる親戚は近い親戚ということで、「チュキョデー」という。「ハマオレ」の近隣関係は「アラセツ、シバサシ」等の行事の際の地区とも重なり、近隣組織が密である。

奄美の人たちの近隣、親戚との関係を垣間見られる行事でもある。

（川北千香子）

4　集落の土俵

土俵づくり

一九八〇（昭和五五）年八月初旬、筆者は、宇検村芦検の公民館を拠点に滞在していた。夕方、仕事を終えた青年団員と壮年団員が、公民館の隣に新しく作る土俵に集まってくる。芦検では、八月一五、一六日の豊年祭に相撲を取る。それまでの土俵は、勝負俵の四隅が狭かったため、転ぶとすぐ下に落ちて危なかった。宇検村内の他の集落の力士を招いて行う対抗相撲のとき、よその集落の人に怪我させてはいけないという気持ちもあり、土俵を新しくする準備をしていたのである（写真1、2）。まだまだ暑い夏の夕方、自分の仕事を終えてから始める集落の共同作業は、わたくしたちには調査終了の合図であり、そして初めてみる土俵つくりだった。

滞在中に土俵は完成されなかったが、後年、当時のことをうかがう機会を得た。その年は、すでに六月頃から青年団員と壮年団員が土俵づくりにかかっていたという。隣の集落の田検《たけん》小中学校の裏山に土俵に適した赤土（さらさらしている土がよい・粘土質は不向き）があり、それを、一〇トントラック一台分ほど運んだ。土俵の枠づくりは、集落の大工が行った。木枠で土俵の外側を型取り、外

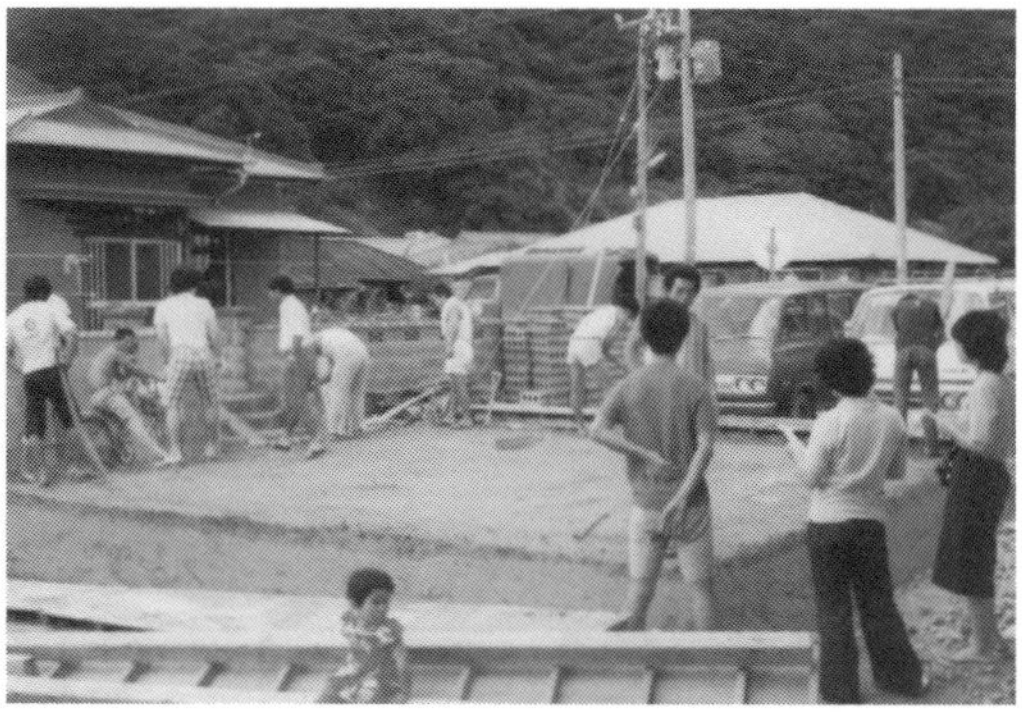

写真１：外枠を外した土俵。（1980 年８月）

写真２：力を入れて気持ちを込めて。（1980 年８月）

す。その後、毎日時間をかけて土俵の表面と側面を叩き棒等で固める。新しい土俵を使うにあたり、青年団員は、土俵に化粧用の土を振り撒き、青年団員だけの名前を書いたものを瓶に入れ、それと、塩、昆布、焼酎三本を土俵に埋めた。また、集落のモノシリの男性が、年長の男女一〇名くらいをトネヤ（集落内にあるカミサマが祀られている木造の建物）に集めて神事をした（日時不詳）。その神事の内容はうかがえなかった。そして、「トネヤからカミサマを土俵までお供《とも》した」という。さらに、土俵の四隅に、塩、昆布を置き、酒で清め、長老がお祓いをした。

新しくなる土俵

筆者が、芦検の豊年祭に初めてうかがったのは一九八三（昭和五八）年八月だった。土俵上の紅白の天幕の上方には、太い竹を何本も井桁状に組みあわせた上に防水シートを被せた屋根があった（写真3）。これは、日よけ、雨よけのために、青壮年団が設置したもので、豊年祭が終われば外す。相撲の取り組み中の午後二時過ぎにスコールがあった。あまりに激しい雨のために、防水シートの端の方に水が溜まり、とうとうシートが破裂した。水を被《かぶ》った見学者もいたが、その後の青年団員（力士でもある）による復旧のすばやさにはたいへん感心したものだった。

一九九〇（平成二）年、土俵は修復され、さらに、一九九八（平成一〇）年には、土俵に常設の屋根がついた（写真4）。鉄製の四本の柱で支えられたたいへん立派な建物である。一五年ぶりに訪ねたこの年の八月一五日は、豊年祭に先立ち、竣工式が行われた。これならば、スコールで観客が濡れることはないし、相撲が中断することもない。豊年祭の準備のために、何週間も前から多方面にわたる準備のために体力を消耗させ、当日を迎える青年団員にとって、心配することがひとつなくなったと喜べると思ったものだ。

ところが、土俵周辺の雰囲気がなんとなく違う。土俵をとりまく見学者の歓声、力士のかけ声、土俵の脇で実演される相撲の番組《ばんぐみ》（シマでは取り組みのことをこのようにいう）と番組の合間の踊りのときの歌、つまり人の声が屋根に大きく反響するのである。このようなことは、筆者のようなよそ者がいうのはさしでがましいことである。

写真3：土俵の上に手づくりの屋根。（1983年、福岡）

写真4：立派な屋根のもとで大一番。（1998年、福岡）

しかし、従来のような空にぬけていく人の声はうすらいでいた。このような、鉄筋の丈夫なつくりの土俵の屋根は、宇検村内の各集落にみられ、村内での土俵の充実ぶりに目を見張ったものである。

だが、集落出身者の帰省者を歓迎し、ともに楽しもうという姿と、筆者のように、縁あって遊びに行く者を笑顔で迎えてくれる芦検の人々の気持ちは変わっていなかった。

（福岡　直子）

5　共同作業

集落の中で家族を超えた労働力が必要となるときがある。稲作における田植えや稲刈りがそれにあたるが、そのとき奄美では労働力の交換という方法をとった。

ユイタバ

一九七八（昭和五三）年は、住用村見里集落でも小規模ながら稲作が行われ、田植えや稲刈りには労働力を交換しあう〈ユイタバ〉と呼ばれる共同作業が行われていた。

ユイタバは、一人前の仕事ができると認められた大人同士での労働交換で、気心のあった近所の人や親しい友達と行うものとされている。毎年同じ人というわけではなく、「誰ということなく手の空いた者などそのときの条件にあったもの同士」で決めていくそうだ。

ユイタバは、植え付け面積と仕事量から計算して一日に頼む人数を出し、依頼する側は相手方の都合を考えながら頼む家を決め、男女いずれが必要かということは事前に話をつけておく。作業をする場所の順番は、苗の生育状況によって話しあい、日取りを決め、自分の家が終わったら来てもらった家には労働の返還である〈ヒブンガエシ〉をしなければいけない。

だいたい田の面積が同じくらいの広さの家とユイタバをするが、もし相手の家の田の面積が自分の家より小さかった場合は、田に限らず畑や山仕事で返すか、賃金で差額を支払うこともある。また都合が悪くなり労力で支払えないときも、他で都合して返すか、お金で返すこともある。しかし大半の人は「ユイタバは金品で解決できるものではない」という意識が強いようである。

子どもでも一人前の仕事ができれば大人と労働交換が可能で、大人でも人によっては仕事の早い遅い、上手下手、などいろいろあるが、そのようなことにはあまりこだわらずユイタバをする。

ユイタバの参加者には、一日二回の食事を提供する。それは一一時の〈オチャ〉にご飯・野菜・お茶を出し、一四時頃の〈オヒル〉のご飯・お汁などで各三〇分くらいずつ休む。休憩を知らせるのは依頼した家の主婦で、朝から食事の準備に追われる。

一九七八年、見里のＩ家は田植え時に妻の兄夫婦の二人と友人二人の合計四人とユイタバをしているが、収穫時は妻の兄夫婦二人のみとユイタバをしている。このときに聞いた話では、田植えは「誰ということもなく手のあいている人」と行ったが、日頃の苦労の結晶である収穫は「手のあいた人の中でもとくに親しい人」と行うそうである。収穫の歓びを親しい人たちと分かちあうためにユイタバという労働交換をしているのかもしれない。

またいくつかのユイタバの例を聞くと「誰ということもなく

……」といわれている中でも、一家の主婦の血縁とのユイタバが多かったのが興味深かった（『民俗文化』第三号）。

カセイ

その他の共同作業の中で、報酬やヒブンガエシを期待せず一方的に労力を提供する〈カセイ（加勢）〉がある。カセイは嫁に行った娘など血縁関係にある人、あるいは日頃から親しくしている人が自ら進んで手伝いにやってくる。終了時にお礼を渡されることもあるが、それはあくまでも相手方の好意でなされるもので、労働力の見返りは求めない、ユイタバより積極的な労力の提供方法といえる。

炊き出しで支援──住用町見里地区の女性たち──
「豪雨災害があった翌朝から避難者向けの大量の炊き出しを続ける人たちがいる。奄美市住用町の見里集落(98世帯、200人)の女性たちだ。婦人会の師玉美代子会長(48歳)は「大変だけど、避難を強いられている人たちはもっと大変。そう思ってみんな集まり、炊き出しを続けている」と話す」（『南海日日新聞』2010年10月30日付）

また、奄美は台風の被害をよく受ける地域であるが、そのときも集落を取りまとめる区長を中心に集落の男性たちが風の通り道になりそうな家を順番に回り、屋根が飛ばないように養生をするなどの手伝いをしていく。

二〇〇七年にお話をうかがったときの見里集落区長の政博文《つかさひろふみ》氏は、台風は毎年のことなので風の通り道がだいたいわかるため、老人の一人暮らしの家などはとくに気をつけて順番に手伝いに行くといっていた。これも報酬を求めない労働提供〈カセイ〉のひとつのかたちであろう。

災害時の助けあい

二〇一〇年一〇月、奄美は大洪水に見舞われた。住用村は被害が大きく、見里集落の入り口にある体験交流館という大きな建物が近隣の集落の避難所となった。村の中では見里の被害は比較的少なく電気も水道も一日で復旧したという。そのため見里の人たちは自主的に自分たちの家からお米などをもちより、公民館に集まって大量のおにぎりをつくり続け、夜通し交流館に避難してきた人たちに差し入れをしたそうである。もちろん報酬などは考えていない。そのとき「自分の家を後回しにしても……」と言いながら炊き出しを行うようすが南海日日新聞の記事になっている

このように何かあったときには、その行動にそれぞれ名前が付いているわけではないが、できる人ができることをして困っている人を助けるということが、現在の奄美でも自然に行われている。

（浅野　博美）

6　冠婚葬祭と助けあい

奄美で行われる行事は集落の人たちの助けあいにより運営される部分が多い。とくに「祭」は青壮年団が中心となり彼らの働きがなければなりたたないが、その詳細は、年中行事の各項目（一七〇頁の豊年祭など）を参照いただきたい。

また奄美でも最近は冠婚葬に業者が入ることも多いが、その場合でもこまごまとした部分は集落の人たちができることをやるという形で助けあって運営している。

若い人が主役の結婚式では会場や料理は業者を利用して、当日の運営・企画、会場の飾りつけなどは新郎新婦の所属する年齢集団である青年団や同級生達が受けもって行われていた（写真1）。

百歳の祝

二〇〇七（平成一九）年宇検村芦検で行われた百歳の祝は、集落の公民館を会場にして集落の人たちの手づくりで開催された（写真2）。日本じゅうから百歳になったおじいちゃんの親戚が集まり、集落の人もおおぜい招待された会で出された料理は、当日の早朝

写真1：宇検村芦検での結婚式。ネクタイをしているのが新郎、子どもを挟んで右隣の新婦と友人たち。（2007年8月、浅野）

写真2：芦検での百歳の祝。入口で招待者を迎える百歳の伊元秀勝さん。（2007年3月、浅野）

から集落に住むおじいちゃんの親族が中心となって、集落の女性たちが助っ人となりつくられた。

会の進行は親族の男性が務め、集まった親族や集落の人たちが踊りや歌などを披露しておじいちゃんを楽しませ、招待客への食事の配膳は集落の女性たち（主に婦人会）が行っていた。また会終了後の食器の片づけも集落の女性たちが行い、会場の片付けは青年団が最後まで残って終わらせていた。

葬式

事前の準備ができない葬式に関しては、とくに集落内での助けあいが必要な場面が多くなってくる（詳細は『民俗文化研究』第八号）。二〇〇二年に住用村見里で体験した葬式では、告別式は業者が入り取り仕切って終わらせるが、準備から終了まですべて集落の人たちの参加によって進行していた。

葬儀の流れは告別式→焼場→納骨→ミキャナンカ（三日七日の意味。本来は納骨三日後の儀礼）の会食となり、ここまでが一日のうちに行われる。

まず告別式当日の早朝には、公民館に集落内の青壮年団や老人会の都合のつく男性たちが集まり、大工仕事と呼ばれる葬式で使う道具をつくる作業を行う。つくる道具は死者が帰ってこないように履かせるという鼻緒を留めない下駄（写真3、4）や旗竿（写真5）である。大工仕事をしない人たちは墓掃除をして墓を整える。それが終わると道具に塩をかけて清め、大工仕事に参加した人は

写真５：葬式に使う白と赤の旗竿（2002年６月、浅野）

写真３（上）、4（下）：下駄の作成。鼻緒は留めていない。（2002年６月、浅野）

豆腐を食べ焼酎を飲んで清めをする（写真6）。その後は会場の設営や告別式の受付なども分担する。つくった下駄と旗竿は納骨時に墓の前の土の上に置かれるもので、数ヶ月のちに回収され焼かれる。

大工仕事と同時に都合のつく婦人会や老人会の女性たちが公民館の炊事場に集まり料理をつくっていく。公民館にはたくさんの食器と大きな鍋が備えつけられている。まず煮物・揚げ物・炒め物とおにぎりをつくり、人数分（このときは三〇人分）をお重に詰め焼場にもっていくお弁当にする（写真7）。その後に同じものを大皿に盛って、手伝いの人たちの昼食として公民館に集まり皆で食べる。昼食が終わると手伝いの女性たちもエプロンをとって告別式に拝みに行き、焼場に行く車を見送る。再び公民館の台所に戻って、次はミキャナンカの二種類の吸い物と酢の物をつくる。

お吸い物は、餅の吸い物（干椎茸・ゆで卵・団子粉の餅二個・青ねぎのぶつ切り二本）と豆腐の吸い物（味噌を加えた出汁で煮た三角に切った豆腐に、しょうがとねぎをのせたもの）（図）で、下ごしらえをすませて焼場に行った親族の帰りを待つ。ミキャナンカの会食は喪主の家と家の外に張ったテントの中で行われるが、その給仕も婦人会の人たちが手伝い、片付けも集落の人たちで行い、葬儀の一日が終了となる。

このように葬儀の一連の儀式は集落の人手があることを前提に営まれ、奄美での冠婚葬祭は集落の人の助けあいで成り立っている。

（浅野　博美）

写真6：公民館での清め風景。（2002年6月、浅野）

写真7：お弁当の調理風景。（2002年6月、浅野）

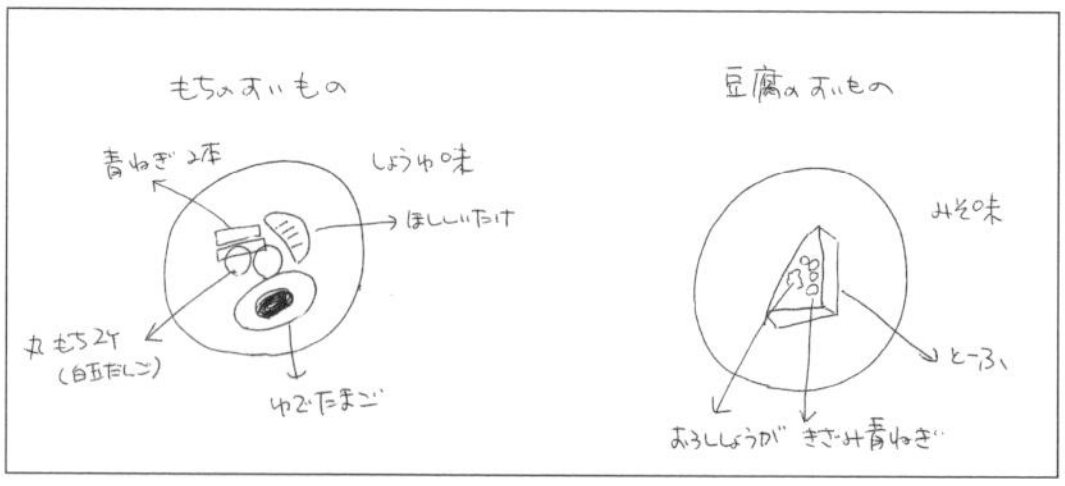

ミキャナンカのお吸い物

7　親族の名称

奄美大島での親族の名称を一九七八年、一九七九年に八〇代だった、現在もご存命ならば、一二〇歳になろうという方々から聞き取ったものがある（表）、（『民俗文化』第三号、第四号）。

ここでは家族を説明するとき、祖父母以上の親族は、男女の区別があるだけで皆同じ言葉で表されている。祖父も大叔父も奄美大島では同じ「フッシュ」なのである。簡単な図も書いてみたので参照いただきたい（図）。

奄美大島では、本土復帰後しばらくは学校で方言を使わないように指導したこともあり、表のような言葉をそのまま使う人は少なくなっているが、今でも自分のことを「ワ」「ワン」という人は多い。

そして見里では、「フッシュ」は「ジイサン」、「ハンニュ」は「バアサン」と名称は変わったが、今でも祖父母以上の親族は皆同じ言葉で表されている。

（浅野　博美）

親族の名称

	住用村見里	瀬戸内町請阿室
曾祖父 祖父 曾祖父母の兄弟 祖父母の兄弟 祖父母の従兄弟	フッシュ	フッシュ
曾祖母 祖母 曾祖父母の姉妹 祖父母の姉妹 祖父母の従姉妹	ハンニュ	ハンニュ
父	ジュー	ジュー
母	アンマー	アンマー
父母の兄弟	ウジ	ウジ
父母の姉妹	オバ	ウバ
兄弟姉妹	オヤハルジ	オヤハルジ
兄弟	エヘリ	イエリ
姉妹	オナリ	ウナリ
兄	ムェー	ヤンムー
弟	ウトゥトゥ	オトート
姉	セトウナリ	アグネー
妹	ウトゥナリ	ウトゥートゥ
子	クヮ	クヮ
孫	マガ	マガ
夫	ウトゥ	ウトゥートゥ
妻	トゥジ	トゥジ
従兄弟姉妹	ワイトコ	イトコ
自分	ワ	ワン

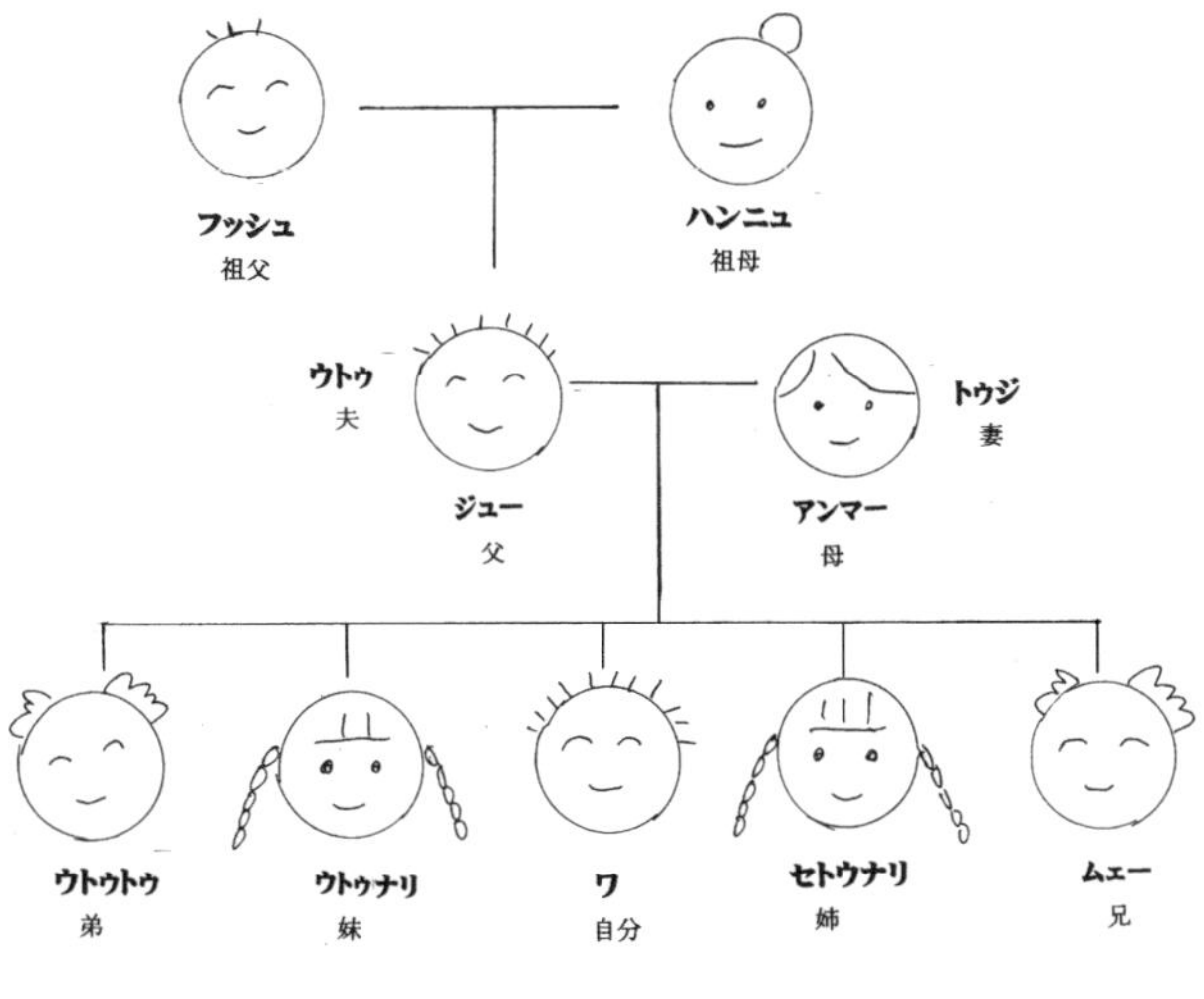

1978年住用村見里、親族名称

第四節　楽しむ

1　八六歳おばあさんトリオのわらべ唄

一九八〇（昭和五五）年、宇検村芦検で三人の八六歳のおばあさんのわらべ唄を聞くことができた。三人のおばあさんは一八九四（明治二七）年生まれの前田ヨシさんと、一八九五年生まれの松井インマツさん、同じく前田アグリさんである。

ふだんは人前で唄をあまり歌わないというおばあさんたちであったが、調査会と集落民との交歓会では、大勢の人たちの前で唄を披露した。集落の人たちもこれまでこの三人の唄をほとんど聞いたことがなかったという。今ではあまり歌い継がれることのない唄を覚えているという話を聞き、この三人の唄を改めて録音しておきたいと思った。

この三人の他、調査の二年前に関東から帰郷したというやはり同じ歳の新城作雄さんも加わり、四人で昔歌った唄を思い出しながら録音することとなった。

四人のお年寄りに芦検公民館まで出向いていただき、録音は始まった。テープレコーダーの前で唄を歌い録音されるというのは、長い人生の中でおそらく初めての経験だったのではないかと思う。始めは三人ともとても緊張し、なかなか唄は出てこなかった。しかし、唄に詳しい新城さんが、唄を思い出すきっかけをつくってくれ、三人も昔歌った唄を少しずつ思い出し、歌いはじめてくれた。歌いはじめると次々に唄が出てきて、一人が歌いだすとあとの二人が続けて歌い、途中で唄を忘れても誰かが思い出して歌が続く、というように三人のチームワークがとてもよかった。そして、一曲歌い終えるたびに皆で拍手しながら笑った。

歌詞の意味を尋ねると三人がシマ口《ぐち》で説明してくれるのだが、私には、何を話しているのかまったくわからなかった。関東から帰郷した新城さんが私にわかるように通訳してくれ、とても助かった。

まりつき唄では手拍子をとりながら、お手玉唄ではそのしぐさも交えながら、子どもの頃を少し思い出したかのように、楽しそうに歌ってくださったのを今でも覚えている。

写真２：テープレコーダーを前にわらべ唄の録音。左より新城作雄さん、前田アグリさん、松井インマツさん、前田ヨシさん。（1980 年８月４日、末岡）

写真１：交歓会で３人のおばあさんのわらべ唄が披露された。（1980 年８月２日）

譜１：「さんの一の」

譜2:「芦検と今里」

譜1・2は1980年8月、前田ヨシさん、松井インマツさん、前田アグリさんが歌った唄を録音して採譜したものである。(『民俗文化』第五号に掲載)

歌詞は『芦検民謡集』(1985年、関東芦検民謡保存会刊)のものを採用、一部修正をしている。音程は、楽譜のみやすさを考慮して、実際の唄より3度高くした。

録音できた唄は以下のとおりである。

一、とんにゅ姉《あご》っぐわ（まりつき唄）
二、おくによおくによ
三、さんのーの
四、一《て》ィちば一《て》っ組
五、とんととなりの（まりつき唄）
六、芦検と今里（はやり唄）
七、一つていよ
八、お一つおとして（お手玉唄）
九、子守り唄

このうち一～六までの曲は筆者が採譜し『民俗文化』第五号に掲載されている。（譜1、2）

三〇年の時を経てこのテープを久しぶりに聞いてみた。八六歳とは思えないほど声に艶があり言葉もはっきりしていてとても力強い。

それに、おばあさん一人だけだったら唄の録音はできなかったのではないかと思うと、とてもよい条件が揃ったことでこのわらべ唄を録音できたと、感謝の気持ちでいっぱいになった。

（末岡三穂子）

2　子どもの遊び

現地調査の滞在中に見聞きした子どもの遊びの例をあげる。ひとつは住用村川内《すみようそんかわうち》で、もうひとつは笠利町用《かさりちょうよう》である。どちらも子どもたちと遊んだ楽しい思い出であり、緊張していた調査中のわたくしの気持ちを和ませてくれたできごとでもあった。

コモリで水浴び——住用村川内

一九七七（昭和五二）年八月六日、子どもたちが水浴びに行くというので筆者もついて行った。小学生の男女一〇人ほどとその母親たち、そして学生数人は、集落の南を東西に流れる川内川《かわうちがわ》の上流に向かった。一五分ほど歩いただろうか。そこには大きな水たまりがあった。イーシンゴモリという。川の本流から少しそれた場所だった。周囲に大きな岩があり、そばの松の大木が大きく枝を伸ばし、木陰をつくっていた。水は赤茶けている。それは、昨夜の雨のせいだろう。水着を準備してきた子どもたちは、早速飛び込んだ。三、四メートルほど上の岩から飛び込む男の子もいる。筆者には水着の用意はない。最初は見ていたが、そのうち子どもたちが、そのまま入れと誘う。水をかけられる。結局、着たままの格好で入ることになった。水は温く、足の裏は、プールでは味わえない感触がした。泳ぐというより水に浸かっている、お互いに水をかけあうという程度の遊びだった。ところが、さあ帰ろうといわれて困った。着替えの持ちあわせがない。しかし、それは無用。濡れたままでもおかしくないという。なるほど、炎天下を五分ほど歩いた頃には、全身がすっかり乾いてしまった。これほど南の島の太陽の威力を感じたことはなかった。

昔から、川内川の各所には、子どもがこのように遊んでも安全な場所がいくつもあり、その場所には、イーシンゴモリ（写真1、2）のように、〇〇〇コモリという名前がつけられている。

「クツカクシ」の遊び——笠利町用

一九八一（昭和五六）年七月三〇日、朝六時半のラジオ体操が終わったが、何人かの小学生の女の子たちが家に帰らず残っていた。笠利町用の広場で彼女たちの遊びが始まった。それは、クツカクシである。何人でもできる遊びだが、このときは、筆者を入れて七人だった。遊び方は次のようである。

参加者全員が一列に並び、各自の片方の履物を脱ぎ、自分の前に出す。そして、たとえば、まず、参加者の一人が、参加者全員に向かい、みんなが歌う歌にあわせ、1、2、3、4、5、6、7の順に靴やサンダルに指を当てる。次に、7から1に戻る。一回目の歌を歌い終わると、最後に当たった履物はその場から取り除かれ、履いていた子がそれを履く。それを何回か繰り返し、最後にひとつの履物が残るまで行う。歌詞は次の通りである。

くつをかくし　つうねんぼ　あしのしたのこねずみが
ぞうりをくわえて　ちゅんちゅくちゅん
ちゅんちゅくまんじゅうはだれがくた
だれもくわないわしがくた
おもてのまわりのさんげんめ　いち　に　さん

そして、最後まで残った人は鬼になる。鬼はその場で目隠し、他の者は自分の片方の履物を隠す。鬼は目を閉じてしゃがんでいる。一分くらいして、「もういい？」と鬼が聞く。「まだ」と誰かがいう。隠す場所を探しあぐねている者には、仲間が、「佐和子、早く隠さんば」などと言ってうながす。隠す場所は、鬼がいるところから半径約一〇メートル位の範囲で、草むらやブロック塀や側溝やちょっとした石の陰だった。そして、鬼は全部の靴をみつけなければならない。五分くらいだったろうか。全員の履物がみつかると終わりになる。実は、このときに歌われていた節と歌詞を、一年後輩の同行者が聞いて驚いた。彼女は大阪府出身で、ところどころ歌詞が違うが、この歌に聞き覚えがあるという。この歌が奄美の他の集落にも伝えられているのかどうかはわからない。教科書やテレビで教えられたものでない遊びの伝承の経路を知る上で興味深いひとときだった。

この他に、カンケリ、ジントリ、ポコペン、ハナマル、タケノコイッポンといった遊びをするという。

（福岡　直子）

写真１：子どもの成長を見守る自然環境。コモリに向かって飛び込む小学生。（1977年８月６日）

写真２：筆者もイーシンゴモリで気分転換。（1977年８月６日）

写真３：クツカクシを楽しんだあとで。吉田チアキ、勝智美、吉田フエ子、長真理子、別府佐和子の小学校３～６年生の子どもたち（真ん中の列）と。（1981年７月30日）

3　八月踊り

奄美大島の各集落で伝承されている芸能に「八月踊り」がある。調査の折、どの集落でも懇親会で集落の人が披露してくれ、私たちもその踊りの輪の中に入り、見よう見まねで一緒に踊った。

八月踊りはその名の通り、旧暦の八月を中心に踊られる。旧暦八月の三八月《みはちがつ》と言われる行事のアラセツ・シバサシ・ドンガと八月十五夜（豊年祭）、送り盆の日に盆の踊りとして踊られていた。年中行事の変化により、現在八月踊りが踊られる日は集落によりさまざまである（二七四頁からの年中行事の項を参照）。

輪になり、男女が掛け合いながら唄を歌い、それにあわせて踊りを踊るものである。数人の人が、「チヂン」と言われる奄美独特の締め太鼓を手にもち打つ。八月踊りは、集落独自に伝承されている。

集落で伝承される八月踊りの曲目は、赤木名《あかきな》観音堂、諸鈍長浜《しょどんながはま》、しゅんかねなど、多くの集落で伝承されている曲もあるが、各集落で曲目も曲数も異なり、多い所では三〇を超す所もある（次頁の表を参照）。

八月踊りが演じられる日

笠利町《かさりちょう》の用《よう》・宇宿《うしゅく》では、アラセツ（前日のツカリの日から三日間）とシバサシ（三日間）に踊られている。アラセツ・シバサシの踊りは種おろしの行事の意味も兼ね、班ごとに行われる八月踊りの最後には六調《ろくちょう》、天草《あまくさ》などといった手踊りも踊られている。龍郷町の中勝《なかがち》・嘉渡《かど》では豊年祭の他、新暦十月後半の土、日曜の二日間行われる種おろし行事で盛んに踊られている。以前は一軒一軒の家をまわりながら一晩中踊っていたが、現在は、集落を数班に分け、広場や家の庭などで踊っている。

住用村川内《すみようそんかわうち》・見里《みさと》、宇検村芦検《あしけん》、瀬戸内町請阿室《うけあむろ》・諸鈍では豊年祭を中心に踊られている。宇検村芦検で豊年祭は新暦八月十五日に行われ、他の地域は旧暦八月十五夜近くの土、日曜日に行われている。豊年祭で踊っている地域は集落の公民館の土俵のまわり一か所で踊る。

演者の構成

八月踊りはシマの人が自分のシマ（居住する場所、生まれた場所）の八月踊りに参加するというのが一般的である。老若男女誰もが参加できる。しかし、シマごとに一定の決まりに則って演者の役割があり、輪に並ぶ順番も決まっている。

どのシマにも八月踊りのリーダー的存在が男女それぞれにいる。

写真1：中勝の八月踊り、女性が太鼓をもって叩く。旧暦7月7日の七夕飾りが背後に見える。（1983年7月）

龍郷町中勝	瀬戸内町諸鈍	龍郷町嘉渡
中入り 座り唄 あらしゃげ 今の踊り 高さぬひら	宮祝い歌 家回り祝歌 （昼のあいさつ歌） （夜のあいさつ歌） （新屋敷祝い歌）	あらしゃげ 赤木名観音堂 塩道長浜 大熊と浦上 ちょうちんぐわ
西ぬ実久 あがんむら 塩道長浜 浜千じゅりゃ 大熊と浦上	（新築祝い歌） （庭賛歌） （台所賛歌） （主人夫婦賛歌） ウミノ	おしゃだりこ ふーもらぶ しゅんかねくわ きゃーわんどまり 今の踊り
諸鈍長浜 すす玉 しゅんかねくわ 稲すり踊り	かすいたらで かどこばまさき すくてんぐわ まつちゃつけ 高き山	
	さん山越じ かばしゃん木 でぃっしゅ 諸鈍長浜 にぎたい若松様	
	うせやだり ききょい浜 口説 あじょそい 直民主っぐわ	
	しゅどんぐわみよんぐわ ちじょりゃはま ホーエラエ	

【出典】

川内：『民俗文化』第二号（1978年10月20日発行）。

見里：『見里集落八月踊り唄』見里むらづくり委員会（文化伝承部、発行年不明）。

請阿室：『請阿室八月踊り唄集』（1978年12月）

芦検：『芦検民謡集』関東芦検民謡保存会（1985年3月24日発行）。

用：『民俗文化』第六号、『うらげどり』関豊志著（1987年3月26日発行）、森沢信弘・吉田照和聞き取り。

宇宿：「笠利町宇宿の八月踊り」内田敦、久万田晋（1995年3月31日）。

中勝：DVD「龍郷の八月踊り中勝」コシマ・プロダクション（1995年）。

諸鈍：「八月踊り歌詞集」諸鈍集落編（発行年不明）。

嘉渡：DVD「龍郷の八月踊り嘉渡」コシマ・プロダクション（1995年）。

写真2：中勝の八月踊り。最後に踊られる六調。薄紙で作った花が手を飾る。（1983年7月）

八月踊り曲目一覧

住用村川内	住用村見里	瀬戸内町請阿室	宇検村芦検	笠利町用	笠利町宇宿
おぼこり ねをどり にぎたろ おうめなべ 諸鈍ぬ長浜	おぼこり ねおどり さんだまけ でんまつじょ しゅんかね	宮祭り 家祭り 目出度い 今日のほこらしゃ 徳の島	おこらしゃ どんどん節 あじょうそ さんぎやま ・いひゃー	祝いつけ おぼこり いそあんがま さんだまけまけ 赤木名観音堂	祝つけ まけまけ 浦富 しゅんかねくわ ねんごろ女
しゅんかね 千鳥浜 あまだ下がりゃ でーしょ うめのささくさ	赤木名観音寺 諸鈍長浜 ちくてんぐわ あじょしょ 浜千鳥	諸鈍長浜 ウンダシヤ 生まれんしゅうりや	手習 さねくうくい ・せんじゅくりふね 諸鈍長浜 とぬがぐら(赤木名観音堂)	あじそえ ききゃ米の飯 みなと川水 庭ぬ糸柳 うらとみ	浜千鳥 近雲 芦花部一番 高さの坂 港笹草
おしやだりこ 赤木名観音堂 ちくてんぐわ さかもと うらとみ	嘉徳おめらべ 伝書（でーしょ） 浦富 さかもと		きたとっしゅう ・やなぎば ・はんづつ ・きんかぶ ・部連とぬなか	さんばんえ あわしゃ くんにしゃ うしやどり ぜんむたのさと	ほう女童 塩道長浜 東明け雲 あがんむら 岬とんぱら
でーまつじょ いきんと きゃんどまり てんのしらまし			しててんぐわ かどこうむにゃべ うきふね まきょうだ あさんだらだら	ちくてんぐわ 天ん川 あかんむら ようかな いぎゃ	屋仁川ぬ沙魚 安実主 あじそい 足くみくみ 一合二合
			ひがしくま おしやかな まっちゃけー ききゃよわんどまり かんつめ	なはぬあじがま しゅんかねくわ とーと やんごらぬイブ かでく	赤木名観音堂 今ぬ風雲 チェンチェン
			すたるうちぬうみ びんせ がでまる ながらどまり いっそ	人が嫁女 喜界湾泊まり いんきょろまんきょろ いんはぎ踊り うらげどり	
			・ひぎゃんくし まがりょ きそ やんくべ かめすけすがた		
			ゆあけあけくも ういやま みっちゃれ		

・印は別曲で、元の曲に続いて演じられる。

その人のことをウタグチやウチジャシなどと言い、集落により呼称は異なる。男性と女性の歌のリーダーはなるべく近い位置に並び、リーダーの後ろに男女分かれて歌い手がならび、その後ろに踊り手が並ぶ（集落によってはリーダーの間に太鼓が並ぶ場合もある）。

太鼓の叩き手

大島北部（笠利町・龍郷町）では女性がもち、南部（住用村・宇検村・瀬戸内町）では男性がもって叩いている。

演奏の形態

男女の唄の掛け合いとなる。始めはそれぞれの曲の固有の歌詞から歌い出すが、それが終わると次々と共通歌詞を歌う。一定のストーリーをうたい継ぐ「ながれ」と言われる曲もあるが、ほとんどがリーダーの即興で掛け合いをする。相手方の歌詞の一部を含んだ歌詞や、そこから関連づけられる歌詞を歌ったり、相手方の歌詞に返答する歌詞を歌ったりと、さまざまなバリエーションで掛け合う。

テンポ

八月踊りの一曲の始まりがゆっくりでだんだん速くテンポアップして終わる地域と、始めから終わりまで比較的テンポが変化しない地域とがある。一般的に北部がテンポアップし、南部が変化しない。しかし、龍郷町の中勝と嘉渡の八月踊りを比較すると、同じ龍郷町であっても、中勝はテンポアップして終わるのに対し、嘉渡は比較的テンポアップせずに「唄かわせかわせ、節《ふし》かわせかわせ、唄もかわれば　節もかわる」という歌詞で一曲を終わらせている。これは南部と同じ終わり方をしているといえる。

拍子と太鼓のリズム

ほとんどの八月踊りの曲は四分の二拍子で、太鼓のリズムも四分音符、八分音符、四分休符の組みあわせで表すことができる単純なリズムの繰り返しといえる。しかし、宇検村芦検の八月踊りの中の一部には、四分の二拍子では表すことのできない拍子（二拍子に八分音符一つ分が付加されているもの）や、三拍子に近いリズムなどもあり、複雑なリズムが存在する（末岡　二〇〇一）。

太鼓のリズムの周期は踊りの足のステップの周期と一致しており、踊りを熟知している人でなければ、太鼓を叩くことはできない。

（末岡三穂子）

歌声に導かれて

二〇〇〇年二月、筆者は宇検村芦検の集落を歩いていた。すると、どこからともなく、一九八〇年、私たち学生が調査を終えシマを離れるときに歌ってもらった「みっちゃれ節」が聞こえてきた。その歌声に導かれるように一軒のお宅にたどり着いた。私は、ぶしつけなことと知りながら、「歌が聞こえてくるのはこちらでしょうか」と声をかけ、突然一軒のお宅を訪問してしまったのである。家の中からは女性数人が歌う「みっちゃれ節」が聞こえてきた。シマの人間でもない突然の訪問者を家に上げ、唄の練習を見学させてくださった。

「みっちゃれ節」は芦検独特の唄で、旅に出る人を見送るときに歌う唄でもあり、豊年祭のフリダシの時に歌う唄でもあり、八月踊りの最後に歌う唄でもある。芦検の人にとっては特別な唄なのである。

唄の練習を続けていると、今度は、年輩のシマの女性唄者が訪ねてきた。聞こえてくる歌声が気になっていたらしい。一緒に唄を歌い、このように歌ったほうがよいなどと指導を始めた。シマの唄はこうやって受け継がれていくのだと、そのようすを目の当たりにでき、その場に居合わせた偶然を嬉しく思った。

そして、練習が終わった後、招かれざる客の私まで、夕食の誘いにあずかり、テーブルいっぱいのご馳走で歓待されることになった。そして、夕食後は三味線とチヂンをもちだしての唄遊び。この家のご主人が三味線の弾き手であったことも偶然で、幸運なことであった。最後は、皆で六調を踊ってお開きとなった。

歌声に導かれたご縁が、なかなか味わうことのできない貴重なシマの体験に巡りあわせてくれた。これが、奄美の「神ぬ引きあわせ」なのかもしれない。感謝の一言に尽きる。

（末岡三穂子）

歌に導かれて入ったお宅での唄遊び。(2000 年 2 月、福岡)

4　十五夜の余興 ―― 住用村川内を例として

奄美の各集落で行われる「十五夜《じゅうごや》」とか「豊年祭《ほうねんさい》」と呼ぶ伝統的な行事では、昼間に相撲が行われ、その夜、八月踊りが行われるまでの間に、「中入り」と称し、余興が披露されることがある。

ここで紹介する十五夜は、一九七八（昭和五三）年、住《すみ》用村《ようそん》川内《かわうち》で行われたものである。七七年の川内訪問のとき、十五夜の話をうかがったが、見ることはできなかった。そこで、実際のようすがわかるようにと、林喜八郎氏が送ってくださった七八年の十五夜の写真の中から、中入りに関する九点の写真を掲載した。実際の写真の裏面には、所作の内容、仮装者の名前（当時の調査で私たちがお世話になった方々）が書かれてあり、今回、それをそのまま写真の説明に記した。

余興とはいえ、一連の祭礼の中の十五夜の祭りの場面として、また、所作や使用するものに興味深い点が多くあり、他の集落の十五夜における仮装者の登場と比較検討する意義があると考えられる。

（福岡　直子）

写真１：十五夜祭で相撲が済んだ後、八月踊りをする人の前列で、土俵の廻りを、お餅をもって踊っている風景です。中山貞義君、麻岡英宣君らです。

写真２：力士の次に続くチヂン（太鼓）を持つ人たちです。

写真３：仮装をして出てきた恰好でテルをかぶり、わからぬようにして踊る人です。私（女装者・林）に近づいて何かしようとしているところ。テルをかぶっている人は新田恒夫さん。

写真４：右の写真３に続きます。

写真7：これも少しキョラムン。これは私です。

写真6：5に続く方達で、平良シゲ子さん、吉田タミ子さん、里村広義さんです。

写真5：中入りの最中に、別な踊りを披露する場面で、誰だと思いますか。村一番のキョラムン（美人）の中善勇さんです。

写真9：いたずらが過ぎて、相撲の一番強い人が行って仮面をはいだところです。

写真8：20代の少女。これはだれでしょう。山田本治君です。

5　豊年祭

二度目の訪問

一九八三（昭和五八）年、友人の上野由紀子さんと宇検村芦検の豊年祭に行った。集落に民宿はない。三年前、マチアミ漁の調査でお世話になった伊元秀勝さんに電話をしたところ、「芦検に来るなら私の家へ泊まればいい」といってくださり、ご好意に甘えた。

八月一二日午後、秀勝おじいさん宅に荷物をおろした私たちは、三年前の滞在のお礼のために区長伊元利久さん宅に出向いた。満面の笑みで迎えてくれたことが懐かしい。集落をあげての豊年祭の運営は、青年団（高校生～三〇歳の男性）が仕切り、責任をもって行う。それが集落の伝統だ。集落在住青年八名と帰省青年一九名による準備も大詰め。作業中の青年団長に挨拶する。

青年団の作業を補佐するのは壮年団（三一～四〇歳の男性）だ。その壮年団長のお宅にうかがったがあいにく留守。すると、夕方、壮年団長が秀勝おじいさん宅にみえた。玄関先で「先ほどは不在で失礼しました。どうぞ、芦検の豊年祭を楽しんでいってください」と両手をついて丁寧な挨拶をいただき恐縮した。と同時に、わた

表1：豊年祭役割分担表

月日＼組織	小学生(22)・中学生(19)	青年団（10）	女子青年団（4）	壮年団（17）	その他
8/12 昼	〈シバモン〉作り 8/8より	孟宗竹切り			
		天幕張り・〈サンシキ〉作り 白砂運び			婦人会と民謡保存会の練習
8/13 昼		天幕張り	—折詰弁当材料調達— 土俵整備		
		天幕張り 部連集落へ相撲取り			昭和9年生同窓会 A家88歳年の祝い
8/14 昼	〈シバモン〉作り 花作り	天幕張り 左綱作り	調理場準備	〈ワーツブシ〉準備	寄付金集め
		須古・生勝・平田・名柄の各集落へ相撲取り 番組編成	餅米とぎ 2~3時間おき	〈ワーツブシ〉	四盛会の親睦会
8/15 昼		天幕張り 土俵飾りつけ 松・榊とり	—折詰弁当材料調達— 餅米とぎ		〈タナバタ〉による墓参
					昭和33年生同窓会

（　）内数値は、区長談による参加人数で、実際に仕事をしている人数とは若干異なる。

くしたちの訪問と宿が、数時間のうちに集落中に知れわたっていたことに驚いたものだった。

台風接近のため、本格的な準備は例年より一日早い八月一二日から始まった。表1は、準備作業の役割分担を示したものである。性別、年齢別に相応の作業がある。中でも、かぞえで二五歳の青年男子は、できるだけ数多くの相撲の番組（取り組みのこと）を作り、見る人を飽きさせない工夫をするという重大な責務がある。彼らは、夕刻から、ふたり一組になって全戸を回り、帰省者で相撲をとる人数を把握していた。当然、秀勝おじいさん宅にも来たが、おじいさんは、「うちはメラベ（娘・我々のこと）が帰ってきた。相撲を取る者はいないな」と残念な顔をしつつ大笑いしていたことが思い出される。

集落あげての大きな祭

ここで豊年祭の一部始終を紹介するには限りがある。そのため、表2「儀礼過程」を参照しつつ、準備と実際の儀礼について写真で示したい。仔細は、「豊年祭についての一考察――奄美大島宇検村芦検を例として――」（『南島史学』23号・四〇～六四頁、南島史学会・一九八四年）にまとめたので、参照していただければ幸いである。

稲作が盛んだった頃、豊年祭は、稲の豊作を感謝する意味があった。しかし、農業に専従する人が皆無に等しくなり、祭礼の意味は次第に変わり、娯楽性が強くなった。とはいえ、豊年祭を実施するために動く集落の人々の気持ちと行動に変わりはない。

豊年祭の準備

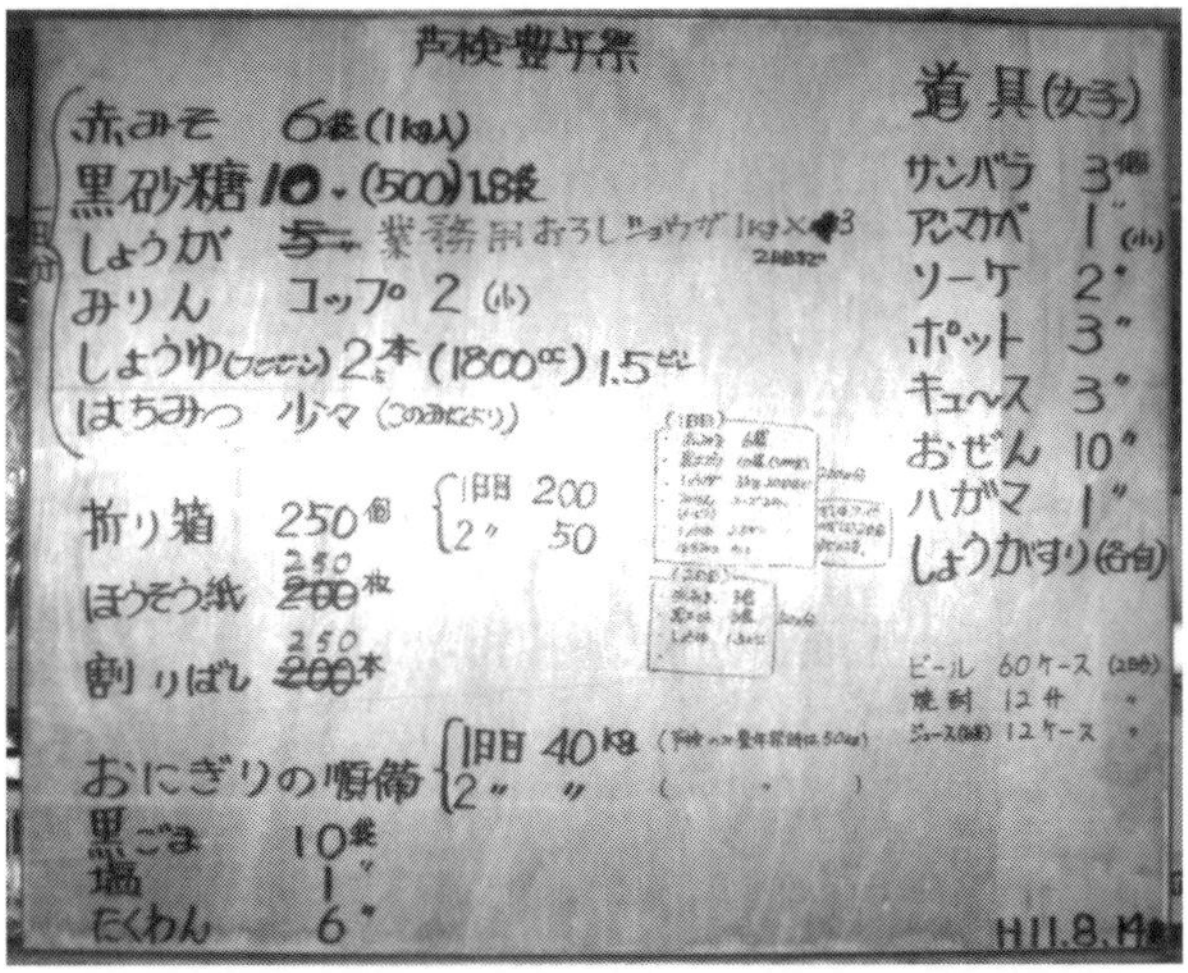

写真：2

写真：3

写真：4

写真：1　公民館内台所の引き戸の裏に書かれた折詰め弁当づくりの覚え書き。豚肉を煮込む調味料、使用道具が書かれている。（2008年，浅野）。写真：2　イケシロ道上方から、豊年祭用に飼育したブタを担ぎ運ぶ。メス119キロ、オス128キロ。（1983年，福岡）　写真：3　大良川上流でブタをしめる。手慣れた人がさばき、集う来客用に。夕方、集落に戻り、大鍋で内臓を煮る。あとは冷蔵庫に。（1983年，福岡）。写真：4　壮年団が、豚肉の水煮の後、適当な大きさに切る。公民館の浜寄りにテントを張り、臨時の特設調理場でする。（1983年，福岡）

最後に、一九八三年の豊年祭のとき、数え二五歳だった青年から、一九八五年一一月にいただいた手紙の一部を転記し、芦検集落の個性を醸し出す一文を紹介する。

「……我々若い青壮年には、豊年祭において、信仰心とかいうものはまったくないと思います。現在は、稲作をする人がいなくなり、特に、そういう傾向があるんじゃないでしょうか。現在の芦検の豊年祭の持つ意義は、青年団や壮年団が力を合わせて、豊年祭を盛大に催すことによって、自分たち自身の団結力を生み、そして芦検部落全体が、団結し、自分たちのシマを盛り立てようということじゃないかと思います。……」

（福岡　直子）

表2：儀礼過程

（数字は相撲番組数）

8/15		
12：00	サシガミの放送	
12：30	力士、トネヤに集合	
1：20〜2：15	フリダシ始まる	
	青年土俵入り	
	青年団長・区長挨拶	
	青年団長塩祓い	
	前相撲	63（＊を除く）
	子供相撲	
	稲摺節踊り	
3：35	青年相撲	
4：05	部落対抗相撲＊	
	高校生対青年	
	五人抜き	
6：15	相撲終了	
8：00〜翌0：30	八月踊り、イッソウ	

8/16		
12：00	サシガミの放送	
1：30	力士、トネヤに集合	
2：05〜2：55	フリダシ始まる	
	〈アガリズモウ〉土俵入り、村会議員、〈アガリズモウ〉の挨拶、電報披露	
	25歳青年取組	
	子供相撲	130
4：20	四盛会対青壮年	
5：00	新民謡	
	四盛会対25年生	
	兄弟・いとこ・親子相撲	
6：35	青年対壮年	
	五人抜き	
7：50	六調、修了挨拶	
9：00〜翌1：00	八月踊り、イッソウ	

写真6：小中学生がソテツでつくったシバモンを力士が通り土俵へ。商店とシバモンの間は県道。交通量は少ないが、車は一時停止する。集落の北には、カミヤマと称する山がある。その下方にトネヤ（力士が集まり神事をする一般民家）がある。トネヤから土俵までは、ミャーミチが通じ、集落のほぼ中央を南北に通じる直線の道であり、なだらかになっている。

写真5：ミャーミチからフリダシ。シタンシタン（野良着着用）、トノガナシ（傘を被る）が続く。年齢順に力士が続き、浜に近い土俵に向かう。

儀礼過程

写真：7　シタンシタンは、土俵上周囲のススキを１本ずつ取る。力士の「ヨイヤーヨイヤー」、「ワイドーワイドー」の声が響く。

写真：8　土俵の上と下に幾重にもなる力士と踊り手の女性たち。チヂン（太鼓）を打ち続ける身体に汗が光る。

写真：9　15日は、まず青年の土俵入り。中央の盛砂に軍配、榊、松がある（この写真は16日のアガリズモウの力士）。

写真：10　青年の土俵入りが終了すると、中央の盛砂を取り崩す。いよいよ取り組みの開始。番組数は15日は63組，16日は130組。

写真：11　15日は青年同士、壮年同士の相撲。16日は兄弟、いとこ、親子の取り組み。男の子をもつ母親は楽しみなひととき。

写真：12　女は土俵に上がれない。つい、土俵近くまで出てしまう。勝った息子の母親は土俵下まできて喜びを表す。

＊写真１：浅野、写真２～12、福岡が撮影。

【伝承】インタビュー

ケンムンとガァルの話

一九七八年、住用村見里での話。訪問した村山茂二さんのお宅で、時刻は夕刻を過ぎ、七時を回っていたが、一言一句聞き逃すまいと、急いでテープレコーダーを用意してお話を伺った。村山さんは舌は滑らかで、話は行きつ戻りつした。人智の及ばない存在と共存してきた暮らしはなんと豊かなことだろうと、あらためて思う。以下、村山さんと筆者の会話で、【村】は村山茂二さん、【妻】は茂二さんの奥さん、【筆】は筆者の言葉とする。

ケンムンのこと

【村】ウイサンて分かるかね? 僕は見たことあるね。火玉よ、火の玉よ。火の玉が見える、時々。これだきゃあ、間違いない。ちょうど小和瀬《こわせ》というところ、城《ぐすく》の向こうの小和瀬の海岸に時々みえる。

【筆】そこにはガジュマルの木がたくさんあるんですか?

【村】ガジュマルはないけど、出るよ。魚を捕るの。魚がたくさん捕れるのそこは。普通に魚釣りして、魚をたくさん捕ったら、紐につけてよ、波打ち際を引っぱっていくわけ。夜、自分が見た時には、(魚の)目玉はないよ、みんな取られて。それを「摘み取る」って言うわけ。目玉だけ取ってね。そりゃあ不思議じゃが。だからね、あれ(ケンムン)はおらんともおるとも言えんというがね、そういう点では「おる」と言えるわけ。

【妻】いとわないけど、想像でしょう。

【村】想像言うてもよ、あのシゲルじゃ、川内のシゲルね、あの人がね、冬にね、晩になったからガスランプ点けて魚を捕りに行くわけよ。そったところが、ちょっと網を振ったら、ものすごく蟹が捕れて、網から落ちたって。石のように。沢山。はーっ。シゲルが言うことにはよぅ、「ケンムンたすくぁー(助けた)」って。あのあくる朝、すぐに(ケンムンにお礼の)茄子に、瓜に持ってったんやから、そういうことあるちよ。

【筆】ケンムンが蟹捕りを助けてくれたんですか?

【村】おうっ、助けもするし、悪いこともするっていうわけ。あいつだけは。

【筆】姿、形はわからないんですか?

【村】そりゃあね、全然分からない。じゃけどね、じーっと座っとって見たらよ、ちょうど赤ん坊ってくらいで、背に火が点いとる。それを見たのは、僕の親父で、親父が言うわけ。えーとー、都会で言えば、カッパ。カッパというわけ。

【筆】ケンムンにはいろいろな種類がいるんですか?

【村】種類っていうか……最近は山がなくなってるから、もうおらんけど小和瀬にはおるはず。小和瀬の場合、時々火が点くもん。向こうには、誰も人はおらん。道もないんやから。時々(火の点くことが)あるっちゅうこと。それは都会の狐や狸と、どっこいどっこいかもしれんよ。

【筆】ケンムンの方が人間に近いかもしれませんね。赤子くらいでカッパに似ていて。

【村】だけど、それが怒り出したら、怖いんだから。

【筆】力があるんですか?

【村】いいやぁ。

【妻】迷わすの、人をあちこち連れて歩かすの。

【村】人を誤魔化すわけ。平気で。狸と一緒。

狐や狸をなんで知っているかというと、僕は、いっぺんに三匹に引っ張られたんだから、神戸で。宮本神社のイナ(狐)持って、冗談に背負ったら、今度は僕を引っ張って、「こりゃーっ」て、僕の家をぐるぐる回るわけよ。狐が僕を引っ張って、夜中に。

【妻】お酒飲んで、悪いこと言うからでしょう。

【村】宮本神社というところで、後ろを通っていきよったら、「おっ、また、こんなところをイナ(狐)がやってきたな」って言うたら僕を引っ張って、一切帰さんわけよ。だから狐や狸といっしょ。今はもうおらんよ、大島には。

【筆】ここでもケンムンが出たという話はあるんですか?

【村】出るって言ったって、わからんのよ、あれだけは。ジャの魚が出た話はあるよ。ジャの魚、馬の魚ね。こっちの方に上がって来たって。顔が馬の魚。学者が言っとったが、昔、ここの海はものすごく深かった。船倉もあった。ずっとここまでジャの魚が上がってきた。

【筆】ケンムンのために、何かしてあげることはないのですか?

【村】そういうことはないな。拝むということもないな。拝むというのは、一人一人違う。僕は昔大工をやってたから、山の神、女の神さんを拝んでたよ。旧暦の正月・五月・九月、正五九の三回だけは必ず一六日に拝んでたよ。まあ、迷信になるかもしれんけど、易者にきいて拝んでた。

【筆】易者ですか。

ノロのこと

【村】ノロガミと言うね。ノロガミとトノガミと二つおったよ。違いはないけどね、トノの方が上だと思う。ノロは次々と継いでいくの。大熊の方には、まだ七～八人おるはずよ。漁船が出るときは、全員出てきて、踊って、無事に帰ってこいって祈るの。大漁、大漁って。

　易もやる。長くやってる人は、何でも当てる。あなたたちが、何でやってきたかも、全部当てるよ。それは不思議よ。何にも言わなくても、何しに来たかそこまで当てるよ。

【筆】ノロにみてもらったことはありますか?

【村】昔は、しょっちゅうあった。自分の歳を言って、誰々のことを言ってくれと頼むと、次々言うよ。当たるも八卦当たらぬも八卦なんだろうが、よく当たるよ。当たらん時も確かにあるが。

【筆】お礼はするのですか。

【村】お賽銭と焼酎を持っていく。御神酒だね。

ガァルとケンムン

【筆】ケンムンのことを聞きたいのですが、山に出るのと、川にでるのと海にでるのといるのですか?

【村】川に出るカッパはおらん。

【妻】うちらが小さい時は、ガァルとか、ガラッパと言っていた。川に遊びに行って、あんまり長くいると、ガァルに引っ張られると言われた。

【村】あんまり長泳ぎすると危ないから、親にそう言われておどされた。昔は確かにいたと思う。気質の弱い人がかかる。強い人はかからん。

【筆】ガラッパは気質が分かるんですね。

【村】そりゃ、わかるよ。人をだまそうと待ってるんだから。

【筆】何を食べてるんですか?

【村】泥土よね、ナメクジとか。もうおらんかもわからん。木がなくなったからね。

【筆】この辺で、ガジュマルの木はどこにありますか?

【村】まだ見たことがない?　城にある。学校にはある。体育館には大木がある。

【筆】ケンムンの出そうな大きなガジュマルを見たいですね。

【村】もう、ケンムンはおらん。山が全滅すれば、住む所がない。ガジュマルの根元に住んでおったんだけど。時には出るかもしれん。小和瀬は雨がしとしと降りよるときに、海岸に火が見える。夜に。ケンムンの火だ。歩く人もおらんのに。

【筆】その火のことはなんというのですか?

【村】それは、ふつうケンムンのマッツノハァカッットちゅうの。松のこと、松明。

【妻】夜、歩くときなんか、あまりケンムンの話はしないんですよ。怖いから。

【筆】口に出しちゃいけないんですね。

【村】そう、見てみないふりをするというか……旧暦の正月頃に一番出るの。川に蟹が下りてくるの、その蟹をケンムンが捕って食べるの。食糧だから。

【筆】ケンムンは今でも怖いですか?

【村】全然。今の僕だったら殴りとばしてやる。

【妻】いやぁー　そんなこと……やっぱり怖いですよ。気性にもよるけど。

【村】僕は、山の神さんが守ってくれるから、全然心配ない。自分が信じてる神様が守ってくれる。

　正月・五月・九月は神月と言って、おまつりするから、そういうものは、いられなくなって逃げて行く。おまつりした日は、夕方日が暮れたら、そこにはもうおらん。必ず逃げていく。それは昼間は歩き回らんよ、夜だけ。今は出てこんけども、昔はうっかりできなかった。人の行く先々についてくるんだから。

　幽霊でもない。だまされるのは、ナマモノシリ。物知り顔した人。(ケンムンを)全然知らん人だったら無事にいける。

　もう日本にはおらん。わしにも見えないから。真正面からは見えないのよ。火が見えたり、気配がわかったけど、今はいないね。　(市村　良江)

6　ふなこぎ競争――ハマオレの行事として

一通の手紙から

奄美では、集落が海に向かって開けているところが多い。笠利町用もそのような位置にある集落である。私が、一九八一（昭和五六）年、初めて同地を訪ねて以来、季節の折々に手紙で集落のようすを教えて下さる植田俊秀氏から、一九八四年、手紙が送られてきた。その手紙には、用集落の東に広がる海のようすを、次のように描写してあり、二枚の写真が同封されていた。

「……春の海は海底まで透き通ってはっきり見え、鏡のようで、夏は透き通って見えるけど、青みが強く波静かであり、冬は、どす黒く、白波が立ち、北風が強くなるにつれ白波も強く、不気味な海面が顔を出します。……」

それから二〇年ほどたつが、近年、お訪ねしてうかがった内容を付し、日々の生活が海と共にある集落の生活の一部を紹介する。

組で集まる浜の行事

ハマオレ（ハマウレ、ハマクダリとも呼ぶ）は、旧暦四月の申《さる》あるいは寅《とら》の日に行われていた。しかし、いつの頃からか、小中学校の休日にあわせ、新暦五月で、従来の日に近い土曜日か日曜日に行うようになった。

図のように、南北に細長い用の集落では、年中行事や集落の互助作業では、決められた単位である組が機能することが多い。組は、海岸に沿って並ぶ家々が、浜に降りる道を境にしてひとつの単位になっている家々で構成されている。そして、人々は、組に近いところの浜で、飲食物を持って集まる。かつては午前中からだったが、近年では午後からという。

海があるから

写真１：一重一瓶のアガレの組。（1984年、植田俊秀氏撮影）

写真２：チンジ（岩礁）に向けて。（1984年、植田俊秀氏撮影）

写真1は、組でいえばアガレ（図参照）の人たちが集まっているところである。かつて、「この日は、自分の家から煙を出してはいけない」といわれていたため、女の人が浜で食事のための煮炊きをしたという。しかし、一九八四年にはそのようなことはなくなり、一重一瓶《いちじゅういちびん》になった。つまり、ひとりひとりが、弁当と酒をもち寄るようになったというわけである。それは、集まった人のそばに見えるお重、カラカラ（酒を入れる容器）、ポット等からもわかる。

写真2は、板付舟《いたつけぶね》による舟漕ぎ競争のようすである。浜からいっせいに出た舟は、奇岩であるチンジを一周し、そして浜に戻る。沖の方から、壮年団、青年団、高校生の舟で、手漕ぎである。チンジは、あたかも、用集落を守るかのように鎮座している岩礁である。

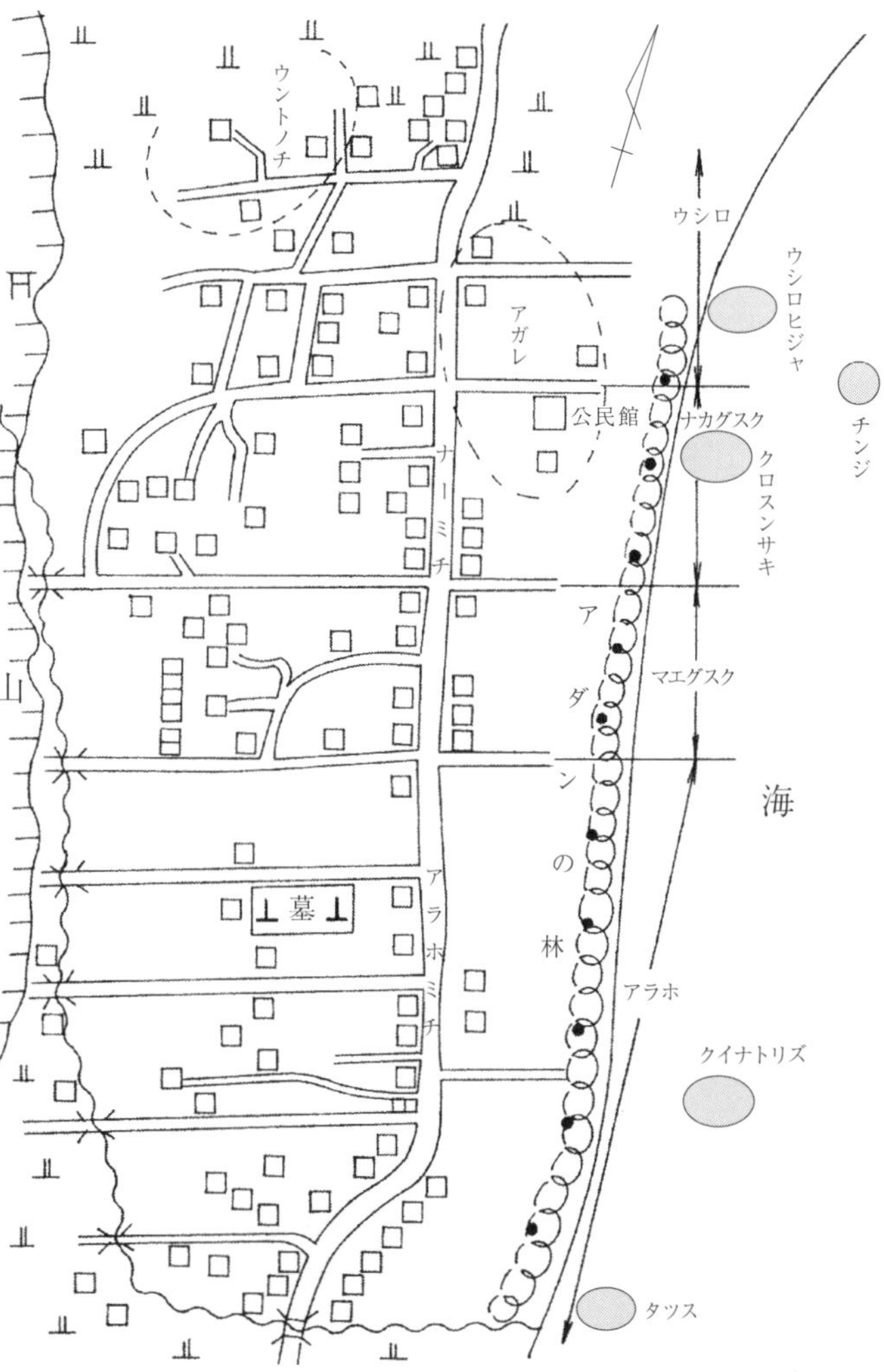

集落の組区分概念図

南北に長い用集落は、海岸に向かう道を境界にして組み分けされている。3艘は、アラホ・マエ・ウシロの3組に分かれる。

（灰色の楕円）は岩礁。（『民俗文化』第六号・156頁の図に加筆）

ところで、かつて青年団の人数が多かったときのコースは先述と同じではなかった。集落前の浜と海、そして、潮の干満で見られる岩礁等は、舟漕ぎの目安でもあった。浜（図中、マエグスクあたり）から漕ぎ出し、チンジをまわり、そこからクイナトリズと呼ぶ岩礁をまわる。そして、チンジに向かう途中で舟を一度ひっくり返す。そして、舟をおこしてまた舟に乗り、チンジをまわり、浜に着く。

奄美の各地でも同種の行事は行われているが、競技としての意味合いはあまり問われていないようだ。沖縄のハーリーという競漕行事と類似する点もあり、沖縄では、海の向こうから幸せを舟にのせて集落にもたらすという意味があるが、果たして用集落ではどうか、両地域の文化的比較は今後の課題である。

（福岡　直子）

7　伝説の舞台——トンパラ岩

海岸沿いの岩礁

笠利町用集落《かさりちょうよう》は、大島本島北部に位置し、南北に細長い。海岸沿いには、大島本島の他の集落と同じように、大小さまざまな岩礁が点在する。潮の干満で見え隠れし、地図上では表記しにくいものが多いが、岩礁には呼び名があり、用集落では、タチガン、タッス、クルスンサキ、クロイシ、チンジ、クイナトリズ等がある（前頁参照）。

また、海岸から北東を見やれば、平瀬《ひらせ》という岩礁（地図参照）、その先には、写真で見るように、海上から突き出た小山のような岩礁があり、これを、集落の人たちはトンパラ（またはトンバラ岩）と呼ぶ。集落からトンパラ岩までは約八キロである。この一帯は漁場として知られ、また、ダイバーが海中の亀を追いかけて遭難したという話も伝わる。かつて、三、四人が板付舟《いたつけぶね》に乗り、手漕ぎで、トンパラ岩あたりまで行った。五キロのアラなどの大物が獲れたという。

しかし、「そのあたりは潮が強くて流れが早いから長時間の漁はできない。長時間の漁をするのはアヤマル岬の沖だった」ということである。

写真1：トンパラ岩。用集落の海岸より望む。（植田俊秀氏撮影）

伝説の誕生

潮の干満による海岸線の変化には、大きな自然の力を感じるものだが、トンパラ岩と旧暦三月三日の話を紹介することとしたい。まずは、聞いた次の話から記しておこう。

「旧暦三月三日、用集落の女の人は海に貝を獲りに行くことが習慣である。あるとき、女の人が、子供と一緒に貝を獲りに行った。あまりにも貝を獲ることに夢中になり、潮が満ちてくることさえわからなかった。すると、その子どもが、満ちてきた潮に流されてしまった。そのことがあって以来、旧暦三月三日の潮は引くなと念じた。そのため用の集落前の海では、潮があまりひくことはなくなった。ふつう、旧暦三月三日は潮が大きくひくといわれるが、用では、そのときよりも、旧暦四、五、六月の方が、よくひくといわれている」

ということである。

用集落とトンパラ岩

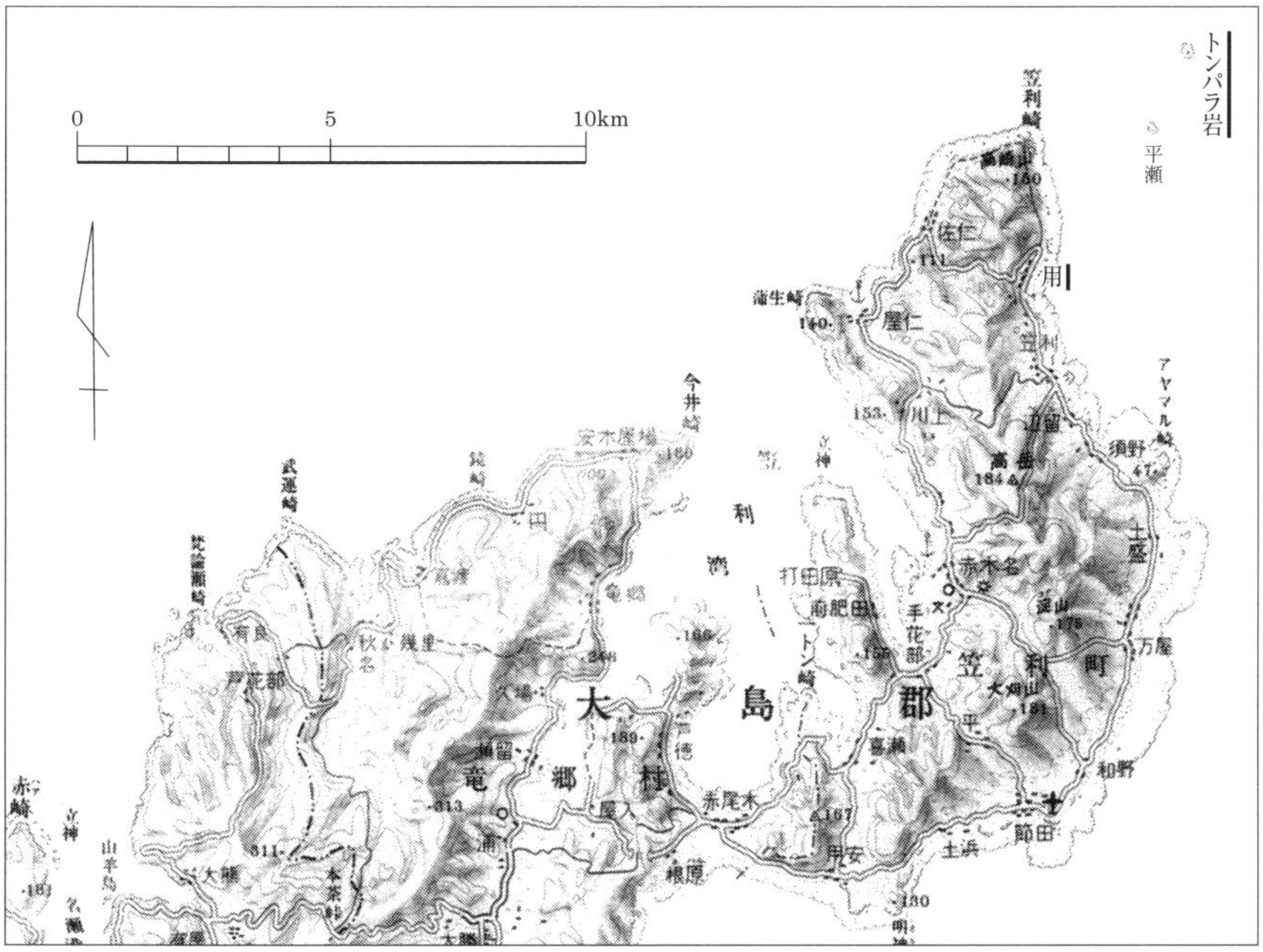

「奄美大島」20万分の1、昭和49年10月30日、国土地理院発行。

また、ある方たちからは、次のような話を聞いた。

「トンパラ岩の方まで潮がひくときがある。そのトンパラ岩の周囲にはたくさんの魚がいる。ある女の人が、トンパラ岩に赤ん坊をおいて、魚が多かったから夢中で獲っていた。そして、赤ん坊が流されるのも知らずにいた。そして、気が付いてみると、潮が満ちてきたため、女の人はトンパラ岩まで行くことができなくなってしまった。その後、その母親は、トンパラまでは潮はひくなといった。旧暦三月の節供のときにあまり潮がひかないのは、この母親がそのようにいったからだ」

というものである。

筆者は、一九八一（昭和五六）年八月の滞在で、伝説は、生活者の身近な場所が舞台になっているものだと感じた。このトンパラ岩が見える集落は用だけではない。隣の集落からも見える。そこでは、トンパラ岩について、どのような伝承があるのだろう。

奄美大島の海岸沿いには、ここで紹介したトンパラ岩によく似た形状の岩礁が点在している。おそらく、それぞれに、生活者と密接な伝承があるものと考えられる。

（福岡　直子）

8　なぐさめは堅琴

奄美にもあった「琴」

一九七七（昭和五二）年八月、初めて訪ねた奄美。その奄美の住用村川内で琴を見た。当時、山田流の琴を習っていた筆者は、琴の形態にたいへん驚いた。ふつうと思っていた自分の琴の半分くらいの大きさだったからである。滞在中の懇親会のときに生活館に琴を持参された方がいたが、音色を聴くことはあまりできなかった。その三年後、他集落の調査の帰路、川内集落に寄り、琴を弾かれる中園隆則さん（一九一三（大正二）年生まれ）にお会いした。

琴は、シマ唄と一緒に奏でるのか、それとも本土の生田流、山田流の曲と同じなのか気になっていた。また、奄美の楽器といえばサンシンとチヂン（太鼓）が知られていることに比べて、琴を見聞きすることはなく、なぜこのような琴があるのか不思議だった。

シマでもコトと呼んでいる。中園さん自製のもので、杉を材料とし、絃は絹糸ではなく、針金を使用している。爪はセルロイド製である。琴柱《ことじ》の材質は聞きそびれたが木製で、コマと呼ぶ。絃は一二本である。「ほんとうは一三本だが、琴の巾が狭いので一二本にした」という。長さ約七一センチ、幅約二二センチである。本体は平板な板を合わせたものだが、横からみると蒲鉾型である。琴柱《ことじ》は、高さ約四センチ、幅五・五センチである。製作は終戦後である。写真1と写真2の琴は同じものだが、写真2は、写真1のときのものを一五センチ短くしたという。絃は、錆れば変える。弾くときは、右手の親指と人差し指を使い、中指は使わない。

写真1：初めて見た奄美の琴。懇親会で遠来のお客さんを歓待する即興のシマウタを歌ってくださった。（1977年）

写真2：久しぶりに弾く琴。もち抱えて弾くことも、置いて弾くこともある。（1980年、福岡）

琴を弾く

昭和三〇年代頃に、笠利方面から、目が不自由な樟脳売りの行商の男性が、琴を弾きにきていた。その人の名前はわからないが、奄美のシマ唄の名人といわれる人で、その人がもつ琴と唄を手本にした。弾き方は自己流であるという。同じ集落内にいる戦友も一緒に弾いた。音のあわせ方は、笠利方面からきた人のやり方を見て覚えた。

結婚式に、サンシンとともに琴を使ってシマ唄を歌った。また、夜に、集落内を、琴を手に持ち、弾き歩き、ご自分の慰めになったという。今も、その音色に記憶がある集落の人はいる。音色をどのように表現したらよいか言葉がみつからないが、針金の絃の出す音は力強いもので、詞が主旋律、琴は伴奏のようだった。

では、一九八〇年にうかがった歌詞の一部を紹介する。「歌は東京のもの」と前置きされ、題は、「清蔵《せいぞう》とお菊《きく》の恋物語」という。録音状態がよくなかったので聞き取りにくく、表記上に誤りがあれば筆者の責任である。また、筆者の判断で漢字で表記した部分がある。男性名は清蔵とし、女性名はお菊と表記した。

「身を申せば京都の国。町を申せば三条が町。三条が町には糸屋がござる。糸を申せば世界で二番。町を申せば蔵建て並び、蔵を申せば七十と五蔵。店を申せば七十と五軒。番頭を申せば七十と五人。一の番頭は清蔵と申す。歳は二一、今咲く花よ。器量の生まれに器量の育ち、何をさせても憂き身がない。憂き身がないのにお菊が見惚れ、もはやお腹は七つと八月。隣近所のお茶のみ話。母様これをそろりと聞きて、おもてひろばへお菊を呼んで、あなた呼んだはほかではないが、番頭清蔵と自由あるそうだがひとり娘と自由はさせん。お菊はそろりと下へと下がり、又も母様清蔵呼んだ。清蔵こっちへ来い。話があるが、何のおごよ親方様よ。お前を呼んだはほかでもないが、娘お菊と自由あるそうだが、番頭ぐらいに自由はさせず、暇をやるから明日かぎり。早く出ていけ明日かぎり」。

唄は、さらに続く。実話で、四部くらいまであったらしい。物語は、「清蔵の糸屋はお菊の糸屋より大きいが、清蔵がお菊の墓参りに行ったら墓石が割れた。また、お菊の母親が清蔵の店を知り、嘆いて墓参りに行って詫びたが、何にもならなかったそうだ」という。「この歌は明治時代にシマで流行ったらしい。明治に琴はなかったから、自分がサンシンのメロディーを琴に替え、爪の弾き方は自分が考えた」という。中園さんは、このような俗謡のほかに、もちろん、シマの唄も弾かれる。

樟脳売りが、琴を抱えて大島およびその周辺の島へ行商していたことは、戦前の写真にも残されている。また、明治から昭和初期にかけて奏でられ、今はその製作者も奏者も少なくなったといわれる薩摩竪琴があるが、それとは異なるもので、中園隆則さんの琴からは、人と物の交流の背景を知ることができる。そして、個人の独創性を加えた心地よい音色をかもしだしている。

（福岡　直子）

9　道具は石だけ「ウデマクラ」

住用村見里のウデマクラ

一九七八（昭和五三）年八月、初めてゼミで住用村見里集落を訪れたわたしたちに、集落の皆さんが懇親会で「ウデマクラ」という遊びを見せてくれた。

道具は浜から拾ってきた石で、丸く座りひとり一つずつもった石を唄にあわせて回す遊びである。正座して石をもっている右手を上にあげて右隣の人の膝の前に石を置く、石を置かれた隣の人はその石を右手でもち上げ右隣の人の膝の前に置く……を繰り返して石を回していく。唄はシマウタで、歌う速度を早くしたり遅くしたりと変えながら石を回し、唄が終わると終了となる。

遊び方は単純なので、教わってすぐに私たちも輪の中に入ったが、唄と石を回すリズムをあわせるのが難しく、唄と動きがあわなくなると隣の人に渡せなくなった石が膝の前にたまり、長くやっていくと手が疲れてくる。石さえあれば唄にあわせて少人数でも大人数でも楽しめる単純だが面白い遊びだった。（写真1、2）

そしてこのときに「ウデマクラ」はハマオレという行事のときに行うということを教わった。ハマオレは、見里では旧暦四月の寅または子の日に行われる行事で、もともとは田の虫退治の行事だったそうである。『年中行事辞典』（三省堂、一九九九年）には「農耕儀礼と先祖祭の性格を持ち浜に下りることにちなんだ行事」と書かれているが、一九七八年の聞き取り時には、見里でのハマオレは「お弁当をもって集まりみんなで遊ぶ行事」ということであった。

この印象が強く残っていたため、私は二〇〇二年の見里再訪時はハマオレにあわせて行くことにした。見里は前年に名瀬への所要時間を半減するトンネルが開通し、集落に活気が出て昔の行事を復活させようとしていた時期で、しばらく行われていなかった「ウデマクラ」もこの年に復活されることになっていた。

二〇〇二年のハマオレは、道路をつくるために埋め立てた場所にある内海公園で行われた。一重一瓶《いちじゅういちびん》と呼ばれる、お重一つ酒の

写真1：公民館でのウデマクラ練習風景。石の代わりに灰皿を使っている。（1978年8月）

写真2：ウデマクラ本番。石をもち公民館前の土俵の上に丸く座っている。（1978年8月）

瓶一本を意味するお弁当をそれぞれがもって集まるのがハマオレなのだが、この年は試しにと集落の人がやっている弁当屋に頼んだ仕出し弁当を囲み、みんなで飲んだり食べたりしながらカラオケや舟漕ぎ競争などで楽しんだあと、夕方公園の芝生の上で「ウデマクラ」が行われた。

　このとき使用した石は、前日に区長が浜に行き「手の中に収まるぐらいの平らな丸い形のもの」を二〇個以上探してきたものである（写真3）。しばらくぶりということで、このときは大人だけで大きな輪をひとつつくった。チヂン（太鼓）をもった人が数人、輪の外に立ち拍子をとり、石をもつ人の中でシマウタを歌える数人の女性が大きな声で歌いだし、その唄と太鼓のリズムにあわせて一斉に石をまわしていく（写真4）。リズムに乗って全部の石をそろって回せれば気持ちがいいし楽しく、またうまく回らないときは歌も太鼓も止まり、みんなが大きな声で笑いだす楽しい遊びになっていた。そして「ウデマクラ」が終了すると、その楽しい雰囲気のまま八月踊りがはじまり、盛り上がってハマオレは終了となった。

　こうして復活した「ウデマクラ」は、二〇一〇年にはシマウタを歌える人も増え、大人も子どもも一緒に賑やかに行われているそうである。

住用村川内の「イシアソビ」

一九七七年に滞在した川内では、明治生まれの話者から「ウデマクラ」に似た「イシアソビ」を聞き取った記録がある。

　川内の「イシアソビ」もハマオレで行われるが、川内のハマオレは旧三月三日か旧五月五日に行われる。ハマオレの日の夕方、人数分の丸い石を用意して女性のみが平地に丸く座り、左手で石をもち右から左に回す。今は行われていないそうだが、二〇〇〇年の奄美文化センターでのイベントで再現された写真がある（写真5）。（浅野　博美）

写真3：ウデマクラ用石。（2010年、末岡）

写真4：ウデマクラ風景。皆、右手に石をもっている。（2002年6月、浅野）

写真5：奄美文化センターで再現された住用村川内の「イシアソビ」。（2000年、中善勇氏提供）

10　奄美の楽器

奄美の伝統的な音楽に使用される楽器は三味線と太鼓である。

三味線は蛇《へび》の皮《かわ》が張ってある蛇皮線《じゃびせん》であるが、奄美大島では蛇皮線とは言わず、三味線あるいはサンシンと言う。現在は、ニシキヘビの皮を使っている三味線は少なく、ほとんどは人工皮革が張られている。沖縄のサンシンとは見た目ではほぼ変わらないが、奄美の三味線の方が音程が高く調弦されるため、弦は細いものが使用される。撥《ばち》は竹を削り細くしたものを使うが、プラスチック製もある。沖縄では水牛の角が使われ、奄美とはまったく違う形状のものであり、奏法にも違いがある。また、音階も沖縄の琉球《りゅうきゅう》音階《おんかい》（ド・ミ・ファ・ソ・シ）とは異なり、奄美は律音階《りつおんかい》（ド・レ・ファ・ソ・ラ）や民謡音階（ド・ミ♭・ファ・ソ・シ♭）の曲が多い。奄美と沖縄の音階の境目は徳之島《とくのしま》と沖永良部島の間にあるとされる。

三味線は主にシマウタの伴奏で使われ、六調《ろくちょう》などの手踊りやさまざまな芸能の伴奏をするのに使われるが、八月踊りでは使われない。

太鼓は奄美独特のクサビ式締め太鼓である。奄美以外の地域で

写真1：奄美三味線。長さは約80㎝。（2011年4月、末岡）

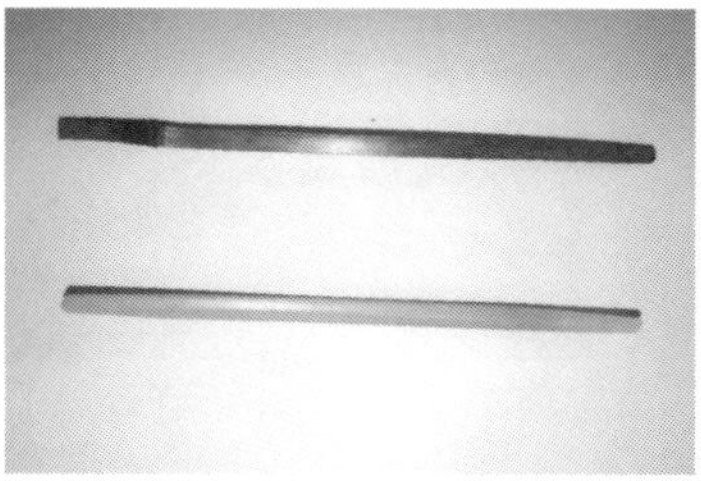

写真2：奄美三味線の撥。12～13cm、写真上は竹製、下はプラスチック製。（2011年4月、末岡）

は五例が報告されているものの、日本では例が少なく、インドネシア、ラオス、韓国などに同様の太鼓が見られる（クサビ式締め太鼓については、原野農芸博物館の展示を拝見し、参考にした）。奄美ではこの太鼓のことをチヂン（地域によりチヂミ、ティディミなどと発音が異なる）という。皮は山羊あるいは馬、牛の皮で、なめさずに毛がついたまま使用され、木の枠の両側に張られ、互いの皮の縁をシュロの紐で結んである。現在では、漁具に使われる合成繊維製の紐を使うことが多い。木の枠の外側にぐるりとクサビがはめ込まれており、そのクサビの頭を叩くことにより、紐の締め具合を調節することができ、太鼓の音の高さが変化する。大きさは直径が三〇センチほどであるが、奄美で使われている一番大きなチヂンは、諸鈍シバヤの最後の演目「タカキ山」で使用するものである。チヂンは八月踊りに使用される場合は、左手でもち、右手で一本の撥を使い叩く。六調その他の場合は、太鼓を別の人がもち、二本の撥を使い、両手で叩く。

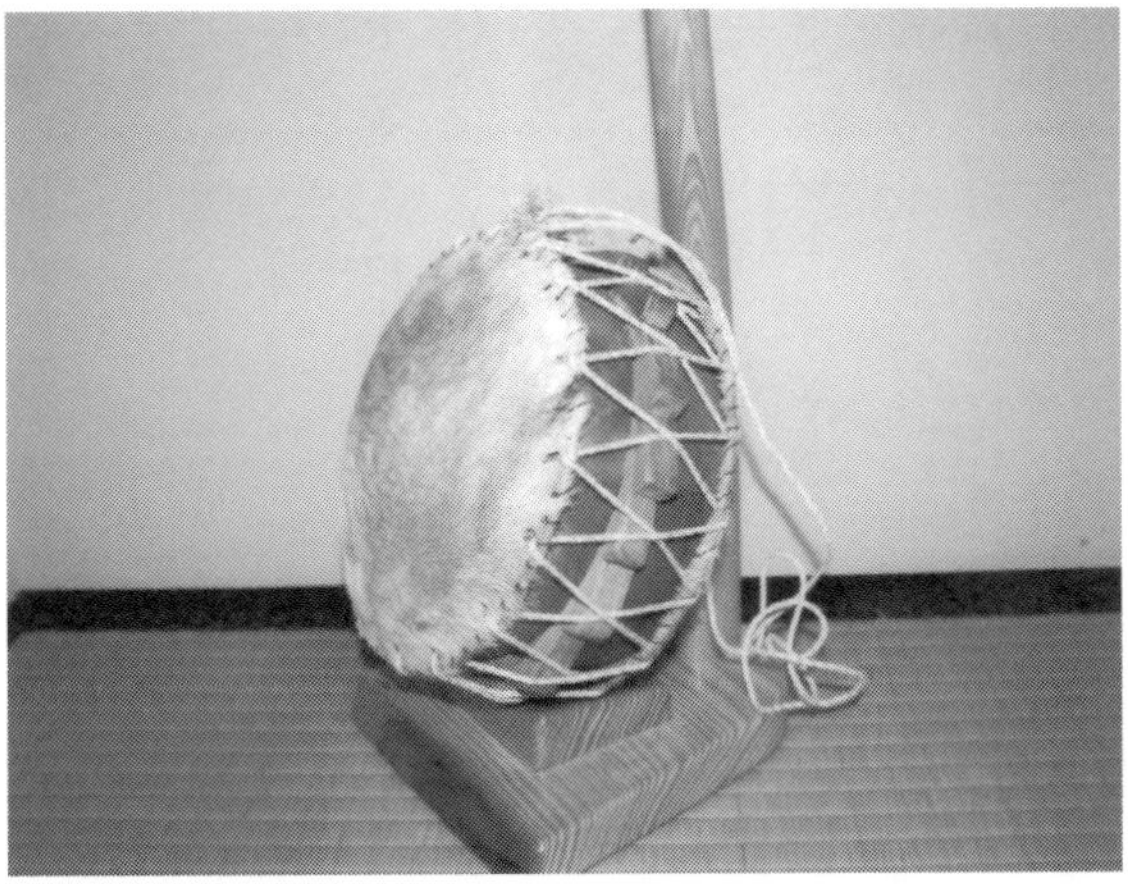

写真3：チヂン。直径は約30㎝。この太鼓の皮を結ぶ紐は合成繊維製。1977年に筆者が購入したときはシュロの紐だったが、切れたため紐をかけ替えてある。（2011年4月、末岡）

宇検村芦検の木村弘重さん（一九三五〔昭和一〇〕年生まれ）の話では、芦検では戦前くらいまでは、豊年祭に必要な道具を青年団の取り締まり役であるスダカタと言われる三〇歳の人が整えており、太鼓もそのスダカタがつくっていたと言う。当時は牛の皮を使い、ティグと言われるクバの木の皮を手で撚った紐でつくっていた。これら奄美の楽器は、現在は名瀬の楽器店や三味線・太鼓の専門店で製造、販売されている。

写真の楽器は筆者が名瀬で購入し、使用しているものである。楽器ではないが、奄美の音楽には調子を揚げるために指笛（ハトウ）も鳴らされる。口に指を当て、甲高くピーピーとならす。六調では欠かすことのできない、奄美の音楽の要素のひとつとなっている。

*財団法人奄美文化財団原野農芸博物館（奄美市住用町山間）の展示は「二〇一〇・一〇・二〇奄美豪雨」からの復興記念展「クサビ式締め太鼓——奄美とアジア」（二〇一三年一二月一日～二〇一四年五月三一日）のもので、筆者はその間に訪問した。

（末岡三穂子）

11　シマジマの芸能

住用村川内《すみようそんかわうち》「ストゥルクテン」

昭和二年生まれの中善勇さんの話によれば、大正末期から昭和初期にかけて川内の永田佐栄徳（一八八九（明治二二）～一九八二（昭和五七）年）が、三七、八歳の頃、炭焼きの仕事で諸鈍《しょどん》に行っていた。川内に戻るとき、諸鈍の芸能のひとつを川内に伝えようと思い、活気に満ち溢れた踊りであった棒踊り「スクテングワ」を川内に取り入れたということだ。

諸鈍ではシバヤの演目のひとつに「スクテングワ」があり、男性が、房をつけた棒をもち、二人一組で踊る。

川内の「ストゥルクテン」は、三味線、歌い手、太鼓の伴奏で演じられ、女性が二人一組となり一〇人ほどで踊る。女性の衣裳は、着物（浴衣）の裾を上げ、下から赤い腰巻をのぞかせ、赤いタスキをかけて頭には鉢巻をする。手には諸鈍と同様、房をつけた棒をもって踊る。その踊りの中に男性一人が自由に動きながら「ハイ、ハイ、ハイ」と調子づけ、元気を出させる役で登場する。

永田佐栄徳は諸鈍滞在中にシバヤを見る機会に恵まれたのだと思うが、シバヤの踊り手が入場、退場するときの唄「サーテンテン、サーストゥルクテン」というメロディーが印象深く、頭から離れなかったのだろう、川内ではこの芸能を「ストゥルクテン」と呼び、音楽もシバヤのメロディーを取り入れている。入場の曲はシバヤのガクヤイリの曲で「ホーエラエー　エイヤサノサ　ヤッサガサー　エイヤサノサ」と歌い、歌詞でも「諸鈍のエー、シバヤのエー、おしかくや　まねてする。川内やー、シバヤのや、よそじまのまねてする」（川内の唄者南ゆき子さんの唄）と、諸鈍シバヤをまねていることを謳っている。棒踊りになると「テンテンナー　ストゥルクテン　サー　いかなる　手まねの　いじるかな　ストゥルクテン」と歌い、どんどんテンポアップし、しまいにはドンドン節になり、最後は「今日ぬ　ほこらしゃや　いつよりも　まさりいつも　今日ぬごとにあらちたぼれ」の歌詞で終わる。

ストゥルクテンは集落の豊年祭や、体験交流館の落成式、奄美大島十五夜唄遊びといったイベントなどで、依頼があると演じられている。

写真1：「十五夜唄遊び」で演じられた川内「ストゥルクテン」。（2001年9月2日、中 善勇氏提供）

笠利町《かさりちょう》「用しゅんかねくゎ踊り」

昭和八年生まれの吉田照和さんの話によれば、子どもの正月の遊び行事で、村の安全を祈り、ハブ除けの祭だったという。吉田さんが子どもの頃、正月元旦から三日間、一月一五日から一八日までの四日間、計七日間、子どもたちはミーチズレという三歳ごとのグループ（小学生から中学生まで、六～八歳、九歳～一一歳といったグループ）になり、母親に重箱にご馳走をつめてもらい、晴れ着を着て、夜になるとグループの中の人の家に重箱をもって集まり、唄を歌ったり、トランプをしたり、子どもたちだけでさまざまな遊びをして過ごしていた。手を叩きながら、子どもたちが「しゅんかねくゎ」を歌っていたものだった。吉田さんが遊んだときには、「しゅんかねくゎ」には踊りがついていなかったが、手まんかいの踊りがあったと明治二〇年頃生まれたおばあさんから聞かされていた。その後、一九〇〇（明治三三）年、用生まれの池野無風《いけのむふう》がその記憶をたどり、踊りを復活させ、子どもの遊びから芸能として確立したという。

写真２：「用しゅんかねくゎ踊り」。（1981 年敬老会にて撮影、植田俊秀氏提供）

「用しゅんかねくゎ踊り」は三味線、唄、お囃子、太鼓の伴奏で、踊り手一八名ほどで踊る。踊り手は冬は絣の着物、夏は浴衣を着用し、下は赤い腰巻、赤いタスキ、豆しぼりの手ぬぐいを首からかけている。始めは「しゅんかねくゎ」の唄にあわせ、踊り手は二人一組で向きあい正座の姿勢で、手を挙げ、両手で大きな動きをする。時には身体を前に曲げ、上半身だけで躍動的な動きをする。唄が六調《ろくちょう》に変わると、首にかけていた豆しぼりの手ぬぐいを頭に巻き、正座の姿勢から膝立ちの姿勢へと変わり、「餅つき踊り」となる。リズミカルに手で肩や尻を叩き、肘を床につけ、手で床を打つ動作をする。途中で立ち上がり、六調の踊りとなり終わる。

一九六四（昭和三九）年に笠利町文化財に指定され、奄美市になってからは一集落一ブランドに認定されている。

二つのシマの「稲摺《いねす》り踊り」（宇検村芦検《うけんそんあしけん》と笠利町宇宿《かさりちょううしゅく》）

「稲摺り踊り」は芦検と宇宿以外にも瀬戸内町油井《ゆい》の豊年踊りでも踊られ、また、奄美各地で、「稲摺り節」の唄にあわせて踊りが演じられることもあり、奄美ではポピュラーな芸能と言ってもよいだろう。

芦検の「稲摺り踊り」は一九三八（昭和一三）年、芦検が新嘗祭の折に皇室に献上される米をつくる田（献穀田）に指定されたとき、そのお田植え祭に奉納されたのが始まりである。沖縄出身の島袋禎昌と沖縄の大東島に警察官として赴任していた松井隆吉が、沖縄の「汗水節《あせみずぶし》」と「稲摺り節」をアレンジして創作した。三味線と太鼓の伴奏で唄を歌い、時折調子づけに指笛（ハトウ）が入る。踊りに使用される道具は山鍬（トッゲ）、摺り臼（スルス）、臼、サンバラ（直径が六〇センチほどの竹製の薄いザル）で、いずれも本物の農具が使われる。踊り手の女性はウンジョウギンと言われる、裂き織りでつくられた野良着（一〇八頁）とモンペを着て、前掛けと鉢巻をつける。踊り手は山鍬を肩に担いで入場する。始めは「汗水節」にあわせて踊る。その歌詞は、「一生懸命働くことは自分のためだけでなく、みんなのためであり、自分の子を立派に育て、子孫繁栄、五穀豊穣につながる」という意味であり、踊りはそれを表している。そして途切れることなく「稲摺り節」に変わり、サンバラ、摺り臼、臼・杵を使い、稲の脱穀・籾摺り・精米の作業の所作を踊りに取り入れている。農作業のようすがリアルに表現され、労働する女性の力強さ、美しさが感じられる。別名「アンマ（母）踊り」とも言われている。

芦検の「稲摺り踊り」はＮＨＫテレビで紹介されたり、奄美大島内や東京などのさまざまな舞台で演じられたりしている。また、一九八二年には宇検村の無形民俗文化財に指定され、毎年集落の豊年祭で婦人会により演じられている。

宇宿の「稲摺り踊り」は明治時代から伝わる踊りで、三味線、太鼓、唄「稲摺り節」にあわせて踊るものである。芦検と同様、農作業を踊りに取り込んだものであり、豊作の祈りがこめられている。

宇宿の踊りでは、踊り手は浴衣を着用し、下は赤い腰巻、赤いタスキ、手ぬぐいを被る。サンバラと杵をもち、摺り臼の代わりに長い紐を使う。昔は、臼の胴に紐を巻きつけ、二人一組で巻きつけた紐を左右交互に引くことで臼を回していたことから、踊りにおいても二人一組で紐を二本交差させてもち、それを互いに引く動作を行う。サンバラには紙でつくった花をあしらい、芸能としての華やかさを演出している。

一九六五（昭和四〇）年、保存会を組織し、集落の敬老会をはじめとして笠利町内、県内外のイベントに出演している。また、一九七一年には笠利町の無形文化財として指定され、奄美市となってからは一集落一ブランドとして認定された。近年は後継者不足のこともあり、宇宿小学校との連携で児童にもこの踊りを継承している。児童への伝承は、郷土教育の一助ともなり、後継者の育成にも役立っている。

（末岡三穂子）

写真３：芦検豊年祭における「稲摺り踊り」。(2007年８月15日、川北)

写真４：宇宿敬老会における「稲摺り踊り」。(2010年９月19日、昇睦朗氏)

第五節　祈る・守る

1　さまざまなカミ

心のよりどころとしてのカミは、暮らしの中で生きている。それが印象深かった。ここでは、一九七七（昭和五二）年八月に調査した住用村川内の例から、その一端をみることとしたい。当時、調査の際に写真を撮る意識はあまりなく、写真で個々の事例を提示できないことが悔やまれる。

調査では、川内集落の全戸をお訪ねした。不在等のため調査ができなかった家以外の聞き取りによれば、調査した九五戸のうち、家屋内には、火《ひ》のカミが一二戸、水《みず》のカミが一四戸、山《やま》のカミが一一戸、大工《だいく》のカミが五戸で祀られていたことがわかった。図1は、それらの祀りの場である。

これらのカミ以外にも祀られている少数のカミはあったが、紙幅に限りもあるので、次に、火のカミと水のカミについて記してお

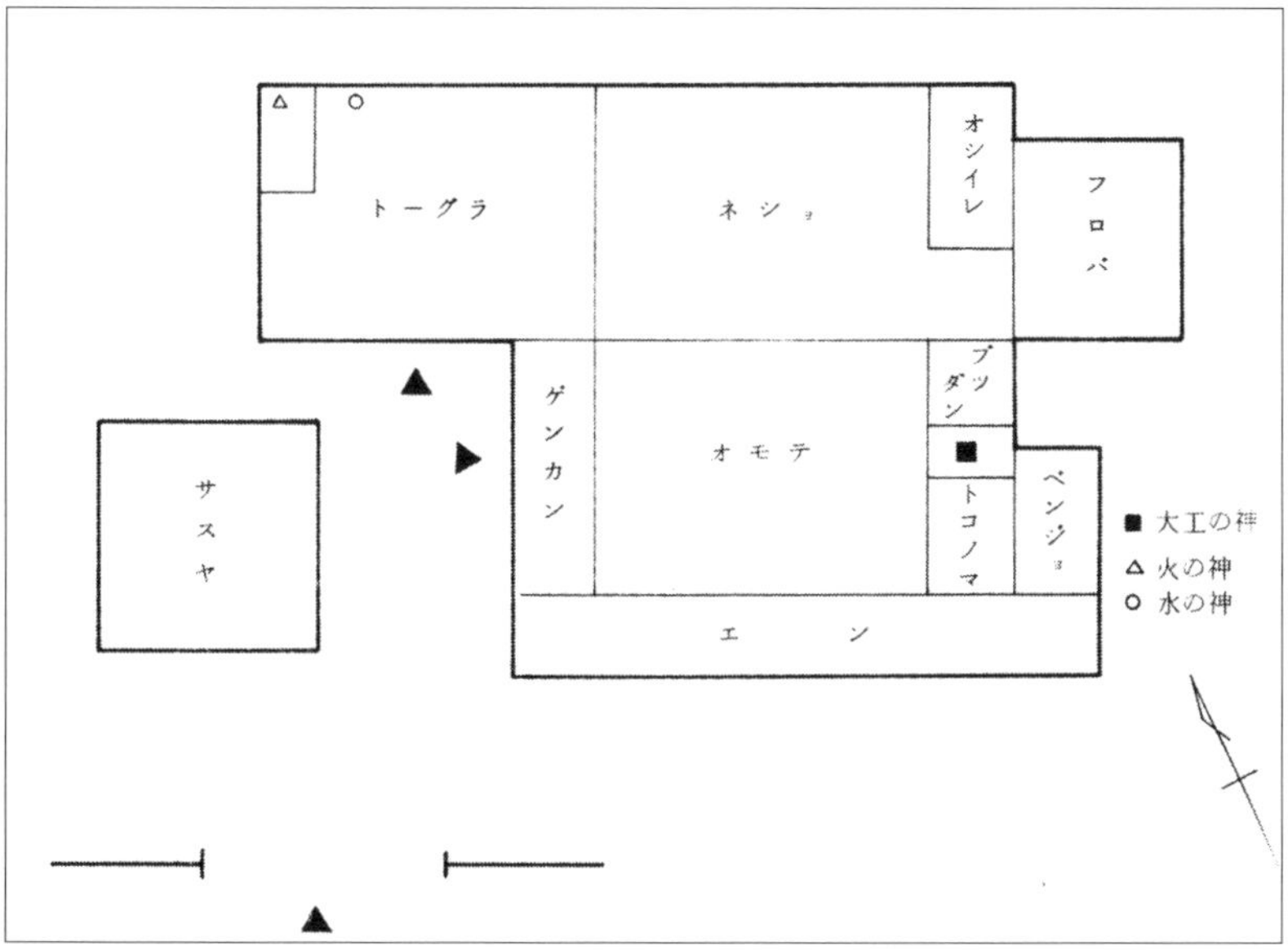

図1：カミを祀る場（『民俗文化』第二号128頁より）　▲は、屋敷・建物内への出入口。

きたい。

火のカミ――家族を守る

火のカミは、トーグラ（図1）と称する台所のカマドや、ガスコンロの脇に祀られていることが多い。そこには、いつも香炉が置かれ、「毎朝、線香とお茶のお初《はつ》をあげる」、「毎朝、顔を洗ったら、まず火のカミを拝む。香炉に線香を三本立てる。線香の右側に水の初をあげ、それは二日に一回くらいで、左側には、酒の初を盃にいれてあげる」という。

また、「毎朝、センソ（仏壇の位牌・先祖のこと）を拝んだあとにカマドの火のカミへ一本の線香をあげる」という家もある。その家には、鍋が二つかけられる、土で作られたカマドがある。その焚口《たきぐち》と焚口の間に、〇のなかに十の印がつけられている。その印は、「ここにカミサマがいらっしゃるということではないか」という。この印の付近に線香をあげて、一日の無事を祈るという。

なかには、「火のカミは、ジロ（囲炉裏のこと、かつてトーグラにあった）にいるから、ジロに足を踏み入れたり、汚い物を入れたり、唾をはいたりしたら叱られた」と、幼い頃の記憶を思い出した人もいた。

「火のカミは、出たり入ったりする。見えない」ともいわれる。「火の用心のために拝む」とか「今は姑が拝んでいるが姑が亡くなったら自分（嫁にきた本人）が拝む」という人もいた。さらに、「自分の長女が沖縄に行っているので、何かあったら夢で知らせて下さい」と言って拝むともいう。

家の世帯主（男性）が拝む家が二例あったが、その他は女性だった。家では一人が拝み、男女の別なく、子どもでもよいという家もあった。また、自分が拝みたいと思ったら拝む、さらに、病身なので占いをしてもらってから拝み始めたという女性もいる。

水のカミ――心の中に

火のカミを祀る一二名のうち、水のカミも祀る女性は八名だった。水のカミの場合、家では炊事をする場所に香炉を置き、線香を三本供える。水道が引かれているので、蛇口に近い場所のことが多い。なかには、仏壇の右隣、あるいは火のカミの左隣というように、位置を決めている人もいた。

祀る一四戸はすべて女性で、そのほとんどが、集落内のアムゴといわれる特定の場所（写真・図2）に、癸酉《みずのととり》の日に拝みに行くことが特徴的である。水のカミのことをアムズネという。水のカミと相性のあう人が拝むとも、健康を拝むともいわれている。

アムゴは、集落の上方、鬱蒼とした木々に囲まれた一部にある（図2）。そこでは、各自が、いつも置いてある盃や碗の汚れを落とし、盃には酒、碗には川の流れの水を入れ、線香を三本立てる。家からその場所に行く途中でカヤを三本とり、それも一緒に置く。そこでは、東を向き、身体を祓う所作をする。

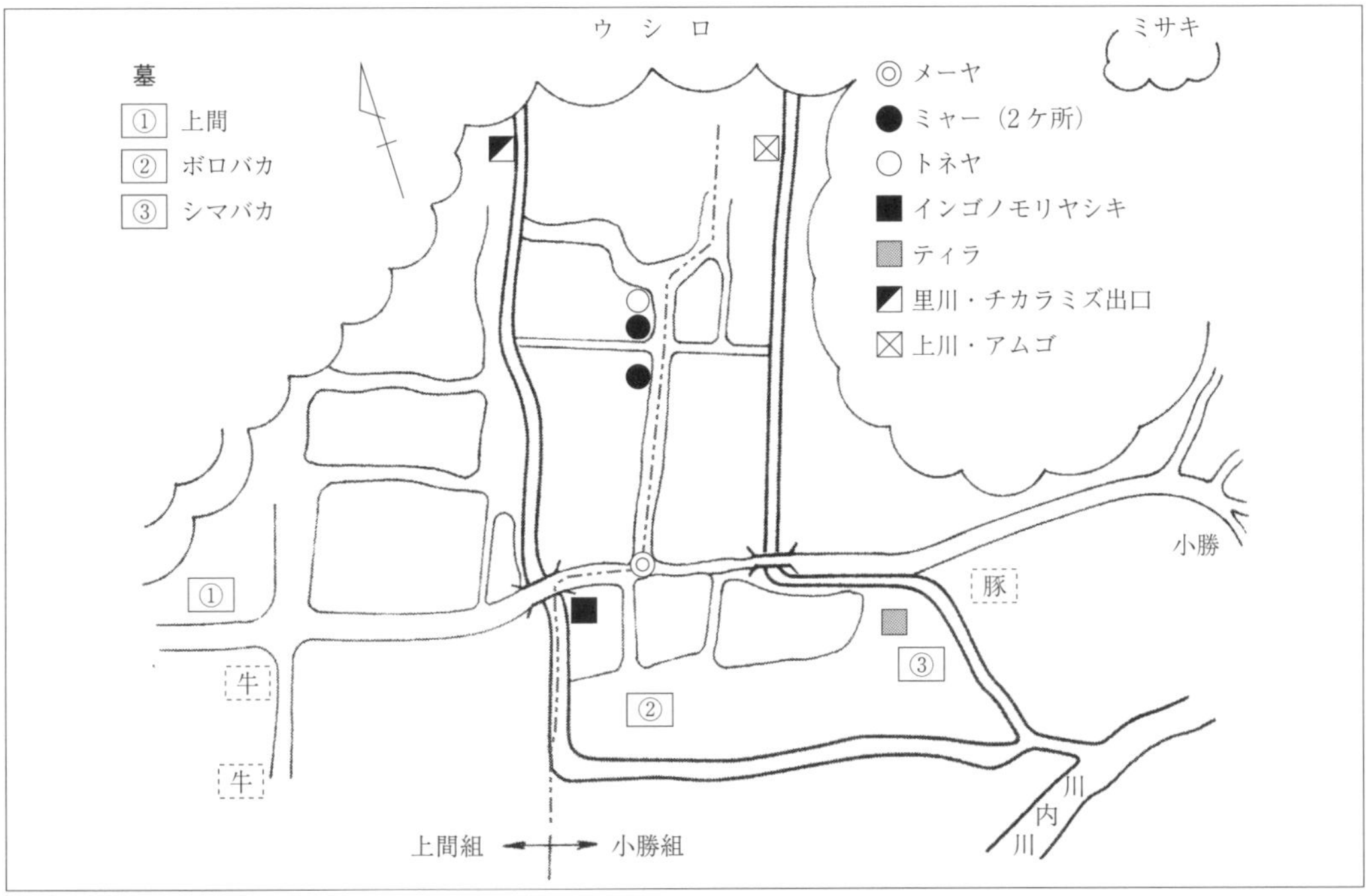

図２：集落内のアムゴの位置（『民俗文化』第二号、146 頁参照）

川内のアムゴ。（1977 年）

また、その場所できれいで小さな石を三個拾い、自宅に持ち帰り、祀ることもある。これは、高齢のためアムゴへ行けない人、川内から名瀬に転居した女性が行っている場合が多い。実際に行った人は、アムゴから帰るときはとても気持ちがよいという。

（福岡　直子）

2　位牌祭祀

位牌の成立と形態

一九七八（昭和五三）年の住用村見里では、位牌は〈イフェ〉〈イフェガナシ〉などと呼ばれ、死後すぐにつくられる。この位牌は葬列に加えられず、墓にはもって行かない。位牌は一故人に一つつくられ（図1）、原則として最終年忌までこの位牌が祀られていたが、調査が行われた一九七〇年代後半には、すでに一〇枚程度の板様の位牌が入る、繰り込み式の位牌立てが普及していた（図2）。

位牌を祀る場所は〈センソダナ〉と呼ばれる棚で、家屋の〈オモテ〉と呼ばれる部屋の床の間の下手に位置する。調査当時もすでに〈センソダナ〉は数が少なく、仏壇に祀られる例が多かった。

位牌が祀られるとき

位牌は葬儀の後、〈ミキャナンカ〉（三日七日）、四十九日、そして年忌（一・三・七・十三・三十三）、毎年の〈キヌチ〉（命日）と、さらに、お盆にも棚から降ろして供養される。三十三年の〈キヌチ〉は最後の年忌とされ、「先祖は天に昇ってカミになり、山の上でシマの人を見守っていてくれる」、「センソガナシはコーソガナシになる」といわれ、お祝い事としてとらえられている。それは、三十三年の年忌の会食に集まった人が、祝いのときに踊る六調を踊ることからもうかがえる。

三十三年忌を終えた位牌は、以前は墓にもって行き、そのまま放置して風化させるか、墓で焼くなどされたが、調査当時では、位牌立ての後ろに入れ、それ以降の供養は特別行わない、という例がほとんどだった。

位牌と〈イエ〉の継承

位牌を祀り受け継ぐ者は、〈ウヤモト〉〈センソモト〉などと呼ばれ、〈イエ〉を継承するものと考えられた。多くは男系、できれば長男が位牌を継承し、同時に家屋・土地・財産が譲られた。

具体的には、財産を婚出した女子を除いた兄弟と親（親先祖）の数に分け、〈ウヤワズライ〉（親の老後の

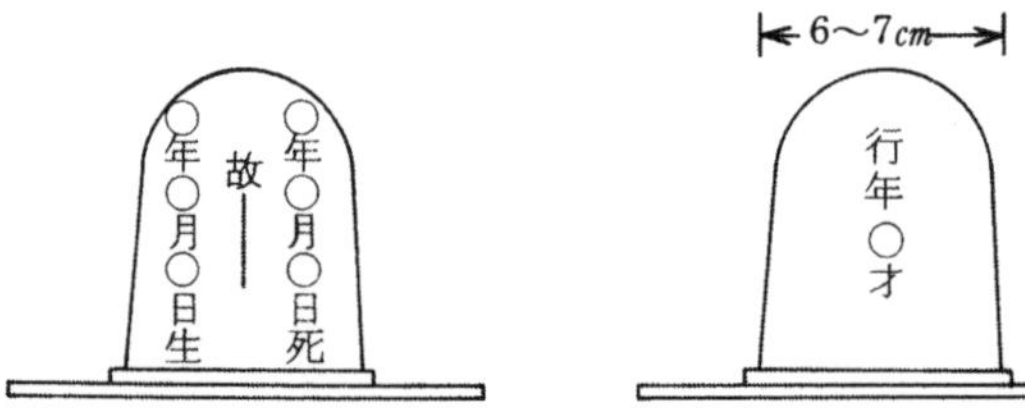

図1：位牌の形態

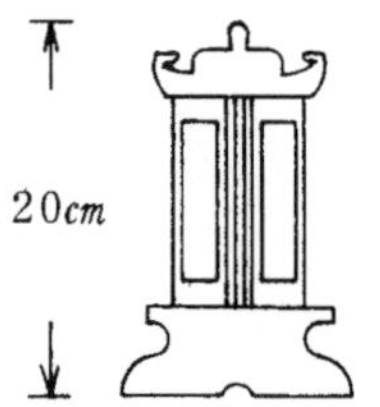

図2：位牌立て

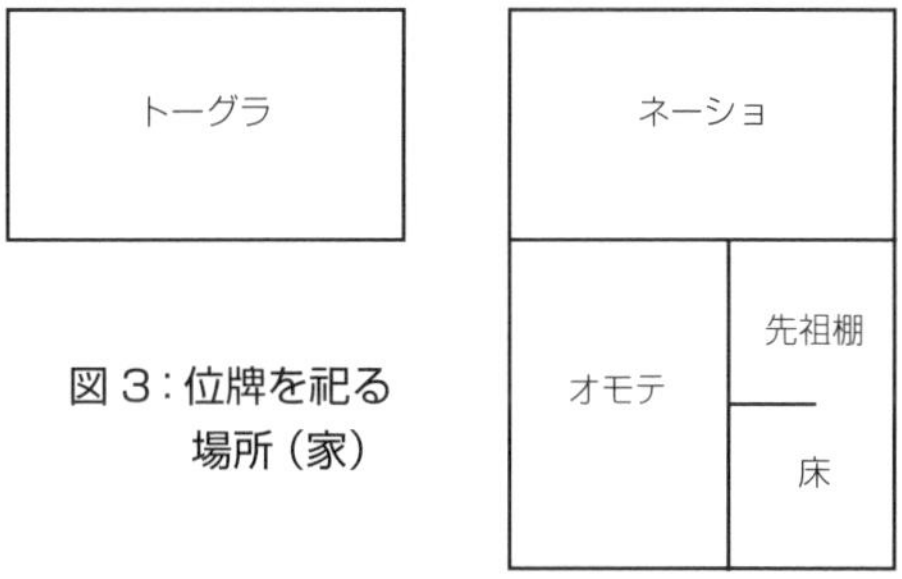

図３：位牌を祀る場所（家）

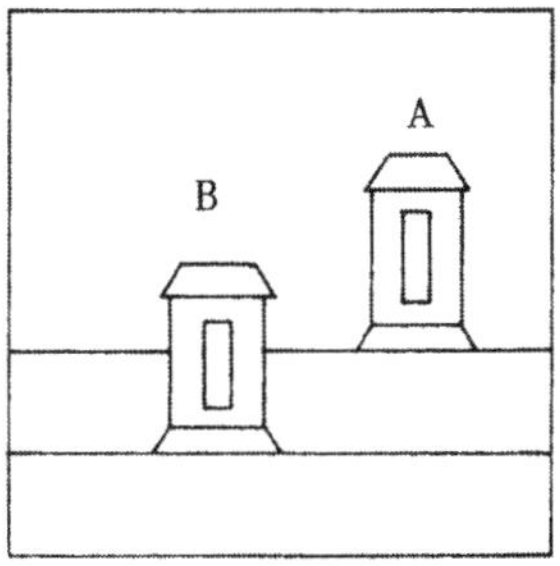

A：自家の位牌　　B：他家の位牌

図４：位牌を祀る場所（仏壇）

面倒をみる）する人に親先祖の分を含めた二人分が与えられた。これは〈イハイツキ〉〈センソヅキ〉といい、年忌供養など先祖を祀る際の費用として二人分の財産が与えられたものだ。

財産は家によって異なりはするが、田畑・山林など、その家の財産の中でもいちばん価値のあると考えられるものであった。このように〈イエ〉の継承と位牌の祭祀は重なることが多かったが、現在では、財産は兄弟姉妹に等分で相続されることが多い。

また、先祖代々の位牌を祭祀する〈イエ〉は、〈フーセンソモト〉と呼ばれ、本家・分家関係の認識が強いことがうかがわれる（住用村見里）。親族の従属関係の薄いと思われる地域は、総本家にあたる〈フーセンソモト〉という言葉を使う例は見られないなど〈シマ〉によってばらつきがみられる。

位牌祭祀の考え方と事例

位牌は通常、夫方のものが祀られ、妻方の位牌はその実家で祀られる。婿養子・養子も原則としてそれぞれの実家の位牌を祀ることはない。ただし、本来位牌を継承するはずだった者に子どもがいない場合、また〈シマ〉外や遠方に転居するなど、祭祀者がいない場合は、血縁関係者（＝とくに兄弟姉妹）が代わってこれを祀るなど、結果として、妻方・母方、また傍系の位牌が祀られることがある。これらは「〈フタセンソ〉を祀る」と言われ、位牌祭祀の理想的な形ではないとされる。「血が違う」という表現をされることもあり、一緒に祀ることが敬遠されていた側面があり、私たちの調査時では〈フタセンソ〉を祀る例は八例で、全体の二四％であった。

位牌を祀る場所からこれをみると、

①直系の位牌は、〈オモテ〉の〈センソダナ〉に祀り、傍系や妻・母方の位牌は〈トーグラ〉に祀る（図3）。

②仏壇に祀る際は、自家の直系位牌をカミザに、その他をシモザに祀る（図4）。

など、明確に本来理想とされる祭祀ではないと意識していたことがうかがえる。

〈フタセンソ〉を祀る例

一、長男A夫婦に子どもがなく、Aの兄弟Bが家を継承した。老後B夫婦と同居したA夫婦が亡くなってからの位牌は、Bの息子Cが祭祀している。また、Cは未婚で死亡した兄弟など傍系の位牌も祭祀している（両親＋叔父夫婦＋兄弟の位牌：傍系の位牌祭祀）。

二、母方の家の継承者に子どもがいないため、両親の位牌と共に母の先祖の位牌も祀っている。また、未婚で死亡した兄弟の位牌も祀っている（両親＋母方＋兄弟の位牌：母方・傍系の位牌祭祀）。

まとめ

位牌の継承は、男子直系を重視しているというより、現在の「家族」を中心により近い血縁関係によって、その祭祀が行われていると考えられる。祀るべき位牌は、直系に限っておらず、祀り手のない父方傍系や母方位牌も祀ることができる。これは、系譜的関係の縦の関係と共に、夫婦・兄弟姉妹の横の関係も含めて重視しているからと思われる。

等しい親族関係において、男系が優先されるものの、女性をも祭祀者として認めていることがわかる。

（清水　弘子）

奄美のお葬式

２００７年３月某日、宇検村芦検でのお葬式。公民館での準備に、飛び入り参加させていただいた筆者が体験した、お葬式一日の流れである。

①七時　老人会会長の集落放送
「○○さん、一〇時出棺です、お見送りの人は売店前に集合してください。告別式は五時三〇分開始、公民館にお集まりください。」

②八時　公民館で料理の準備開始。
葬儀社の祭壇や親族による受付の設営等も順次はじまる。

③九時四五分　予定より早めの出棺。
名瀬にある焼場へ行くマイクロバスを集落の人達が売店前の道の両脇に立って見送る。

④一五時　焼場から喪主達が遺骨を持って芦検の自宅に戻る。

⑤一七時三〇分　公民館にて告別式開始
遺族が遺骨・写真・位牌・花を持って入場。司会は葬儀社の人が担当。参列者は床に正座している。
流れは、起立・合掌・礼拝→焼香（今回は真言宗でお経はテープ）→弔電・孫挨拶・喪主挨拶→遺族退場（この後すぐに墓地に納骨に行く。芦検は共同墓）

⑥一八時　参列者が塩と焼酎でお清めをして退場。
公民館に〈四十九日〉の用意。テーブルと料理を並べる。

⑦一八時三〇分　〈四十九日〉開始。
参列者着席。遺族挨拶後会食。食べ終わった人より帰宅。

⑧二〇時　会場である公民館の片付け終了。手伝いの人達も解散。

（浅野　博美）

3　墓参り

それぞれの集落には、その集落の墓地があり、日を決めて墓掃除が行われ、墓参りもする。どの集落も、「墓をきれいにしておくことは大切なこと」と伝えられた先祖からの教えを受け継いでいる。筆者が調査で滞在中も、墓参りの光景をよく見かけた。ここでは、撮影させていただいた瀬戸内町諸鈍《せとうちちょうしょどん》と宇検村芦検《うけんそんあしけん》のようすを紹介する。

日々の墓参り――諸鈍

ある年配の女性は、朝と夕方は家の仏壇を拝み、朝はお茶、水、新しく炊いたご飯、そして線香二本をあげる。そして、夕飯には線香を二本あげる。さらに、毎月旧暦の一日と一五日には先祖の墓参りをする。そのときには、バケツに水を入れ、箒、花、線香を持参する。

墓石の前には湯呑み茶碗、花瓶、線香立てがある。最初に箒で墓石の周囲を掃除する。その後に、湯呑み茶碗、花挿しを洗い、花を生け、水を供え、線香をあげて拝む。線香の本数は二本と決まっている。このような墓参りのことを、ハナコーと呼ぶ。供える花の種類はとくに決められてはいないが、日もちがいいことからクロトンのことが多い。

写真1：テルに線香、花立てを入れて墓参する。（諸鈍、1984年8月）

写真2：洗った花立てと茶碗をソーケに広げる。（諸鈍・繰、1984年8月）

写真3：旧暦で墓参。（諸鈍、1984年8月）

広い集落の諸鈍では、全部で七、八か所に墓地があり、古い墓地は山の急斜なところにあるものもあった。一九八四年当時、高齢の方が、そのような場所の墓参に行くことはたいへんであるという理由から、集落内の平坦な地の墓地に墓を移転してくる傾向が始まっていた。

近隣の集落の人々は、「諸鈍の集落は、墓を立派にする」と評していたことが思い出される。

みんなで掃除・雨中の墓参――芦検

集落の東の端に共同墓地があり、集落のすべての家の墓が集中している。一九八〇年当時、その共同墓地全域の掃除は、集落の老人会が行っていた。毎月第一と第三日曜日である。そのため、各家が墓掃除をするのは正月、七夕、盆という時期だけであったようだ。

写真5は、集落のお年寄りたちの墓掃除のようすである。各自が箒をもつ。テルには休憩時に飲む缶ジュースを入れてきたのだろう。「墓は明るくきれいにしておかなければいけない」といわれている。掃除後の人々の顔の清々しさが伝わる。

写真6は、写真5の左側の山の斜面にあたるところの墓地を写したものである。一九八三年八月一五日は旧暦七月七日だった。この日を、七夕《たなばた》、またはウヤフジマツリといい、墓参りの習慣がある。台風の影響による雨の中、午前六時には、若い男性がふたり、雨合羽を着て水と花をもち、自分の家の墓に参るようすがみられた。

現在、芦検の共同墓地の形態は写真5、6からは想像できないほどに変わったが、掃除、墓参の習慣は変わらない。

（福岡　直子）

写真5：老人会による墓掃除、芦検。（1960年代〔推定〕、真人庵提供）

写真4：今も旧暦で墓参。（諸鈍、2010年12月、福岡）

写真6：ウヤフジマツリの墓参。（芦検、1983年8月、福岡）

4　奄美大島におけるキリスト教 ―― 嘉渡を中心に

奄美大島におけるキリスト教の歴史は、一八九一（明治二四）年に名瀬に降り立ったフェリエ神父の布教から始まった。安齋伸《あんざいしん》『南島におけるキリスト教の受容』によれば、次のように記されている。

「明治に入って島津の支配体制が崩れ、異国から、人間の平等と隣人愛の理念をかざして、堂々たる偉容の外人宣教師が渡来してきたのである。人びとの関心と期待の眼が宣教師に注がれたことは想像するに難くない」

とあり、その後も、「故国からの援助で、信者・未信者の区別なく、村落の困窮者に救いの手を出したのであって、施療といい、救済といい、信者に限らず村落内の人望が高かったことが窺われる」と記されている。そして、そのような状況の中「奄美各地で人々の集団洗礼が行われ、一九二〇（大正九）年の奄美大島の信徒数は、三七七四名を数えた」と続いている。しかし、第二次世界大戦に向かう日本軍部は外国人神父の動静に警戒を強め、教会を弾圧し、信者への迫害を加えていった。

私が一九八五年に調査に訪れた龍郷町嘉渡においても、一八九二年にはすでに布教活動が始まり、一九〇二（明治三五）年には一三五名という多人数による集団洗礼がなされた。その後、人々が神父の人柄にひかれ、キリスト教は嘉渡に定着していった。しかしここでも信者への迫害があった。

それは、キリスト教信者の家の稲だけが収穫前に刈り取られたり、教会の庭に花瓶やガラスが埋められるといった、軍部に限らず、シマ内の人々からの嫌がらせなどもあったと語られている。そして最後には教会はシマの集会所となり、神父も日本を去り、家族ぐるみの熱心な信者の多くは鹿児島県など本土へと引っ越してしまった。

一九八五年の調査当時、名簿上での嘉渡の信者数は四八名を数えたが、実際の教会活動に関わっている人は九世帯、一三名であった。以下、嘉渡における当時のキリスト教信者の生活についてうかがったことを記す。

信者の一年の行事を、教会行事・家の行事・シマの行事に分けて考えてみると、まず、復活祭・クリスマスなどの教会行事は基本的には信者のみで行われる。しかし、教会の建て直しの際には信者以外の人々からも多くの寄付があり、除幕式にも参列してくれた。また、夏休みに子どもたちが行うラジオ体操も教会の敷地で行われている。

次に家の行事であるが、これは信者の家庭と他の家庭では祖先祭祀にいくつかの違いが見られる。盆行事では、「祖先が天から降りてこられる日」という観念は同じだが、信者の家では祖先のために特別に料理を供えたり、シバヤという祖先が立ち寄ってゆく

写真１：礼拝のようす。（1986 年７月）

写真２：ラジオ体操のようす。（1986 年７月）

小屋をつくることはない。そのかわり祖先のために祈りをささげる。これはその後のアラセッツ・シバサシ・ドゥンガという祖先祭祀に関わりの深い行事についても同じである。しかし、この期間に行われる墓参りや、その期間に他家の位牌を拝みにきた客にぜんざいを振る舞うことは一般の家庭と同じに行っていた。

　シマの行事においての違いはまったく見られなかった。また、墓参りは、一般の人々は毎月一日、一五日に行っているが、信者はそれ以外に毎週日曜日にも行っている。家における祭祀の状況では、祖先の位牌を祀る場所とカトリックの祭祀する場所が同一の家が多く、「カミダナに祈りを捧げているときも神を通じて先祖と話をしている」と言う。人は死ぬと神の元に行き、神と共に人々を守ってくれる、という概念をもっていた。

　しかし、戦前までの信者の生活では大きな違いが見られた。昭和初期の信者たちの家では、一月四日のナリモチ、三月三日のサンガツサンチ、五月五日のゴガツゴンチ、そして、七夕・盆共に何も行わなかった。ただ、信者の盆があり、その日には信者が集まり神父と共に墓場へ行き祈りを捧げたという。カトリックでは十一月を死者の月とし、現在でも十一月二日に墓参りを行っているので、信者の盆は十一月二日のことだと思われる。また、アラセッツ・シバサシ・ドゥンガの三行事も何もせず、夜の八月踊りにも参加しなかった。ハマオレも参加しない。が、十五夜相撲とタネオロシには参加し、十五夜相撲のときには、他の人と一緒にノロの元へ行き力もつけてもらっていた。

　二〇一〇年一〇月の嘉渡のキリスト教信者は、嘉渡在住の登録者数は二〇名、実際に活動を行っている人は一一名だった。以前熱心に活動していた仲間数人は亡くなり、活動する人は減っていた。

　信者の減少にともない、以前よりますます信者以外の人々との違いを見ることが少なくなっているように思える。

　以上、嘉渡におけるキリスト教信者の生活を見てきたが、キリスト教の布教がなされて長い年月がたつうち、古来からの土着の世界観に融合し、独特の姿を見せるようになったと推察する。

（槇島　知子）

5　サシガミ

サシガミの放送

サシガミという言葉を知ったのは、一九八三（昭和五八）年、宇検村芦検の豊年祭のときだった。八月一五日の午前一一時五五分、集落内に響きわたる大音量の放送があった。

「本日の青年団の責任者より連絡します。フリダシ（力士がトネヤから土俵まで列をなして行う所作）に出られる方々は、サシガミが部連《ぶれん》（宇検村内の集落名で焼内湾《やきうちわん》を挟む対岸にある）の方でございますので、なにとぞカンヤマ（芦検集落の山名・樹木の伐採は禁止・山の石と石の間に鐘が隠されているという言い伝えがある）に向かって家を出られるようよろしくお願いします」。

というものである。これは、相撲をとる力士が怪我をしないための守りごとの周知であり、力士に喚起させるために行っている。

当時、豊年祭で相撲を取る日は二日間あった。そのため、翌日の一六日には、「今日のサシガミは、墓所《はかしょ》のウエです。家を出られるときは、墓所に後ろを向いて（墓所に背を向けてのこと）出られるようお願いします」と放送された。

では、このサシガミとは、どのようなものなのであろうか。

写真１：芦検集落のほぼ中央を、南北に流れる中原川。このあたりを集落の中心として、サシガミを知るために、方位が認識されたのだと考えられる。写真上方がほぼ北。最も高い山よりいくぶん低い山はカンヤマである。（2006 年、福岡）

サシガミの知り方

サシガミの方位は、誰もがわかるわけではない。だれが、どのようにしてサシガミを知るのだろうか。豊年祭終了後、田春友恵さんという一九一一（明治四四）年生まれの男性にお会いした。その方が、青年団の責任者に、その日のサシガミを伝えた。

写真3：板の片面。左から、子・丑から亥まで十二支が記され、各文字の下に数字も記されてある。

写真2：板の片面。円を12分割し、十二支・東西南北・数字が記されてある。

同氏は、集落に伝わるさまざまなことを知っておられるモノシリである。同氏は、サシガミを知るために、写真2、3（撮影・福岡）を使用していた。ここでは、便宜上、方位盤として紹介する。

方位盤は、一辺が約三〇センチのベニヤ板で、両面に油性インクで円状に文字（十二支）と東西南北と数字が配され、書かれている。どこ

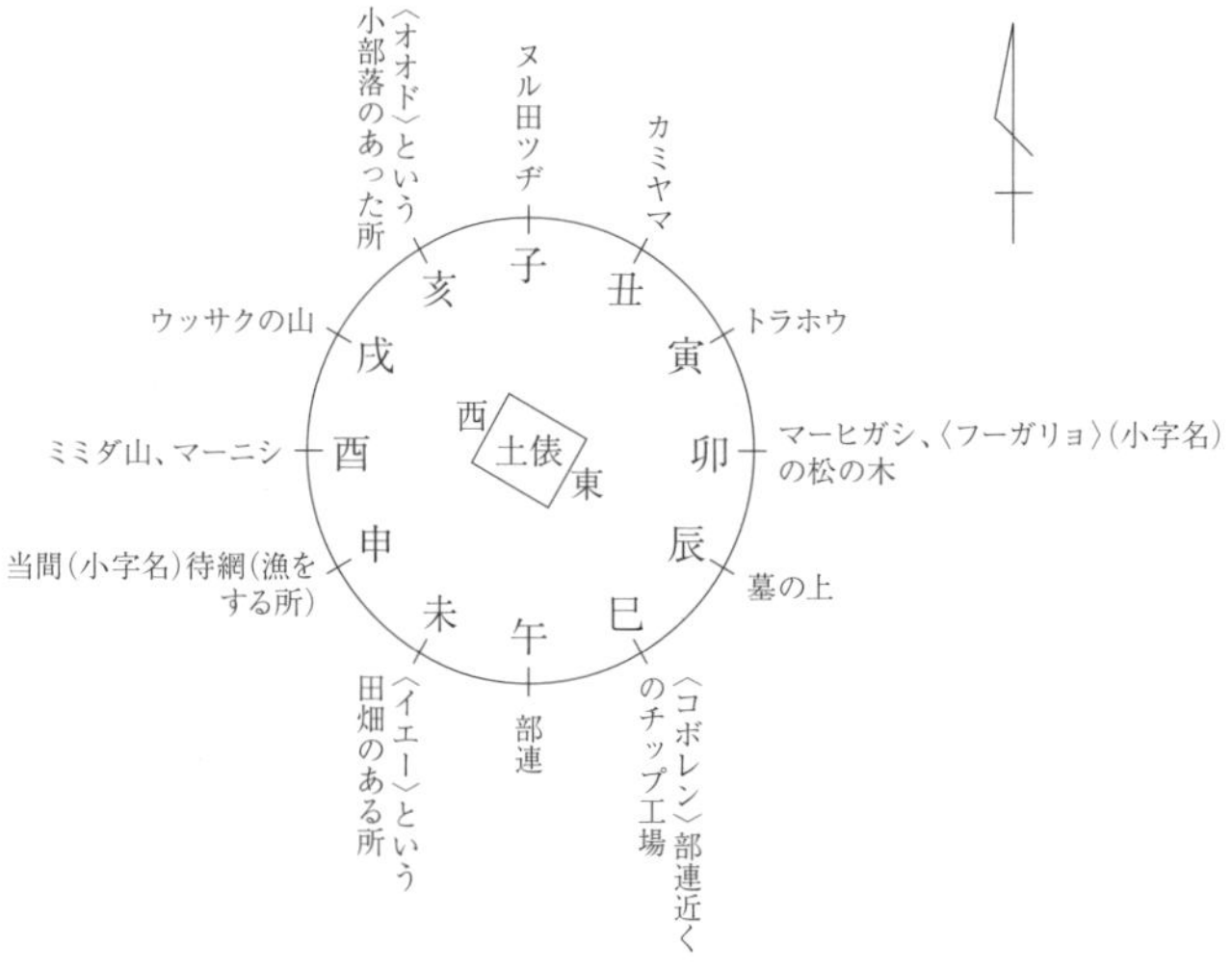

図2：集落の方位認識図

図1：サシガミの図

かに下げてあったのか、紐がついている。写真2、3を合わせて記したものが図1である。この図は、『奄美大島宇検村芦検民謡集』（一九八五年・関東芦検民謡保存会発行）の一七六頁に所収されているサシガミの示し方を参考に、筆者が記したものである。同書所収のものには、東西南北の文字は見当たらないが、その他の文字と数字は、写真2、3と同じである。

田春氏が、集落を流れる写真1の中原川《なーばらこ》の真ん中を集落の中心として示したのが図2で、同氏からの聞き取りによる土俵の位置、集落周辺の方位と、その場所にある目標物を記した。目標物は、地名・山・他集落等で、集落の人なら誰もが知る場所である。

土俵の東西が、方位盤の東西と一致していない点が特徴である。サシガミは、十二支と数字からわかる。そして毎日異なる。サシガミの位置を図1をもとにみてみると、八月一五日は亥の日だった。そこに7という数字がある。そこから右回り（矢印の方向）に七番目の方位がサシガミの位置で、図2を見ると部連集落にあたる。そのような数え方をしてサシガミの方位を知り、先の放送となる。つまり、「……サシガミが部連の方でございますので……」となる。このように、サシガミに対峙することをさける。

豊年祭で力士が自分の家を出るとき、また、トネヤ（豊年祭で力士が集まり儀礼的なことをする特定の民家）を出るときには、この方位に気をつけるようにと言われる。しかし、どうしても自分の家の出口がサシガミを避けられないこともある。その場合、サシガミに当たらないようにするため、三歩下がって家の出口から出る、庭で左の方向に三回まわるということをする。サシガミを回避するために、昭和四〇年代、トネヤは二か所あった。現在は一か所で、トネヤの周囲を回ることでサシガミから回避している。土俵で力士が怪我をすると、サシガミを守らなかったからだなどと言われており、その後、筆者が見聞した二〇〇六（平成一八）年の豊年祭でもサシガミの放送はされていた。

ところで、住用村《すみようそん》見里《みさと》には、『日柄見』が伝えられている（作成年不詳）。それには、「指神之方知ル事　子ノ日ハ　五ツ目　辰ノ事、丑ノ日ハ　九ツ目、酉ノ方、（筆者中略）亥ノ日ハ　七ツ目、巳ノ方右当ル日々万事慎ムベシ」と書かれてある。指神はサシガミであろう。また、宇検村田検《たけん》、笠利町《かさりちょう》用《よう》も相撲のときにサシガミが意識されていると聞く。芦検では、日常生活でも何かの事故に遭うと、自宅からみてサシガミの方位だったからだといわれることがあるという。このように、身を守るため、儀礼以外でもサシガミを意識した行動がとられていることがわかる。

記録して伝承していくサシガミは、身を守るための判断基準となっているようだ。

（福岡　直子）

【伝承】インタビュー

ケンムンの話

――笠利町用を例として

ケンムンの話は、奄美のどの集落でも聞くことができる、不思議で、面白く、怖い。ケンムンは、ほんとうにいる、いや、いない。見たことがある、いや、見たことはない。ケンムンは、火である。いや、子どもくらいの大きさをした人間みたいな恰好をしている。ケンムンは、山、川、海、大きな木にいる。また、動物に化ける。話を聞きはじめたら止まらない。そして、だれもが知っている。

ここでは、一九八一（昭和五六）年八月、笠利町《かさりちょう》用《よう》の大野清延さんから聞いた話しを紹介する。わたくしは、調査で滞在中、夜間はハブ避けのために懐中電灯を持ち、用集落の最も北の端にある大野さん宅にお風呂をいただくために伺った。そして、お風呂上りにおいしいスイカをいただき、必ずケンムンの話を聞き、メモすることが習慣になっていた。

さて、次の①から⑩までは、大野さんおひとりから聞いた話である。録音はしなかった。シマの言葉で話されたのではない。わたくしがわかりやすいように配慮して話してくださった。それを、記述したものであることをお断りし、紹介する。

①

闇夜に、七から八尋《ひろ》の釣り糸を海中に投げておくと、浜で待つ釣り人は、魚が獲れたと思い走って取りに行く。そのような漁を、用集落のウシロ（集落の北の方）で行っていたら、新しい護岸（大野さん宅はここに近い）ができている所から灯りがきた。釣り人は、音もたてずにじっとしていた。

ケンムンは、その人がじっとしているのでびっくりして、どうにも化ける方法がなく、海岸に群生するアダンの中に入っていった。入っていったときには犬みたいな格好だった。ケンムンは、どんな形にも化けるといわれる。

②

用には、イジンコと呼ぶ井戸がある。そこを通ると仔豚が走ってくる。そのときには、足をカケジルシ（両足を交差させる）にし、仔豚を通してはいけないといわれている。また、子どもが遊んで、夕方、帰る時にもそのようにする。つまり、股の下を通してはいけないということである。これは、ケンムンが仔豚に化けているからである。

③

自分の妻の実家の方面に泉でウンコという場所がある。その水を飲水にしていた。その近くの峠の下に山道がある。そこから、火が、用の浜に下りてきて、ムラのはずれに行って、また、山にあがっていったのを見たことがある。ケンムンの火かもしれない。

④

アコウノキの下にはいろいろな貝殻がある。貝殻を食べるのはケンムンだから、アコウノキには、ケンムンがいるといわれている。

⑤

十三夜、二十三夜マチといって、月があがるまで団子を飾ったりすることがある。用の集落の上の人家ではガヤガヤしている。集落の下の人家ではケンムンの火があっちいきこっちいき歩いている。それを、用の沖で漁をしている人が見たという話を聞いたことがある。

⑥

昭和四二年の話である。自分（大野さん）は、大和村今里に四年間住んでいたことがある。これからの話しは、そのときに体験したことである。今里には、ウツビラ山という場所があり、尾根が海岸に突き出ている。ある年の一一月の頃だった。夜の一一時か一二時頃、堤防から海を見ていたら、その海岸に、漁火が見えた。最初、ひとつ見えた。

さらに、ちょろちょろと火が離れていった。自分は、親と子が、それぞれ灯を持って、海で漁をしていると思って見ていた。小さい、離れていった漁火も、貝や魚を捕っているように思えた。しばらくしてから、小さい漁火が、親のところに帰っていくと、ひとつになった。そして、その火は、海岸の方に帰っていった。

火という話が、ときどき世間の話で出るので不思議に思っていたので、自分は、それを見ていると、その灯は、波打ち際まで帰ってきた。自分とその灯との間は、二〇〇から三〇〇メートルぐらいしか離れていない。ひとりしか見えない。子どもがいたはずなのにと思った。灯は、浜をのぼって陸の方にいくこともなかった。

親の漁火がこちらに歩いてくる。それは、人間だった。船着場をこえて自分の方にやってきて、船着場に沿って海に入っていった。子どもはいない。もとの灯は、この人が持っていたのであって、分かれていった火は、ケンムンの火だと自分は思う。

⑦

一般に、ケンムンについては次のようにいわれる。ケンムンに火をとられたら漁はあがらない。また、ケンムンは、松明から火を分けていく。さらに、ケンムンは、正体はないけど、火はあるものだという。

⑧

自分の母親の兄さんは、用集落の沖の白波がたつ外で、船を漕いでいた。季節は冬で、イカビキをしていた。沖の方で漕いでいたら、漁火が陸地から海岸の方に下りていった。そして、松明から火が移った。

⑨

用の集落の山で、トオリンチヂという場所があり、そこに畑がある。そこで火を燃やしたら、その人は、漁ができなかったという。

⑩

昭和四二年の話である。自分の大和村今里での体験談である。ウツビラ山の山手の方に、ウケユリが咲いている。花びらが大きく、おしべが茶褐色で、ノユリより遅く咲く。それを採りに行った。そこは、ケンムンがよく出るところと聞いていた。友人ふたりと自分の三人で行った。時間が遅くなり、また、雨が降り出した。ふたりが帰ろうというので準備をした。すると、上から石を投げつけられたような音がした。ふたりも同じ音を聞いている。

その時、石のことは問題にしないで帰ってきた。そして、その後、酒を飲みながら話した。「あのときに石が落ちてきたけれど、帰ろうというものではない。帰ろうと言ったので、ケンムンが石を投げたのだ」という話をした。

大野さんのケンムンの話はまだまだ続く。話には、自身の体験と他者から聞いた話があった。自身が住む用集落以外の他の村での経験談もあった。用集落は、海に面しているためか、山と海が、ケンムンの舞台になっている傾向があり、また、ケンムンの話には、火がつきまとった。

調査中、用で、ケンムンの話が好きだという幼稚園に通っている男の子と会った。その幼稚園では、ケンムンが紙芝居の主人公になっているという。その子は、紙芝居の内容を、身ぶり手ぶりで教えてくれたが、とうとうわからなかった。しかし、自分がケンムンになりきって演じる姿を笑わずにはいられなかった。

大野さんは、ケンムンの話しを淡々と話された。しかし、体験談を話す顔やしぐさから、ケンムンは、ほんとうにいるように思われた。しかし、大野さんは、最近は、ケンムンに会うことがなくなっだという人が多いということも話していた。

それにしても、夜の八時、外灯ひとつの集落内の細い道。その道の両側から覆うようにして茂る樹木の下を通らなければ、わたくしは宿舎の公民館まで帰れない。

大野さん宅からわずか二〇〇メートルほどの距離だったが、いつも後ろを振り向かず、一目散に走って帰ったことを思い出す。

（福岡　直子）

6　七夕は盆のはじまり

タナバタ

本土での七夕は星祭の色合いが濃いが、奄美大島の旧暦七月七日のタナバタはお盆のはじまりの日で、ご先祖様がこちらの世界に向かって出発する日と考えられている。

奄美でもタナバタには飾りをつけた竹を家の外に立てるが、これは帰ってくるご先祖様の目印と考えられているので、飾りには遠くからでもよく見えるように風になびく長いテープをたくさんつけて（写真1）、七日の日の出と同時に門に立てる。それから墓地に行き墓掃除をしてご先祖様を迎える準備をする。海沿いの笠利町用のようにタナバタの日に浜から白い砂を運び、墓に入れてきれいにしてご先祖様を迎える準備をしている集落もある。

先祖を迎えて

奄美のお盆は旧暦七月一三〜一五日である。

初日の一三日は盆の入りでご先祖様をお迎えする日だ。タナバタの飾りは七日の朝からこの日の夕方まで立てておく。朝にお墓の掃除をして、家では位牌を仏壇からおろし座敷につくった棚に置き、その周りを屏風で囲って盆棚を作る（写真2）。お茶やお酒、お菓子を供え、家の入り口には先祖が足を洗えるように洗面器を置いたり（龍郷町嘉渡）、屏風にタオルをかけて（写真3）ご先祖様が汗を拭けるようにする（笠利町用・宇宿）などの準備をする。

夕方になるとお線香をもってお墓に行き（龍郷町は提灯ももち）、お墓で線香に火をつけてそのまま火を消さないように家までもち帰り（写真4）、盆棚の線香入れに置く。これでご先祖様を家にお迎えしたことになり、夜にはお茶を供える。

一四日は盆棚にオハツ（お供え物）を供える。詳しいオハツの内容は後述するが、奄美のご先祖様はお盆に子孫の家に帰ったときに出されたご馳走をあちらに帰ってから自慢するといわれ、生きているお客さんに出すように三回の食事とおやつとがきちんとつくって出される。

写真1：家の前に立てられたタナバタ飾り、瀬戸内町請阿室。（1979年8月）

一五日の送りの日も三食オハツを整える。夕食には早めに供え、日の暮れ頃に位牌を仏壇に戻して盆棚を片づけ、家族で提灯をもってお墓にご先祖様を送りに行く。お墓に行くと全部の提灯を灯して自分の家と親戚の家のお墓を拝んでから家に帰る。新盆の家はたくさんの提灯（写真5）を持ってお墓に送りに行く。

　またご先祖様があちらの世界に戻るときには手土産も必要なので、昼にご先祖のお土産用のオクリモチをつくって盆棚にお供えしておく。笠利町用では送りでお墓に行ったときには、すべてのお墓に線香一本と小さくつくったクワリ（タイモの茎）と白玉を混ぜた団子を匙一杯お供えして回る。

　そして集落によっては夜の一〇時頃から盆の八月踊りが始まり、ご先祖様を送るために夜遅くまで踊り続ける（第Ⅳ章第2節の集落別年中行事表）。

　翌日一六日はショウジンオトシの日で、家族そろってご馳走を食べて、盆の飾りを川に流し、七日のタナバタに始まった先祖様をお迎えする行事が終了する。

盆のオハツ（お供え物）

　お盆の菓子は米粉と黒砂糖と水あめでつくった「カタガシ」（写真6）が使われ、他に手に入る野菜、お菓子、花などを一緒に供える。ミキ（写真7）は一四日と一五

写真2：座卓の上につくられた盆棚、上の仏壇は空になっている。（宇検村芦検）

写真3：盆棚、屏風が立てられタオルがかけられている。（笠利町宇宿）

写真4：お墓から火のついた線香を家まで持ち帰るところ。（宇検村芦検）

写真5：新盆の家の廊下に飾られたたくさんの提灯、これを送りに使う。（笠利町宇宿）

写真6：名瀬のスーパーで売っていたカタガシ。

写真7：盆棚の左上のコップにミキ、その前に緑茶とらっきょ。手前にふくらかんやカタガシが載った菓子鉢。（笠利町用）

日に供える。

ソーメン（写真8）はお盆に必ず供える食べ物で、ご先祖様はソーメンでご馳走を束ねてもって行くそうである。ぜんざいもおやつとして三日の間に供える。新盆の家はカシキ（赤飯）を炊く。カシキは祝いご飯ではなく、祭のときにも炊いて仏壇に供える行事食ととらえられている。

オハツは、例えば一四日の朝にご飯・味噌汁・漬物にお茶にお菓子（写真9）、昼はソーメン、おやつはぜんざい、夜はご飯に魚の煮つけ等を供えると、送りの一五日には次のようになる。

送りの一五日のオハツ

朝茶＝お茶、らっきょ・お菓子。ミキを取り替える

朝食＝白カユ（小豆カユの場合もある）、ゴー汁（大豆入りの汁で、カボチャ・タイモ・昆布も入り味噌仕立て）、モズクの酢の物にショーロ

写真8：盆棚に出されたオハツ。中央がソーメンのお碗。後ろは肉やゆで卵・野菜などが入ったお碗。（笠利町宇宿）

＊写真2～12：2010年8月、浅野。

ハシ（精霊箸・盆のときのみ使う箸で土手などに生えるショーロハシ用の植物の茎を箸の形に削ってつくる・楊枝で代用することも）を添える（写真10、11）。

おやつ＝お茶とお菓子

昼＝赤椀のお吸い物（写真12）（宇宿では麩が必ず椀に入る）

おやつ＝鶏の吸い物

夕食＝団子と白飯、野菜（干大根とつわぶきと昆布）、魚の煮物、トンコツ、タイモ、卵焼き、さつま揚げ、さしみ

オハツはつくったらまず盆棚に置きご先祖様に出し、家の人たちはその後に食べることができる。

私が以前お盆に訪ねて行った笠利町用の吉田照和さんのお宅では、帰る時間が決まっていた私のために盆棚にご馳走を置いてすぐおろし、次のご馳走をおいてはまたすぐに取り替えてを繰り返して、私の前にいろいろなご馳走を並べてくださった。

そして恐縮する私に「家のご先祖様はお客が大好きだから喜んでいるよ」とにこにこしながらたくさん食べるようにすすめてくださった。

（浅野　博美）

写真９：ご飯に味噌汁に割り箸、お茶とカタガシが置かれた盆棚。（宇検村芦検）

写真10：ご飯にショーロハシを逆さＴ字にして添えている。（笠利町宇宿）

写真11：仏壇の上のゴー汁と白カユと酢の物。ショーロハシは楊枝で代用。（笠利町用）

写真12：赤椀のお吸い物。豚肉・えび・ゆで卵・干し椎茸・麩が入っている。（笠利町宇宿）

7 魔除けの石 ― 瀬戸内町諸鈍を例として

集落を歩いていると、道が丁字に交わっているところがある。そして、道が突き当たる家の垣根の外やあるいは垣根に隠れるように石が見えることがある。一九八四（昭和五九）年、瀬戸内町諸鈍《せとうちちょうしょどん》の繰《くり》と金久《かねく》の地区をわずかな時間だったが歩き、石のある場所を見ていた。なぜ、そこに石があるのか。集落の方は、道の突き当たりの屋敷はよくない。だから、石を魔除けのために置くという。

後年、同じ場所に石があるかどうか、確かめるために、以前撮影した写真をたよりに集落の方と歩いた。変わらぬ場所にあった。また、当時見落としていた石もあった。ここでは、新旧の写真で、石の意味が現在も生きていることを紹介する。さらに、変わる景観と住まいのようすもわかっていただけるだろう。

A～Gが石が確認できた場所で、撮影は地図の矢印の方向からである。地図は、一九八四年の調査時に、同町提供のものをもとに作成した。

魔除けの意味をもつ石は、中国・沖縄・奄美、さらに日本各地にあることが知られている。文化の伝播の一事例として、魔除けの石は、筆者には、さらなる関心を呼び起こすものとなった。なお、写真は、筆者による撮影である。

（福岡　直子）

A－1：生垣に近寄ると角柱の石が見える。1984年には未確認だった。（2009年）

A－2：金久地区。石は生垣の下方に隠れている。（2009年）

B：金久地区。1984年には未確認。（2007年）

C－1：金久地区。道は砂利敷道。正面階段の左側に大きな石。電柱は木柱。ゲートボール場として使用する広場。（1984年）

C－2：道は舗装され側溝も階段も整い、電柱はコンクリート製に。左右の家の囲いは変わらない。大きな自然石は風化したのか、白い塗料が塗られている。（2009年）

諸鈍（繰・金久地区）の魔除けの石

F：繰地区　個人宅の門を入った正面にある。「石敢」の文字がみえる。その下には、「當」の文字がある（1984年に実見）。同地を所有する方からは、これをセッカントウと聞いた。1924（大正13）年生まれの所有者の男性の父親が、「屋敷は、道の突き当たりがいちばんいけない」と言っており、父親が大工をしていたとき、鹿児島の石屋からもってきたものと伝わる。（2009年）

G：繰地区。石の大半は電柱の右下の植物に隠れている。大正13年生まれの方が子どもの頃からある。運動会が始まる前に早起き会があった。その合図はホラ貝で、朝4時。上級生がホラ貝を吹き終わると石の上にそれを置いた。道の突き当たりに今もある大きな石である。（2009年）

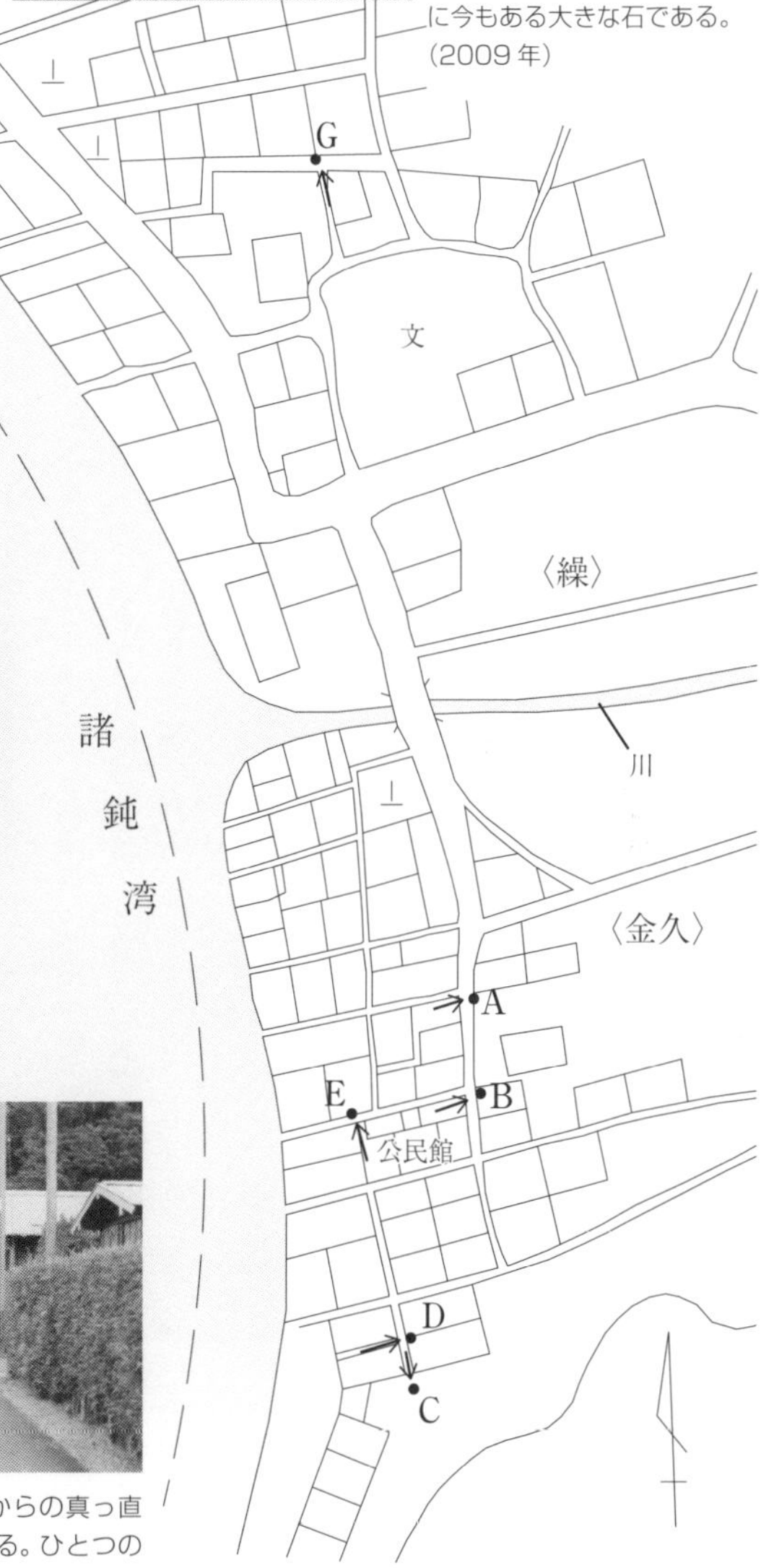

E－2：電柱の位置は変わったが左右の建物から、同じ撮影地点と判断した。（2007年）

E－1：金久地区。道の突き当たりにひときわ目立つ石。（1984年）

D－2：刈り込んだ生垣は、相変わらずきれいである。中央の石が変わらずに見える。（2007年）

D－1：金久地区　海岸からの真っ直ぐな道が屋敷に突き当たる。ひとつの角柱型の石以外にも複数の石が生垣の下方に見える。（1984年）

シマウタは島を越えて

今、奄美のシマウタはシマ（集落）を越え、また、島をも越えて、各地で歌われるようになっている。

筆者は、二〇〇三〜二〇〇四年にかけて東京の七つの島唄教室を訪問し、東京でシマウタを習っている八二名の人に、出身、年齢、目的などのアンケートを実施し、調査した（『民俗文化研究』第五号「東京で奄美のシマウタを習う」）。二〇〇〇年以前に習い始めた人は、年齢も高く、ほとんどが奄美出身者であった。奄美の島唄教室は、カルチャーセンターや楽器店などのような広く募集が行われる教室というものがなく、ほとんどが郷友会や出身者の口コミなどで生徒が集まっており、出身者やその関係者以外が教室を探すことが難しかった。二〇〇〇年頃からインターネットが普及し、教室を検索することができるようになり、一般の人も少しずつ入会をするようになってきた。筆者も、二〇〇二年四月より、東京の島唄教室に通い始めたが、インターネットで見つけた教室であった。それ以降は、年齢層も若く、出身者でない人の増加が顕著となり、特に、二〇〇二年の元ちとせのメジャーデビュー以降は、その傾向がいっそう強くなった。もはや、シマウタは奄美の出身者だけのものではなくなっていた。

では、奄美のシマウタを習いたいと思ったきっかけは何だったのだろうか。沖縄民謡から奄美に興味をもった、奄美に旅行して興味をもった、CDやテレビ・ラジオで聞いた、奄美出身の歌手に影響された、親が出身者であるなど、理由は様々だが、メジャーデビューしている奄美出身の歌手（朝崎郁恵、RIKKI、元ちとせ）の影響は大きかったようだ。また、奄美のシマウタは、伴奏の三味線が沖縄のサンシンとほぼ同じではあるが、音階が琉球音階でないこと、唄がまったく異質であること、また、発声法が他の民謡とは異なり、裏声を多用することなどから、本土とも沖縄民謡とも違う独特の民謡といえる。初めて聞く人にとっては、印象が強く残るということも、シマウタに興味をもつきっかけとなっている。

二〇〇〇年頃から東京でも奄美シマウタのコンサートやライブが数多く開催されるようになった。小さなライブハウスや郷土料理屋だけでなく、奄美フェスティバルといった大ホールでのコンサートも開催されるようになった。また、「聞く」だけではなく、自ら三味線を弾き、唄を歌うといったシマウタの原点でもある「唄遊び」が郷土料理屋などで開かれることもある。これは、東京でのシマウタ愛好者が増え、成熟してきた証拠とも言えるのではないだろうか。

東京の島唄教室を筆者が調査してから、一〇年以上が経過した。当時の教室でなくなったものもあるが、新たに開設されたものもある。若い指導者も出てきて、様変わりをしている。また、二〇一〇年より東京で「奄美島うたのど自慢」が開催されるなど、東京でのシマウタは島を越え、元気に継続している。

（末岡三穂子）

第Ⅲ章　歳月の贈りもの

第一節　変わる奄美

1　整備される集落

一九七七（昭和五二）年、初めて奄美に行った。その後、何度か行く機会を得たが、訪れるたびに交通網や集落の景観に変化を感じる。かつての写真は、記念写真が多かったが、なかには、時間の経過とともに歴史を語るものになっているものもあった。

後年、当時と同じ場所に行って撮影を試みた。かつての場所が見当たらないこともあり、撮影できないこともあったが、すぐにわかった場所もあった。おそらく、今も変わり続けているであろうことと思いながら、奄美の変化の一端を、写真で紹介する。

（福岡　直子）

【空　港】

奄美空港　1980年7月

到着した飛行機から、歩いて平屋の空港のロビーに向かう人びと。1977年に訪ねた住用村川内の林喜八郎さんが迎えに来て下さり、出迎えられるという初めての嬉しい思い出がある。（末岡）

奄美空港　1980年8月

調査を終えて帰路に。背後の飛行機（YS11）は60人ほどで満席になった。3年前は、一人ひとりの体重を量ってから搭乗したこともあった。1988（昭和63）年にジェット機が就航し、空港で使用される水の消費量は大幅に増えた、といわれる。（福岡）

【集落の小河川――住用村川内】

川が道に　2009年8月1日

急勾配な山裾に集まる家々の間を流れていた川は、暗渠となり道としての機能を果たし、車社会の到来を物語る。人びとの生活の行動範囲は広くなり、一方、川の流れが見えなくなるという大きな景観の変化があった。（福岡）

豊かな流れの川　1977年8月

集落内には、里川（さとごう）と上川（うぇんこ）の２本の川がほぼ南北に流れる。ここは里川の一部である。川には、木の橋、石の橋（コンクリート製かもしれない）が架かる。護岸工事がされているが、雨上がりの水量は豊かだ。

【家の庭先――住用村川内】

精米所が見当たらない　2009年10月1日

精米所はない。かつての庭は物干し場と駐車場に。ガジュマルは枯れ、2002年に伐採。山の稜線を頼りに同位置を探したが困難。中善勇さん、里村吉秀さんにご同行いただき、ようやくかつての写真の場所がわかった。（末岡）

稲籾を乾燥　1977年8月

３棟の建物は、右から母屋、サスヤ（納屋の機能を果たす）、そして精米所である。精米所の背後には、ガジュマルの木が見える。家屋の前には稲籾が広げられている。まだ、集落において、稲作が行われていた頃の光景である。

【道と生垣——宇検村芦検】

舗装とブロック塀　2006年5月6日

見えにくいが、写真中央にこいのぼりが泳ぐ。道は集落の上方まで舗装され、どの家も玄関先に車を停められるようになった。空き家の庭が駐車場のところもある。生垣は少なくなったが、以前と変わらずブロック塀には魔除けのために貝殻が置かれていた。（福岡）

ミャーミチ　1983年8月

後列右から伊元秀勝さん（宿泊先）、泉西源さん（シマのモノシリ）、秀勝さんの娘さん（食事を賄ってくれた）。前列右から上野由紀子さん（調査同行者）、福岡。集落のほぼ中央を南北に通る道。相撲のフリダシの道でもある。道の向かって左側には、きれいに刈り込んだ生垣が続く。（福岡）

【浜のにぎわい——宇検村芦検】

個人所有の船　2000年8月

マチアミ漁は健在だが、それに従事する人がめっきり減った。ここに、獲れた魚を待つ光景は見当たらない。湾内での真珠の養殖も行われなくなっていた。防波堤の工事が進められた船溜まりには、個人もちの舟が停泊していた。（福岡）

集まる人々　1980年8月

夕暮れ、マチアミ漁に出た人たちが戻ってきた。「漁はあったか」という声がとぶ。魚は何か。波静かな焼内湾の船着き場は賑やかになり、区長の伊元利久さん（左端の男性）も、マチアミ漁のイタツケブネに同乗した私たちを迎えてくれた。

【浜の景色──瀬戸内町諸鈍】

漁網の干し場　1984年8月

ムロアジ漁で使う網の大きさは、約100m四方。伝馬船《てんません》で沖に出て、朝、戻る。木綿製の網であるため、腐りやすいので、戻るとすぐに干した。写真では、干してある網は見当たらない。浜と右側のデイゴの並木の下にも干し場がある。（福岡）

山を掘削して通した道　2010年12月

ムロアジ漁は、すでに行われなくなって久しく、網の干し場はない。写真中央には、山を切り崩して開通した道路のガードレールと切通しの山肌が見える。それでも風光明媚な諸鈍の浜は、映画のロケ地に選ばれるなど、美しさは変わらない。（福岡）

2　奄美大島はトンネルの島

美しい海域を南北に連ねる奄美群島は、北部の奄美大島を中心とする加計呂麻島《かけろまじま》、請島《うけじま》、与路島《よろじま》の島々と、喜界島および南部の徳之島、沖永良部島、与論島など平坦な珊瑚礁の島々の二つの地域に分けられるが、私たちの調査地はすべて北部の山々の高い島の地域であった。当時、トンネルは少なく、道路が今のように整備されていなかったので集合地の名瀬市から調査地まで行くにはバスで長い時間がかかり、山道を上ったり、下ったり、急に山路がひらけて青い海に接するなど、珍しくも美しい景観を眺めながらの調査地行であった。

最初の調査地・住用村川内は、川内川に沿って当時（一九七七〈昭和五二〉年）約六〇戸が点在していた。三方を山に囲まれた地域であったが、山を実感することはそれほど多くなかった。

しばらく忙しく過ごす中、シマの人の話し声の中にときどき耳にするようになったのは「三太郎峠」という言葉であった。柳田國男著『海南小記』（一九四〇〈昭和一五〉年刊）の中に書かれている「三太郎坂」（須垂坂《すだれ》）で、柳田先生がこの地を通り過ぎたのは六〇年近く前の一九二一（大正一〇）年、旧正月の元旦であった。

「……併しこんな好い日にも捜して見ると、淋しい人は何処にか居る。東仲間の橋の袂から右手へ上って行く一筋路は、是も明治になってからの新路だ。取付の五六町が急な坂であるばかりで、奥には一本も伐らぬかと思う椎木の山が、深い緑の塊を為して並んで行く長根である。如何にもよく考へて付けた路線だ。三〇年余り前に内地人の夫婦が此峠に茶屋を建てて、附近の林を開墾し始めた。肥後から薩摩に越える三太郎峠とは違って、是は其爺の名に基づいて、三太郎坂と呼ぶように為ったのである。それ程世に聞えた三太郎であったが、彼にも相談せずに世の中は変わった。……」

西仲間から登るこの坂は余りに急で、畠をつくる余地もなく、当時すでにはるか遠くに第二の新道がつくられ、三太郎はついに茶屋を閉めてしまう。柳田先生はそのようすを見るべく峠に寄って

写真 1：古道三太郎峠の入口を示す階段と石碑が建てられている。

写真３：三太郎茶屋跡からの景色。眼下に住用の内海と和瀬集落が見える。

写真２：畠中三太郎が住んでいた茶屋跡。大正 10 年に柳田國男が立ち寄ったといわれている。

＊写真１～３：2013 年２月 21 日、末岡

みると、「……婆さんは風邪でもひいたか、布団を被った白髪の頭が見え、三太郎は腕枕でごろりと寝ている。……」という状態であった。

私は、調査中この峠を訪れることはできなかったが、なんとも懐かしい嬉しい気持ちであった。

高い山々の連なる奄美大島は、海と接近したわずかな土地に多くのシマが成立し、人々が生活してきたのであった。ずっと以前は、シマを結ぶ重要な交通路は、陸地を上下する道よりは、舟による海路であったといわれる。こうして海に面したシマは、自給自足しながら孤立性を保ち、長い歴史を経過してきた。

明治維新は、日本の歴史を大きく変革させたが、それがシマジマに及ぶまでにはまた長い年月を要した。明治、大正と経過し、やがて第二次世界大戦の終了を機に、奄美や沖縄は日本本土と行政分離され、米軍政府の下におかれることになる。奄美は復帰運動の結果、一九五三（昭和二八）年に本土復帰が実現した。沖縄が本土に復帰したのはそれから、さらに二〇年後であった。

奄美は、本土復帰後、振興特別措置時代を迎え、種々の本土との格差問題の解消に向かって進むことになってゆく。

シマを結ぶ道路の整備もそのひとつで、開通された多くのトンネルは、バスの利用を便利にしたのみか、人々が自らバイク、自家用車など多くの移動手段をもつようになって、その活動範囲を広げ、日用品の購入のため名瀬のスーパーに行くことも容易となった。港湾、学校等の公共施設をはじめ、空港の開港、整備が進められ、新たな観光事業の発展に連なることになる。

奄美大島・加計呂麻島トンネル一覧（2014年3月現在）

No.	トンネル名	使用開始	延長 m	所在地
1	名瀬隧道	1957	180	名瀬市
2	和瀬隧道	1959	286	名瀬市
3	油井隧道	1960	275	瀬戸内町
4	今里隧道	1965	172.2	大和村
5	名音隧道	1968	386.2	大和村
6	朝仁隧道	1973	332.8	名瀬市
7	山羊島トンネル	1981	421	名瀬市
8	小宿トンネル	1984	260	名瀬市
9	本茶トンネル	1985	1055	名瀬市
10	国直トンネル	1983	260	大和村
11	三太郎トンネル	1989	2027	住用村
12	根瀬部トンネル	1989	226	名瀬市
13	秋名トンネル	1989	412	龍郷町
14	尾神山トンネル	1992	210	大和村
15	朝戸トンネル	1993	1725	名瀬市
16	屋入トンネル	1993	506	龍郷町
17	地蔵トンネル	1995	1065	瀬戸内町
18	芦花部トンネル	1995	596	名瀬市
19	かがんばなトンネル	1998	29	龍郷町
20	毛陣トンネル	1998	1212	大和村
21	芦検トンネル	1998	180	宇検村
22	安木屋場トンネル	1998	555	龍郷町
23	城トンネル	1999	246	住用村
24	小和瀬トンネル	2000	515	住用村
25	新小勝トンネル	2000	238	宇検村
26	新和瀬トンネル	2001	2435	住用村
27	伊仁トンネル	2003	272	宇検村
28	石釜トンネル	2003	210	住用村
29	知名瀬トンネル	2004	970	名瀬市
30	和光トンネル	2005	1820	名瀬市
31	生勝トンネル	2006	687	宇検村
32	長瀬トンネル	2006	1432	大和村
33	油井トンネル	2006	390	瀬戸内町
34	志戸勘トンネル	2006	486	大和村
35	役勝トンネル	2007	1133	奄美市
36	俵トンネル	2007	150	瀬戸内町
37	呑之浦トンネル	2009	635	瀬戸内町
38	勝浦トンネル	2010	1122	瀬戸内町
39	網野子トンネル	*	4243	瀬戸内町
40	久根津トンネル	*	318	瀬戸内町

*：2014年3月現在建設中。
注：所在地名は竣工当時の名称。
出典：『わきゃシマぬあゆみ―住用村の歴史とくらし』（2005〔平成17〕年11月30日、住用村誌編集委員会編集・発行、）
資料提供：鹿児島県大島支庁「奄美群島内トンネル」（鹿児島県が管理するトンネル）、および宇検村役場。
（2014年3月、末岡作成）

写真4：三太郎トンネル

一方、シマの人々の生活も大きく変わり、テレビ、携帯電話等々、さまざまに利用するようになって、人々の意識や生活形態を急速に変化させ、さらに人々の島外への流出をもうながすようにもなった。

奄美大島に初めてトンネルが開通したのは一九五七（昭和三二）年の名瀬隧道であったが、その後、別表のように多くのトンネルが開通した。『海南小記』の「三太郎坂」近くの地に、その後立派なトンネルが開通し、しかも「三太郎トンネル」と名づけられた（写真4）。柳田先生がその上の峠を通った一九二一（大正一〇）年より六八年後の一九八九（平成元）年であった。

（植松　明石）

3　集落をさがして

過疎化が言われている奄美の中で跡見学園女子大学民俗文化研究調査会が一九七八（昭和五三）年に訪れた住用村見里と一九八三年に訪れた龍郷町中勝は、共にトンネルができたことにより交通が便利になり人口が増えて集落が拡大している。

住用村見里

一九七八年、名瀬からバスで一時間三〇分かかって山をひとつ越えて到着した見里（写真1）は、山と内海に囲まれた静かな集落だった。世帯数は七七戸で、一八歳から六〇歳の男性が少なく青年団と壮年団は活動していなかった。そのため青年団員と壮年団員が相撲をとる八月十五夜の豊年祭は毎年行うことができず、一年おきに行われるなど、行事の面でも静かな印象の集落だった。

しかし二〇〇二（平成一四）年再訪した見里は変わっていた（図）。名瀬と住用村を結ぶ国道五八号線に数々のトンネルが完成して（前頁「トンネル一覧」表参照）、見里・名瀬間は約二〇分に短縮され、この工事にともない国道の位置が移動し景観が一変していた。集

図：住用村見里の屋敷数の変化

	総家屋数	なくなった家屋	増えた家屋	無人家屋
1978年	81			4
2002年	103	8	30	13

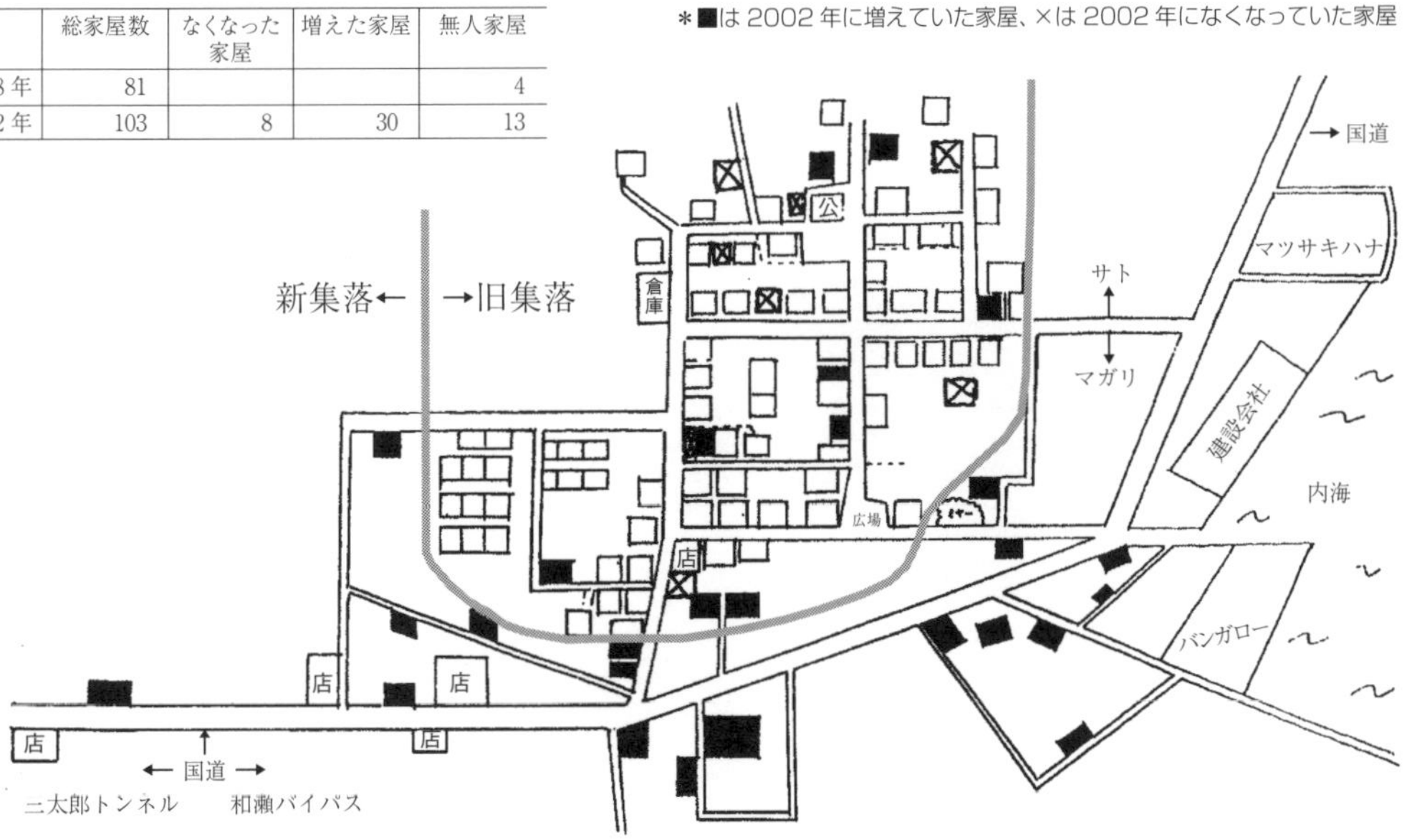

＊■は2002年に増えていた家屋、×は2002年になくなっていた家屋

作図：浅野博美（「民俗文化研究」第五号、116頁参照）

落の入り口にマツザキハナと呼ばれる山があったのだが、国道はこの山を切り通しで貫き、集落内の畑だった所に抜けていた。またマツザキハナの山上にあった墓地も供養の後、集落の中へと移設されていた。そして国道の周りの畑は転用申請をして住宅地となり、集落の東側にあった内海の一部も埋め立てられ居住区域が拡大し、二〇〇二年は九〇世帯（二〇一〇年には九七世帯）に増加していた。国道沿いには集落の人たちが経営する店舗ができ、国道で分断されたマツザキハナの内海側はさらに頂部が削られて土地が造成され、二〇〇三年にはレジャー施設である〈体験交流館〉が建設された（写真2、3）。体験交流館では多種多様なイベントが行われ、二〇一〇年の洪水のときには避難所にもなっていた。

　また、人口も増加したことにより青年団、壮年団の活動が再開され、二〇〇二年の訪問時には豊年祭は一年おきではなく毎年行われるようになっていて、相撲は賑やかにさまざまな組みあわせで行われていた。そして二〇〇二年の時点ではまだ集落の中でシマウタを歌える人や八月踊りができる人が少なかったのだが、青壮年団を牽引役として継続的に勉強会をもつことにより集落内に浸透し、二〇〇七年からは集落で八月踊りのチームをつくり、奄美祭にも連続参加しているという元気のよい集落に変貌している。

龍郷町中勝

中勝は一九八三（昭和五八）年の八五世帯が二〇一〇（平成二二）年に二二〇世帯と爆発的に人口が増えている集落である（写真4）。中勝に海はなく、一九八三年には小高い山間にあって名瀬まで山を越え車で一時間以上が必要な集落だった（二三四頁参照）。

【見里】

写真１：見里集落を山（マツザキハナ）の上から撮影。（1978年8月）

写真２：見里。松の後ろに山が見える。（2002年6月、浅野）

写真３：見里。写真２と同じ場所から写す。松の後ろの山がなくなり体験交流館ができている。（2011年7月、浅野）

【中勝】

写真4：龍郷町中勝集落の景色。（1983年7月、『民俗文化』第八号）

写真5：中勝。手前の国道に車が走っている。左方向が名瀬、右方向が空港（2008年8月、浅野）

写真6：中勝。ホウヤツナを橋の上から流している。（1983年7月）

しかし一九八五年に本茶《ほんちゃ》トンネルが開通したことにより中勝・名瀬間は車で一五分に短縮され、中勝集落の前を通る国道は奄美空港と名瀬を結び（写真5）、中勝は空港と名瀬のどちらに行くにも便利な場所となり、学校も高校まで自宅通学が可能となった。それに伴い多くの集合住宅が建てられ、国道沿いに工場や店もできて集落は大きく広がった。二〇〇〇年には大きなスーパーマーケットもでき、奄美じゅうから買い物客が来るようになり、訪れるたびにパン屋などいろいろな種類の新しい店が増えている。

また中勝は一九八三年の世帯数八五戸の時点でも青年団、壮年団が活動しており、とくに壮年団は四七名の団員が在籍し、当時も集落の中心的組織であった。そのため年中行事も省略なく行われ、八月十五夜の豊年祭は毎年敬老会を兼ね相撲大会、八月踊り、ホウヤツナが行われていた。

ホウヤツナ（写真6）は、跡見学園女子大学で調査した一一集落の中で中勝だけが行っている悪祓いの意味をもつ行事である。男の子たちが左にまいた直径二〇センチくらいの長い縄をつくり、それを男女の子どもたちが集落内を引いていく。そして八月踊りの列に縄をゆすりながら乱入して大人たちを巻き込み倒した後、橋まで綱を引いて行き、そこで鎌で綱を七つに切り悪祓いが終了するという行事である。

人口が増えた現在でも、新しい住人たちを加え年中行事は受け継がれ、八月十五夜の豊年祭では毎年八月踊りとホウヤツナが行われ続けている。しかし相撲大会は、まわしを着けることを嫌がり相撲をとる人が少なくなったことを受け、二〇〇七年の公民館建て替えのときに相撲の土俵は設置されず、行わなくなった。

（浅野　博美）

4　景観と海岸の変化

「せとなみ」と海上タクシー

古仁屋から請島へ行くには、町営客船の「せとなみ」に乗るか、フェリーで加計呂麻島《かけろまじま》の瀬相に渡り、車で伊子茂《いこも》まで行き、海上タクシーで行く「中渡り」という経路がある。今ではどちらも一時間足らずで着くが、運賃は「せとなみ」は九三〇円、「中渡り」だとフェリー代と瀬相と伊子茂間の車代に海上タクシー代で三、五〇〇円から八、〇〇〇円かかる。波の高さによって危険度が増すため、運賃が高くなるときがあるからだ。

「せとなみ」は太平洋、東シナ海の外洋を通ることになるため、台風のときは風があり、波も高く出航できなくなる。『九州旅客船協会連合会六十年史』によると、一九七〇（昭和四五）年代の終わり頃の「せとなみ」は木造船で約四二トン、定員四五人であったが、二〇〇六年代から鋼船の高速貨客船八五トン、定員六〇人と大きくなり、以前より多少波があっても出航できるようになった。時に競りに出る牛や豚も載せる。そして請阿室の桟橋も新しく大きくなった。しかし、請島も与路島も人口が減り、乗船客がほとんどいない赤字の離島航路となってしまった。

写真１：1979 年の加計呂麻島伊子茂の海上タクシー。当時は屋根がなく、船外機のついた板付舟にブルーシートをかけて渡った。（1979 年８月）

写真２：現在の加計呂麻島伊子茂の海上タクシー。座席があり、波や雨は入らない。（2011 年９月、川北）

1979年当時の港

写真3：請阿室に到着する「せとなみ」と桟橋横には動力の付いた板付舟がモーターボートと共に停泊している。（1979年8月）

写真4：請島請阿室桟橋の「せとなみ」。お盆で帰省した人たちを見送る。（1979年8月）

2007年の港

写真5：現在の桟橋と「せとなみ」。桟橋は広く、常夜灯もつくようになり、防波堤も整備された。個人の釣り用の舟も板付舟から大きなモーターボートに変わった。（2007年8月、川北）

笠利町用の海岸

用の海岸は、絵葉書そのままの美しい海岸だ。用の砂浜はウミガメの産卵地としても知られている。以前はなかったが、今は用の集落北入り口にウミガメの像が立てられている。

海沿いの細長いシマである用の集落の岸辺に、チンジと呼ばれる大きな岩礁がある。長い歳月をかけてこんな形になったのだろうか、たった三〇年ほど見ない間にも波に洗われて小さくなってしまったように思う。何より変わったのは浜辺にあった舟だ。浜辺のタコや貝を獲るだけの小さな無動力の板付舟は、短期間で用の沿岸を幅広く移動できるモーター付きの舟に変わっていた。

写真6：笠利町用海岸の板付舟とチンジ（1981年8月）

写真7：笠利町用海岸のモーターボート（2010年8月）

嘉渡の海岸

嘉渡は三方を山に囲まれ一方が海岸に面している。一九八五（昭和六〇）年に訪れた際には、浅瀬に小舟が浮かび、澄みきった海中には、岩や魚が見えていた。砂浜はあまりなく、海水浴よりも、シマの人々の釣り場となっていることが多いようだった。

それから二五年を経た二〇一〇年に見た海岸は、その様相をすっかりと変え、海岸はコンクリートで固められ、憩いの場というよりも、船着き場の様相が強くなっていた。海岸につながれていた小さな手漕ぎの板付舟は姿を消し、エンジンで動く大き漁船が並んでいた。

（川北千香子・槇島　知子）

写真8：嘉渡の海岸（1985年7月）

写真9：嘉渡の海岸。大きな釣り船になった。（2010年12月）

5　離島のくらし

請島の一日

夏の朝早く、請阿室の海岸を歩く。砂浜は白く、島は静かで打ち寄せる波の音だけしか聞こえない。対岸の加計呂麻島《かけろまじま》には朝日があたり、海はきらきら光っている。請阿室は北北東に向いているため、朝六時前にはまだ陽があたらない。護岸では、お年寄りが朝の海をじっと見ていた。海が穏やかな日は毎日見ているそうだ。

夏は六時を過ぎると区長からシマの人たちへの無線による放送が時に入る。一日一便の古仁屋に行く町営船「せとなみ」が七時四五分頃請阿室を出るため、その前に連絡の放送をするのだ。

その日は、請島で行われる池地《いけち》集落との合同運動会の連絡やその運動会の景品の供出のお願い、健康診断の案内などもあった。民宿に初めて宿泊した旅人はきっと驚いて目が覚めるだろう。請阿室の人達はすでに動き出している。豚や牛の世話、農作業、時には漁をしに海に出ている。

「せとなみ」で運ぶのは人だけでない。豚や牛、花や農産物、資源のゴミも運搬する。「ポーポー」と請阿室に着くことを知らせる汽笛がなる。船は、時刻表にかかわらず早く到着すると、準備が整いしだい出港する。そのため、早めにシマの人たちは桟橋で待っている。片道九三〇円、往復で一、八六〇円（二〇一四年現在）とちょっと高い運賃だ。利用者が少ないから仕方がない。町営船だからこそ定期的に出る。なくてはならぬ交通手段だ。

写真 1：瀬戸内町請阿室の公民館にて大正琴の練習。（2010年 12 月、川北）

船の客は墓参りに請島に帰ってきた人、夏休みが終わり、名瀬の高校に戻って下宿生活がふたたび始まる高校生もいた。古仁屋の歯医者に治療に行く人、病院にお見舞いに行く人もいて、午後二時半の古仁屋発の「せとなみ」でまた請阿室に戻って来る人もいた。一日がかりの買い物、通院だ。

日中はとても静かだ。一九七九（昭和五四）年に訪れたときはまだ大島紬織の産業が島中で盛んだったため、請阿室でも女性たちの機織の音が聞こえていたが、現在は大島紬の需要が減り、生産もたいへん少なくなってしまった。請阿室でも、もう機織の音は聞こえない。

しかも請阿室はこの三〇年で戸数が半分に減ってしまった。空き家や朽ちてしまった廃屋が多くある。以前は簡易郵便局もあったが、今は一山越えた隣の池地集落まで行かなくてはならない。

脚の弱い老人には一苦労だ。池地には昔から小学校、中学校もあり、請阿室の子供たちは歩いて通学していた。

請阿室には農協がある。農協には食料品、冷凍食品、雑貨が置いてある。平日の午後一時から五時までしか開いていない。それ以外は常時営業している民宿を兼ねた商店が一軒と、同じように日用品を販売している商店がある。それ以外に必要な物は古仁屋に行くか取り寄せるしかない。農協には池地の人も買いにくるそうだ。台風で何日か「せとなみ」が来なくなり物流が滞ることはあるが、毎日の暮らしに不便はない。

池地へ行く道は一本だ。小学生や池地に畑をもつ人、郵便局に行く人が行き来している。ひと山越えて四〇分も歩けば池地だ。二〇〇三（平成一五）年に山の途中に新しく神社が建立された。シマ出身者ではないIターンの中本《なかもと》氏が建立した。この神社から請阿室の集落が良く見える。請阿室の人たちの新しい信仰の地となった。

写真2：瀬戸内町諸鈍から見た請島。（2007年8月、川北）

山の頂上にはヘリポートが新旧二か所ある。緊急の場合を想定して造成されたが、自衛隊が時に訓練で利用する程度で、幸い使用することはこれまでなかったそうだ。

帰りの山中、茂みの中でカサコソ音がした。イノシシかと思ったがちがった。もう一種の山に住む獣、野生のヤギだった。イノシシは、一九八〇年頃加計呂麻島《かけろまじま》との海峡を泳いで渡って請島に住みつくようになったそうだ。驚きである。

シマの公民館

日曜日の昼間、公民館から大正琴の音が聞こえてきた。請阿室の女性十人ほどが演奏していた。一年に数回、日曜日に古仁屋から大正琴の先生が来島して指導している。「せとなみ」が日曜日だけは古仁屋から十時に来て、四時に古仁屋に戻る。その六時間の集中講義だ。ふだんは夜、公民館を使って練習を行い、時に古仁屋で発表会を開いているとのことだ。

公民館はシマの集会施設でもあるが、その他瀬戸内町役場の健康診断や、加計呂麻島《かけろまじま》にある介護施設から介護福祉士等が定期的に訪れ介護予防運動も行っている。また、カラオケ大会を行って憩いの場ともなっている。初めて調査に訪れた頃、公民館は昼間保育園になっていた。しかし三〇年がたち、シマは変わり人口も少なくなった。シマを出て行った人も多い。民宿もあるが、今の公民館は、寝食可能な設備が整っている。

夕方、請阿室の桟橋に佇む。以前行った向かいの加計呂麻島《かけろまじま》の諸鈍のお年寄りが、請島の方を見て一日の終わりを過ごしていたのを思い出し、加計呂麻島《かけろまじま》を見てみた。冬は暖かく、夏は自然の風が心地よい。観光客もほとんどいない波音だけの静かな請島だ。

（川北千香子）

6　シマの集会施設

調査会はほとんどの場合、集落の公民館、生活館と言われるシマの集会施設に宿泊していた。

この施設は集落に欠かすことのできないものであり、集落の活動拠点となっている。集落会などの各種会合の場所となり、年中行事（正月拝賀式、卒業祝賀会、入学祝賀会、敬老会など）が行われ、葬儀や歳祝いなども行われる（一五四頁「冠婚葬祭と助けあい」の項参照）。集落のさまざまな組織の活動拠点となり、趣味の教室が開かれているところもある。

施設には集落民が集える大きなホールがあり、調理室、放送室、トイレなどが設けられている。また、宿泊施設として利用できる部屋が設けられている場合もある。

住用村川内・見里、宇検村芦検、瀬戸内町諸鈍、笠利町用・宇宿、龍郷町嘉渡は現在でも調査をした当時の建物である。瀬戸内町請阿室は二〇〇五年三月に建て替えられた（写真4）。新しい公民館はバリアフリー、冷暖房完備で、出郷者のために宿泊施設も完備し、離島医療の中心施設の役割も担う。龍郷町中勝は公民館の建物が保育所を兼ねていたが、建物の老朽化と住民の増加を理由に

写真1：住用村川内生活館。（1977年8月）

写真2：住用村見里公民館。（2006年5月、川北）

写真3：住用村見里体験交流館。（2005年8月12日、末岡）

写真4：新しくなった請阿室公民館。（2009年8月31日、川北）

二〇〇七年四月に建て替えられた。

また、見里には集落の公民館とは別に体験交流館が二〇〇三年一〇月に建てられた（写真3）。大きな公共施設が名瀬に集中していたこともあり、住民は住用村にも収容人数の多い施設が建設されることを望んでいたという。体育館・土俵・入浴施設があり、大相撲の巡業が行われたり、大規模なコンサートなども開催されたりしている。二〇〇九年度の利用者数は四万一三〇七名にも及んだ。二〇一〇年一〇月の豪雨災害で大きな被害を受けた住用町はこの体験交流館を避難場所として使用することもできた。

笠利町用にも公民館とは別に体験交流館が二〇〇八年九月に建設されており、宿泊も可能である。ここは、二〇〇九年七月の皆既日食の際、宿泊場所として多くの人に利用された。

宇検村芦検では、公民館の横に大きなガジュマルの木があり、その木陰が集落民のいこいの場所となっていた。しかし、この木の根が広く張ったために不都合が生じ、移植されることになった。その後、二〇〇九年一二月にガジュマルの木の代わりに「あしゃげ」と言われる屋根つきの休憩所が建設された。海風が通りぬける場所にあり、集落民の夕涼みの場所となっている。

集落にはさまざまな形態の集会施設があるが、これらの施設は集落運営には不可欠であり、集落民の福利厚生に役立ち、生活の拠り所となっているといえる。

（末岡三穂子）

写真5：笠利町用公民館。（2006年5月、川北）

写真6：笠利町用体験交流館。（2011年2月12日、末岡）

写真7：笠利町宇宿公民館。（2010年12月7日、福岡）

写真8：龍郷町中勝児童館。（2007年8月9日、末岡）

写真 9：新築された龍郷町中勝公民館。（2007 年8月 9 日、末岡）

写真 10：瀬戸内町諸鈍公民館。（2010 年 12月5日、末岡）

写真 11：龍郷町嘉渡公民館。（2010 年 10月 12日、末岡）

写真 12：宇検村芦検公民館の前にあった大きなガジュマルの木。ベンチがありお年寄りの集う場所となっていた。（2006 年 5 月 6日、末岡）

写真 13：ガジュマルの木が移植された後。（2009 年3月 25 日、末岡）

写真 14：ガジュマルの木の跡に建てられた休憩所「あしゃげ」。（2010 年5月 4 日、末岡）

7　墓の景観

集落ごとにある墓地は大切にされている。と同時に、墓地の景観からは、その集落の墓に対する考え方や時代背景を知ることができる。集落再訪時に見た墓は、以前と変わらぬ墓を踏襲するものもあったが、現代社会を先取りするような形態のものもあった。

筆者が知る限りだが、集落の墓所は、一か所にまとまっていることが多い。そして、その場所は、集落の西側や東側に寄せられ、家ごとに墓石が集合している。あるいは、集落の中央に位置していることもある。また、大きな集落では、複数の場所に墓地が点在していることもある。一か所にある場合は共同墓地と呼ばれ、複数の場合は、それぞれに呼称があるようだ。

ところで、集落内の墓の位置について歴史的にみていくと、現在の墓の場所が、実は、「明治時代になってからできた」とか、「むかしは山の斜面にあった」、さらに「大昔は、男女別々の墓があった」と伝えられていることが決して少なくないことがわかった。

墓の景観は、祖先に対する考え方や葬儀のあり方で変化すると思われるが、ここでは、四集落の共同墓地を例に、およそ三〇年の間で変わったこと、変わらないことの一端をみることとしたい。

住用村川内

集落の西側に共同墓地がある。一九七七年当時の墓地の領域からいくぶん西側に拡張され、新しい墓石が増えていた。写真1の左の家形のものをヤギョウという。死者を埋葬し、その上にしつらえる木製のものである。細い幅の板は四九本と決まっている。上部の模様の色は、上から青・黄・赤・白・黒色が使われ、正面は、橙と緑で花が描かれている。二〇〇六（平成一八）年三月に亡くなられた方のものだった。

写真2は、撮影の前年に亡くなった方のヤギョウであろうと思われる。それは、一年くらい経つと、台風などで屋根の化粧部分のものが飛ばされて色あせるからわかる。また、一九七七年当時は土葬だったのではないかという。墓石は、建立年が新しくなればなるほど台座に竿石を置く形になる傾向にある。写真2のヤギョウの左上の山川石の墓石、右上のタイル貼りの納骨室をもつ墓な

写真1：共同墓地とヤギョウ。（2006年12月、福岡）

写真2：ヤギョウ。（1977年8月）

ど、家ごとの墓が多様な形であることも見逃せない。

瀬戸内町請阿室

写真3のように、共同墓地は集落のほぼ中央にある。一九七〇年頃、集落全体が整地されたとき、墓地の面積が従来の二倍になった。骨は壺に入れられ、その上に、切り出したサンゴを被せた形のものが多かった。しかし、次第に納骨室をもつ形式の墓があらわれ、次にその上に四角柱の石碑がたち、「〇〇家之墓」と刻まれるようになった。これには、家というものへの意識の変化があるのだろうか。

写真4も、死者を葬り、その上にしつらえるヤギョウである。写真2と比較してみると、集落による違いがわかる。

写真3：共同墓地遠景。（1979年8月）

写真4：ヤギョウ。（1979年8月）

宇検村芦検

写真5には、納骨室のみ、または地上に納骨室をもつ墓がみられる。色鮮やかな色のタイルが使われている墓もある。タイル貼りは一九六〇年代に流行ったといわれる。写真中央の階段状の場所は、骨を置くところで、その後、骨は墓に納められる。ここが、死者との最後の別れの場所で、集落の人が共同で使うところでもある。墓石は南の海側を向き、木々が覆い被さっていた。ここで、子どもの頃、肝試しをした経験者は少なくない。

集落人口の減少、居住者の高齢化、墓地環境の改善等の理由で、写真5の状態を一新したのが写真6である。中央の建物を精霊殿《しょうろうでん》といい、その中に多くの納骨室がつくられており、一統一族《いっとういちぞく》（親戚同士の集まり）がひとつずつ使用する。「〇〇家之墓」と刻まれた墓石の部分五六基と記念碑一基が精霊殿を囲む。これは集落民と集落出身者の総意により誕生した新しい共同墓地である。

写真5：かつての共同墓地。（1983年8月、福岡）

写真6：新しい共同墓地。（1998年8月、福岡）

笠利町用

写真7の中央に十字の墓標がある。これは、キリスト教信者の家の墓である。

十字架の下の木製の四角形のものは、亡くなった人を濡らさないようにするためのものである。大島本島の北部では、共同墓地に十字の墓標を見ることは珍しくはない。

近年、石材業者により、従来の形に加え、写真8の右手のように建立者の意志による自由な形の墓石が顕著になった。また、中央の墓に十字形の墓標がみられるように、キリスト教徒の墓であることがわかるものもある。

周囲の紅白の旗は葬列で使用したもので、伝統的な葬式のあり方を継承していることもわかる。

（福岡　直子）

写真7：キリスト教徒の墓。（1981年8月）

写真8：埋葬直後のキリスト教徒の墓。（2009年7月、福岡）

厨子甕──中国の元号は何を物語るのか

洗骨後の遺骨を納める容器を厨子甕という。写真の厨子甕《ずしがめ》は、宇検村芦検が、共同墓地を新たに造成した一九九六（平成八）年の後の大雨の際、同所の背後の山の斜面から出土したものである。これを、ジシガメと呼んでいる。かつて、ひとりがひとつの甕に骨を納めていた時代のものであろうか。

写真1は全体像で、蓋《ふた》に相当するものは出土したときには見当たらなかった。土を焼いてつくられたもので、茶褐色をしているが、ところどころに黒っぽい緑色のような彩色がみられる。側面には模様があり、鳥居のような形の門の絵柄の上に、穴があいている。花は蓮だろうか。

この模様の反対側には文字が刻まれてある。読んで驚いた。「道光三十年庚□正月十□求之」（□は判読不可）とある。道光は中国の元号で、三十年は庚戌にあたり、西暦では一八五〇年である。その文字の左側には、多少異なる字体で、「道光十年庚□正月十□」とある。同様に考えれば、十年は庚寅で、一八三〇年である。写真2は、厨子甕の底部である。

中国、琉球、奄美、さまざまな文化的要素が詰まった甕である。

（福岡　直子）

写真1：厨子甕の大きさは、高さ約61×口径約30×底部約23㎝。

写真2：底部にある12個の穴は何のためにあるのか。

「きれいにしてあげたから天国にあがりなさい」――洗骨という習慣

現在、奄美では、一般的に火葬が行われているが、伝統的には土葬だった。土葬後、死者を掘りあげ、骨を水で洗い（洗骨《せんこつ》という）、壺《つぼ》や甕《かめ》に納め、決められた墓地の場所に再び葬った。これを改葬《かいそ》と呼び、埋葬後に再び弔ってきた。改葬のときの洗骨の意味について考えてみたい。

住用村川内　川内では、一九七〇年代中頃から火葬が普及したという。埋葬後、七年以上たってから、親族が死者の骨を掘りあげ水で洗った。これを洗骨あるいは改葬といい、骨を清める意味があるという。土中から骨が現れたら酒を吹いて取り出し、掘りあげた骨に日光が当たらないようにするために黒い傘をかざし、用意した水で洗った。洗った頭骨を真綿で包み、死者の長女が抱くという決まりだった。昔は、全身の骨を骨壺に入れたが、すでに調査時点では、頭骨と喉仏と小さな骨を納め、その他の骨は焼くということだった。改葬後、女たちは祝いの準備をする。改葬により骨をきれいにすることは、祝いだった。（『民俗文化』第二号・八三頁）

宇検村芦検　一九八〇（昭和五五）年八月一〇日（日）、宇検村芦検での調査滞在中に改葬が行われた。「自分が死んでも火葬にしないでくれ」という遺言により土葬にしたためで、おそらく、シマでは最後の改葬ではないかと当時言われた。さて、改葬のことは、カイソ、アトフガミ、アガリともいった。そして、盛大に祝うものとされていた。カイソの日の朝、死者と血の近い者が三人で墓へ行き、「今日これからあなたのカイソをします。どうぞきれいに拝まれてください」と言って拝み、線香をあげるという。（「奄美大島宇検村芦検調査報告」『日本民俗学』一三八号・四五頁、日本民俗学会）

笠利町用　一九八一（昭和五六）年の笠利町用の調査では、掘り上げた死者の頭蓋骨の顔面にのみ真綿を被せる。すると、生前の死者の顔を拝めるのだといわれている。女性の役目であるのは、手先が柔らかくきれいにできるからだという。（『民俗文化』第六号・一一二頁）

龍郷町中勝　一九八四（昭和五九）年、龍郷町中勝では、次のような報告がされている。死者にいちばん近い身内の人が骨を取り出し、ソケ（笊のこと）にあげる。頭蓋骨を最初に出す。全部の骨を出し終えたら中勝川に行き、男の人が藁を束にして骨をみがくようにして洗う。頭蓋骨は真綿で包み、墓に戻り、カメに全部の骨を入れ、最後に頭蓋骨をのせ、山を背にしてカメごと埋める。蓋にする石は珊瑚礁（ウルイシという）で、雨水がカメに入らないようにし、川から石を拾い、埋めたところの目印にして拝む。調査当時、すでに洗骨してから火葬し、そして小さい壺に入れ、シマの納骨堂に納める傾向になりつつあったが、改葬がお祝いで、御馳走を食べることは変わらない。かつて、ある家では、改葬の年の準備として、ふるまうための糯米をたくさん栽培したという。改葬での洗骨は、「きれいにしてあげたから、天国にあがりなさい」という意味でお祝いするという。（『民俗文化』第一〇号・一三九〜一四〇頁）

洗骨は、その習慣がない地域や人にとって驚くことと感じられるかもしれないが、それは亡くなった人に対する敬意の現れである。そして、とくに頭骨を大切にする意識は今も引き継がれている。

（福岡　直子）

【インタビュー】

変わりゆくシマ
――龍郷町中勝

龍郷町中勝《たつごうちょうなかがち》で調査を行った際、とてもお世話になったのが、当時町議会議員をしていた重信義宏さん・幸子さん夫妻だった。宿泊をしていた公民館は保育所もかねており、昼間は利用できなかったため、ミーティングや学生たちの活動の拠点として重信さんのお宅を借りていた。また、奥さんと娘さんには賄いもしていただいた。調査会が中勝を調査地として選んだ理由は、本茶《ほんちゃ》トンネルが近々開通する予定で、開通後には集落が変化するのではないかと予想されていたことによる。調査会が龍郷町に入ったのは一九八三（昭和五八）年、名瀬と空港をつなぐ国道（58号線のバイパス）が中勝を通り、本茶トンネルが完成したのは一九八五年だったので、調査会はそのトンネルができる直前に訪れたことになる。調査から二七年、中勝がどのように変化してきたのか、重信さんにお話をうかがった。

トンネル開通前まで、中勝と名瀬の市街地とは本茶峠を越えなければ行き来ができず、車で大勝《おおがち》を経由して一時間三〇分かかっていた。それが今では一五分で行けるようになった。もともとの中勝の世帯数は六五世帯（調査時は八五世帯、人口二四九名）だったが、

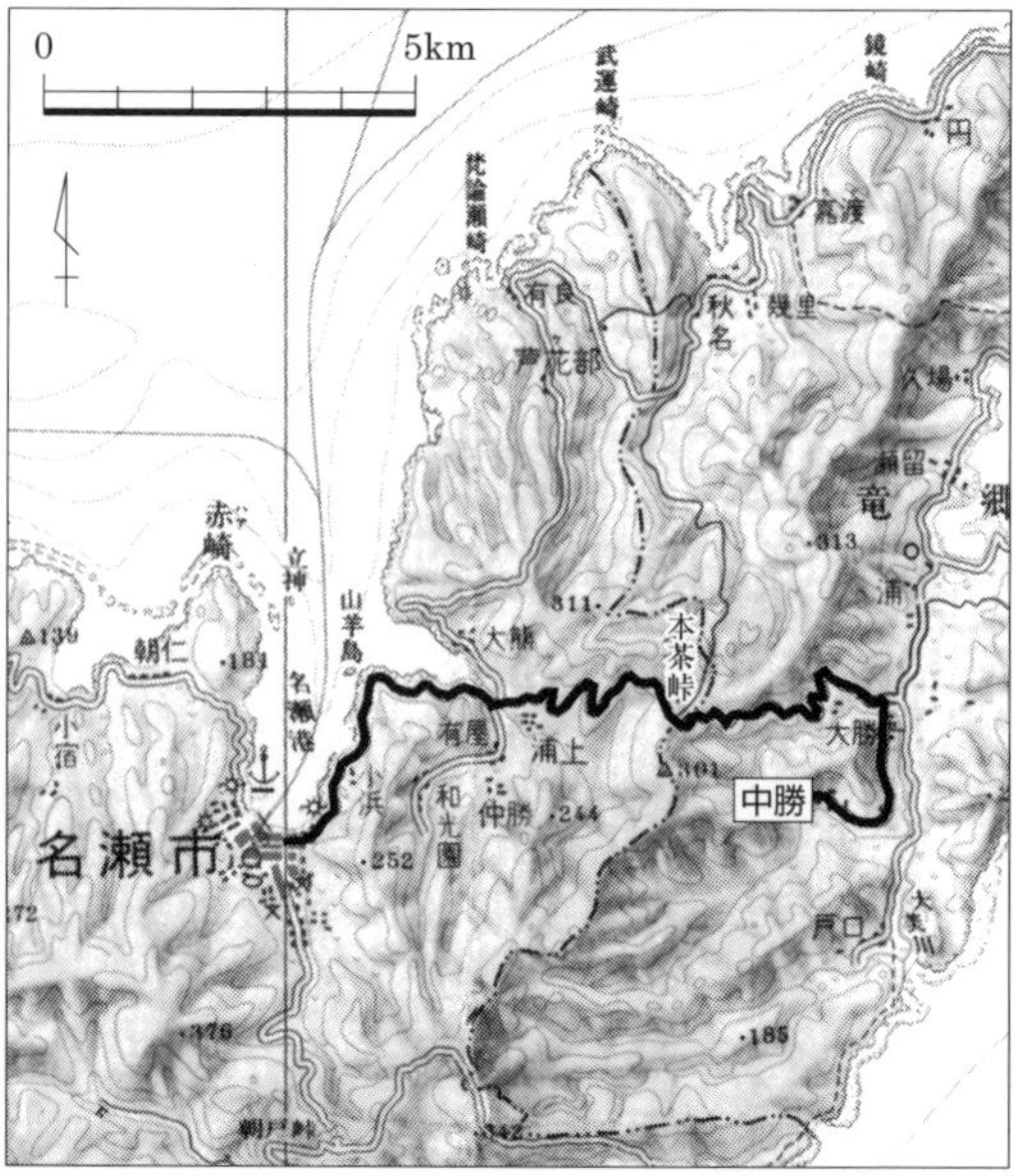

図1：中勝、トンネル開通前（1974年）
※国土地理院「奄美大島」1：200,000　昭和49年10月30日発行。

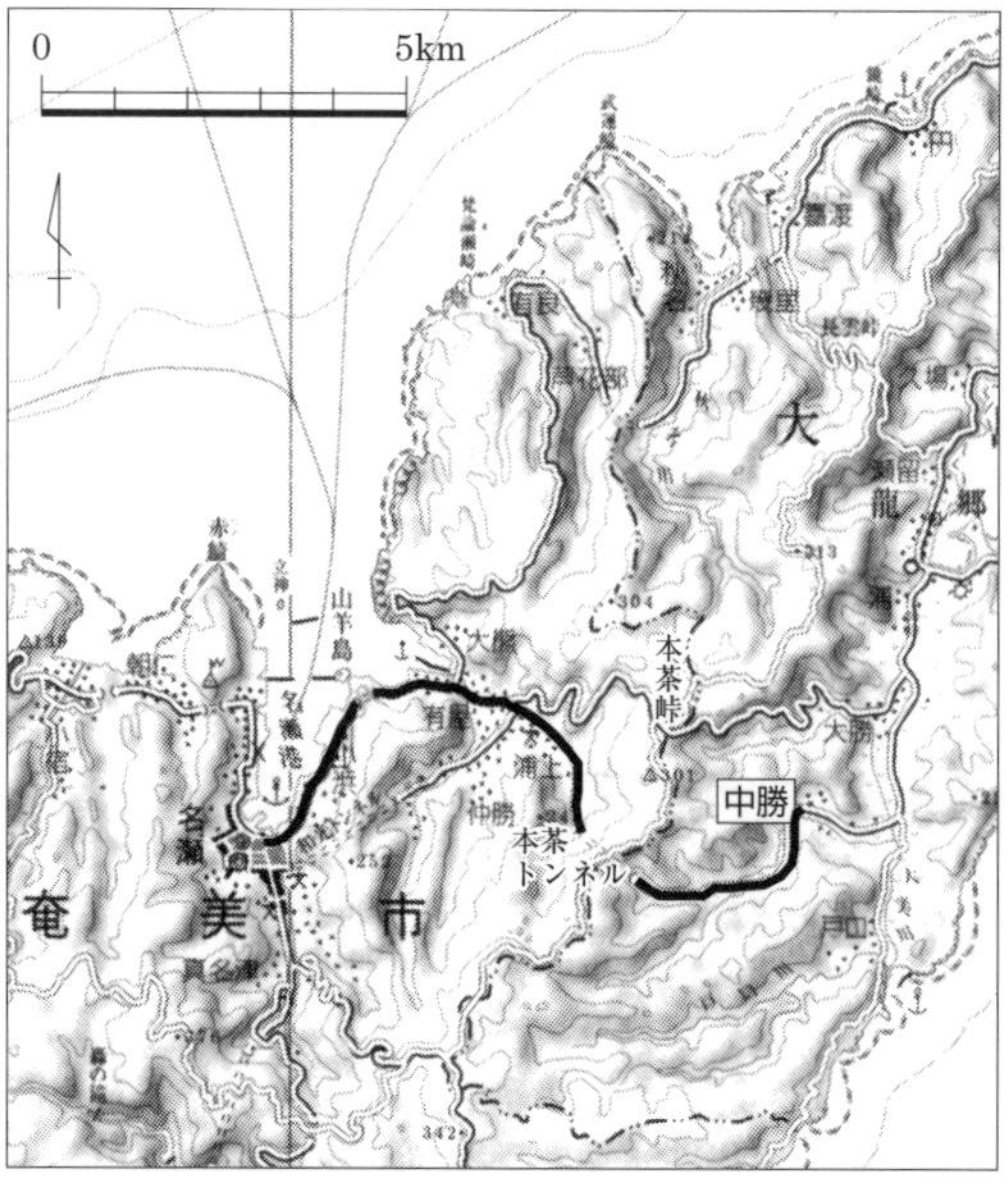

図2：中勝、トンネル開通後（2007年）
※国土地理院「奄美大島」1：200,000　平成21年7月1日発行。

今は二三〇世帯余りとなり、三倍以上となった。他の集落の人口が減少している中、このような増加は中勝だけである。中勝は名瀬への通勤圏となった。地価の高い名瀬ではなく、中勝にアパートやマンションが建設され、町営住宅や一戸建ても増加し、名瀬からの移住者が増えた。若い住人も増えた。新しい住人は元の住人とは意識の違いはあるものの、集落行事への参加の呼びかけに応じて参加をしている。また、中勝は奄美大島の中心地である名瀬と空港の中間点という地の利があり、量販店、車の整備場や中古車販売店などさまざまな会社や店ができ、都市化が進み、経済的に発展したといえる。

　人口が増加する一方、女性の生業の中心であった紬《つむぎ》織りは、平成に入り、衰退の途をたどっている。重信さんの奥さんも一八歳から七〇歳まで紬織りをしていた。最盛期には朝五時から夜一二時まで織り、一週間で二反を織り上げていたこともあった。紬の需要が減り、織り賃が最盛期の半分ほどとなり、今では機織りをやめ、農業をしている。若い人に紬を織る人はおらず、福祉関係や役場などの勤めに出る人が増えた。昔は母親に機織りを習ったものだったが、今は母から子に教えることもなくなり、機織りを習いたい人は研修所などで習う時代になってきたが、その人数も減ってきている。また、若い人は紬を着る機会がほとんどないので、せめて成人式に大島紬を着ようという動きが出てきた。そのため、成人式用の紬の晴れ着の注文が増えているという。重信さんはお孫さんのために七歳の祝いの晴れ着を紬で仕立てたそうだ。

　本茶トンネルの開通で、中勝は新しい住人が元の住人の数を上回り、名瀬のベッドタウンへと変化した。過疎化や少子高齢化に悩む他の集落とは違った形の変化が進んだ集落といえる。

（末岡三穂子）

中勝にできた大型スーパー「ビッグⅡ」（2007年8月）

インタビューの日のご夫妻。（2010年、浅野）

重信　義宏（しげのぶ・よしひろ）

一九三六（昭和一一）年、龍郷町中勝生まれ。中勝区長、龍郷町町議会議員を歴任。

一九八三年の調査以来親しくお付き合いをさせていただきましたが、二〇一〇年一二月に、急逝されました。ここに生前のご厚情に感謝し、謹んでご冥福をお祈りいたします。

妻、幸子（さちこ）

一九三七（昭和一二）年生まれ。

第二節　変わらない奄美

1　奄美での博物館実習——大切な宝物

一九八六（昭和六一）年夏、卒業論文の作成のために、前年に引き続き、再度奄美大島での調査を実施することとなった。ところがその調査期間が、以前から予定していた埼玉県内の博物館実習の日程と重なる事態となった。筆者と同様に卒業論文のために奄美大島（龍郷町嘉渡）での調査を予定している学生が数名おり、当時の区長宅に宿泊させていただく手はずになっていたため、私だけが別の日程で調査に入ることは難しい状況だった。

そこで、担当の先生方が知恵を絞ってくださり、嘉渡での調査後に奄美大島北部にある笠利町立歴史民俗資料館（奄美市笠利町須野）で博物館実習をさせていただけることとなったのである。これから記すことは私にとって生涯忘れることができない大切な宝物となった。

先輩方の調査地で

実習中の宿泊先は、笠利町用の民宿・塩崎荘。食事は宿のおかみさん手づくりの郷土料理。とくに海草が原料の、にこごりのような料理はそれまで味わったことのない食感だった。用は、一九八一（昭和五六）年に私の先輩方がフィールドワークに訪れた土地であったため、当時お世話になった方がたくさんいらっしゃり、後輩の私は、実習期間中でありながらも、その日の実習が終わると、毎晩のように地元の方々からの誘いを受けた。公民館では祭の練習をしていたらしく、太鼓や三味線、踊りの練習をしている最中であった。

私はこの有難い機会に眼を輝かせて見学させてもらった。また、近所の家で食事やお酒をご馳走になったり、青年団の人たちと遊んだりと、通常のフィールドワークではなかなか味わえない楽しい思いをさせてもらった。そして少し寝不足の頭を振りながら毎朝、民宿から資料館まで通った。

籠つくりの手順

① 竹の用意

② 厚さをそろえる

③ 竹を組む

④ 底をつくる（a）

⑤ 底をつくる（b）

⑥ 側面を編む

⑦ 上部を整える

⑧ 現在の籠。（2012 年）

（撮影：1986 年 7 月）

博物館実習でしたこと

資料館ではちょうど田中一村の展覧会を開催しており、薄暗い展示室に展示されていた一村独特の迫力ある大きな絵画に目を見張った。当時はまったく絵の知識がなく、たまたま資料館で見ただけの絵だったが、一〇年以上たってから東京の美術館で再び見た一村画伯の絵は、私の博物館実習当時の思い出と重なり、非常に感慨深く拝見した。また、実習中に竹細工の講習会があり、地元の大人から子どもまで十数人が集まり、竹籠づくりをしたことが思い出として残っている。直径十五センチ程度の竹籠はその後筆者の化粧品入れになり、今も大事に使っている。（写真①～⑧）

博物館実習とは、学芸員の資格取得のために必ず受けなければならない実習だったので、昼間は、資料館の中山清美先生のもとで資料の分類や整理の仕方・カード等の記入方法・利用方法など、学芸員としての基本的な仕事を教えていただき、さらに、資料の取り扱いについても勉強させていただいた。

また、実習生が私一人だけだったためか、いろいろとわがままも聞いていただけた。私の卒業論文のテーマがキリスト教に関するものだったため、大笠利の教会への調査にも行くことができ、より充実した卒業論文を作成することができた。

熱帯魚と満天の星

こんなこともあった。ある夜、中山先生のお知りあいの方々が集まって、資料館前の芝生の上で小さな宴会が開かれた。そのときに、中山先生が二〇センチ程度の魚・ブダイをおもちになり、それを自らさばいて刺身になさった。味は意外にあっさりしていておいしかったことを覚えている。それまで水族館のみでしか見たことのない熱帯魚なのに、普通に食べるということに改めて驚き、ワクワクしたものだった。

その後、そこにいた皆で、暗くなるにつれて数えられないほどに増えてゆく星空を見ていた。自分と星の間に何ひとつじゃまするものがないパノラマの世界。今にも落ちてきそうな、そして手に取れそうな大きくたくさんの星たち。あれから二十数年たった今でも同じように輝いているのだろうか。

博物館実習を終え、その後一〇年くらいは「学芸員になりたい」とあがいていたが、結局夢が叶うことなく、現在は埼玉県で小さな家庭を築き暮らしている。しかし、当時のフィールドワークや博物館実習で味わった経験は、光り輝く大切な宝物となって、その後の私に力を与えてくれている。

（槇島　知子）

ソテツと遊ぶ

亜熱帯性気候の奄美には、年間をとおして色鮮やかな花と緑がある。なかでも、空港や役所、ホテルの玄関等には、大きく、そして枝振りがいいと言ってはおかしな表現だが、濃い緑色をした葉のソテツが植えられ、人々を迎えている。

現在では、園芸、観賞用として広まっているソテツだが、人の暮らしとは密接だった。葉は、水田の緑肥や畑の風除けにした。種子と幹の澱粉は救荒植物になり、餅や粥として食べた時代もあった。しかし、有毒性があるため扱いには慎重さが必要であり、危険もともなった。

今、そのような目的でソテツを食することはあまりないが、集落によっては、山肌一面にソテツを植えている光景がみられ、かつての生活の厳しさを伝えている。

ここに紹介する写真は、筆者が訪ねた笠利町用集落におけるソテツに関係したものである。南の島の代名詞のようなソテツについてみてみよう。

（福岡　直子）

写真１：笠利町用集落の高台から東方を望む。ソテツがサトウキビ畑の周囲を、きれいに区画しているのがわかる。（1980 年代。植田俊秀氏提供）

写真２：身の丈以上に育ったソテツ。下草を刈り取り、道をつくるとともに日当たりをよくしているかのようだ。（1980 年代、植田俊秀氏提供）

写真３：ソテツは雌雄異株である。これは、雄株の方で、雌株の花と比較すると細長い。（1983 年。植田俊秀氏提供）

写真４：ソテツの雌株。この中に赤い果実が包まれている。明治生まれの方は、ソテツの綿を使って毬をつくったというが、実のまわりの部分をたくさん集めたのだろうか。（1983 年。植田俊秀氏提供）

写真５：ソテツの葉で遊ぶ女の子。1981 年に調査会撮影。ソテツの葉は楽しいおもちゃの材料になる。左の女の子は、先がとがって痛いが、編んでカゴにする。カゴは筒状になり、その先端を、木にとまっているセミなどに当て、カゴの中に落とした。獲った虫を入れるための虫カゴである。右の女の子は、細くとがった長さが違う部分をひとつひとつうまく取りながら、首飾りを作っている。（『民俗文化』第六号・160 頁）

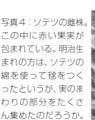

2　民家に泊まって

寄せては返す波の音。ときおり入る涼しい風と潮の匂い。目を閉じれば海岸の白砂とアダンの林が目に浮かぶ。波音は、ときに大きく、ときに小さくなる。布団が敷かれたオモテ（客間）の電燈は消されているが、気持ちよい明るさがある。開け放した雨戸の間から差し込む月の明かりで十分である。月が中天にさしかかるのをオモテから眺め、波を枕に寝た。私は、疲れた身体を休めるにはもったいないほどのお宅で数日間を過ごさせていただいた。ここで、笠利町用の柳井ミヨさん宅を紹介する。

欲張った調査

一九八三（昭和五八）年八月、宇検村芦検《うけんそんあしけん》の豊年祭を調査した帰り、その二年前の調査地だった笠利町用《かさりちょうよう》に向かった。バスは一日に二本。芦検から、くねくねとした山道を二時間半ほどかけて名瀬に出る。接続がよいバスはない。その日は、名瀬のビジネスホテルに一泊した。豊年祭では、何事も漏らさず見聞きしようと意気込み、祭の準備から終わりまで昼夜を問わず動いた。集落のほぼ中央に位置する伊元秀勝さん宅に友人と宿泊させていただけたことは、そのためには幸いだった。豊年祭では、集落の女子青年団が、帰省客と力士のために糯米《もちごめ》でチカラメシ（丸い握り飯）を握る。そのためには、糯米を一晩じゅう水につけ、翌日、蒸す。気候は亜熱帯である。夜間、何度も水をとりかえなければ米は腐敗する。

公民館の台所にある大きな樹脂製の容器二つに入れた糯米の水を、二、三時間おきにとりかえる女性を見かけた。その人は松村雪子さん（七〇頁参照）で、八月一四日と一五日の二日間にわたり、ひとりでその作業をしていた。裏方作業に徹するその姿に感動したものだった。

筆者は、昼間、まどろむことはあったが、一週間、毎日の睡眠は数時間でなんとか乗り切った。そのような状態のなか、名瀬の商店街でフラフラしながら土産物を買った。そして翌朝、少し回復した身体で、名瀬のバスターミナルから本島北部の笠利町用に向かった。

築一〇〇年の家

『奄美大島笠利町の民家調査』（財団法人日本ナショナルトラスト・一九九六年）という報告書が刊行されている。そして、同書には、用集落の八軒の家の建築学的な調査が報告されている。その一軒が、柳井ミヨ家である。ミヨさんは、一九八一年の滞在中に毎食のお世話をして下さった方である。

さて、奄美特有の家屋の構造は、分棟型といわれる。屋敷や間

写真１：用の海岸。（2009 年7月、福岡）

写真２：柳井家の上家と庭。（2009 年７月、福岡）

取りの広さはまちまちだが、上家と下家に分かれていることが基本である。しかし、一九八一年当時、すでに生活の利便性等からか、ふたつの棟は渡り廊下、または縁続きのように改めている家屋がほとんどであったと記憶する。柳井家は、築後一〇〇年はたっているといわれていた。先述したように、上家はオモテと呼び、ふだんはあまり使用せず、客間・冠婚葬祭の場として利用していた。また、下家の方をトーグラと呼び、その一部で、いつもミヨさんは機織りをしていた。

　当家の素晴らしさは、伝統的な奄美の様式の建物を保っているのはもちろんだが、その庭の美しさにもある。オモテのエン（縁側）の南側が庭で、豊かな種類の亜熱帯植物が高低を考えて植樹されている。エンに近いところには石造の手水鉢がある。庭は土ではない。白砂がきれいに敷かれ、いつも箒のはき目がついている。大木の下の方には、名も知らない大きな貝がいくつか配置されていた。とにかく清々しい。家は、海岸からの風で心地よく、元気を取り戻すのに時間はかからなかった。

写真３：柳井家のオモテ。（2009 年7月、福岡）

　私が外に調査に出ようとすると、どこに行くのか心配してくれたミヨさんだった。しかし、寝る時間になっても鍵はかけず、雨戸は開け放したままなので、筆者は、最初、それを怪訝に思ったものだった。しかし、これは習慣で、よその家も同じだった。もう一度、あのオモテで、月を眺めながら寝てみたいものである。

　後年、友人が柳井家を訪ねたとき、ミヨさんの息子さん夫婦の柳井義公さん、澄江さんが快く迎えてくれたという。たいへんありがたいことである。

（福岡　直子）

3　歓迎は横断幕で

奄美のシマウタ「朝花節《あさばなぶし》」の一節に、

「いもちゃん人《ちゅ》ど真実《しんじつ》あらめ　石原《いしはら》さくくみきち
　いもちゃん人ど真実あらめ」（『芦検民謡集』より）

という歌詞がある。岩や石で険しい道を踏み越えてきてくれる人こそが真実のある人だ、という意味で、わざわざ足を運んできてくれる人に敬意をはらうという奄美の人々の心を表している。シマの人たちは、歓迎の気持ちを横断幕の文字に込めて、シマに足を運ぶ人たちを迎えてくれる。

一九九八（平成一〇）年、約二〇年ぶりに住用村川内を訪れた。私たちの再訪を集落放送で流し、夜には生活館で歓迎会を開いてくれた。

私たちが生活館の扉を開くと、「歓迎　跡見学園大学ＯＢ　末岡三穂子　福岡直子様」と書かれた横断幕に出迎えられた。

二〇年という時を越え、飛行機を乗り換え、バスを乗り換え、千

写真１：再訪した住用村川内 生活館の歓迎会にて。正面時計の下に歓迎の横断幕が貼られている。（1998 年8月 10 日、末岡）

写真２：龍郷町嘉渡、調査会の歓迎会にて。（1980 年8月）

写真3：宇検村芦検、豊年祭を前にして集まった上がり相撲のメンバー。このうち、芦検在住者は2名。この日のために帰ってきた人たちを歓迎する横断幕が集落の中央に掲げられている。（2007年8月、末岡）

キロ以上離れた奄美に再び足を運んだ私たちを「真実のある人」として迎えてくれたのだろうか。

その夜は、島の特産のタンカン・スモモ・黒糖の手づくりゼリーや、たくさんのお菓子で私たちを歓待してくれた。私たちの再訪を真心で迎えてくださる、その温かい気持ちはいつまでも忘れることはない。

そしてこの横断幕は、この後もずっと川内の中善勇さんのお宅で私たちを迎えてくれることになるのであった。

龍郷町嘉渡では、公民館の壁に「歓迎　跡見学園女子大学」の横断幕が貼られ、調査会を歓迎してくれた。写真2は歓迎の八月踊りを踊ってくださっているところである。

宇検村芦検では、豊年祭の際、その年の上がり相撲（二四六頁～二四八頁参照）に参加する人たちを集落全体で歓迎しお祝いする。芦検在住の人もいるが、多くはシマを離れ、遠くで暮らしている人たちである。

集落の中心地公民館前の道路にその横断幕は掲げられ、上がり相撲で帰郷する人を迎えている。

（末岡三穂子）

4　集落に家を借りて

二〇〇六（平成一八）年九月から二〇〇七年八月までの一年間、私は宇検村芦検に家を借りて、その間に数週間単位で四回にわたり滞在した。（詳細は『民俗文化研究』第九号）

借りた家は一人暮らしのおばあちゃんが本土の息子の家に引っ越して無人となった家で（写真1）、トタン屋根で天井が低く、玄関がなく出入りは縁側から、間取りは台所と六畳間と物置部屋の三部屋で、そこに汲み取り式トイレがついていて、お風呂は外という古い家だった。芦検でも水洗になっていないトイレはほとんどなく、皆が家の古さを心配してくれたが、私は気にならなかった。それより家に残っているものは自由に使わせていただけたので、冷蔵庫や洗濯機などの電化製品、食器などを買い足す必要もなく生活が始められたことがありがたかった。

またこの家は芦検に家を借りたいという私の希望を聞いた芦検の山畑《やまはた》重信区長が、一年自由に使える空き家をさがして家主に連絡をとってくださり、区長が私の保証人になる、ということでやっと借りることができた貴重な家でもあったのだ。

滞在初日に区長に同行をお願いして挨拶まわりをした。借りた家の近所と、青年団・壮年団、老人会の各年齢集団の団長と、家を借りるときに口添えをしてくださった民生委員宅である。私は民俗文化研究所員の名刺をもって行ったが「三〇年前におおぜいで来て公民館に泊まった跡見女子大生の仲間で、今回は芦検のことをもっと知るために長期で滞在することにした」という紹介ですんなり納得してもらえた。跡見学園女子大卒業の「女の子」というだけで他の説明が不要になるのがありがたいことだった。

そして実際に九月末から芦検での生活を始めたのだが、最初は知りあいが仕事に出かけ、子どもたちは学校に行ってしまう日中の静かさに戸惑ってしまった。しかしすぐに運動会の練習をしていた老人会の集まりを見つけて毎日応援にでかけるようになり、老人会の運動会当日も終日応援に参加して、優勝の祝賀会にも飛び入りするなどで私の毎日にも活気が出てくるようになった。

その直後には集落全員参加の宇検村運動会もあり（写真2）、ここでも集落の友人たちや区長に場所をつくってもらい、仮装して応援するなど一緒に楽しく参加して、集落の方々に顔を覚えてもらうことができた。村の運動会も芦検が優勝し、祝賀会が行われた公民館では私は当たり前のように皆と座って祝杯

写真1：宇検村芦検、筆者が借りた家。写真手前の平屋。（2006年9月、浅野）

をあげていた。

　こうして運動会以降は、家に呼んだり呼ばれたりしながら毎夜誰かとお酒を飲み、昼間は釣りやグラウンドゴルフに参加させてもらいながら賑やかに一日が過ごせるようになっていた。

　二回目の滞在では、集落の大きな祭りであるムチムレに参加して集落内の一軒の家として寄付を出し（写真3）、三回目の滞在では公民館で行われた百歳の祝の準備と、葬式の賄いも手伝わせていただき、集落の一員としての仕事も体験することができた。

　四回目は集落最大の祭りである八月十五日の豊年祭に合わせて一か月滞在した。芦検の豊年祭は翌年五〇歳になる人たちが祭りの主役となり、この年は私と同じ一九五八（昭和三三）年生まれが主役で、私もその一員に加えてもらえたからである（写真4）。

　祭りの本番は八月一五日の水曜だったが、その前の土曜には本土に出ていた人たちも帰省して男性七人女性五人の主役の三三年生まれが集まっていた。私にはほぼ初対面の人たちばかりであったが、主役たちは本番まで毎日数時間は一緒に過ごす機会が設けられているので、数日間一緒に食べて飲んで遊んで踊ってと子どもに戻ったように過ごすうちにすっかり打ち解けることができた。皆も何度練習してもぎこちない私の踊りを笑い飛ばして仲間として接してくれたので、豊年祭本番には本当の同級生の気持ちになって各行事に参加することができた。

　こうして温かい人たちに囲まれた芦検での一年が終了し、私は貴重な体験と新しい「同級生」を得ることができた。

（浅野　博美）

写真2：宇検村運動場、村民体育大会（運動会）の入場行進。（2006年9月、浅野）

写真3：ムチムレで寄付の品をもって家の前に立つ筆者。（2006年11月、末岡）

写真4：宇検村芦検、豊年祭での土俵入り前のフリダシ。主役である「昭和33年生お帰りなさい」の横断幕は祭の数日前から掲げられている。筆者は列の後方で踊っている。（2007年8月、渡辺秀美氏提供）

5　上がり相撲

奄美大島の豊年祭では相撲が盛んに行われている。奄美に生まれた男児はまだ歩行もままならないうちから、化粧まわしをつけ、力士に抱かれて初土俵を踏むことになる。

宇検村芦検では、男性は数え五〇歳まで豊年祭で相撲を取ることになっていて（父子相撲や兄弟相撲など特別な場合を除く）、最後の年の相撲を「上《あ》がり相撲」と言い、集落をあげてお祝いをしている。「上がり相撲」は数え五〇歳を迎える同級生（男女とも）を中心として、芦検在住のメンバーが島外に住む同級生や二世などに広く声をかけ、集まってくる。私は芦検にゆかりはないのだが、たまたま同い歳の玉利好文さんと知りあい、ときどき芦検を訪れる私たちをシマの同級生として扱ってくれて、この「上がり相撲」に参加させてもらうことになった。二〇〇五（平成一七）年の体験をもとに「上がり相撲」について述べていきたい。

現在、新暦八月一五日に豊年祭は行われている。「上がり相撲」のメンバー（以後「上がり」と記述）は、豊年祭の二日前に集落に集合した。集落の入り口には「祝三一年生お帰りなさい」と大きな横断幕が掲げられ、島外から帰郷する「上がり」を歓迎している。空き家となっている家を借り、三日間、ここに集り、飲食を共にしながら、「上がり」の祝いを楽しむことになる。

八月一三日夕方、その空き家に集合する。この年は一三名（男性四名、女性九名。うち、二名は調査会メンバー）が参加した。芦検で育ち、一緒に小・中学校時代を過ごした人もいれば、他所育ちという人もいて、まずは顔合わせとなった。ここでは四盛《しざか》り会（四十代男性の年齢集団）が「上がり」の接待を行う。芦検在住の「上がり」の男性は四盛り会の最年長者でもあり、これが終わると四盛り会を卒業することになっている。

芦検公民館の海側の広場では、青壮年団主催のビアガーデンが開かれており、所狭しと並べられたテーブルとイスはほとんどの集落民で埋め尽くされ、青壮年団による出店で賑わっていた。その中で、「上がり」のメンバーは集落民の拍手で迎えられ、用意された席に着く。公民館側にはステージが設えられ、カラオケやシマウタなどが披露される。「上がり」はメンバー全員でステージに上がり、集った同級生たちを集落の人々に紹介し、集落の人々はひさびさに帰郷してきた「上がり」のメンバーを歓迎した。

次の日は朝一〇時に芦検商店前に集合し、車に分乗し、隣の集落にある母校、田検《たけん》小学校と中学校を訪問した。これは「上がり」の恒例行事になっているようである。その後は芦検を一望できる峰田山《みねだやま》公園に行き、スットグレ広場でバーベキューを楽しんだ。ここでは、豊年祭の相撲の合間に行われる余興の練習をしなくてはならなかった。芦検在住の人たちがあらかじめ準備しておいてくれた踊りの振りつけを明日の本番のために覚えるのだが、なか

写真1:「上がり」のメンバーで登った峰田山公園から芦検集落を一望。(2005年8月14日、末岡)

なか覚えられずに大笑いしながらの練習は、童心に返って、本当の「同級生」になったようで楽しいひとときだった。

バーベキューを終えると、集落に戻り、いったん解散となった。夜は、港に集合し、四盛り会主催の「流れ舟」に招待されるのであった。「流れ舟」とは、焼内湾で真珠の養殖をしていたときのいかだを利用したものであり、それを焼内湾に浮べ、海の上でのパーティー会場とするのだ。港まで小舟が迎えにきて、それに乗り込み「流れ舟」に向かった。歓迎の花火で迎えられ、私たちは「流れ舟」に乗り込んだ。舟の上では四盛り会の接待で寿司や酒が振舞われた。回りを山に囲まれた焼内湾にぽっかり浮んだ「流れ舟」の上で繰り広げられる宴は、幻想的な雰囲気に包まれ、今まで経験したことがないものだった。

一五日、豊年祭当日は、「上がり」メンバーは借りていた空き家に正午に集合した。「上がり」は女性陣がつくったカレーを皆で食べ、それぞれ、豊年祭の準備にとりかかった。男性はまわしをつけトネヤに集合、女性は浴衣に着替え、トネヤ付近に集った。豊年祭はトネヤから公民館前にある土俵までの「フリダシ」から始まる。「フリダシ」の列は、先導役の「シタンシタン」、その次に「上がり」のうちの一人が「トノサマ」役となり、列の先頭を歩く。次に、「上がり」の力士が続き、四盛り会、壮年、青年団、子どもと続く。男性の後ろには女性が並び、「みっちゃれ節」を歌いながら続く。女性はほぼ年齢順に年上の人を先頭に並び、最後尾に「上がり」の女性たちとなる。すべての人が土俵のまわりに入ると、豊年祭の開会の辞があり、相撲が始まる。

写真2：豊年祭の振り出し後の「上がり」メンバーの記念撮影。筆者は後列右から2番目。（2005年8月15日、末岡提供）

相撲の中入りには「上がり」による踊りが披露される。そして、このメンバーを一人ひとり紹介する。「〇〇さんの長男の△△さんです」とか、「〇〇さんの孫の△△さんです」などと、集落の誰もがわかるように両親や祖父母の名前を出して紹介される。私たちだけは、「以前、芦検に調査で来た跡見女子大の卒業生」と紹介され、集落の皆から大きな拍手をいただいた。芦検出身でない私たちを「芦検の人」として受け入れてもらえた、とても嬉しい瞬間だった。

中入りの後も相撲が続き、陽が沈む頃、豊年祭はお開きとなり、解散となった。港の広場では、四盛り会が打ち上げの会を用意していてくれた。しばらくすると、青年団が土俵の回りで八月踊りの太鼓を叩き始めた。夕食を済ませた集落の人々が三々五々集まり、八月踊りが始まった。「上がり」の出番はこれで終わりではなかった。八月踊りの途中に行われる「イッソ」と言われる仮装の支度をしなければならなかった。また例の空き家に戻って仮装し、皆が八月踊りを踊っている間に入場するのだった。始めは顔を隠し、それが誰だかわからないようにするが、途中で顔の覆いを取り払い、退場していく。これで、「上がり」としての出番は終わりとなるが、八月踊りがすべて終了した後も、空き家で慰労会が行われた。解散となったときは、かなり夜も更けていた。

フィールドワークでお世話になった芦検で、シマの同級生として仲間に入れていただき、共に「上がり相撲」の三日間を過ごせたのは、とても貴重な体験となった。私たちを受け入れてくださった集落の皆さま、「同級生」の仲間入りを許して下さった「上がり」の皆さまに心より感謝申し上げたい。

（末岡三穂子）

6　思いがけない再会

最初の驚き

二〇〇七年八月一八日、加計呂麻島《かけろまじま》の生間港《いけんま》は、八時四〇分発の「フェリーかけろま」を待つ人たちで次第ににぎやかになってきた。大島本島側の古仁屋にある店へ買い物に行く人、診療所に通う人たちである。私は、港に近い渡連《どれん》の民宿の方に、生間港まで送ってもらい、そして、乗船券を買った。当時、古仁屋まで、大人二六〇円、所要時間は二〇分だった。衣類と土産物を詰めて重たくなった段ボール箱を自宅に送るため、港の待合所で宅配便の宛名ラベルに記入し、受付の男性に渡した。すると、「……福岡直子さん……以前、跡見学園女子大学で諸鈍《しょどん》にこられて……福島です」「あの諸鈍郵便局にいらした福島繁美さんですか」「そうです」「お元気でしたか」出港までの数分間のやりとりである。

私は、一九八四年八月、広い諸鈍集落を調査する際、福島さんによく道順を聞いていた。年賀状のやりとりはしていたが、三〇年も経ったのでお顔はわからなくなっていた。郵便局勤務を退職後、生間港で仕事をしているという。船が接岸すれば綱を持つ。窓口では乗船券の手渡しから土産物の販売等、短時間のうちにひとりでこなす。「お元気でしたか。今日、帰るんですか」「ええ。この船に乗らないと、明日、東京へ帰れないので」「残念ですね」「またいらっしゃい」「はい。うかがいます」

この驚きを、同行の知人に船中で話していたら、もう古仁屋の港に着いていた。

初対面ではなかった

二〇一〇年一二月、加計呂麻島の諸鈍を再訪した。宿泊先は、生間の港に近い宿で、同行の友人の末岡三穂子さんが選んだ。夕食にサンゴンをお願いしたところ、快くひきうけてくださり、食後には世間話もできた。

そこで、一九八四年八月、大学の調査会が諸鈍を調査した話になった。筆者は、再調査が目的だったので、撮影した当時の写真を何枚か用意しており、それを見ながら談笑した。当時の一〇日間の滞在中の日々の食事の世話は、地元の方にお願いしたが、なんと、そのときのひとりが、目の前にいらっしゃる保田和代さんだったことがわかった（写真1）。同行の友人は、当時、諸鈍の調査はしなかったが、人と人を引き寄せる能力をもっているようだ。おかげで、再会のエピソードがまたひとつ増えた。

調査当時、諸鈍の海岸近くにはムロアジの加工場があり、そこを生活改善グループが調理室にしていた。そこで、わたしたちの朝・昼・晩の三食の準備をしてくださった。そして、つくっていただいたものは、同所から徒歩三、四分のところにある、宿泊していた諸鈍公民館に、調査者の学生が運んだ。雨がない日々が続いていたので給水制限があった記憶は鮮明に残っていた。また、当時の食事の際に、水の調達にたいへんご苦労があったことを知った。「そんな苦労ではなかったですよ」とおっしゃったが、そんなわけはない。水は、諸鈍の浜の北にある、きれいで、また、枯れることのないテラミズ（写真2）と呼ばれる泉から、毎日、バケツで調理室まで運んでいたというのである。歩いて五分はかかろう。浜の砂地は足をとられる。

　この話を聞いた翌日、そのテラミズに行き、感謝しながら、ありがたく水を飲ませていただいた。

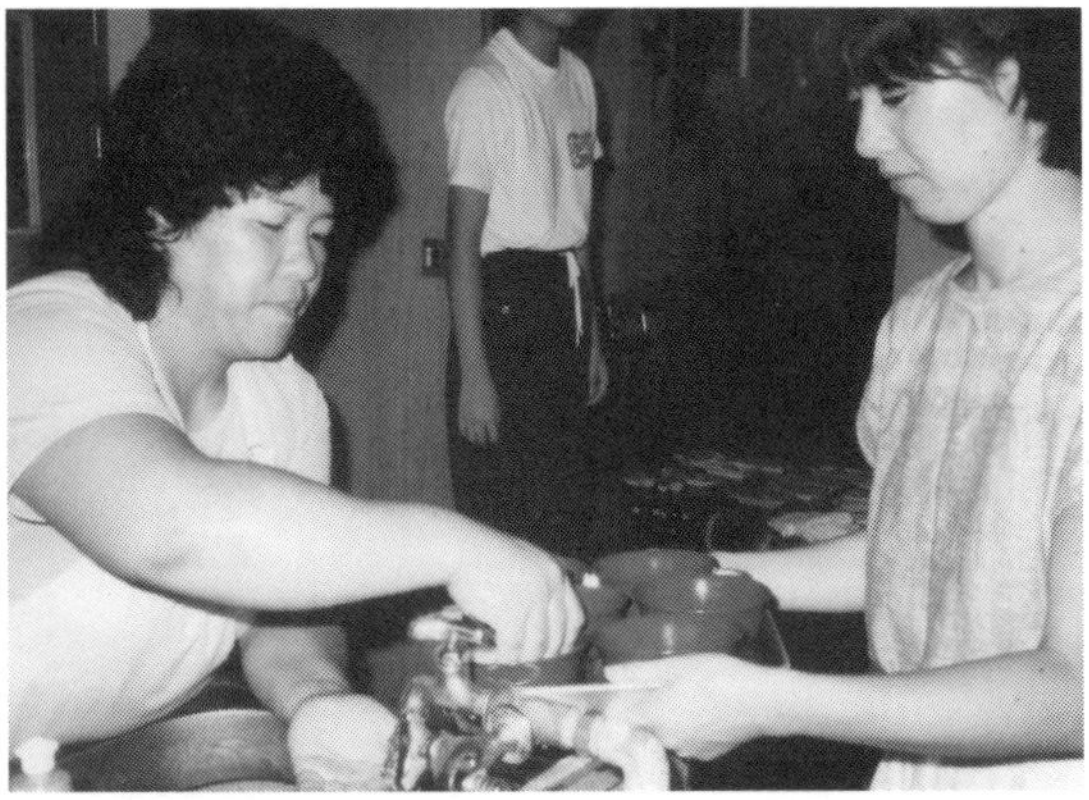
写真1：サンゴンを準備してくださる保田さんと。（1984年）

写真2：テラミズ。今もきれいな水がわく。（2007年、福岡）

さらなる偶然

保田さんと一緒に食事の世話をしていただいた方にお会いしたいと思った。そして、お名前を聞いてまた驚いた。その方は、二〇〇七年八月、時間がなくて懐かしい話もできなかった、生間港の福島繁美さんの奥さんのノブさんだったのである。

当時、区長から、婦人会として調査する学生たちのために賄いをやってほしいという依頼があった。そこで、会長だった保田さんと副会長だったノブさんが引き受けたという。ふたりとも「若かったからできたんだね」と、当時を振り返る。ふたり以外にも、夏休みに帰郷した学生ひとりと年配の女性にも少し手伝いしてもらったことはあったという。賄いを受けるにあたっては、ふたりともお子さんが小さいので、朝食はパン食にしてもらいたいという希望をされたという。そういえば、朝はパンだった。食材は主に古仁屋の商店に、前日に電話で頼み、翌日、船便で集落へ運んでもらったという。また、集落の方からの野菜の差し入れが多く、献立に困ることはなかったとおっしゃっていた。

　あらためて、当時の私たちの調査が、多くの方のお骨折りのおかげゆえのことと実感するのである。

（福岡　直子）

第Ⅳ章　歳月をこえて

第一節　今に伝えて

1　諸鈍シバヤ

奄美大島には平家来島伝説があり、加計呂麻島《かけろまじま》の諸鈍《しょどん》では平《たいらの》資盛《すけもり》が居を構え、ここで生涯を閉じたという伝説がある。平資盛は存命中は酒宴を催し、芸を披露して土地の人と交流をしたといわれ、資盛の死後、土地の人によって演じられるようになり、それがシバヤの始まりになったと伝えられている。村の祝祭日などの「ナグサミ」として演じられてきたが、一八二八（文政一一）年、薩摩の代官田代宗右衛門が平資盛を祀り、大屯《おおちょん》神社を建立した。その落成式にシバヤが演じられたといわれ、現在は大屯神社の祭日の旧暦九月九日、神社の境内で演じられている。

しかし本来、上演日も上演場所も決められているものではないといわれている。シバヤは明治初期まで盛んに演じられていたが、徳之島興行の失敗によりその後三十数年中断し、大正始めに復活された。だが一九四二（昭和一七）年から戦争の影響で途絶え、その間に道具や衣裳が散逸してしまった。その後、一九五六（昭和三一）年に復活され、現在に至っている。シバヤの語源は「芝居」が変化したもの、あるいは、楽屋となる小屋が「シバ」の木で囲まれているからとも言われている。

シバヤの概要

シバヤは男性のみで演じられ、演じる人を「シバヤ人衆《にんじょう》」という。伴奏は三味線と唄、小太鼓、カネで、これらを演奏する人を「りゅーて」という。「りゅーて」と「ガクヤイリ」のときと「シシキリ」の女性役以外は紙面（カビディラ）をつけ演じる。演目は、（一）ガクヤイリ　（二）サンバト　（三）ククワ節　（四）ダットドン　（五）キンコウ節　（六）スクテングワ　（七）シシキリ　（八）シンジョウ節　（九）カマ踊り　（一〇）タマティユ　（一一）タカキ山の一一種が現在伝えられている。（二〇一〇年の順番による）

シバヤを演じる前、シバヤ人衆は一列に並び、浜に降り、波打ち際で禊《みそ》ぎ（シュンハナツカイ）をする。足を海に浸し、手で海水をすくい、三回はらい、口をすすぎ、最後に髪をなで清める。そして、神社に戻り、シバヤを演じる。

始めは全員が紙面をつけず、一列に並び、楽屋と反対の方から入場する。そのとき、拍子木を先頭に三味線、小太鼓、カネ、ホラ貝、指笛を鳴らしながらりゅーてと踊り手が楽屋に入っていく。「ホーヘラヘーヨイヤサヌサ　ヤッサガヘーヨイサヌサー」とかけ声をかけながら、独特のステップで勇ましい。りゅーてが所定の場所に着くと、サンバトが始まる。出囃子は「サーテンテンテン　ナーストゥルクテン」という歌詞の繰り返しで、「ガクヤイリ」「ダットドン」「シシキリ」「タマティユ」以外の演目の出囃子、入囃子に使われ、シバヤが終わった後の観衆の耳に残る特徴あるフレーズである。

ここではすべての演目の詳細な解説をする紙面の余裕がないので、簡単な説明に止めておく。衣裳や踊りの特徴は写真をご覧いただきたい。「サンバト」は翁の紙面をつけ、山高帽に紋付羽織袴の衣裳で軍配を手にもって出て、口上を述べる。平家落人によって伝えられたという伝承を示す唄「ククワ節」、目の見えないダットドン（座頭殿）が一人で演じるパントマイム「ダットドン」、吉田《よしだ》兼好《けんこう》を歌っているといわれる「キンコウ節」、勇壮な棒踊り「スクテングワ」、女性を襲うシシ（猪）を退治する「シシキリ」、一人で登場し「この踊りは、種子島のシンジョウボウシと申す名高い踊りでございます」という口上で始まる「シンジョウ節」、今年の豊年感謝と来年の豊年祈願をあらわす「カマ踊り」、玉露といわれる女性と蛇の人形芝居「タマティユ」、大太鼓が登場し、賑やかに踊られる「タカキ山」で終わる。一一の演目の順番は最初の「ガ

写真１：シバで楽屋をつくる。

写真２：シバヤ人衆の禊ぎ。

写真３：ガクヤイリ。

写真４：サンバト。後ろにりゅーてが控える。

クヤイリ」「サンバト」「ククワ節」と最後の「タカキ山」は定められているが、それ以外は定められていない。一一種の演目は本土風、奄美風、中国風、琉球風などさまざまな要素と多様な趣きが混じりあう芸能である。

シバヤの継承

シバヤ人衆は諸鈍に住む男性で構成されており、現在は、一九六六（昭和四一）年に組織された保存会により継承されている。この保存会は集落組織とは直接関係はなく、世襲制でもない。

昭和五〇年代、諸鈍在住の若年層の減少と共にシバヤの担い手も減り、継承が難しくなった。一九八一年、青壮年団の活動としてシバヤを保存会に教えてもらうことにした。現在の五、六〇代の人たちはそのときから始めた人が多いという。またその後も後継者が減少し、諸鈍在住の諸鈍小中学校の児童・生徒にも教え始め、平成七、八年頃からは校区全体の子どもたちや、諸鈍在住の男性教員やIターン者にも広げた。学校教育の郷土学習の一環として継承され、学校行事でも披露される。子どもへの継承がそのまま保存会活動につながるとはいえないが、進学や就職などで諸鈍を出て

写真５：サンバト。

写真７：ダットドン。

写真６：ククワ節。

写真８：スクテングワ。

写真 11：タマティユ。

写真 9：シシキリ。

写真 12：タカキ山。

写真 10：カマ踊り。

写真 13：「タカキ山」に使われる太鼓。奄美で使われている最も大きいチヂン。

も、戻ってきたときに、再びシバヤに取り組んでもらえる可能性は大きいといえる。

以前は、稽古をよその人に見せない、諸鈍以外の人には教えない、生間《いけんま》に通ずる峠を越してよそへ出してはいけないなどという言い伝えがあったが、今では、校区の子どもたちや、他所出身であっても諸鈍に在住している男性であれば、門戸を開いて、継承に努めている。現在の保存会は二〇代から七〇代まで一八名が在籍している（小・中学生は除く）。

一九六六年に瀬戸内町無形文化財に指定され、一九六九年には鹿児島県無形文化財となり、一九七六年に国の重要無形民俗文化財として指定され、毎年、多くの観光客が来島し、諸鈍シバヤを鑑賞している。

（末岡三穂子）

写真 1、4：2010 年 10 月 16 日、末岡。
写真 2：2010 年 10 月 16 日、岡入慶一氏。
写真 3、5 ～ 13：2009 年 10 月 26 日、森直弘氏。

2　シマから発信

女性のパワーで農産物をＰＲ「サン奄美」

私たちが調査した住用村《すみようそん》の川内《かわうち》と見里《みさと》の間に位置する摺勝《すりがち》に「サン奄美」は建っている。名瀬から瀬戸内方面に通じている国道五八号線の、住用の内海に面した直線区間沿いにある。

私たちは瀬戸内町や宇検村《うけんそん》に行くときには、いつからともなく必ず「サン奄美」に立ち寄るようになり、お土産を買ったり、タンカンジュースを飲んだりと、ドライブの休憩を取る場所となっていた。

「サン奄美」は住用の農産物の直売とその加工や販売を行っている。一九九八（平成一〇）年度に住用村生活研究グループ連絡研究会の事業部として有限会社を設立しようとまず研修をスタートさせ、その後、一九九九年四月に「サン奄美」は設立された。二〇〇一年には出資金を集め、有限会社として認可された。その出資者は住用村の女性たち二〇名であり、その中には川内、見里の女性たちも含まれていた。

直売している農産物はタンカン・ポンカン・パッションフルーツ・ニガウリ・マンゴーなど住用村で収穫されるものである。加工品は店舗の隣にある加工場で作られており、タンカン・パッションジュース、タンカンゼリー、マーマレード、よもぎ餅、ふくらかん

写真１：住用村摺勝のサン奄美全景。（2007 年 2 月 24 日、末岡）

（蒸しパン）、筍キムチ、大豆サタ豆、ドレッシングなど、多種にわたっている。研究グループでの製品開発が土台となっていて、「サン奄美」オリジナルの商品もある。また、商品の島外への通信販売も行っており、とくにタンカンの収穫時期には島外からの注文も多い。

「サン奄美」設立は村の農産物の販売による経済効果をもたらしたことはいうまでもないが、その他にもさまざまな役割を果たし、地域の中で必要とされている企業となっていると、設立当時から携わっていた元代表の和田美智子さんは話す。

客の七～八割を観光客が占め、外に向けて自分たちの住む村をＰＲする機会にも恵まれるようになった。そのために知識を身につけなければならず、勉強も必要となり、向上心にもつながった。また地域において、高齢者の農産物の受け取り、子どもの見守り活動などを通して、地域還元の役割を果たしている。ここで働く女性は以前より社会との関わりができ、いきいきと元気に活動するようになったという。

二〇〇六（平成一八）年度には農山漁村女性チャレンジ活動表彰で農林水産大臣賞を受賞し、二〇一〇（平成二二）年七月には東京池袋の東武百貨店の「奄美の観光と物産展」にも出店した。

二〇一〇年一〇月二〇日に奄美を襲った豪雨でサン奄美は被災した。販売所は一・五メートル、加工場は二メートル浸水し、大きな被害が及び、営業できない日々が続いた。販売所と加工場の復旧、機械の入れ替えや修理などを行い、サン奄美の主力商品である特産品のタンカンの収穫時期にあわせて、翌年二月一三日に再オープンすることができた。

（末岡三穂子）

写真２：ジュースやゼリーなどの農産物加工品が並ぶ店内。（2009年３月30日、末岡）

緋寒桜《ひかんざくら》でシマおこし――川内

住用村川内《すみようそんかわうち》は国道五八号線から内陸部に入ったところにあり、集落に大和村《やまとそん》方面に通り抜ける公道はなく、静かで奥まった場所にある。自然に囲まれ、緑が豊かでフナンギョの滝があるものの、集落外の人が足を運ぶことはあまりない。

一九九二（平成四）年一月一五日、川内集落の老人クラブが川内から摺勝《すりがち》への沿道に三〇〇本の緋寒桜の苗木を植樹した。当時約六〇人の老人クラブのメンバーが、桜の枝払いや施肥を定期的に行い、苗木は見事な花を咲かせるまでに成長した。

二〇〇五（平成一七）年より、この緋寒桜が見頃の時期に川内集落主催で「桜並木&フナンギョの滝ウォーキング」を開催することになった。山田紘一区長が、この桜を多くの人に見てもらいたい、何か催しをしようと考え、始めたという。始めは集落民だけで楽しんでいたが、その後は名瀬の川内郷友会の参加も増えてきた。二〇〇六年の平成の合併により、川内は住用村から奄美市住用町へと移行した。二〇〇七年一二月にフナンギョの滝が奄美市の一集落一ブランドの一四号に認定され、それを機にこのウォーキングも地元新聞などで取り上げられるようになり、参加者も年々増えていった。二〇一〇年には三〇〇名、一一年も二五〇名の参加があった。山田区長は「川内は固定人口が増えない。しかし、このようなイベントを開催することによって、交流人口を増やし、集落の活性化を目指したい」と話していた。

二〇一一年二月一三日（日）に行われたこの催しを筆者は見学する機会を得た。いつもはひっそりとして自動車の往来も少ない集落であるが、生活館の裏には参加者が乗ってきたたくさんの自動車が停められていた。川内以外に住む出身者や、名瀬やその他の地域から家族連れや友人を誘いあって参加した人など、おおぜいの人で賑わっていた。参加者は生活館の前に設営されたテントの受付で参加費（大人五〇〇円、子ども三〇〇円、幼

写真 1：川内生活館に集まる参加者たち。

写真 2：2010 年 10 月 20 日の豪雨の後の土嚢が積まれた川岸。写真奥に緋寒桜が美しく咲いている。

児無料）を支払い、引き換えに参加券を受け取る。この参加券はウォーキング後のお楽しみとなる。生活館周辺では、川内集落で生産される農産物や加工品を販売する店が三軒設けられ、参加者が買い物をしている姿も見られた。午前一〇時、生活館の庭で開会式が始まった。

区長その他から挨拶があり、参加者は皆で準備体操を行った。その後、摺勝までの沿道の緋寒桜を鑑賞しながら歩き始めた。いったん生活館を経由し、その後はフナンギョの滝まで行き、生活館がゴールとなる約八キロのコースである。一二時近くになるとウォーキングを終えた参加者たちが三々五々戻り始めた。参加者は参加券と引き換えに集落の婦人会メンバー手製のおにぎりと豚汁の接待が受けられる。参加者が全員戻ってきた頃を見計らって抽選会が行われ、楽しいひとときを過ごしていた。

二〇一〇年一〇月二〇日に奄美を襲った豪雨により川内集落は大きな被害を受けた。土砂崩れ、川の氾濫、床上・床下浸水などで避難を余儀なくされた人もいた。公民館も床上浸水した。ウォーキングのコースの一部にも土砂が崩れ、一時はこのウォーキングの開催が危ぶまれたが、復旧が間に合い、開催することができたという。

「昨年の豪雨災害時には丁重なお見舞いと多大なるご援助を頂き心より感謝します　川内集落」というメッセージの印刷された紙が添えられたピンクの餅が参加者に配られ、元気な川内をアピールするよい機会となった。

（末岡三穂子）

写真３：沿道に立てられたウォーキングの幟旗。

写真４：生活館前から出発する参加者たち。

写真５：参加者に配られた餅。

写真６：フナンギョの滝。（2013年２月21日）

＊写真１～５：二〇一一年二月一三日、末岡。

積極的なシマの人々―― 請阿室

奄美諸島だけでなく、南西諸島の中でも小さな島、請島。ここにある二つの集落は限界集落になりつつある。しかし、請阿室の人たちは積極的だった。

請阿室公民館建設推進委員会発行の『請阿室集落のあゆみ』(二〇〇五年)によると、一九八七(昭和六二)年、請阿室は農地の集団化利用の功績を高く国から評価され、一九八九(平成元)年農林水産大臣賞を受けている。小さい島ながらも積極的な土地利用を行ってきたことが評価されたのである。今も請阿室の人たちはこれからの農業を考えている。菊の花のハウス栽培、ウコンの栽培を行い、また、島には大手の化粧品会社も受け入れ、植物の栽培を行っている。

二〇〇五(平成一七)年請阿室の人たちの待望の新しい公民館が完成した。その公民館の記念誌として刊行されたのが「請阿室集落のあゆみ」だった。新公民館の必要性と完成するまでの詳細な過程、落成式の模様、寄付者も含めた記録を第一部に、第二部は請阿室の歴史・地理・民俗の聞き書き調査報告である。この本は元区長だった宮之原常輝《みやのはらつねてる》氏が中心となり編纂し、請阿室というひとつの小さなシマの人々全員が手がけた集落誌である。奄美大島の中でも、シマ単独で発行された出版物は珍しい。請阿室を知る上では今後貴重な出版物となるであろう。

ウォークラリー請阿室

五〇代、六〇代の壮年団の人たちのパワーも全開だ。請島の請阿室を知ってもらおうと二〇〇七(平成一九)年から毎年五月か六月の休日に「ウォークラリー請阿室」を行っている。「男はつらいよ」の映画で有名な加計呂麻島《かけろまじま》は知っていても、その南にある請島や与路島は、奄美本島に在住していても知らない人が多い。

二〇一一(平成二三)年で五回目を迎えたこのウォークラリーは加計呂麻島《かけろまじま》で行われていた健康ウォークが元となっている。請阿室出身、長崎県立大学の人間健康科学専攻の西村千尋《にしむらちひろ》教授を中心に行っていたのを、請島でも行いたいと、請阿室の青壮年団の池田勝丸氏、尾崎博仁氏らが西村千尋氏に依頼して始まった。

発起人は教師だった西村千尋氏の父親の教え子たちが中心となり、第一回目の委員長は請阿室出身(注1)森山力蔵《もりやまりきぞう》氏が就任した。西村千尋氏を講師に「健康について」の講演と、請阿室公民館を起点に島を三つのコースに分けて請島のハイキングを行い、昼食は請阿室の婦人会や青壮年団がおにぎりや、豚味噌、請島の周りで獲れた魚介で潮汁をつくり販売した。そして、お土産用に飾り貝や請島産の野菜なども販売した。大自然いっぱいの小さな島での一日を満喫して、請島を知ってもらえたらとの企画だ。そしてできれば請阿室に共に住んで農業を営んで発展させてくれる人が出てくれればというのがねらいだった。

請阿室は舟漕ぎ大会のときに瀬戸内町の人が観光で訪れるくらいのシマで、瀬戸内町以外の人たちがわざわざ訪れることはない。この企画で、大島本島の奄美市の名瀬や笠利町の人はもとより徳之島からの参加もあり、三〇〇人近くの人が請阿室に来た。奄美大島の南海日日新聞にも「ウォークラリー請阿室」の開催のお知らせとイベント当日の様子が掲載された。古仁屋から定期船の「せとなみ」だけで三〇〇人も請島は移送できないので、請阿室の人たちが船をチャーターし何回も往復して何百人もの人を請阿室へ運んだ。

第三回からは、西村千尋氏のゼミの学生も参加し、企画を盛り上げた。参加者の年齢もさまざまで、子どもから八〇代のお年寄りまでいて、また毎年常連の人たちもいるという。第五回目も一〇〇人以上の参加者があった。

写真1：ウォークラリー請阿室、公民館前での準備体操。（2007年5月、大里正治氏提供）

写真2：ウォークラリー請阿室を終えて参加者を見送る請阿室の人々。（2007年5月、大里正治氏提供）

「ウォークラリー請阿室」には、瀬戸内町の行政は関わっていない。二回目は請阿室の集落全員が参加し、三回目は、集落全員で「ウォークラリー請阿室」の実施の賛否を取った。三回目は養豚の臭いを心配する人や手がかかるなど中止の意見もあったそうだが、やはり実施しようということになり、青壮年団・婦人会の主催で実施となった。

最大の功績者は婦人会で、婦人会がなければ実施は難しかったということだ。わずか四〇戸あまりのシマが、住民総出で行っている行事になっている。

今では恒例のシマ興し行事となったが、シマの人々の、できれば請阿室に住んでほしい、菊の栽培や農業を共に行ってもらえれば、という思いもこめた様子が伝わってくる。積極的なアピールの行事なのだ。

（川北千香子）

（注1）森山力蔵氏は一九七九（昭和五四）年、跡見学園女子大学民俗文化研究調査会に請阿室を紹介してくださった小学校の教員で、また一九七八年の住用村見里においても奄美の民俗のアドバイスをしてくださった。

3　琉球の島々の中の奄美

——稲作、粟作などの播種儀礼から

南西諸島の島々は図にみられるように、大別すると北から奄美、沖縄、先島《さきしま》（宮古、八重山）の三地域に分けられる。

小野重朗氏による島々の正月の考察によれば、日本本土の正月が夏作物稲や暦による年替わりの一月正月であるのに対し、奄美、先島は八月節正月、沖縄は六月年浴《あみ》正月で、沖縄ももとは奄美、先島と同様の八月節正月であったとする。

このように南島の正月は、昔はみな、八月節正月であった。長い年月を経て、さまざまに変化したのである。ずっと南の八重山では島を分類して田国島《たんぐん》（高島）、野国島《ぬんぐん》（低島）の謂《いわ》れがあり、田国島の西表島《いりおもて》、石垣島は川が流れ水田があり、稲作も畑もできる豊かな島であるのに対し、野国島（低島）の新城島《あらぐすく》、鳩間島、黒島、波照間島等多くの小島は、隆起珊瑚の島で、土壌は浅く、川はなく、井戸による水の汲みあげにも恵まれなかった。水田による稲作はできず、焼畑で畑作をしてきたが鍬は使えず、ヘラでかがんで作業する状態であった。

新城島（上地・下地の二島）、下地の畑作物は粟、麦（大麦、小麦）、高黍、黍、大豆、小豆、胡麻、赤豆、イモ（甘藷）等であったが、いずれも冬作物であった。下地は、一九六〇年代に西表島への移住が完了し、稲作、畑作も可能となった。それまでは人頭税などの納入のためクリ舟で西表島へ通耕する困難な年月が続いた。

下地では、旧暦九月～十月頃焼畑し、数年輪作してから原野に戻

南島の冬作正月

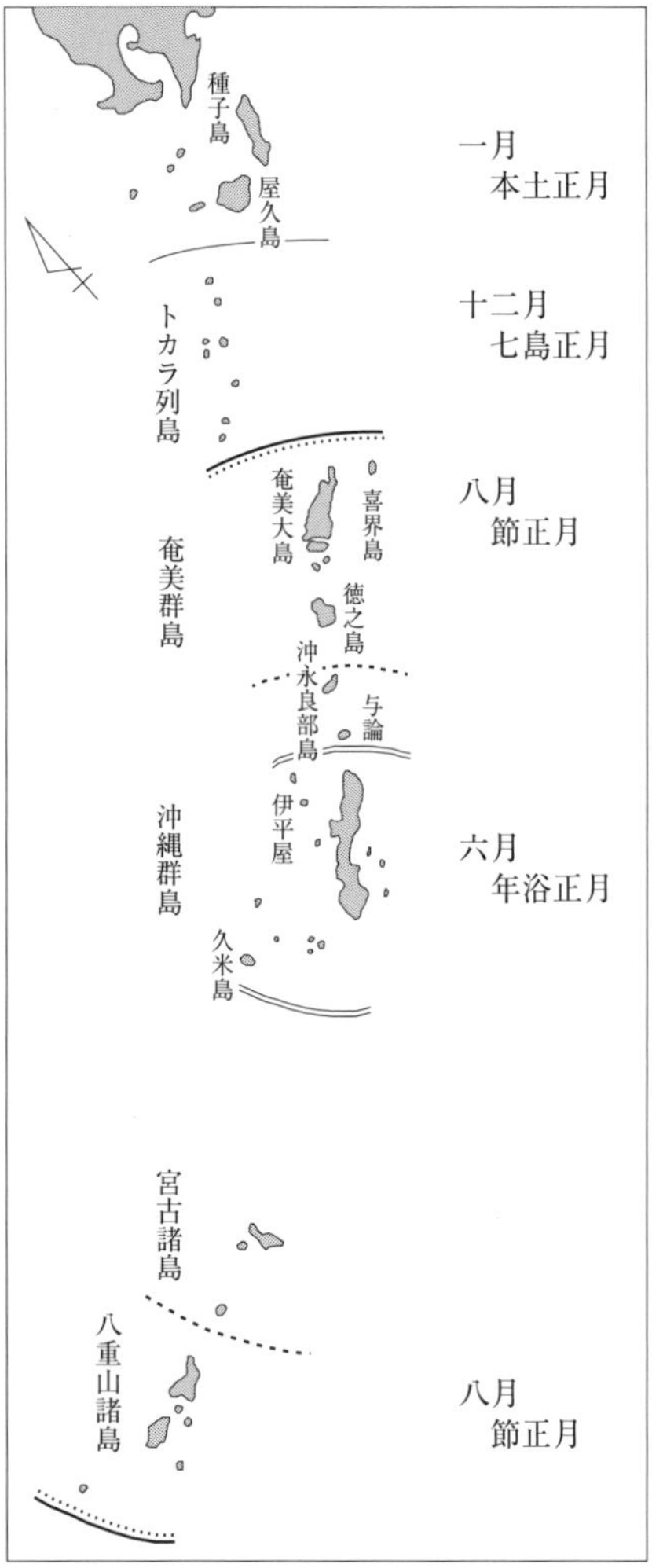

小野重朗「南島の冬作正月」より

し、やがてふたたび焼畑する。粟は旧暦一〇月～一二月頃直蒔きし、粟蒔き（タントリ）、生育、初穂、物忌、と様々の儀礼を行い、旧暦四月下旬～五月に収穫する。粟のあと畑にはイモ、麦、胡麻など種々の野菜をつくる。サトイモはつくらなかった。

下地で重要な畑作儀礼は、粟のアープル（旧五月の豊年祭）、粟その他作物全体の収穫祭（旧六月ウフプール、豊年祭）、このあと旧暦八月、九月に盆、吉願（キッガン）などのあと、新しい粟その他に関する作期、新しい節（シチ、セツ）を迎えるのであった。節祭は下地と上地では舟競技もご馳走もあるたのしく嬉しい日々で、このあと粟その他の播種儀礼を経て、いよいよ冬作物のつくり始めの一年が始まる。

この節正月は、南から奄美諸島まで及んでいたが、長い年月を経て変化し今日に至っている。植松が調査した一九六二年、奄美の加《か》計《け》呂《ろ》麻《ま》島《じま》で内容に変化は見られたが、アラセツの言葉は各地で聞くことができた。

南島の稲作は、冬作型稲であり、踏耕《ふみこう》が行われていた。踏耕は複数の牛をつないでの水田耕作で、これは本土から南下したのではなく、台湾、さらに南の島々の農耕文化に関係するものであることが明らかになってきている。最近は、多方面にわたる多くの方々の研究により、さらに粟その他畑作物の農耕文化が、南の島々に関連することが明らかになってきているのである。

（植松　明石）

奄美大島の日本復帰運動

第二次世界大戦終結後の一九四六（昭和二一）年二月二日、奄美諸島と北緯三〇度以南のトカラ列島は、正式に日本から分割され、アメリカ軍のもとで統治されることとなった。

一九五二年四月には連合国との間の平和条約が発効し、日本は独立したが、奄美と沖縄はアメリカ軍のもとに取り残され、行政も学校教育も、依然としてアメリカ管理のもとで行われた。

奄美では、分割直後から全島あげての復帰運動が展開され、一九五一（昭和二六）年二月に「奄美大島日本復帰協議会」が結成され、詩人で教師の泉芳郎が議長に選出されると、より一層、本格的な日本復帰運動が展開されるようになった。

その運動は、名瀬小学校で開催された「郡民総決起大会」をはじめとする二七回の決起大会、陳情団の派遣、一四歳以上の住民の九九％が署名した復帰嘆願署名運動、集団断食祈願、小中学生の血判状の提出などもあった。また直接、国会等に日本復帰嘆願書を提出しようとした市町村の陳情団が密航を試みるなど、奄美での日本復帰運動は激しさを増していった。

そのため、アメリカは基地が少ない反面で復帰運動の激しい奄美群島の統治をあきらめ、一九五三年八月八日の〈奄美大島とその付近の島々を日本に返還したい〉とのダレス声明をうけ、一九五三年一二月二五日に、奄美諸島は一足先に日本復帰を実現した。

沖縄が日本復帰を果たしたのは、それから一八年以上たった七二年五月であった。

（浅野　博美）

4　かなえられた「十五夜」

十五夜調査のきっかけ

十五夜《じゅうごや》の月は美しい。筆者の家では、旧暦八月一五日の晩、月見をする。粳米《うるちごめ》を挽き、その粉でつくった一五個の団子を一升枡に入れる。それを、家の東・南向きの廊下に置いた丸い卓袱台《ちゃぶだい》に、ススキや秋の果物等と一緒に供え、そして、蠟燭《ろうそく》に灯りをつける。

奄美調査を始めた頃、同じ行事の十五夜といっても、奄美と自分の家の行事のやりかたが違う、いや同じこともあると思ったものだった。しかし、奄美では、実際に十五夜の準備や行事をしているところを見たことはなく、見たいものと思っていたところ、二〇〇八（平成二〇）年、笠利町用集落の植田俊秀さんのはからいで、長年の希望がかなった。ここでは、そのときのようすを報告する。

良井スマ家の十五夜は、九月一四日（旧暦八月一五日）の午後、近所に住む吉田照和さん、ヨシノさんご夫妻と共に行われた。午後、お訪ねしたとき、準備は始められていたが、友人の浅野博美さんと一緒に団子をつくらせてもらうなど、楽しい時間を過ごした。

写真1から8はそのときのようすで、筆者の撮影による。

【団子をつくる】

写真1：上新粉で団子をつくる。1キロの粉を使う。団子の数はいくつでもよい。ただし、平たく丸い大きな団子を2個つくる。その他の小さな団子は球形である。102個あった。

写真2：サンバラに畑でとれたトン（サツマイモ）、マン（サトイモ）、トン（中身が紫色の芋）をあげる。カラカラには焼酎。団子の皿はムガッシャ（サネンに似ているが軟らかく匂いはない）。

写真3：丸めた団子をゆがく。中まで柔らかくする。その後、団子を水をはったボールに入れる。むかしは、製粉から準備したので、たいへん簡単にできるようになったという。

写真4：団子は、水をはったボールから取り出す。ムガッシャを敷き、その上に団子をとりあげる。まず、仏壇にあげる分をよそい分ける。

ふたつの大きな団子

奄美の各地で、多様な形で十五夜の行事は行われている。用集落でも、良井家のように、昔から十五夜をしてきた家もあれば、代を重ねた古い家でも、「昔から、家では行ったことはない」と聞くこともある。スマさんは、「明治生まれのおばあさんがやっていたことをそのとおりに行っている」というが、スマさんと同年齢の人でも、やったことはないという人もいる。

また一般に、「十五夜をする家でも、家により、やり方が少しずつ違う」ともいわれている。さらにスマさんは、十五夜は、「家族の健康に感謝しながら、これからもそうであるように、きれいな月に祈ること」という。「先祖があって自分がいるから、まず、先祖に祈り、その後に、月に祈るもの」という。また、「家に不幸があったときには、仏壇に団子をあげて拝むが、月を拝むことはしない」とおっしゃる。

良井家では、写真1でみるように、ほかの団子より大きなふたつの平たい団子があった。これについて、スマさんは、「なぜふたつだけ大きいものをつくってきたのかはわからない」というが、吉田照和さんは、子どもの頃、「明治生まれのばあちゃんから、大きな団子のひとつは月で、もうひとつは太陽と聞かされていた」という。このようなことは、その家の個性なのか、それとも奄美文化圏にみられることか、筆者に民俗事象への関心を抱かせることになった。

（福岡　直子）

【月に供える】

写真5：団子は、座敷に設えた仏壇にあげる。月にあげる前に、まず先祖にあげる。その家に不幸があった場合、先祖にはあげるが、庭で写真6のように月を拝むことはしない。

写真6：庭をきれいに掃き清め、そこで、月に供える準備をする。サンバラをのせる台は、かつては臼だったが、今はポリバケツで代用する。山からとってきたジスキ（ススキ）を5本添える。

写真7：月があがる東を向き、手をあわせ、「1年間、何事もなくみんなが元気で過ごすことができ、ありがとうございました。これからもますますみんなが元気でありますように」と願う。

写真8：用集落で月が出る方角は、この方角。台風の影響で月は見えず、雲間に少し見えたのは午後8時を過ぎていた。かつて、集落背後の頂から眺めた満月は、静かな波に光を放ち揺らめいていた。

5　種下ろし行事

稲の苗の種を蒔くことを種下ろしといい、その行事は、奄美大島で稲作がほとんど行われなくなった現在でも豊年祈願の行事として続けられている。種下ろしの日は笠利町用と宇宿では九月から一〇月の初庚申の日とされ、宇検村芦検では旧暦八月の彼岸から五八日目、他の地域でも一〇月頃に行われている。

笠利町では種下ろし行事をアラセツとシバサシの日に一緒に行い、八月踊りの後に踊られる手踊り（六調や天草、ヤンバル等）が種下ろし行事の意味をもっている。龍郷町では一〇月後半の土・日曜日の二日間行われ、集落でいちばん盛大な行事となっている。

芦検の種下ろし行事

芦検の種下ろし行事は各家から餅をもらってまわることから「ムチムレ（餅もらい）」といわれ、現在は一一月第三土曜日に青年団主催で行われている。

夜八時頃、青壮年団員は思い思いの仮装をして公民館に集合する。昔は顔を隠していたが、現在はそのようなことはない。昔からの慣わしで集落の西の方から始める。

昔は一軒一軒の家をすべてまわっていたが、今は数軒がまとまり、庭や広場、道路などで踊る。伴奏楽器は三味線とチヂンで、三味線は六調と同じような奏法で弾き、速いテンポでチヂンを叩く。三味線は民謡保存会が、チヂンは四〇代の男性が、唄は女性が担当する。

「今日の良き日に蒔き種をしたから、蒔き種のお祝いをしてあげよう。餅が欲しいのでもない、焼酎が欲しいのでもない、餅を貰って回るのは昔からのしきたりだからしているのです。ありがとうございしまた。報いに恵まれた人は、来年は稲の穂が実り、畦を枕にするほど豊作になるでしょう」（末岡　二〇〇八）という意味の「ムチムレ唄」を歌う。仮装した青壮年団員はその唄にあわせ、輪をまわりながら手踊りをする。

集落の人はそれぞれお盆にカシャ餅と缶ビール、ミカン、現金の入った封筒を用意して待っており、ムチムレが自分の家の近くに来るともって出て、青年団員のもつサンバラといわれる大きなザルにそれを入れる。青年団員は受け取ると踊りの輪の中に入り、そのサンバラを高く上げて、「ムルタガー、ムルタガー（もらった、もらった）」と言いながら披露する。

一か所につき五～六分の踊りをすると次の場所へと移動し、約二〇か所でくりかえしそれは行われる。最後は公民館に集まり、土俵のまわりで八月踊りの「みっちゃれ」を踊り、区長の万歳三唱で締めくくられた。

皆からもらった餅やミカンなどは公民館に集められる。次の日、餅とミカンはムチムレに参加した人たちへのお礼として青年団が分配し、缶ビールは青年団の慰労会などに利用され、金は青年団の活動費となる。

　青年が仮装して賑やかに大きな音を出して各家をまわりそのお礼として餅をもらうというこのムチムレは、「先祖たちは、稲の凶作をもたらすものが、各家々、各個人にまつわる処の悪神邪霊等の仕業であると考えていた」（『芦検民謡集』）ので、仮装して威嚇し、大きな音を出して悪神邪霊を祓い、豊年祈願をする意味をもつといわれる。

　芦検では昭和四〇年代半ばから稲作が行われなくなり、また、青年団員が減少したこともあって、一時はこの行事が途切れたこともあった。しかし、この伝統行事の復活の声があがり、青年団の活動資金を得るという目的もあって、続けられている。青壮年団員に混じり子どもたちも楽しそうに参加している。

　ムチムレは、ハロウィンパーティーのような楽しさもあり、伝統的な集落行事の楽しい思い出を、子どもたちの胸に強く焼きつけるものとなっている。

（末岡三穂子）

写真１：思い思いに仮装した青壮年団員や子どもたちが賑やかに踊る芦検のムチムレ。（2006年11月18日、末岡）

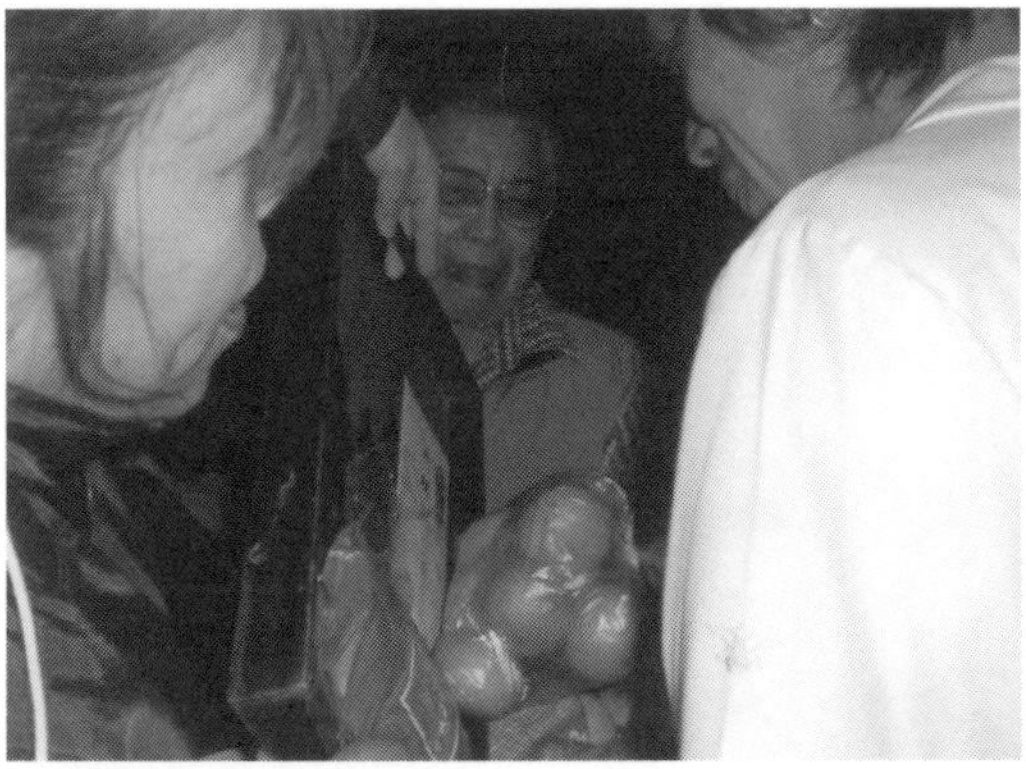

写真２：カシャ餅、ミカン、ビール、寄付金を受け取る青年団員。（2006年11月18日、末岡）

写真３：踊りの伴奏、三味線と唄を歌う婦人たち。（2008年11月15日、末岡）

【寄稿】

集落便りを都会に発信

師玉　当洋

二〇〇六（平成一八）年三月の合併を前に地域を見つめ自立自興の魅力ある集落づくりをしようと二〇〇五（平成一七）年七月二〇日に九八世帯、人口二一〇名から成る見里《みさと》集落むらづくり委員会を発足しました。

会長（嘱託員）・副会長（青壮年団長）を事務局とし、それを中心に生活環境・文化伝承・営農生産・防災と四部会に分け、昔からよく集落の青年たちが方言で口にする言葉の「ワキャガスィランバタッカシュリ、ナキャがホロシャレバ、ワキャダカホロシャ」＝「私たちが行動を起こさなければ誰がするのですか。みんなが喜んでくれたら、それは私たちの喜びです」をスローガンに掲げ組織しました。

私は当初事務局担当及び四部会の一員として活動していました。そんな折、全体会の後の宴会で各部会の今後について話が盛り上がり、そんな中「若者が頑張っている姿を各地区の郷友会の方々に知らせ、変わりゆく集落に対しての意見も聞きたい」そして老人会から「賑やかな豊年祭で都会に行って久しい方々と一緒に踊り、酒を酌《く》み交わしたいね」「みんな頑張って日本全国にいる見里出身者の方々を招待しようか？」など話が出てきたのです。

そうなると次にどうするかという話になった。二五年前に一度ガリ版刷りの豊年祭招待状をもって青年団で手分けして近隣の郷友会宅を一軒一軒訪問した年はこれまでにない来客があったという話になり、まずは集落の情報をお知らせしつながりを絶やさないこと、そのときだけでなく、集落といつも何かでつながっているという形が必要となり情報を発信することで話がまとまりました。

二〇〇五（平成一七）年一一月五日第一号見里集落新聞「きばれ見里ちゅ」が創刊となりました。集落にプリンター・デジカメ等を購入してもらい、記事編集は私、記者は全集落民で始まり、その年一二月の定例会で広報担当から広報部会に昇格して現在に至っております。

小さな集落ですが校区運動会、老人大会、八月踊り、集落行事、冠婚葬祭から庭先の花壇の自慢など、あまり難しく考えないよう

写真：著者の師玉当洋さん。（2010年10月12日、末岡）

に、島を離れた子どもや親戚に手紙を書いている気持ちで発信しています。

発信は年四回、集落全世帯と島内外一五〇軒に配布しています。広報部財政の問題も集落と相談しつつ、いつの日か全国に広がる郷友会の皆さんを我が見里集落に招待してお年寄りの喜ぶお顔を夢見て、コツコツと頑張っていこうと思っています。

師玉当洋（しだま・とうよう）　一九五五（昭和三〇）年、奄美市住用町見里生まれ。農業青年（消防団）一九八九（平成元）年、大島地区消防組合採用。住用消防分駐所所長を経て、現在、名瀬消防署署長。

<1>　平成17年11月　5日初版　見　里　集　落　新　聞　第　1　号

きばれ見里ちゅ

発行所
見里集落広報部
〒894－1113
鹿児島県大島郡住用村見里地内
編集長0997－69－5339
嘱託員0997－69－5011

はじめまして見里から皆さんに発信します。

平成17年9月18日見里集落豊年祭・敬老会が開催されました。

横綱土俵入り　横綱　宮澤俊博（50歳），露払い　田原竜孝（32歳），太刀持ち　師玉当太（24歳）

豊年祭前日　全集落民で準備します。

老人クラブ男子　（お宮の清掃）（土俵回りの清掃）

婦人会　（作業時の食事，豊年祭用もち・みき・敬老者の折り詰め・配膳係など担当）

青壮年団（土俵づくり・俵づくり・その他進行上必要器材等の準備）

作業時の昼食　おにぎり・・好きなだけ
豆腐，シブリ汁・・好きなだけ
タクワン・・好きなだけ

話題・・先輩方の豪傑話（ほら話），豊年祭の余興のさぐり合い，村一番酒飲みは誰という話等。

※とにかく一人でも多くの各見里郷友会の人を招待するには，どうしたらいいか考える集落民です。

資料：師玉さんらがつくった「きばれ見里ちゅ」。

6　シマの人との交流

残された手紙と日記

私が初めて奄美に行った集落は、住用村《すみようそん》川内《かわうち》だった。一九七七（昭和五二）年である。その後、川内で長期の滞在をして調査することはなかったが、他の集落へ出向いた折に、必ず寄るお宅が何軒かはできるようになっていた。そのなかの中善勇さん宅に、二〇〇八（平成二〇）年九月にお訪ねしたとき、思いもかけないものを見せていただいて驚き、感激した。思いもかけないものとは、調査後、学生からきた質問の手紙、指導教員・学生からの調査の礼状、年賀状の束である。また、長年にわたり中さんがつけていらっしゃる日記に、私たちの滞在中のことが記されてあったことにも感銘を受けた。農作業、農業関係の役員会でご多忙の中、時間をつくり、いろいろ教えて下さっていたのである。そして、調査の最終日の日記の欄には、「夜は心ある人々の送別会をする」の一文が記されてあり、言葉につまった。

　これは誰かに話さずにはいられないと思い、当時、一緒に同家を訪ねた一年先輩の西田美智子さん（旧姓・大沼さん）に伝えた。次頁に紹介するものは、西田さんからの寄稿文である。（福岡　直子）

写真１：大事にされている手紙。1977 年以来の指導教員、学生からの年賀状、手紙は何通になろうか。これからもまだまだ増えるにちがいない。（2008 年９月、福岡）

コミュニケーションの基礎を学んだ実地調査

私は文化学科の一期生で、鹿児島県指宿郡穎娃町、奄美の川内、請阿室の三か所のフィールドワークに参加しました。調査の手法を学び、現地に行って、見ず知らずの人々から、その土地の住まい方、暮らし方、過去からの風習をお聞きしながら事実を記録していくということが重要な目的でした。生意気にも集めた記録をどう体系づけていくか、とても興味があり、今から思うと、一期生で先輩がいないのをよいことに、卒論では、ずいぶん自分勝手な空想的理論を展開していたように思います。担当教員の渡邊欣雄先生は、おもしろいと言って下さり、日本民俗学会の卒業論文発表会にも出させていただきましたが、稚拙だったと思います。

写真2：生活館に出向いてくださった中善勇さん。右から中さん、大沼（現・西田）、大塚（現・森）。（1977年）

調査後、論文をまとめることは楽しいことばかりではないのですが、そんなときには奄美の思い出に何度も助けられました。都会生まれの私には、シマの人々の優しい心持ちがとても美しく思えて、離れがたく、去りがたく、頂いた永良部ユリの球根を育て、その後、開花した写真を送り近況報告、結婚報告と何度もお便りを出した覚えがあります。台風が来ると、シマは大丈夫だろうかと、遠い東京から本気で心配したことも懐かしい思い出です。

このたび、シマの中善勇さんが、私の手紙を大事に保管されていたとうかがい、とても懐かしく、また、少し恥ずかしいような気もしました。

三〇年前より、現在はさらに、人間関係が希薄になっています。こうしたシマの人々との温もりのある交流を通じて、机上の空論ではなく地に足の着いた、顔の見える関係づくりを学べた私たちは幸せだったと思います。そして、今後は、こうしたフィールドワークのような機会をもつことは、ますます貴重になっていくものと考えます。

（西田美智子）

第二節　明日に向けて

1　シマごとの年中行事

奄美で一九七七（昭和五二）年から一九八五年の九年間、一一集落で聞き取った年中行事の内容が『民俗文化』第二～第一〇号に記載されている。年中行事の担当が毎年異なる学生であることに加え、各年の課題によっても聞き取り範囲にばらつきがあったが、まず、記載そのままの要約を原則に調査当時の年中行事表を作成し、それをもって約三〇年後の二〇〇六年から二〇一〇年の間で再聞き取りをして変化をまとめた。

奄美の年中行事は「奄美」でくくれないほど集落（シマ）ごとの違いが大きく、各集落の個性が際立っているので、訪れた集落すべての年中行事表を提示する。行事は旧暦での実施日がほとんどなので、表中では原則として旧暦で記載し、新暦での実施には〔 〕をつけた。

奄美の年中行事

本土で行事といえば、まず「盆と正月」だが、奄美も同じである。正月は新暦だが、盆は今も旧暦で行われている。

加えて奄美で盛んな年中行事に、旧暦八月の「八月十五夜祭（豊年祭）」、「アラセツ・シバサシ・ドンガ」のサンセツ、秋に行われる「ムチムレ（またはタネオロシ）」がある。この行事ではすべて八月踊りが行われ、長時間踊るのが特徴的である。また豊年祭では相撲が行われる。

各集落を比較してみると、北の地域にある龍郷町と笠利町の集落ではサンセツが盛大に行われ八月踊りが長時間踊られているが、豊年祭での相撲は地味、反対に南の住用村、宇検村ではサンセツよりも豊年祭の相撲が盛んに行われているという違いが見られる。

その他の行事では「運動会」が盛んで、村運動会はどの地域でも勝負にこだわり、老若男女が一丸となって集落対抗の競技に参加している。

（浅野　博美）

写真４：宇検村全集落参加の村民体育大会、入場式。（2006年９月、浅野）

写真５：宇検村村民体育大会、聖火ランナー。（2006年９月、浅野）

写真６：宇検村村民体育大会、俵担ぎ競争。（2006年９月、浅野）

写真７：龍郷町中勝。八月踊り。指の間に紙をはさんでいる。（1983年７月）

写真１：龍郷町嘉渡のお正月の飾り＜ブンブル木＞。赤や緑に色づけした餅を木に飾る。（1985年８月）

写真２：笠利町用、十五夜お月見のお供え物。（2008年９月、浅野）

写真３：宇検村芦検の敬老の日の集まり。公民館の中で老人会メンバーが遊ぶ。（2008年９月、浅野）

(注)「実施日」欄の〔　〕付き月日は新暦。＊は実施日が不定の行事。「行事内容」欄の☆斜体表記は、調査年時点で行われていない行事。「行事の変化」欄の○は調査年に行われている行事、×は調査年には行われていない行事。

行事内容（つづき）	行事の変化（2009 年調査）
	○若水汲みは、やる家が少ない。
	○家によっては、新暦で行っているところもある。
	○同上。
	○
	×
べる。	×
の子が鍋を持ち 7 軒の親戚を回りゾウスイをもらう。	○新暦で行う。
内」と言う。	×
オハツとして供えてから食べる。	○新暦で行う。
壇に供え墓参りをする。門松をとる。	○新暦で行う。
願って焼酎・塩のオハツをなめる。	×
	×やちゃぼう祭に変わったが、それも行われなくなった。
葉と桃の枝をもち墓参りに行く。	×
	○
当>をもち仲のよい家に集まって食べる。	○役場で決めた日に変わる。
として仏壇に供える。	生活館で弁当を食べる。
食べる。	×
除をする。	
置く。	×
ショウブの葉と一緒に持って墓参りに行く。	×
がショウブとマカヤをさす。	○簡単になるが、旧暦で行っている。
なぎ払い、当日の午後稲刈りの準備をする。	
供したものを床柱や高倉に掛ける。	×
煮物等を作り仏壇にオハツを供える。	
	×
重に詰めトノヤに集まりノロ神にオハツを供える。	×
の川」等と書いて竹につけ早朝門の所に立てる。	
置き、屏風で囲む。	○
える。オモテに<ムッタナ（棚）>を作る。	○
め紙で包み、提灯と酒と共に持って墓に行き、先祖を送る。	○
サトウキビをのせたものを置く。	○
夜は八月踊りをする。	×
しをする。	
に芝をさした。	
	×
八月踊り。	○行事名が豊年祭に変わる。15 日前後の休日に行われる。
根を葺き替える。	×
次に翌年の無事を祈る<願たて>をする。	×
ってはいけない。	×昭和 55 年頃まで行っていた。
ツ・シバサシと同じ)。「ドンガが来ると冬が来る」。	×
落の人にふるまわれる。	×
内容。	×
29 日頃墓掃除をする。	×
	○ 28 日大掃除の日のみ行う。
年越し餅を食べて静かに年を越す。	○簡単になるが、行っている。

表１：住用村川内年中行事

行事名	実施日	儀礼	行事内容（1977 年）
元旦	〔１月１日〕		＜若水汲み＞＜サンゴン＞＜長命サカズキ＞をする。
ミーシゴト	１月２日		山に行って苗木を植えたり、少し田畑を耕したりする。
スズリフッタ	１月２日		大工のイワイ・家を新築した人が大工の家に行きお祝いする。
ネントマワリ	１月２日		長幼の序によって挨拶に行く。オジ、オバ、集落の年長者を回る。
オナゴショウガツ	１月３日		女性がご馳走をもち寄り生活館や友人宅に集まり遊ぶ。
イツカスック	１月５日		床の餅を下げて吸い物を作り、仏壇にオハツを上げてから食
ナンカジョウスイ	１月７日	七歳祝い	７歳の子供の厄をはずす。７種の具入りゾウスイを作り７歳
			晩に鉄砲の合図で子供達が表戸を３回叩き「オニは外フクは
ガミビラキ	１月 11 日		朝カガミ餅をおろし豚・魚・里芋・野菜と一緒に煮て、仏壇に
ジュウゴニチスック	１月 15 日		小正月ともいう正月最後の日。新しく餅をつき煮物を作り、仏
ヤマオイ	１月 16 日	山の神	*☆山仕事をする人夫を集めて無事を祈る。*
二十三夜祭	１月 23 日	神月（1、5、9 月）祭	エンに高いお膳を置き、団子・焼酎・塩・サカキを載せ健康を
ヤドリスック	２月＊日		*☆製糖の無事終了を祈願する祭り。日取りは話しあい。*
サンガツスック	３月３日		前日に＜カシャ餅＞を作り当日煮物等と仏壇に供え、ヨモギの
			嫁は先祖に供える餅を持って子供を連れて実家に行く。
ハマオリ	４月初午	害虫除去	＜ムシアソビ＞ともいう害虫除去の祭。
			午前中に稲につく虫を潰して川に流し、その後、＜ハマオリ弁
マーネアソビ	４月午	ハブ除け	ハブにかまれないように祈願する祭。午前中家でご飯をオハツ
			ハブにかまれるので畑仕事は休み、女性はニラを入れたかゆを
アズラハネ	４月初壬	害虫除去	稲につく害虫除去の祭。田の回りや農道の草刈、家の周囲の掃
ネノアソビ	４月子	害虫除去	ネズミの害除去の祭。ご飯を炊き箸で一口分位ずつ家の隅々に
ゴガツイツカノスック	５月５日		前日＜カシャモチ・アクマキ・チマキ＞を作り当日仏壇に供え、
			嫁の実家や本家に先祖の数だけ持っていく。部屋の四隅に母親
シキョマ	６月戌	初穂祭	稲の初穂を祝う日で元来はノロが日取りを決めた。前日畦道を
			満潮時に干支から五指の人が奇数の稲を束にして稲の霊魂にお
			ご飯を炊き親の家に持って行き昼は家の外で食事をする。夜は
アラホバナ	６月初寅	初穂祭	＜ナツウリメ＞ともいうノロ神による初穂祭。
			村から米・野菜等を集めミキを作り、当日は赤飯や煮物等をお
七夕	７月７日		＜ブン＞の準備の日で墓参りと墓掃除をする。白紙に墨で「天
ブン（盆）	７月 13 日	先祖を迎える	夕方墓に先祖を迎えに行く。仏壇の前に置いた台の上に位牌を
ブン（盆）	７月 14 日		先祖にご飯・お菓子・煮物・吸い物等をあげ 10 時ごろ餅を供
ブン（盆）	７月 15 日	先祖を送る	朝おかゆ、昼餅を供える。小さく刻んだ餅等をお土産にするた
アラセツ（ミーハチガツ）	８月初丙	収穫祭・火の祭	前夜からオモテの床に奇数の脚無し膳に、ミキ・団子・ミカン・
			朝赤飯を作り供え、夕方墓に行き先祖を迎えお供えをして拝む。
			＜ユーワシ＞という男同士・女同士・子供同士が集まり夜明か
シバサシ（ミーハチガツ）	アラセツ５日後	収穫祭・水の祭	収穫祭・水の祭とも言われる。行事はアラセツと同じ。元は軒
八月十五夜	８月 15 日	豊年祭	豊年祭・相撲がおこなわれ、仮装行列、力士が厄払いをする。
			トノヤにお礼〈願もどし〉をして来年の＜願かけ＞をして夜は
ナハウリメ	８月初寅		トノヤに村の人が米・煮物を持っていく（アラホバナと同じ）。
願たて・願なおし	９月９日		１年の交替の日。集落全員でノロが拝む＜ティラッコ＞の屋
			仏壇の前に膳を設けて１年の無事の礼を言う＜願なおし＞、
カネサル	８月 15 日後庚申		改葬の日。夜はサンゴンをして焼酎を飲み祝う。翌日は土を掘
ドンガ（ミーハチガツ）	シバサシ後甲子	収穫祭・木の祭	木の祭とも言われる。朝赤飯を作り夜八月踊りをする（アラセ
モチモレ	10月		各家を踊りながら回り、各家でついた餅をもらう。餅は翌日集
フユウリメ	11 月初寅		トノヤに米を持っていく。アラホバナ、ナハウリメと同じ行事
正月準備	〔12 月 25 ～ 29 日〕		家の掃除修理などをはじめる。28 日までにカマドを治す。
	〔12 月 30 日〕		飾り餅をつくる。
年越し	〔12 月 31 日〕		夕方に門松を作り門に立てる。餅をつき豚と野菜の煮物を作り

（注）「実施日」欄の〔　〕付き月日は新暦。＊は実施日が不定の日。「行事内容」欄の☆斜体表記は、調査年時点で行われていない行事。「行事の変化」欄の○は調査年に行われている行事、× は調査年には行われていない行事。

行事内容（つづき）	行事の変化（2006 年調査）
	× ○ ○できる家はやっている。 × ○
  をする。 *「鬼は外、福は家」と皆が叫ぶ。*	○各家での祝いになる。 × ○餅ではなくお金をもらう。 ×昭和２０年代まで。 ×
  が集まる。	× ○ナリムチは買う。 ×昭和３０年ぐらいまで。 × ×
取り。	○ ○集まって遊ぶ日になる。 ○
	○ ○ ○ ○ ×
した）。 踊り。	× ○毎年。 ○毎年豊年祭と敬老会を同時開催。 × ×
	× × × ×
	× × ○ ○

写真９：住用村見里、豊年祭。（2006 年９月、浅野）

写真８：住用村見里、豊年祭。（2006 年９月、浅野）

表2：住用村見里年中行事

行事名	実施日	儀礼	行事内容（1978年）
ガンチョウ	〔1月1日〕		若水汲み
		仏壇	親子三献
			年頭マーリ・親元マーリ（3日まで）。
仕事始め	1月2日		ソテツを植えるなど形式的な仕事をする。
成人式	〔1月3日〕		20歳の男女が公民館に集まる。
トシノイワイ	1月3～5日		61、73、85歳のトシカタを招き公民館でお祝い。
五日節句・五日の吸物	1月5日	仏壇	本格的な仕事始め。仏壇に餅の吸い物をあげる。
ナンカンジョーセイ	〔1月7日〕		七草粥を作る。7歳の子は7軒の親戚を回りゾースイムラ
			☆猟銃を空に向かって撃ち、この音に合わせ戸をたたきなが
水の神	1月7日	水の神	魚を取る人は水の神に酒と粥をあげる。
山の神	1月9日	山の神	山関係と大工をする人は山の神に焼酎をあげる。
ナリムチ	〔1月14日〕		ナリムチをつくり床の間、玄関、表に飾る。翌日墓前に供える。
エナ正月・女の正月	1月15日		*☆仕事を休み、トンコツを食べる。トシワスレとして、親しい友*
カメザレ	1月20日		ヒキャゲをつくる。晩には正月のご馳走を食べ終える。
ハツウマ	2月初午		仕事を休む日。
三月の節句	3月3日		女の子の節句。フトゥムチをつくり先祖に上げ親戚同士でや
ムシカラシ	4月寅か子		虫取り、一重一瓶、ハマオレ。
五月の節句	5月5日		男の節句。アクマキをつくり親戚同士で交換。
			凧揚げ（以前はハマオレ、相撲）。
七夕	7月7日	星祭	笹を立てる。午後墓の草取り掃除の後改めてお参り。
			（以前は墓の入り口で一重一瓶）
盆	7月13日		先祖を迎える。
	7月14日		カドオクリ。先祖元と親元に自家製の餅を持っていく。
	7月15日		先祖を送り出す。夕方先祖元に集まる。夜中八月踊り。
	7月16日		仕事は休み。
シュキマ	7月終わり頃		先祖に、米のお初と豚魚のご馳走をあげる（昔はムチムライを
八月十五夜	8月15日		1年交代で敬老会と豊年祭が行われる。
			豊年祭：相撲後相撲行列、仮装行列、一重一瓶、芸能大会、八月
アラセツ	八月十五夜の次の丙	火の神	
		子どもの魂	位牌に線香をあげる。八月踊り。
シバサシ	壬アラセツの5日後	水の神	土俵を囲んで八月踊り。
ホゾンガナシ	9月9日	火の神	願たてをする。
カネサル	庚申の日	火の神	
		先祖まつり	改葬、一重一瓶
ドンガ	庚申の5日後申の日	木の神	位牌をまつる。八月踊り。
タヌオロシ	10月壬の日が多い	豊年祈願	種おろし。餅をつくる。若い人が踊りながら各家をまわる。
正月準備	〔12月25～31日〕		*☆ワクシ（豚を潰す）*
			トンコツ料理の材料採り。餅つき。
トシノバン	〔12月31日〕	先祖	門松つくり、先祖に花を飾る。

⊙現在（2006年）38歳の娘が小学校時に行事がなくなったと記憶している。

写真10：住用村見里、豊年祭。
（2006年9月、浅野）

(注)「実施日」欄の〔　〕付き月日は新暦。＊は実施日が不定の日。「行事内容」欄の☆斜体表記は、調査年時点で行われていない行事。「行事の変化」欄の○は調査年に行われている行事、× は調査年には行われていない行事。

行事内容（つづき）	行事の変化（2010年調査）
三献。	×昭和３０年代から新暦になった。
	○
	×諸団体の新年会になる。
	○大工の仕事をしている人が行っている。
	×
	○85歳を宴会場で祝う。
	×
	○
め集まる。	×
2回）	○
	×
神>をまつる。	×
と安全を祈る。	
	○
	○学校は半日で終わる。
捨てる。	×戦前まで。
いた。	×
	×明治４０年頃まで。
壇に供える。	○
	○
	○
	○
	○
つくる。	○
	○
金）をもらう。	×
供える。	×
とにんにくをつける。	
たきてくださるように言う。	×
金）をもらう（クヮンバンブレ）。	
	○各家で祝い方はさまざま。
	○旧暦8月１５日前後の休日に行う。
	○
	×消防検査の日になる。
	×
八月踊り。	○戦後できた祭り。簡素化され、行われている。
	×
置く。	×
	○各家でできる事を行う。
	×

写真 11：請阿室。七夕の飾り。
（１９７９年８月）

表３：瀬戸内町請阿室年中行事

行事名	実施日	儀礼	行事内容（1979 年）
ガンチョウ	〔1 月 1 日〕		若水汲み。墓に新年を知らせる。雪松と鏡餅を飾る。家族
シュクマワリ・シェブオガミ	〔1月1～3日〕		挨拶回り。
仕事はじめ	〔1 月 2 日〕		畑で 1 時間ほど仕事をしたりする。
		大工の神様	セク（大工）ノユエ（三献）船をもつ人も三献をする。
神様のまつり	〔1 月 3 日〕	拝んでいる神様	自分が拝んでいる水神様などをまつり、1 年の始まりを告げる
トシノユエ	〔1 月 5 日〕	歳の祝い	61・73・85 歳の人を祝う。
トシビノユエ	〔1月1～12日〕		家族各人の生まれた年の干支の日に三献をして祝う。
ナンカンゾースイ	〔1 月 7 日〕		七日雑炊（7 種類の品を入れた雑炊）を家族で食べる。
クァ小月	〔1 月 15 日〕		門松や雪松を片づけ、ご馳走を食べ、子供はお重に食べ物を
アクビョウビ	1 月 16 日		災難が来る日なので仕事や船出しをしない。（旧7月１６日と
女の正月	1 月 20 日		*☆内容不明*
ウンキマツリ	1 月 23 日	セイガンの神	床の間に<ウヤモチ>や酒・線香・さかきを飾り<セイガン
		タビ神	家内安全と家族の健康を<タビ神>に、外に出ている人の健
サンガツサンチの節句	3 月 3 日	女の節句	女の節句。<フティモチ>を作り仏壇に供え親戚に配る。
			集落全員が仕事を休んでは浜に降り潮干狩りをする。
ハマオリ / ウマーネアソビ	4月初午		*☆浜に下りて潮干狩り / 仕事を休んで、作物についた虫を川に*
			☆サトウキビの除草・検査をおこない、共同事業の決済をして
シマガタメ	4・5日頃		*☆馬を殺し集落で分けて食べ、ノロ神を拝む。*
ゴガツゴンチの節句	5 月 5 日	男の節句	男の節句。<ガヤマキ>をつくり仏壇に供える。菖蒲を墓と仏
船漕ぎ競争			部落主催で敬老会を兼ねる。板付舟2艘で競争する。
七夕	7 月 7 日	先祖	盆に迎える先祖のために笹に飾りをつけ庭先に立てる。
ブン（盆）	7 月 13 日	先祖	<コスィガナシ（先祖の霊）>を迎える日。
ブン（盆）	7 月 14 日	先祖	先祖は一度墓に帰る<中かえり>。
			親戚のいない霊のために、庭に<トウロウグヮ（やぐら）>を
ブン・八月踊り	7 月 15 日		<コスィガナシ（先祖の霊）>を送る日。
ウバンブレ	アラセチ前日		子供が各家の庭先で歌ったり踊ったりして、おにぎり（後にお
アラセチ	8 月初丙	先祖	亡くなった人がやってくるので、お膳を先祖棚や<オモテ>に
			子供に<ウッシュグワ>に連れて行かれないようにと、桑の皮
シバサシ	アラセチ７日後		*☆災難がないように家の四隅にススキをさす。神様に、来年ま*
			子供が、各家の庭先で歌ったり踊ったりしておにぎり（後にお
八八のヨネマブリ	8 月 8 日	歳の祝い	88 歳の人の長寿を親戚が集まって祝う。
十五夜	8 月 15 日	農業の神様	村の始まりの神様（農業の神様）を拝み、集落の発展を祈願する。
			その後相撲・余興・八月踊りをおこなう。
豊年蔡敬老会		敬老	70 歳以上の人を招待してご馳走する。
クガツクンチ	9 月 9 日	火の神	火の神様をまつる日。親戚で山羊を潰して一緒に食べる。
改葬	9月辛未	先祖	死んでから7～8年後におこなう。
招魂蔡	9 月 16 日	戦没者	戦没者を祭る慰霊祭であり、その家族の慰安もはかる。相撲・
カネサル	庚	山の神	*☆山の神が山から出てきて歩くので外に出てはいけない日。*
			☆子供を守るために、母親が<カネモチ>を作って子供の枕元に
正月準備	〔12 月 25 日〕		畳替え・墓や仏壇の掃除・餅つき・すす払い。
トシノヨル	〔12 月 31 日〕		門松を立てる・トシトリモチを食べる。

⊙ 上表の他に毎月旧暦の１日と１５日に老人会の<ハナコー（墓掃除をする日）>がある。

写真 12：請阿室。サカキ。
（1979年8月）

（注）「実施日」欄の〔　〕付き月日は新暦。＊は実施日が不定の日。「行事内容」欄の☆斜体表記は、調査年時点で行われていない行事。「行事の変化」欄の○は調査年に行われている行事、× は調査年には行われていない行事。

行事内容（つづき）	行事の変化（2009 年調査）
を潰して食べる。若水で書初めをする<吉書>。	×
	×
	×青壮年団新年会の日になる。
タカマシ>。	×大正末まで。
をしないように祈り三献をする。	×
	×
	×
	○
	○各家庭の都合の良い日に家ごとに行う。
	○
べる。	×
	×
撃つ（鬼が天から降りてくるのを追い払うため）。	×
ご馳走を食べ酒を飲む。	×
	×
わりとした。	×
	○
	×
	×
をし月が上がるまで線香をつけて拝む。	×
	×３月竹林下払いに変わる。
	○同日に合同卒業式も行われる。
	×
	×
	○合同入学式になる。
ギアソビ>をする。	○
	○９月第３日曜日に移動。
	×
み親元で<タナバタカシキ（赤飯）>を作って食べる。	○
	○
	○
をおろし屏風で囲みお供えをする。	○
する。	○
夜は八月踊りをする。	○
	×
	×昭和 32 年頃なくなる。
	×
をする。	×
	○
	○
に川の上流から人に踏まれていない石を拾ってくる	×
	×
	○１０月初めに移動。
う行事。	○ムチムレと一緒にやる、下項のムチムレ参照。
	○敬老の運動会と共に開催。
弁当をもって集まり神を拝み遊ぶ。	×
	×
金をもらう。	○
	○各家ごとに行う。
	×旧暦で正月を行っていたときまで。
トリモチ>を食べて<トスワスレ>といって早く寝る。	×

表4：宇検村芦検年中行事

行事名	実施日	儀礼	行事内容（1980年）
グアンジツ	〔1月1日〕		*☆新暦元旦を＜オランダ正月＞と呼んで＜ヒンジャ（山羊）*
			女性が＜若水汲み＞＜三献＞＜年頭まわり＞。
仕事始め	〔1月2日〕		*☆ソテツを植えたりする（大正末まで）。*
ヌセナリユエー	1月2日		*☆17歳になった男子が大人の仲間入りをする祝い＜スズリ*
スェクニカミイワイ	〔1月2日〕		床の間に大工道具と餅を供え、その道具を使うものが病気や怪
カジヤの神祝い	〔1月2日〕	カジヤの神	カジヤの神＜カナヤマカミ＞を拝み祝う。
新年会	〔1月3日〕		青年団・壮年団が親睦をはかるために公民館に集まる。
定期常会	〔1月4日〕		集落全員が集まり1年間の行事や役員を決める。
トシの祝い	〔1月4日〕	歳祝い	61、73、85歳の人を祝う。兄弟親戚が集まって三献。
成人式	〔1月4日〕	成人祝い	宇検村の成人式が村の公民館で行われる。
初巳	初巳	ハブ除け	1年間ハブの災難に遭わないように、吸い物を作って家族で食
イツカスク	〔1月5日〕		＜スク＞と言って親戚が集まり豚骨などご馳走を食べる。
ナンカンスク	〔1月7日〕	鬼払い	＜ナンカンドースイ＞を食べる。夜の8時頃、空砲を空に向けて
海の神の祝い	1月10日	大漁祈願	*☆竜宮の神に大漁を祈る祝い。待網の組合員が組長宅に集まり、*
トコザラエ	〔1月11日〕		床の間に飾っていた鏡餅を下げ吸い物にして食べる。
ジューゴンチスク	〔1月15日〕		＜スク＞と言って親戚友人が集まり、ご馳走を食べ、正月の終わ
		敬老	70歳のお年寄りを招待して敬老会を公民館で行う。
ハツカ正月	〔1月20日〕		夜に＜ヒキ＞同士や友人同士で集まりご馳走を食べて遊ぶ。
アクビ	1月16日		地獄の釜のふたが開く悪い日。仕事を休む。
カミサマオガミ	1月23日	月拝み	月を対象とした祭り。家内安全健康を祈願する。縁側にお供え
部落作業	〔2月〕		松・杉の林の下草払い（各戸1人）水道の砂運び（集落全員）。
サンガツサンチ	3月3日	女の子の節句	女の子の節句。＜フティムチ＞を作る。昔は潮干狩りに行った。
ハツマネ	4月初午	ハブ除け	＜ハツマネアソビ＞と言って麦飯を食べた。
			☆＜ハマウレ＞で貝拾いなどをした。浜では馬を走らせた。
入学祝い	〔4月＊日〕		新入生の親からフタイトコが出席して祝う。
ゴガツゴンチ	〔5月5日〕	男の子の節句	男子の節句。＜クジラモチ＞や＜アクマキ＞を作る。＜フナコ
部落運動会	〔5月第一日曜〕		
キジアソビ	6月甲子	虫除け	*☆昔の行事・田んぼに行って麦を粒のまま食べる。*
タナバタマツリ	7月7日	先祖祭	＜ウヤフジマツリ＞ともいう。早朝に墓参りをし、親戚の墓も拝
			＜モーソー竹＞に飾りつけをする。
	7月12日		盆の前日。墓掃除をする。
ブン（盆）	7月13日		先祖の霊（ショーローガナシ）を迎える＜ブンムケー＞。位牌
ブン（盆）	7月14日		3回食事を供えて、先祖をもてなす。先祖は＜ナカモドリ＞
ブン（盆）・八月おどり	7月15日		朝ナカモドリした先祖が家に戻り、夜先祖を墓に送っていく。
アラスチ	8月初丙	火の神	*☆火の神を祭る日。*
シバサシ	アラスチの7日後（壬）	水の神	*☆水の神を祭る日。*
ドゥンガ	シバサシの後の甲子		*☆改葬をする日。*
ヨネマブリ	8月8日		88歳の祝い、赤い帽子とちゃんちゃんこを身につけサンゴン
豊年祭	〔8月15日16日〕	豊年祭	＜フリダシ＞、相撲大会・八月踊り。
イタシキバレ	〔8月17日〕		後片づけ後の砂払い。
クガツクンチ	9月9日	火の神祭	＜コロンガエ＞ともいう。火の神の石を海の方に捨て、替わり
トムジ	ドゥンガ後8日		夏のアソビの終了日。
敬老の運動会	〔9月15日〕		
タヌオロシ	彼岸から58日	豊作祈願	*☆来年用の苗の種を水につける。来年の苗がよく実るように願*
体育会	〔10月10日〕		
シモツキヨウカ	11月8日	厄払い	厄払いのための＜キトウアソビ＞をする。お年寄り達がトネヤに
	11月8日	カジヤの神	カジヤの神＜カナヤマカミ＞をまつる日。
ムチムレ	〔11月第3土曜〕		若い男女が仮装し、ムチムレ唄を歌いながら各家を回り、餅や
正月準備	〔12月28～30日〕		大掃除・餅つき。
	12月29日		*☆正月用の豚をつぶす。*
トシノバン	〔12月31日〕		門松（絵）を飾る。夕方墓掃除をして花・線香をあげる。＜トシ

(注)「実施日」欄の〔 〕付き月日は新暦。＊は実施日が不定の日。「行事内容」欄の☆斜体表記は、調査年時点で行われていない行事。「行事の変化」欄の○は調査年に行われている行事、× は調査年には行われていない行事。

行事内容（つづき）	行事の変化（2010 年調査）
	×昭和 34、5 年まで。
	○２日に新年会を行うようになり〈ヤーマワリ〉は ×
もっていく。	○
	○
して祝う。 61 歳以降は親戚を集めて盛大に行う、88 歳は 8 月 8 日にする。	○各家で行う。
ったおじやは床の間に供えて晩は三献でお祝いをする。	○子どもか居ればやる。
つくり各部屋に飾る。	○
	○
	×
をつくり祝う。仏壇に供える。	○
	○
餅をもって潮干狩りに行く。	○
	×
つくる。	×（材料の海草がなくなったため）
べる。	○旧暦 4 月 15 日前後に移動。
	×
狩りをする。	○
	×
～40 つけ、夜はカラオケや八月踊りをする。	○
死んだ人が盆にやって来るために墓場を出発する日。	○
	○ 14 日のお迎えが 13 日に行われるようになる。
の上に置いた机の上に置く。周りに屏風を立てる。	○お迎えは１３日に移動。
	○
	○
家では仏様に果物・野菜・神酒を供える。八月踊り。	○墓参りは×
火を燃やし煙を出して悪い魂を追い払う。	○
	○２、３軒戸に餅をはりつけ、魔よけをする家もある。
	×
	○敬老の日と十五夜月見の日になる。
	×
もらい集落の運営資金とする。	○アラセツ・シバサシと一緒に行う。上項参照。
をして夜はカラオケ・八月踊りをする。	○相撲はなくなる。
	○掃除のみ行う。
	×
	○
碑を建て行う。	○近い日曜に学校で相撲大会を行う。
	○最近の行事。
	○ 11 月の日曜日に移動。
をさしご飯を食べ、米が取れるように願う。	○米が取れるように願うは×
	×
	○各家ごとに行う。
つわぶきを煮たものを食べる。	○

写真 13：笠利町用のアラセツ、雨で公民館の中で八月踊り。（2009 年１０月、浅野）

表5：笠利町用年中行事

行事名	実施日	儀礼	行事内容（1981年）
元旦	〔1月1日〕		☆若水汲み。 仏壇に<オハツ>を供える。<三献><ヤーマワリ>。
サクの祝い	〔1月2日〕		大工の神の祝い。昨年新築した家は、棟梁の家に一重一瓶を 仕事始めの日でもあり畑に言って少し耕す。
年の祝い	〔1月3日〕	歳の祝い	数えの13、25、37、49、61、73、85、97歳を三献を
ナンカンジョスイ	〔1月7日〕	七歳祝い	7歳の子が親戚の家を7軒以上回り、おじやをもらう。もら
ナリモチ	〔1月14日〕		柳の木に、蓬や赤白の小さな餅を刺した<モチナラシ木>を
小正月	〔1月15日〕		<モチナラシ木>を持って墓参りに行き供える。
十六日のアソビ	〔1月16日〕		仕事をすると怪我をするといわれている日。何もしない日。
ハツカンセック	〔1月20日〕		正月のおくりとされ、この日で正月行事が終わる。家でご馳走
八幡神社ノ大祭	2月23日	火災除け	神社に7つの<オハツ>を供えおがむ。
サンガツサンチ	3月3日	女の子の祭	女の子の祭り。前日に<カシャモチ>を作り、先祖に供える。
アラズネ	4月初子	ハブ除け	☆ハブよけの祭りで畑に行かないようにした。
初マーネ	初午	ハブ除け	<ビラアエ（にらの味噌和え）>を食べ、麦粉と黒砂糖の餅を
ハマオレ	4月中旬日曜	害虫退治	家族ぐるみで近所の人と浜に下りる。一重一瓶でご馳走を食 ☆船コギ競争。<ムシアソビ>といって害虫を退治する日。
ゴガツゴンチ	5月5日	男の子の祭	男の子の祭り<カシャ餅>を作り、祝い、天気がよければ、潮干
シキョマ	6月戌	初穂祝い	初穂を祝う行事。
八幡神社大祭	6月23日	豊年祭	六月燈ともいう。八幡神社から公民館まで綱をはり、提灯を30
七夕	7月7日	先祖	笹に飾りや願い事を書いたものをつける。午前中に墓掃除。
盆	7月13日		☆夜墓に先祖の霊を迎えに行く。
盆<モケビ>	7月14日	先祖	朝先祖を墓に迎えに行く。家では仏壇から位牌を下ろし、ゴザ
盆<フリビ>	7月15日	先祖	夕食後墓に霊を送りに行く。晩は八月踊りを公民館の前で踊る。
スカリ	8月初乙		八月踊りがこの晩から3日行われる。
アラセツ（ミーハチガツ）	8月初丙	先祖・火	墓参りをして前年8月以降に亡くなった人の先祖祭をおこなう。
シバサシ（ミーハチガツ）	アラセツ7日後	先祖・水	墓参りをして家でご馳走を用意する。庭を掃除して入り口で 3日間八月踊りをする。
ドゥンガ（ミーハチガツ）	シバサシ後甲子	先祖	墓参り。 ☆7年後の改葬。八月踊り。
豊作祝い	8月15日	豊年祝い	豊作祝いの行事。お月様にお供えをして五穀豊穣を祈る。 ☆公民館前で豊年相撲とイッソ踊り。
種おろし	9月庚申	稲の豊作祈願	午後3時頃から各家を回って踊り餅を貰う行事だが今はお金を
敬老会	〔9月15日〕	敬老	公民館で65歳の老人をお祝いする。区長が責任名。若者が相撲
八幡神社大祭	9月23日		神社にご馳走を供えて拝む。
浜下り			☆浜に神輿を下ろし、相撲や仮装（イッソ）をした。
小学校運動会	〔10月5日〕		
招魂祭	〔10月16日〕		笠利町全体の行事。赤木名で戦死者をまつる。→「太陽が丘」に
町民体育祭	〔10月の日曜日〕		
奄美市民大祭	〔11月15日〕		
ソォーリ	11月23日	豊作祈願	庭に浜から持ってきた白砂を庭に積み上げこの上にツワ（山吹）
正月準備	〔12月28～30日〕		☆豚を漬す。 掃除・餅つき。
トシノ晩	〔12月31日〕		餅を仏壇、床の間、子供部屋などに飾り、門松、しめ縄を飾り豚と

写真14：笠利町用、ハマオレで集まっての食事。（2010年、植田俊秀氏）

（注）「実施日」欄の〔　〕付き月日は新暦。＊は実施日が不定の日。「行事内容」欄の☆斜体表記は、調査年時点で行われていない行事。「行事の変化」欄の○は調査年に行われている行事、× は調査年には行われていない行事。

行事内容（つづき）	行事の変化（2010 年調査）
初詣に行く。家で<サンゴン>。	○若水汲みは×
仏壇を拝み吸い物をいただく。	○新年会開催で年頭回りは行われない。
する。	×
礼にやってくる。	×
	○ 85 歳以上の干支の人のみ行う。
	○
たカユを作り七歳の祝いとこれからの無病息災を祈る。	
の子がいない家でもカユを作る。	○
	○
<ナリモチ>を作り神棚、仏壇、高倉、軒下、墓等に飾る。	○
子ども同士で夜近所の家にお弁当をもって集まり遊ぶ。	×
	○出来る仕事の人はやる。
に貼り付けて魔よけにする。	○
月料理を全部食べ、遊ぶ日。	×
よけとして桃の花やよもぎの葉を軒に飾る。	○魔よけはしない。
潮干狩りやコークサ（海草）とりをする。	○家族全員は行かない。
稲の害虫を駆除し豊年を祈る。	○４月の日曜日に移動。
より昼食をとる。子どもが綱引や舟漕ぎ競争をする。	○綱引・舟漕ぎはなし。
もの）を食べる。	×
モギを軒下に刺し魔よけにする。	○
原道真をまつる）への豊年祈願の祭。	○旧暦６月の日曜日に移動。
が行われる。	○
50 個に火が入り、校庭で縁日や演芸が開かれる。	○八月踊りもする。
供える。	×
赤飯を必ず作る。	×
を数粒入れた赤飯をたべさせるまねをする。	○子どもがいればやる。
ジメ>ともいう。	
書いた短冊を飾り、日の出と同時に立てる。	○
いき砂をまいて墓を清める。	○墓掃除は老人会。
	○
さにした屏風で囲み手ぬぐいをかける。	○
家に霊を迎えたら、たくさんの提灯を灯し水を供える。	○
	○
近所の人が先祖を拝みに来る。	○
る。夜は宇宿神社で先祖を送る<フリオドリ>をする。	○
	○八月踊りはしない。
け集落中の家を回り８月踊りをする<ヤサガシ>。	○
	○
る。夜に<ヤサガシ>をする。	○
いって先祖を送る。<ヤサガシ>をする。	×
	×
所へ行きその方角に向かって神に祝杯をあげる。	×
<餅もれおどり>をして各家を回り寄付を集める。	○アラセツ・シバサシと一緒に行う。上項参照。
余興で相撲大会・カラオケ・<イッソウ>等催される。	○相撲は校区相撲大会へ移動で行われない。
	×
鏡餅を作り床も間と仏壇に供える。	○
を迎える。	○

表6：笠利町宇宿・城間・万屋年中行事

行事名	実施日	儀礼	行事内容（1982年）
元旦	〔1月1日〕		午前3時頃＜若水汲み＞、朝に、祭神住吉大明神と宇宿神社に
			親元・先祖元・長老・親戚に挨拶に行く＜年頭回り＞行った家の
作のヨウエ	〔1月2日〕	仕事の神	畑をもっている家は、1～2時間畑で仕事のあと、サンゴンを
大工のヨウエ			大工の家では＜サンゴン＞をする。前年大工が世話した人がお
トシのイワイ	〔1月3日〕	歳祝い	その年の干支にあたる人の祝いをする＜サンゴン＞。
成人式	〔1月5日〕	成人祝い	赤木名中央公民館で町主催の成人式が行われる。
七草ガユ	〔1月7日〕	七歳祝い	＜七日節句＞＜ナンカンジョスイ＞ともいう。朝に七草を入れ
			7歳になる子は近所の家を7軒回りカユを交換してくる。7歳
餅の汁	〔1月11日〕		鏡開きの日で鏡餅をおろし吸い物にして食べる。
ナリモチ	〔1月14日〕	五穀豊穣を祈る	新しくついた餅を1.5㎝角に切り、＜ブブの木＞の枝につけた
小正月	〔1月15日〕		*☆別名＜セークトシロ＞昭和30年頃までの行事。大人同士、*
十六日アソビ	〔1月16日〕	神の日	「神の日」で仕事をしない日。
ヒキャゲ	〔1月18日〕	家作類豊作祈願	ナリモチとさつま芋を一緒に煮込み、ご飯の代わりにし、家の外
アト正月	〔1月20日〕		別名＜ハツカン節句＞＜カメザレ＞ともいわれ、カメの中の正
三月節句	3月3日	女の子の祝日	＜女の節句＞草餅を作り三角やひし形に切り先祖に供える。魔
			家族全員で潮が引いたら弁当を持って浜に遊びに行き魚とりや
ハマオレ（申）	4月申または寅	豊作祈願	＜ムシアソビ＞ともいう。田畑から虫を捕まえ川や海に流す。
			野良仕事一段落の娯楽行事でもあり、浜に下り弁当・酒をもち
マーネアソビ	4月初午	ハブ除け	ハブの難を除けに1日遊ぶ。女はコーシン（ニラと麦を炒った
五月節句	5月5日	男の子の祝日	＜端午の節句＞アクマキを作り墓、仏壇に供える。ショウブ・ヨ
六月灯	6月15日	豊作祈願	校区青年団主催で行われる氏神様（宇宿神社・住吉大明神と菅
		お月見	午後5時ごろから神主・社守り、各集落長らで社殿で祈式行事
			その後神社までの道に飾られた青年団員各自が手作りの提灯約
シキョマン	6月戌の日	万作祈願	万作を祝う行事。田から稲穂を三束抜き床の間・仏壇・高倉に
			米に関する道具をすべて川で洗い、夕飯には新穂を数粒混ぜた
コーイリガシキ	シキョマの日	水の神	水の神の祭り。水難予防のため1歳未満の子を川で清め、新穂
			残りの赤飯はおにぎりにして近所や親戚に配る。＜アビラシハ
七夕	7月7日		早朝に山からとってきた竹に朝露ですった墨で短歌や願い事を
		先祖まつり	先祖が死んだところを出発する日とされ、盆のための墓掃除に
盆	7月13日	先祖まつり	＜ムカエ＞という。先祖の霊＜コーソガナシ＞を迎える日。
			仏壇前にカミゴザを敷き、台を置いて位牌をまつり、まわりを逆
			夕方、提灯と線香をもち墓に行き、提灯に火を入れ霊にお供えし、
盆	7月14日	先祖まつり	本格的なお供えを始める日。
盆	7月15日	先祖まつり	＜オクリ＞という。盆最後の日。本家・新盆の家・親戚・子供・
			夕方に位牌を仏壇に戻し、火を入れた提灯をもち先祖を墓に送
盆休み・八月踊り	7月16日		盆明け・仕事を休んで1日遊び、夜は八月踊りをする。
アラセツ（ミーハチガツ）	8月初丙	豊年祭・火の祭	豊年祭・火の祭。＜ツカリ日（祭のはじめの日＞夜から翌日にか
		先祖まつり	家では位牌をおろしミキや赤飯を供える。
シバサシ（ミーハチガツ）	アラセツ7日後（壬）	先祖・水の祭	前日用意したシバを、早朝に床の間や軒下に刺して魔よけにす
ドンガ（ミーハチガツ）	シバサシ後の甲子	先祖まつり	先祖まつりの祝い納め、踊り納めの日といわれ、また来年…と
			改葬をしてもよい日。
ミキモリ	9月9日	平氏	*☆奄美大島に来た平氏のために、屋仁のガモウ神社の望める場*
タネオロシ	9月～10月初庚申	豊作祈願	豊作を祈る行事。今は、1年間の行事運営資金を集めるために、
敬老会	〔9月15日〕	敬老	70歳以上の人を公民館に招待し、ご馳走する集落最大の行事。
ワーツブシ	〔12月28日〕		豚を潰して年越し料理の準備をする。
正月準備	〔12月28～31日〕		家の大掃除を始める。墓掃除、餅つき、門松作りをおこなう。
トシのバン	〔12月31日〕		トシトリモチや豚骨料理を食べ、静かに夜遅くまで起きて新年

⊙〔　〕で示した行事の新暦への変更は昭和35年頃。

（注）「実施日」欄の〔　〕付き月日は新暦。＊は実施日が不定の日。「行事内容」欄の☆斜体表記は、調査年時点で行われていない行事。「行事の変化」欄の○は調査年に行われている行事、× は調査年には行われていない行事。

行事内容（つづき）	行事の変更（2010年調査）
各家へ新年の挨拶に行く＜ネントウ＞。	○昭和36年頃から新暦で行っている。
入った。	×昭和30年代頃まで。
る。	○
整理をする。	×
ら下りてきて男のみサンゴンをする。	×
	○成人式と一緒に行う。
児童館で祝う。	○3日に移動。
字の手習いをした後、両親の兄弟姉妹の家を回り7軒分の7種の具入りのゾシをもらって	○家に子どもが居ればやる。
撃ち「オニハソト、フクハウチ」と言いながら戸を叩く。	×
騒ぎ続けた。	×
の中、床の間、仏壇などにおき墓にも持っていく。	○家で作り墓に持っていく。
	×終戦後まで。
仏壇にも供える。	○
	○仏壇にお供えをする。
壇に供え海に遊びに行く。	○餅を作る。
に行く。	○潮干狩り（戸口アオニ）に行く。
	×
もって行った。	○チマキを作る。
昔は海に遊びに行った。	
一瓶をする。	×小運動会（集落運動会）の日になる。
	×昭和10年頃まで。
倉の奥にさす。	×
	○七夕飾りを作る。
先祖をお迎えする。提灯を1つ火をつけたまま墓におく。	○七夕を崩してお迎えを行う。
供える。	○
	○
をもち夕方墓に送りに行く。提灯を1つ火をつけておく。	○
したあと児童館で八月踊りをする。	
	○
の祭り。	
に供えた。夜昔ヤーマワリをしたが今は八月踊りをする。	○仏壇にミキや赤飯を供える。
した。	×
	×
飯を炊き仏壇に供える。夜はヤーマワリをした。	×
＜ヒダリツナ＞をはった後豊年相撲をとる。	○9月第3日曜日に移動。
た左巻きの綱）＞を子供が引いて大人を倒す。	○
招待する。	○相撲がなくなり演芸大会になる。
	○10月の土曜か日曜に移動。
	○
	○
	×昭和36年頃までやっていた。
	○
で相手に「○歳になりました」とわたす）＞をして年を越す。	○正月料理を食べるのみ。

表7：龍郷町中勝年中行事

行事名	実施日	儀礼	行事内容（1983年）
元旦	〔1月1日〕		＜サンゴン＞先祖にもサンゴンと同じ吸い物を2つ供える。
			☆＜若水汲み＞をして、その水で顔を洗ったり、風呂を沸かして
ネンジカイ			児童館で「君が代」や「年の初め」を歌い、ウタアソビなどをす
仕事始め	〔1月2日〕		この日から仕事を始める。男が大きな木の下の小さい木々の
フツカンセック			＜大工の祝＞＜ミカタサマのマツリ＞ともいい、カミが山か
年の祝い	〔1月3日〕	歳の祝い	73、85、88歳を児童館で祝う。
成人式	〔1月5日〕	成人式	帰省してくる人のため5日になる。龍郷町公民館のあと、中勝
七歳祝い	〔1月7日〕	7歳祝い	数え7歳になった子が、葉にたまっている朝露で墨をすり、習
			歩き、それを家族で食べる。
	1月7日		夜、イノシシをとる猟師が、家の中の鬼を追い出すため鉄砲を
十一日節句	〔1月11日〕		トコモチを吸い物にして仏壇に供える。昔は、この日まで連日
ナリモチ	〔1月14日〕		ナリモチ（小さくしたモチを柳の枝にさしたもの）を作り、家
コーショウガツ	〔1月15日〕		*☆夜高倉や高い木下に集まり、みんなで弁当を囲んで遊ぶ。*
ヒキャゲ	〔1月18日〕		ナリモチを枝からとって捨て、カライモとモチを炊いて食べ、
ハツカセック	1月20日		この日で正月は終わり。カミザレともいう。
オンナセック	〔3月3日〕	女の子の節句	桃の木を仏壇に供える。三角形のモチやかしわもちを作り、仏
			家の雨戸にショウブとフツをさげ、ゆりの花をもって墓参り
ウマアソビ	4月午		*☆競馬（ウマハシラセ）やハマオレをした。*
オトコセック	〔5月5日〕	男の子の節句	桃と菖蒲を家の雨戸や軒につるし、仏壇にも供え、墓参りにも
			アクマキやチマキを作る。男の子がいる家はのぼりを立てる。
ハマオレ	5月戊寅	豊年万作祈願	豊年万作祈願。海がないので、高い木の下か、高倉の下で一重
			☆虫をとって葉に包んで川に流す。
シキョマ	6月戊		*☆稲の実が実って刈り入れの前に稲を切り取り、3、4本を高*
タネバタ	7月7日	先祖	この日に竹を飾り13日まで立てておく。昼に墓参りに行く。
盆	7月13日	先祖	朝墓掃除をし、夕方、提灯をつけて家族全員で墓参りをして、
			ござを敷いて屏風をたて、仏壇から位牌を下ろし茶・菓子・酒を
盆	7月14日	先祖	朝・昼・夜と位牌にお供えをする。墓参りをする家もある。
盆・八月踊り	7月15日	先祖	朝お供えをし、昼オクリモチをつくる。位牌を仏壇に戻し、提灯
			墓から帰ったら酒を飲み刺身などを食べてショウジンオトシを
スカリ	アラセツ前日		夜ミキと水を仏壇に供える。
アラセツ（ミハチガツ）	8月初丙	豊年祭・火の神	八月祭ともいう豊年祭の一種。なりもの（稲・野菜）の祭火の神
			野菜の上に魚を置いたものと家にあるもので料理を作り仏壇
シバサシ（ミハチガツ）	アラセツ7日後（壬）	豊年祭・水の神	*☆一種の豊年祭であり水の神の祭でもある。夜ヤーマワリを*
カネサル	庚申	改葬をする日	改葬をする日。
ドゥンガ（ミハチガツ）	カネサル5日後甲子	木の神・ねずみ	*☆木の神の祭。作物を荒らされないようにねずみをまつる。赤*
十五夜・豊年祭	〔9月15日〕	豊年祭・敬老会	スモウヤで選手を浄め＜願たて＞をして集落の入り口と出口に
			夜は八月踊りをする。その間に＜ホウヤツナ（子供が藁で作っ
			敬老会も兼ねていて、65歳以上の年寄りを祝い、相撲見物に
タネオロシ	〔10月＊日〕	厄払い	10月か11月の土曜・日曜。厄払い。集落最大の行事。
			青年団を中心に＜ヤーマワリ＞をして集落運営資金を集める。
正月準備	〔12月28～30日〕		モチをつく。トコモチとのしモチをつく。
			☆正月用の豚を潰し、塩着けにして保存食も作った。
	〔12月31日〕		昼は門松をたてトンコツやトシトリゴハンを作る。
正月準備・トシノバン	〔12月31日〕		夜にトンコツなどを食べ＜トシトリモチ（重のモチを箸に挟ん

(注)「実施日」欄の〔　〕付き月日は新暦。＊は実施日が不定の日。「行事内容」欄の☆斜体表記は、調査年時点で行われていない行事。「行事の変化」欄の○は調査年に行われている行事、×は調査年には行われていない行事。

行事内容(つづき)	行事の変化(2010年調査)
元から親戚の家を回って挨拶・仏壇に線香をあげる)＞。	×
を供える。	○
	×
(初原)＞。家に戻り三献をする。	×
館で合同で祝う。昭和40年代までは各家庭で祝った。	○97歳も祝う・場所は体育館から公民館になる。集落全戸から集金して祝う。
	○
外・福は内」といって回った。	×昭和35年頃まで。
	×
飾りを松から桃に替える。仏壇も同じ。	○豚骨料理・唄遊びは行わない。
	○
願う。月の出の頃オモテの間で膳に供物を載せる。	○家によって行う家もある。
潮干狩りをする。	○男性も浜に出る。
	×昭和40年代まで。
ソビ＞も浜で行う。	×終戦頃まで。
蓬や菖蒲を供える。魔よけに菖蒲を家の四隅にさす。	○
	×
包んだ＜カシキ＞を作り仏壇に供え親戚に配る。	○
からとった米を入れて炊いた飯を仏壇に供え食べる。	×
帰る日。	○
	○
行く。盆棚の周りに屏風をたてる。	○
て、線香と水を供える。	×昭和初期頃まで。
送った。	○
八月踊りをする。	○
こなう。	×
	○
八月踊りをする。新築家は人々を呼んで踊ってもらう。	○
のイベガナシ(守り神)シマを守ってください」と＜ヤーマワリ＞をする。	×
の縁側にお供え物をする。線香を3本、3回立てる。八月踊りをする。	○
	×
	○日は決めず各家で行う。
＜仮装行列＞がおこなわれる。	○
	○70歳は75歳になる。
	×
を開け祝詞をあげる。社に山海の物を供える。	○
	○シバヤは毎年踊る。
に金品を贈る。	×老人会は休会中。
を供える。松に綿を載せた＜雪松＞などを飾る。	○
	×
食べて過ごす。	○

写真16：瀬戸内町諸鈍の豊年祭。(2009年10月、末岡)

写真15：瀬戸内町諸鈍の豊年祭。(2009年10月、末岡)

表8：瀬戸内町諸鈍年中行事

行事名	実施日	儀礼	行事内容（1984年）
元旦	〔1月1日〕		*☆＜若水汲み＞＜朝祝い（親戚の男性4～8人で組を作り先*
			早朝家族だけの挨拶をし、三献＜親祝い、子祝い＞仏壇に吸い
シュクマワリ	〔1月2日〕		長老の家を回る（シュクマワリ）。
仕事始め	〔1月2日〕		昔はソテツを植えた、青壮年団が防風の植林をする＜ハツバ
トシの祝い	〔1月5日〕	歳の祝い	その年の干支の人の祝い。73歳、85歳の老人を学校の体
ナンカンドーセ	〔1月7日〕	防災儀礼	7歳になる子が親戚7軒から雑炊をもらう。
			☆宵の口から7歳ぐらいまでの子供が各家の戸を叩いて「鬼
トコザラエ	〔1月11日〕		床の間の供え物を雑煮にする。門松を取り払う。
オホリ正月	1月15日		豚骨料理を食べ、夜は近所と唄遊びをする。昼は墓参りに行き
アクニチ	1月16日		＜アクニチ＞であるため仕事を休む。
カミオガミ	1月23日	安全・健康祈願	旧暦の1、5、9月の23日におこなう。1年の安全と健康を
サンガツサンチ	3月3日	女節句	女節句。前日に＜フチィモチ＞と＜フチィダク＞を作り、昼は
ハマウリ	4月初午	防災儀礼	*村中の人が浜に降りて遊ぶ。*
		農耕儀礼	*稲の害虫を海や川に流す＜ムシカラシ＞、馬競走＜ウマーネア*
ゴガツゴンチ	5月5日	男節句	男節句。＜ガヤマキ＞を作り柱につるし仏壇に供える。墓に
海軍記念日	〔5月5日〕	防災儀礼	青壮年団が中心となって舟漕ぎ競争をする。
アンガシキ	5月第二壬	ハブ除け	仕事を休み村中を清掃する。家では餅米を蒸して、芭蕉の葉に
ウチキヘイ	6月戌	稲の刈入れ行事	刈り入れ前に実った穂を数本抜き床の間に供える。抜いた穂
七夕	7月7日	先祖	早朝墓参りをし、浜の砂を取って墓に撒く。亡くなった先祖が
			子供が山から竹を取ってきてなるべく高く庭や門に立てる。
盆・ブンムカエ	7月13日	先祖	線香とショーローバナ＜ハナコ＞を持って、墓に先祖を迎えに
			☆無縁仏のために、ソテツの葉で作った＜ミズダナ＞を庭に立
盆	7月14日	先祖	朝から肉・魚以外のオハツを供える。昔は、墓に一度先祖を
盆・オホオリブン	7月15日	先祖	夕方に提灯をもって先祖を送る。家に帰り位牌を仏壇に戻す。
			☆未婚女性が、顔を隠して鐘を棒で叩いて回ってムチムレをお
ヤシビ	7月16日		＜アクニチ＞であるため仕事を休む。
アラセチ・八月踊り	8月初丙	季節儀礼	＜フチカエ（節替え）＞ともいい、赤飯を作り家族でたべる。
			☆前夜から7日間「ナンカナナショル踊ってあげますからシマ
シバサシ・八月踊り	アラセチ7日後（壬）	先祖・海の神	海で亡くなった祖霊を迎える＜コスムカエ＞をする。表の間
		防災儀礼	*☆屋根の四隅にシバをさして悪払いをした。*
八八歳の年祝い	8月8日		88歳のトシ祝いを各家で盛大におこなう。
十五夜・相撲	8月15日	豊年祈願	公民館の土俵で、青壮年団が豊年相撲を行う。相撲の合間に
		敬老	70歳以上の老人は招待席に座る。
ウルンガ・改葬	15夜後の甲子	改葬に適した日	
クガツクンチ	9月9日	大屯神社の祭	大屯神社の祭礼。氏子総代の区長が神主代理となり、神殿の扉
（オーチョンサイ）			神社の境内で相撲をとり諸鈍シバヤも踊られることがある。
敬老の日	〔9月15日〕	敬老	昭和40年代から始まった。老人クラブ主催で80歳以上の人
正月準備	〔12月25～31日〕		仕事を納め道具をきれいにしてしまう。餅をつき＜床モチ＞
			☆豚を漬す。
トシノバン	〔12月31日〕		お墓と仏壇に松を飾る。＜トシトリモチ＞を一つと豚骨料理を

⊙ 毎月8日婦人会が大屯神社の掃除をする。

写真17：瀬戸内町諸鈍、シバサシ。昼頃門口で藁に、根から抜いた力草をかぶせて燃やし、海の神様を迎える。（2009年10月、末岡）

(注)「実施日」欄の〔 〕付き月日は新暦。＊は実施日が不定の日。「行事内容」欄の☆斜体表記は、調査年時点で行われていない行事。「行事の変化」欄の○は調査年に行われている行事、×は調査年には行われていない行事。

行事内容(つづき)	行事の変化(2009年調査)
行き<三献>をする。挨拶に来た子どもにお年玉を渡す。	○家で三献をする。
けの宴会。	○
	×
<三献>をする。	×
親戚や友人を招いて祝う。	○個々の家で祝う。
がある。成人式が済むと自動的に青年団員となる。	○3日に移動。
祝う。7軒の家を回りオカユをもらう。	○少ないが行う家あり。
	×
け、仏壇や床の間に飾り、夕方墓に持って行き花入れに飾る。	○
	○
	○出来る仕事の人はする。
キャゲ>を作って食べる。仏壇にも上げる。	×
豆をまく。	○
か葉か花、よもぎに酒や線香を添えて墓にもって行く。	○
	○ 海開きと弁当は×
祝賀会を開く。	○生徒がいればやる。
	○ハブ除け行事ではなくなるが汁は食べる。
	○
	○
清掃をする。	○
を楽しみ、仕出し弁当を食べる。夕方八月踊り。	○舟漕ぎ競争は大きな行事。弁当は一重一瓶に変わる。
	×昭和のはじめ頃まで。
	○
を作りオハツを供える。	○
に<ハツ(線香や菓子等)>と呼ぶ贈り物をする。	○ハツは親戚に配らない。
教会の庭で八月踊りをする。	○踊る場所は浜に舞台を作成する。
	平成初め「嘉渡ふるさと祭」に名前変更。日程は夏休み中に移動。
	○
墓で全部の提灯を灯し自分の家と親戚の家を拝む。	○
センが始まったら踊りだす(盆の八月踊り)。	○
	○
て<オハツ>という)を供え夕食の後に片付ける。	○
を供え夕食後片付け、またシバサシにいらっしゃいと言う。	○
	○
主役のまつり<ソメコヤ>をゆすって潰す。	×明治になくなる。
うな踊りをする。それを集落の人は浜で見る。	×明治の終わり頃まで。
草(ススキやカヤ等)をさして立てる。家の軒下等にも草をさす。	○草をさすのは墓のみになる。
	○
踊りをする。	○改葬の日ではない。
月踊りをする。	○70歳から75歳になる。
と)>し、男性が相撲を取り最後は全員で八月踊りをする。	○相撲は子供相撲になる。
ながら各家を回るヤーマワリをしてお金を集める。	○新暦10月下旬土日に移動。
て八月踊りをする。	○
	○町の運動会と一緒に行う。
と青年団が主な参加者となる。	○
に集まり八月踊りをする(昭和38年バス開通)。	○昭和40年代初めから始まる。
豚を潰す(1軒のみ)。29日過ぎ門松を作る。	○豚は潰さず肉を買ってくる。
を煮ておく。	○

表9：龍郷町嘉渡年中行事

行事名	実施日	儀礼	行事内容（1985年）
元旦	〔1月1日〕		朝風呂に入る（ワカフロ）仏壇にオハツを供え拝む。墓参り
年始式			青壮年団主催で生活館で行われる。区長の年頭の挨拶と大人
仕事始め	〔1月2日〕		午前中に畑に行ったりする。
新築祝い（大工）			新築した家では、親戚を集めてお祝いする。大工の家では
トシノイワイ	〔1月3日〕	年の祝い	13、25、37、49歳は家で三献。61、73、85、88歳に
成人式	〔1月5日〕	成人式	龍郷町の成人式の後に、婦人会と青年団主催の集落の成人式
ナナツカユ	〔1月7日〕	七歳祝い	数えで7歳になった子供を、<ナナツガユ>を作って家族で
モチシル	〔1月11日〕		トコモチをおろし肉と野菜と一緒に煮て食べる。
ナリモチ	〔1月14日〕		餅を1～2センチのサイコロ状に切りブックングィの木にこ
			門松を取る。
正月アソビ	〔1月16日〕		金儲けや仕事をしない日。
ハツカショーガツ	〔1月20日〕		正月が終わりの日。なりもちをから芋や米と煮て作った<ヒ
節分	〔2月3日〕		真っ黒になるまで大豆を炒めて、フクハウチ・オニハソトと
サンガツサンチ	3月3日	オンナセック	フツ（よもぎ）モチを作り近所・親戚・友人に配る。桃の小枝
			昼頃から弁当を持って潮干狩りに行く。海開きの日でもある。
中学卒業合同祝賀会（新）	〔3月19日〕	卒業祝い	父兄と婦人会の主催で、生活館で中学の卒業生と新入生の合同
ハツマネ	4月初午	ハブ除け	<スキ>という菓子やニラを入れた汁などを食べる。ハブ除け。
ゴガツゴンチ	5月5日	男の節句	<ヤキモチ>や<カシャモチ>を作って食べる。
			墓に菖蒲の花や葉を飾ったり家の軒に菖蒲や蓮などをさす。
ハマオレ	〔6月＊日〕	豊作祈願	日程は区長会で決める。前日に、集落全体で集落内と海岸の
			浜に老人用のテントを立て、余興のカラオケや舟漕ぎ競争など
ムシアソビ		害虫退治	*☆ハマオレの早朝稲の穂についた害虫をとり海に流す。*
七夕	7月7日		前日に竹を切り当日これをテープで飾り門にさす。
盆・ボンムケー	7月13日	先祖を迎える	墓掃除をして、仏壇の前にちゃぶ台を置き、屏風でかこむ。盆棚
			七夕の飾りを下ろし、夕方お墓にお迎えに行く。盆の間に親戚
前夜祭	7月14日		青年団主催・婦人会協力で行われ参加費と寄付で賄われる。教
盆	7月14日		夕方から家族全員で墓に行き提灯をともしてくる。
盆・オクリボン	7月15日	先祖を送る	夕方頃から、たくさんの提灯を持って、先祖を墓に送りに行く。
盆踊り	7月15日		夜10時ごろから、生活館の前で盆踊りをする。太鼓・シャミ
ショウジンオトシ	7月16日		ご馳走を食べる。盆の飾りを川に捨てる。
スカリ（アラセツ前日）	8月初乙		夕方、仏壇の前にお膳を出し、お茶とご飯と線香と酒（まとめ
アラセツ（ミハチガツ）	8月初丙	火の神・豊年祭	火の神の祭で、豊年祭でもある。朝墓参りをして赤飯や野菜等
			八月踊りをする。
ショチガマ	アラセツ当日		*☆15歳の少年<ダンナ>と15歳以下の少年<ヤンチュ>が*
ヒラセマンカイ	アラセツの後午	ノロ神	*☆ノロ神が白い着物を着て海に向かい手を動かし、神を招くよ*
シバサシ（ミハチガツ）	アラセツ7日後（壬）		朝ご馳走を食べる前に墓参りをし、墓のさしやすいところに
			八月踊りをする。
ドゥンガ（ミハチガツ）	シバサシ後の甲子		午前中に墓参りに行き、酒と花を供える。何もしない日。八月
敬老相撲	〔9月15日〕	敬老	70歳以上の老人を招待する。<神屋敷>で願かけをして、八
			踊りながら<中入り（相撲取りや婦人が土俵の周りに入るこ
タネオロシ	9月25日頃	寄付金集め	前日集落全体で、集落や道の掃除をする。夜太鼓に合わせ踊り
小中学運動会（日曜）	〔9月＊日〕	運動会	学校主催、婦人会や青壮年団が後援で、子供がいなくても参加し
老人運動会	〔10月10日〕	運動会	60歳以上が参加できる龍郷町の運動会。
町運動会	〔11月3日〕	運動会	龍郷町の運動場でおこなう。大人も子供も参加するが、婦人会
名瀬郷友会敬老会	〔タネオロシあと〕	敬老会	貸切バスで区長が代表で希望者（2．30名）で名瀬の集会場に
正月準備	〔12月26～30日〕		家・庭・墓の掃除をする。添え物用と食べる用の餅を用意する。
トシノヨル	〔12月31日〕		豚骨料理（ワンフネ等）を食べる。この日に、正月に食べるもの

2　多様なシマのなりわい

さとうきび

飛行機に乗って奄美群島に向かうと、亜熱帯の常緑樹が奄美大島の山を覆っているのがよくわかる。そして所々にある平坦な土地に青々と繁るサトウキビ畑がみえる。空港近くの奄美大島北部の笠利町、龍郷町は今でもサトウキビの産地だ。

私たちが調査した笠利町の用、宇宿、城間、万屋、龍郷町の嘉渡、中勝もサトウキビの生産を現在も行っているシマだ。笠利町、龍郷町は住用村、大和村、瀬戸内町、宇検村と比べ平坦な土地が多く、山も少ないので陽もよく当たる。サトウキビは台風に強い植物で、奄美大島では昔から一九六〇（昭和三五）年頃までは、いたるところでサトウキビが栽培されていた。そして製糖工場も近くにあり、粗製糖、粗目糖、黒砂糖を製造していた。しかし、砂糖の輸入解禁等により、価格も安くなったため、一九六五年頃になると、見里、請阿室、川内、芦検ではほとんど製造しなくなっていった。今では製糖工場と広い平坦な土地のある北部と瀬戸内町の一部、加《か》計《け》呂《ろ》麻《ま》島《じま》等にサトウキビ畑があるくらいだ。しかし近年、健康食品として日本のサトウキビが注目されている。

写真１：笠利町の平地に広がるサトウキビ畑。（2010年９月、川北）

写真２：笠利町用にてサトウキビ収穫。（2010年２月、末岡）

紬《つむぎ》

一九八〇（昭和五五）年代の中頃までは、大島紬は奄美大島全土の各シマで織られ、紬工場や紬織りの伝習所が各シマにあった。女性は紬を織って生計にあてた。

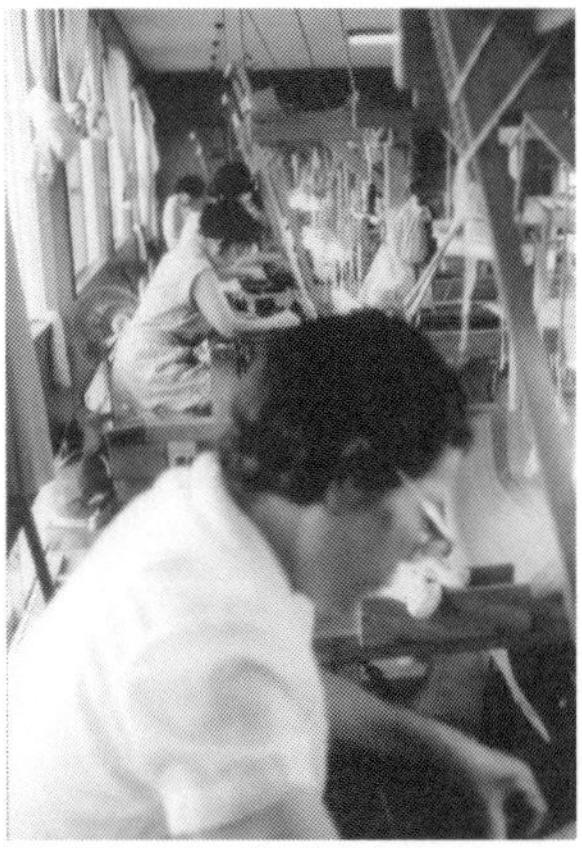

写真３：住用村見里の紬工場にて。（1978年８月）

一九六〇年代前後、日本の好景気にのり大島紬の需要も増加した。大島紬は非常に高価な品であったため織り賃も高く、奄美の女性たちの主な現金収入となっていた。とくに奄美大島北部笠利町、龍郷町では男性も大島紬に関わる仕事をしており、紬を織る者もおり、また、泥染めなどの工程は男性の仕事でもあった。笠利町の用、宇宿、城間、万屋、龍郷町の嘉渡、中勝も男女を問わず多くの大島紬産業の従事者がいた。しかし、一九九〇年代のバブル終焉時を境に日本の女性が着物を着る機会が減り、大島紬の需要も減ったため、織る人々も今は笠利町、龍郷町のシマジマのごく一部に残るに過ぎない状況となり、各シマを歩けば聞こえていた機織の音も聞くことは稀になった。調査した十一シマも例外ではない。

稲作

写真４：加計呂麻島諸鈍、稲の実る頃。(2009年８月、福岡)

サトウキビ同様、米も奄美大島の各シマで作付けしていた。奄美は亜熱帯の気候のため二期作で米ができる土地だ。二月に種を蒔き、四月に田植えをし、七月、八月には刈り取る早稲種で、二期目は八月に田植えをし、一一月に刈り取る。しかし一九七〇年代の政府による減反政策で稲作をやめてしまったシマがほとんどである。十一シマの中では加計呂麻島《かけろまじま》の諸鈍に水田がわずかに残っているくらいとなった。それも自家用にしか栽培されていない。以前は種もみを保存するための高倉が各集落に必ず見られたが、今は残っていても納屋として利用されている。

現在の各シマの状況

サトウキビ、米も作らなくなり、大島紬も織らなくなった今、シマの生業は大きく変わってきた。トンネルができて名瀬に近くなった龍郷町の中勝、住用村の見里は勤め人が多く居住しており人口も増えてきた。しかし、それ以外のシマは人口が減ってきている。各シマの地理的条件、人口によっても生業が異なってきている。

〈カボチャ〉

二期作、二毛作、三毛作ができる奄美においては、本土が寒い時期にカボチャができる。一〇月に植えつけ、二月に収穫でき、直ぐに植えつけ、五月に二回目が収穫できる。本土で品薄のときに高くカボチャが売れるのだ。龍郷町の中勝、住用村の見里で、カボチャを栽培していた。

〈ニンニク〉

一九七九（昭和五四）年当時も、請島の請阿室ではニンニクの栽培が盛んであった。シマ内に加工場が二、三軒あり、塩漬け、黒糖醤油漬けなどにして土産物店に卸しているが、ほとんどは沖縄で消費されている。現在もニンニクは請阿室の主たる農産物である。

ニンニクの裏作として落花生、ラッキョも栽培している。

〈ウコン〉

ウコンは一九九〇年代以降に栽培が始まった。亜熱帯、熱帯の植物であるウコンは奄美の風土にあい、近年の健康食品ブームにのった作物である。住用村の川内、瀬戸内町の請阿室でも栽培されているが、水やりの必要な作物なため水はけのよい畑で、スプリンクラー等の設備が必要となる。奄美のウコンは上等な国産品として高く評価されている。

〈果物〉

現在、奄美大島の各シマの一、二軒で必ず栽培しているのが、パッションフルーツだ。請島を訪れて初めて頂いたときは、その形状、中身に驚いた。味は柑橘系に似ているが、トロピカルな風味でとてもおいしく食感も面白い。

一九七五年頃は、高級果物店で一個三〇〇円から五〇〇円で販売されていたが、現在は、害虫（ウリミバエ）による法律上の島外もち出し禁止という規制も廃止されて、都会でもスーパー等で購入でき気軽に食べられるようになった。インターネット等でも奄美大島のパッションフルーツ、マンゴー、ドラゴンフルーツが注文販売でき、これからの農産物となっていくことだろう。

以前からあった果物ではタンカンも人気だ。成熟時期が温州ミカンと異なり二月頃となる。花は六月に咲き、長期間木で成熟させるので、風雨にさらされるため、栽培する場合は防風林で囲っている。表皮がミカンほど艶やかではないが、水分が豊富で甘味のある柑橘類だ。自家用としても奄美大島のいたるところにある。住用村の見里、龍郷町の嘉渡、宇検村の芦検では広く栽培されている。

島バナナも大島の特産であるが、島内でしか消費されていない。奄美のバナナは台湾バナナのようにもっちりしていて、甘味が強い。

写真5：瀬戸内町請阿室、ニンニク畑。（2010年12月、川北）

写真6：瀬戸内町請阿室、ウコン畑。（2008年9月、川北）

写真7：宇検村芦検、タンカンの収穫。（2010年2月、末岡）

写真8：笠利町用、マンゴーのハウス栽培。（2010年12月、川北）

写真９：瀬戸内町諸鈍、椎茸の栽培。（2009年８月、福岡）

〈その他の農産物〉

奄美では、どのシマも家で野菜、果物を栽培している。住用村では余剰の野菜、果物をサン奄美などの土産物店（二五七頁）で、そして笠利町では無人販売等で観光客相手にも売っている。各シマで異なるが、龍郷町の嘉渡、瀬戸内町の諸鈍ではシイタケを、見里ではショウガ、タイサン竹を、そして瀬戸内町の請阿室ではスプレー菊、ソテツの盆栽、ソテツの実等の換金作物を栽培している。請阿室では畜産業も行っている。

〈漁業〉

海が目の前にある集落は笠利町の用、宇宿、万屋、城間、龍郷町の嘉渡、宇検村の芦検、瀬戸内町の諸鈍、請阿室である。川がそばにある川内、見里でもカニ、ウナギが獲れる。以前は集落に漁業を生業としている人たちが各集落に二、三名はいた。今は自家用に漁をするくらいだ。かつてはウニ、カツオ漁も盛んな時期があった。瀬戸内町の請阿室ではシマ内にウニの加工場があった。

今も半農半漁で沿岸漁業を行っている人たちがいるのは笠利町の万屋、龍郷町の嘉渡で、タコ、エビ、伊勢エビ、イカ、スズメダイ、エラブッチ等のタイの仲間、赤ウルメ、鰆《さわら》等の漁を追い込み漁で獲っている。獲った魚介はほとんど町内、島内に卸されている。

宇検村では、入り江を生かした真珠の養殖、マグロの養殖を行っている。日本で消費されている養殖のマグロは奄美大島産も意外と多い。宇検村芦検集落の住人の中には養殖の会社に勤務している人もいる。

その他、近年の塩ブームで奄美でも製塩業が起こり、笠利町用で

写真 10：宇検村芦検、マグロの養殖。（2005年８月、末岡）

写真 11：笠利町宇宿の漁港。（2011年９月、川北）

写真 12：龍郷町嘉渡、ドラゴンフルーツの木。（2010年 12月、川北）

写真 13：瀬戸内町請阿室、未明に収穫した菊は早朝船で運ばれ、残った菊を集落の無人販売用にまとめている。（2010年 12月、川北）

は塩田が作られるようになった。新しい産業のひとつだ。

奄美大島の龍郷町の中勝、住用村の見里など人口が増えているシマを除くと、各シマの青壮年層は少ない。しかし青壮年の人々が、これからのシマの生業を担っていくはずだ。サトウキビ、大島紬がシマの産業として衰退してしまったシマでは、南国の珍しい果物、自然食品、健康食品等がこれからの新しい産物となるのだろうか。しばらくは模索しながら農業、漁業、畜産、観光業が行われるのだろう。

シマを離れなかった青壮年の人たち、Uターン、Iターンの人たちが生活できる基盤をつくり出し、小規模な生業ではあるが、シマ特有の産業を生み出し、興していくことが奄美のシマジマの繁栄につながっていくことだろう。

（川北千香子）

女子の髪型

かつては、男女とも年齢により髪型がある程度定まっていた。ここでは、女性の年齢による髪型の違いを、龍郷町中勝を例に紹介する。このような報告例は少なく、調査者古川真由美の図と共に貴重である。話者の年齢と時代についての記述はないが、前後の文章から、大正期から昭和初期と考えられる。

その報告では、女子の場合、数え七つ以前はオカッパで、八、九つの頃はイソガエシまたはマゲタツ、一一歳頃からはヒラグチ（別称トウキョウガミ）となり、一四、五歳頃にマゲタッチョまたはフトガンにする。

一七、八歳以降は、大人の女性の髪型であるエスマゲまたはボタンマゲにすることが一般的であったという。

子どもたちは、早くお姉さんみたいな髪型にしたいと、友だちと結い上げて遊んだことだろう。

（福岡　直子）

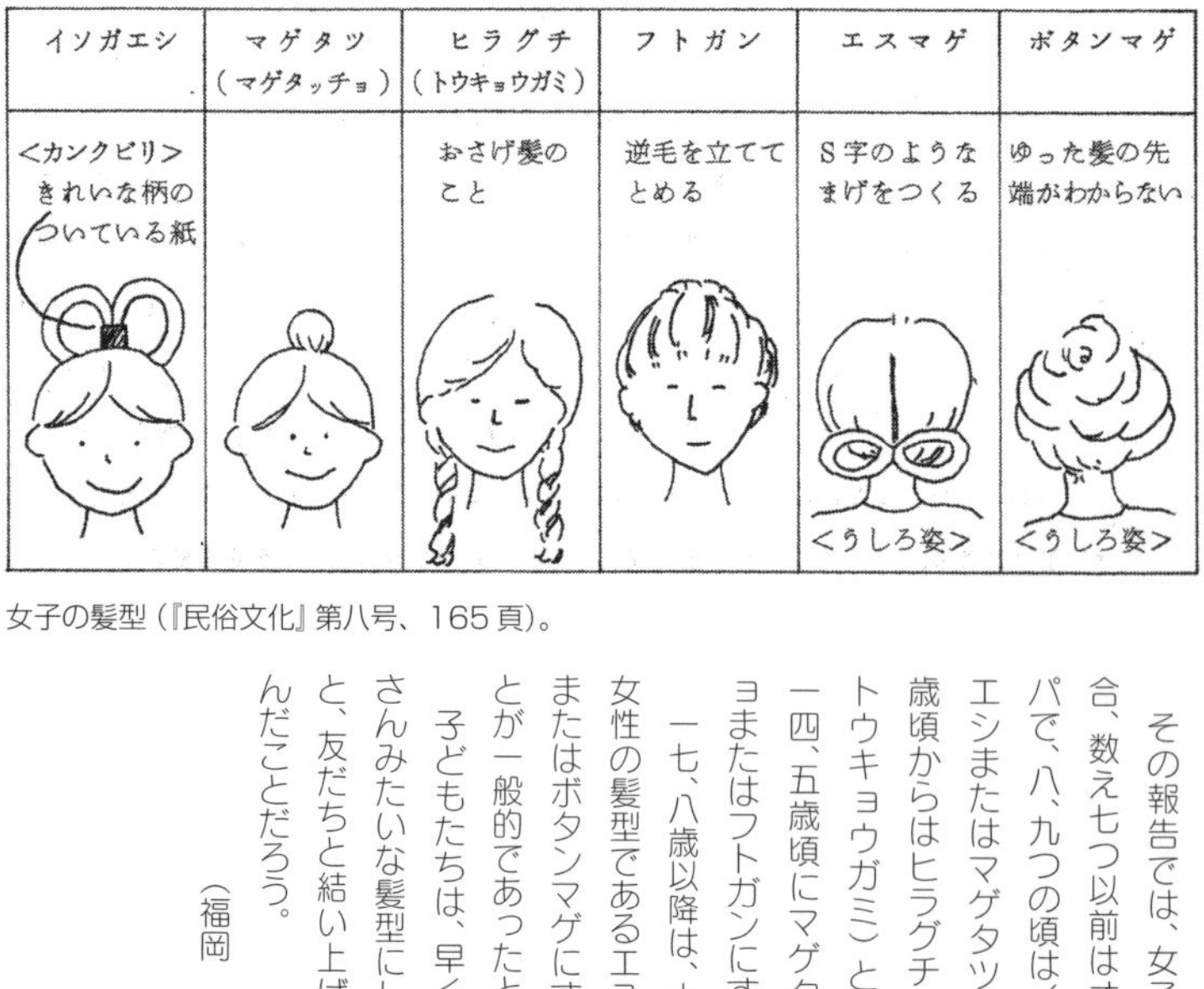

女子の髪型（『民俗文化』第八号、165頁）。

3　絆はシマウタ

進学や就職、結婚などで島を後にして都会に移り住む人がたくさんいる。故郷を同じくする人たちが集まり、故郷を懐かしく思い、支援するために郷友会《きょうゆうかい》(注1)を組織している。首都圏に住む奄美群島出身者により組織されている郷友会は「東京奄美会」と言われる。東京奄美会は一八九九（明治三二）年に設立され、二〇〇八年には創立一一〇周年を迎え、その記念行事も東京の渋谷公会堂で盛大に行われた。東京奄美会の下には市町村単位で組織されている郷友会が一三会あり(注2)、さらに、集落単位、小・中学校の校区単位などで組織されている会もあり、それぞれ年に一回、総会や運動会、懇親会などが活発に開催されている。

この郷友会で欠かせないのがシマウタである。筆者も何回か郷友会に出席したが、どの郷友会でも必ず余興としてシマウタが華を添えている。東京奄美会の一〇〇周年、一一〇周年の記念総会は千名以上が収容できる大きなホールで開催され、RIKKI、元《はじめ》ちとせ、中孝介《あたり》といったメジャーデビューしている奄美出身の歌手もシマウタの唄者《うたしゃ》として出演し、総会を盛り上げていた。

二〇〇三（平成一五）年一一月、私は東京芦検会の総会に出席さ

写真１：東京芦検会の余興。（2010 年 11 月 21 日、末岡）

写真２：東京住用会のスタローズの余興。
（2007 年 9 月 24 日、末岡）

せていただいた。会場は東京・目黒のさつき会館。ここは、芦検会だけではなく、奄美関係の郷友会の総会やシマウタの会の会場として使われる場所である。テーブルには仕出し弁当の他に奄美の島料理も添えられ、ビールと黒糖焼酎が用意されていた。集落単位での郷友会なので、ほとんどが顔見知りであり、親類縁者も多い。

芦検の豊年祭の始まりに行われるフリダシと同様、男性が奄美特有の太鼓チヂンをもち、「ヨイヤーヨイヤー、ワイドーワイドー」とかけ声をかけながら列をつくって入場、その後ろを女性がみっちゃれ節を歌いながら続く。この会場がまるで奄美の芦検集落と化していた。総会の式次第が終わると思い思いの歓談が続くが、余興でシマウタが披露された。年によっては奄美から唄者を招いてシマウタライブになることもあるが、この年は芦検の出身者がかわるがわる自慢のシマウタを歌った。

一九六三（昭和三八）年に東京芦検会に民謡保存会が設立され、活発に活動していたので、三味線の弾き手も歌い手も揃っている。シマウタ「朝花節」「まがりょたかちじ」「きんかぶ」などが披露されると、会場からは手拍子が鳴り、「なつかしいねぇ」と思わず声があがった。次は芦検に伝わる「稲摺り踊り」が披露された。保存会のメンバーが東京でも練習を行い、演じ続けている。青年部のメンバーがわらべ唄も数曲披露して、最後は八月踊りと六調で終了した。

また、二〇〇七年九月二四日に出席した住用会でも唄者を招いてのライブの他に、住用会会員によるシマウタも披露された。話によると、会員同士が集まりマングローブ会という練習会を開いているという。

島に住んでいた頃はシマウタにさほど興味のなかった人も、長年都会暮らしを続けていると、シマウタを聴くと故郷を思い出し、幼い頃に聴いた祖父母や両親、近所の人が歌っていたシマウタを懐かしむようになってくる。シマウタを聴くだけに留まらず、自分で三味線を弾き、シマウタを歌いたくなり、シマウタ教室に通う出身者も多くなっている。

一般に音楽は、思い出と深く結びつくことが多い。奄美の出身者にとっても、自分たちの育った土地に根づいているシマウタは故郷と深く結びついている。古い島言葉の歌詞を聴けば「なつかしゃ」と口をついて出るし、時には涙を流し故郷で暮らした日々や故郷の人々を思い出す人もいる。シマウタが心の拠り所になっている人も少なくない。毎週週末には東京のどこかで奄美の郷友会が開催されているといわれるぐらい、郷友会の数は多い。その郷友会では、必ずシマウタが歌われ、最後は出席者が全員で六調を踊ってお開きになっていることだろう。

（末岡三穂子）

（注1）奄美では郷友会を「ごうゆうかい」と言っているのを聞いていたが、東京奄美会では五年程前に「きょうゆうかい」という呼び方に統一したと、東京奄美会の役員からうかがった。

（注2）二〇〇六（平成一八）年に市町村合併が行われる前の市町村単位で郷友会は組織されている（沖永良部島のみ和泊《わどまり》・知名《ちな》の二町で沖洲郷友会となっている。東京奄美会ホームページより、二〇一一年九月閲覧）。

4 生まれたシマ

シマへの帰属

シマで生まれ育ち、小・中学校を卒業して進学のために大島本島の高等学校へ行く。あるいは鹿児島・関西・関東の各方面へ進学や就職のために出る。シマ以外のところで家庭をもち、親族の冠婚葬祭、親兄弟の歳の祝い、そして夏休みにシマへ帰る。生活の拠点はシマから離れるが、シマとの結びつきが途切れることはない。

シマを離れた多くの人が、何かのときにシマと行き来している。

個人は、ある年齢になったとき、急にシマを意識することがある。宇検村芦検の豊年祭を例に、記しておこう。まずは、男性が、数え二五歳のときである（一七一頁参照）。次は男女とも、数え五〇歳のときである（二四六頁参照）。どちらのときも、シマに住む同年齢者とシマの外にいる同年齢者が互いに連絡を取りあい、意識的に同年齢者がシマへ帰省して集う。また、責任あるシマの仕事をする。該当者全員が帰省することはないが、シマをあげての歓待ぶりは、帰省をしやすくさせる。今はシマを出ているが、いずれ帰省する者にとって、この機会を逸することはできない。帰省する気持ちにさせるのは、生まれ育ったシマ社会の秩序の中で培われたものであるのかもしれない。

写真１：「歓迎　本年度上り相撲　昭和９年生一同様」の横断幕。公民館の屋上から撮影する。（1983年8月15日、福岡）

写真２：「昭和24年生おかえりなさい」は、帰省者がすぐ目にはいる集落の入口の方に向けてある。（1998年8月15日、福岡）

写真３：「昭和３３年生お帰りなさい」の四隅にハイビスカスの花。シバモンの位置は毎年同じ場所だ。（2008年8月15日、福岡）

シマの墓へ帰る

宇検村芦検集落は、一九九六（平成八）年、共同墓地を新しくした。その理由は、墓地の前を通る県道が整備されたことにより墓地が道路よりも低い位置になった。そのため、水はけが悪くなり、いつも湿った環境になり、ご先祖様に申し訳ないと思う人が多くなった。また、従来の墓地は山の傾斜が急な場所にあるため墓参りをする高齢者に不便だった。さらに、集落を出て、関東・関西に住む家の墓が、なかば放置されていた。以上が主な理由だった。昔から、「墓のことには、あまりさわるものではない」といわれていたが、集落の常会で何度も諮り、集落を離れて久しい島外の家や郷友会《ごうゆうかい》の会合にも出向き、共同墓地を新しくすることに賛同を得た。この墓地は、元の墓のイメージを一新していて筆者は目を疑ったが、その完成に至る経過には、奄美らしさ、芦検集落らしさがみえた。

新しい墓は県道より高い位置になり、平坦な場所に六角堂が建てられた。かつて家ごとにあった墓石の竿石、その他、家の名前が彫られた部分だけが、各家の記念碑のごとく、屋根が六角形の建物を取り囲むように置かれていた。

では、先祖の骨はどこにあるのだろう。それは、一統一族《いっとういちぞく》（墓を共有する親族）を単位として使用する納骨室にある。その納骨室が複数集まる建物を精霊殿《しょうろうでん》という。その殿内の壁側づたいに八〇区画ほどの扉がついた納骨室があり、骨壺を安置するようになっている。扉には、○○家という表記がなされている。

写真４：芦検集落遠景。焼内湾を挟む部連集落側から撮影。波静かな焼内湾は、昔から風待ち港だった。写真中央に家々が見える。山の稜線が、透明度の高い海面に映し出されている。（1998年8月16日、福岡）

この納骨室に入れる人は、集落で暮らし、亡くなった人である。しかし、集落を出て行った出身者も受け入れる。シマが、まさに、出身者にとってもシマであるのだ。夫婦のうち、どちらかが

写真5：新しい共同墓地。芦検共同墓地公園として、1996（平成8）年3月完成、5月に祝典が行われた。この場所は、集落の東側に位置する。墓参者のために休憩所がある。（1998年8月15日、福岡）

芦検出身者であればよい。うかがえば、精霊殿建立後の入殿数は、一九九六（平成八）年から二〇〇五（平成一七）年まで八八名で、そのうち二五名が集落以外の地域で亡くなられた人であるとのことだ。

芦検では、先祖元《せんそもと》の家は誰かが帰郷して守るといわれている。そして、墓参りも、その任務のひとつとしてある。

これまでシマの共同墓地に帰ってきた人は、シマで生まれて育った人、また、親が出身者だった。しかし、今後、このような縁がない世代の人が多くなったとき、今の墓のことが心配されるという声を聞く。そのとき、また新たに、墓の存在、利用者の範囲、管理の方法などについて考えるときがくるのかもしれない。

写真6：かつての共同墓地。斜面に、家ごとに多様な形の墓が並ぶ。（1983年8月、福岡）

写真7：旧国道58号線の和瀬トンネル上方から住用村内海方面を望む。（1998年8月8日、福岡）

シマを伝える

この景色を眺めるとほっとした。筆者にとって、写真7の景色は、奄美そのものだった。一九七七（昭和五二）年に初めて見た奄美の景色だった。しかし、今はもうこの場所から写真におさめることはできない。それは、新和瀬・小和瀬・城の三トンネルが開通したからである（二一八頁参照）。一九九八年八月、住用村川内の林喜八郎さんが、いずれ見られなくなる景色だといって、筆者らを乗せた車を峠で停めてくださり、最後に瞼に焼きつけた。

後年、この写真を見ながら、奥さんのカヅエさんから話をうかがった。住用村川内で生まれ育ったカヅエさんは、子どもの頃から、写真の左の方の山に入った。とくに、母親が不在で寂しいときには、妹と弟を連れ、実がなる木を探して寂しさを紛らわせた。シイノミは湯がき、フライパンで炒って食べた。マツタケ、タケノコもあった。ツバシャも採り、あくぬきをして佃煮にした。

山に道はない。初めての入山者は迷うが、必死に山を歩いたので詳しくなったという。喜八郎さんは、カヅエさんの山の知識にはかなわないと話す。その山の海岸沿いをイソビラと呼んだ。カニも獲った。放し飼いのヤギもいた。カヅエさんは、まるで山に分け入っているかのように話し、どこに何があるか、それらの場所を、子どもたちにすべて教えておきたいと話されていたことが心に残る。

（福岡　直子）

5　シマの個性が光る八月踊り

調査会が奄美を訪れたのは七月の終わりから八月にかけての約一〇日間で、その期間に本来の八月踊りが踊られるアラセツ、シバサシ、八月十五夜、タネオロシ等の行事の日に当たることはなかった。懇親会などで披露してもらい、私たちも一緒に踊ることはできたが、行事の中でそれがどのような形で行われているかは、知ることはできなかった。それから何年もの時を経て、数年かけてシマの行事で行われる八月踊りを体験してきた。集落の人と共に、八月踊りの輪の中に入り踊った体験を、記しておくことにする。

八月踊りの輪の中で

宇検村芦検

新暦八月一五日（二〇〇四年までは、一五・一六日の二日間）に行われる豊年祭で八月踊りが踊られる。昼間は相撲がとられ、相撲終了後いったん解散となる。しばらくして、青・壮年団員（男性）が、八月踊りの第一曲目の「おこらしゃ」のリズムを太鼓で叩き始める。この太鼓の音が八月踊りの始まりを告げる。集落民は三々五々集い、土俵のまわりを囲む（写真1）。途中で休憩が入るが、食べ物を振舞うということはない。豊年祭を二日間行っていたときは二晩にわたって、芦検に伝承されている八月踊りの全曲を踊っていたが、今は一晩で踊る。途中、「イッソ」という仮装の踊りが入る。青年団のイッソは鍋を頭から被り、鍋底の炭を顔に塗って出てくる。これは、（昼間の相撲の合間に、豚料理を振舞っているので）「ご馳走はすべて出し終わった」という意味だそうだ。青年団の他に「上がり相撲」の「イッソ」も入る。数々の八月踊りの最後は、必ず「みっちゃれ」で締めくくることになっている。

笠利町宇宿《かさりちょううしゅく》

アラセツのツカリ（前日）から三日間、シバサシから三日間、八月踊りは行われる。昔は各家を一戸一戸まわって行っていたが、今は集落全体を一八班に分け、一日に三班ずつ、六日間ですべての班をまわって八月踊りを行うようにしている。五〜六戸で一班を構成しており、そのうちの一軒の庭または門前の路上で踊る（写真2）。班ごとにさまざまなご馳走や焼酎、飲み物が用意され、踊りの合間に振舞われる。揚げ物や刺身、素麵、汁粉、粥、ドーナツやゼリーなどのお菓子類まで、ありとあらゆるご馳走が用意される（写真3）。

八月踊りは「祝いしき」で始まり、一か所で五〜六曲踊る。太鼓は女性が叩く。休憩中に「〇〇様より〇〇円の寄付《ハナ》を頂戴しました」と賑やかに寄付が披露される。八月踊りがひととおり終わると、三味線が登場し、皆で思い思いに六調《ろくちょう》を踊る。そしてその場所での八月踊りは終わり、次の場所へと全員が移動するのである。一晩に同じことを三か所で繰り返す。家の庭で踊られる八月踊りは、人と人が密な状態になり、この踊りの輪の中に入った者は、余所者《よそもの》の私でさえも、同じ共同体の一員のような親密さを感じるものであった。

笠利町用《よう》

用も宇宿と同様、アラセツの前日のツカリから三日間とシバサシから三日間行われる。用は一日一場所で、広場などで踊り、移動はしない（写真4）。

男性の歌い手が立ったままの姿勢で輪の内側に向かい、ゆっくりとしたテンポで歌い始める。朗々とした男性の歌声が響き、女性の太鼓がそれに続く。そして一節歌ったところで踊りが始まり、静から動へと移り行く。テンポが次第に速くなり、最高潮に盛り上がったところで、「トーザイ」という言葉で一曲は終わる。

中には、途切れることなく別の曲に変わって行きながら、テンポアップするものもある。女性は男性の音程の四度上で歌い、男女が歌を掛け合う際、歌い終わらないうちに歌いだし、少しの瞬間、歌が重なる。

数曲が終わったところで、その日の担当の班がご馳走や飲み物を振舞う。八月踊りは「うらげどり」という曲で最後となる。八月踊りが終わると六調が始まり、思いおもいに手踊りをする。ひととおり終わると寄付の披露《ハナ》があり、次に六調よりテンポの遅い、天草にあわせて手踊りが始まる。用には「六調」「天草」「やんばる」「あっちゃめ」「ゆしもんど」「相撲節」「わたしゃ」の七曲の手踊りがあるという。華やかな手踊りが長く続き、八月踊りは終わった。

写真1：宇検村芦検の豊年祭。（2005年8月15日、末岡）

写真2：笠利町宇宿アラセツ。（2008年9月4日、末岡）

写真3：笠利町宇宿、玄関に並べられたご馳走。（2008年9月4日、末岡）

瀬戸内町諸鈍《しょどん》

諸鈍の八月踊りは豊年祭に行われる。相撲や数々の余興が終わったところで、そのまま引き続き土俵のまわりで踊られた（写真５）。時間はあまり長くなく、三〇～四〇分ぐらいだっただろうか。年配の男性が太鼓を叩く中、一人の男子高校生が懸命に唄を歌い、踊っていた。高齢化と過疎化が進むこのシマで、この高校生が頼もしく感じられた。

住用村川内《かわうち》

川内も、諸鈍同様豊年祭で八月踊りは行われる。子どもたちや青年の相撲が行われ、その間には集落の班による余興が演じられたり、郷友会や個人の踊りが披露されたりした。

中入りに、男性たちが力餅を肩に担いで土俵の周りをまわり、皆に餅を配る。その後、八月踊りは始まった。

太鼓は男性が叩き、名瀬在住の郷友会のメンバーは青と白の揃いの浴衣を着て、華やかに川内の八月踊りを盛り上げていた（写真６）。

川内は、毎年八月初めに名瀬で行われる「奄美祭り」に第一回目から現在まで参加している。郷友会と川内集落とが互いに協力しあいながら、八月踊りの伝承に取り組んでいるという。

写真４：笠利町用、アラセツ。（2011 年９月８日、末岡）

写真５：瀬戸内町諸鈍、豊年祭。（2010 年 10 月４日、末岡）

写真６：住用村川内、豊年祭。（2011 年９月 11 日、末岡）

シマの個性と八月踊り

奄美には「シマ」という言葉がある。シマとは、奄美大島や加計呂麻島《かけろまじま》といった「島、アイランド」の意味ではなく、「集落」をさす言葉といわれるが、奄美の人々にとってのシマは生活単位の集落という意味の他に、自分が住んでいるところ、自分が

シマウタは、CDやテレビ、ラジオなどの発達にともない、今では広くどこでも聞くことができるようになった。また、コンクールなどが盛んに行われるようになり、舞台芸能として確立してきた。奄美大島北部で盛んに歌われるカサン節、南部で歌われるヒギャ節といった違いはあるものの、シマごとに伝承される唄の色あいが弱くなってきている。

奄美全体、さらに、奄美の枠を飛び越え、全国的に伝承の場が広がり、「シマウタ」から「島唄」へと変化している。

一方、八月踊りは、各シマの独自性が強い。太鼓の叩き手が北部では女性、南部では男性という違い、北部では一曲ごとに徐々にテンポアップして終わるのに対し、南部ではテンポにあまり変化がなく一曲が終わるという地域的な違いがある。

また、一曲ごとに異なる踊り、太鼓、それに即興的に歌詞を掛け合いながら歌う唄は、伝承しているシマ独自のものであり、シマの個性が光るものである。

これは、一朝一夕に身につくものではない。幼い頃から、楽しみながら集落の行事に参加し、大人たちと共に踊り、長年をかけて八月踊りを習得していくものである。

人口の減少と少子高齢化により、伝承が困難になっているシマもあるが、シマごとに個性が強い八月踊りは、他のシマに伝承を委ねることは決してできない。八月踊りが、これからも次世代に伝承できるよう、各集落はシマの個性に基づいて、さまざまな努力を続けている。

（末岡三穂子）

生まれたところを示し、愛着をこめて「シマ」という言葉を使う。

奄美にはシマウタという伝統的な民謡があるが、沖縄の「島唄」や一世を風靡したザ・ブームの「島唄」と混同されることが多い。しかし、本来、シマウタという言葉は「奄美の集落ごとに伝わる伝統的な民謡で三味線を伴奏とする唄」のことである。

奄美は海に面し、まわりを山々に囲まれた狭小な平地に集落を形成している場合が多く、かつては隣の集落との行き来も容易ではなかった。「水が変われば言葉も変わる」という言葉があるように、隣同士のシマであっても言葉に違いがあり、当然唄にも違いがあったといわれる。

八月踊りについても、前に述べた通り、各シマジマによりさまざまな違いが見えてくる。第Ⅱ章四節（一六四～一六五頁）の八月踊り曲目一覧をご覧いただきたい。八月踊りの曲目についても、各集落がそれぞれ異なり、共通する曲目が数曲あるものの、すべての曲目が同じという集落が二つとない。

これは、同じ村内においてもいえることで、筆者が調べた宇検村内でも、八月踊りの演目がまったく同じという集落は存在しなかったし（『民俗文化研究』第二号「奄美大島〈芦検〉の八月踊りにおける太鼓のリズム」参照）、隣の集落であっても違っていた。

隣のシマからお嫁に来たAさんは、自分の生まれジマから出て五〇年以上たった今でも、今住んでいるシマの八月踊りはほとんど踊らないという。それぐらい違いがあるということであり、自分の生まれたシマの八月踊りを大切に思っているということなのだろう。

6　世界の中の奄美
――一重一瓶というもちよりの宴

ここでは奄美大島を始めとする奄美諸島に見られる生活が、いかに世界の他の文化とも似た側面をもっているかについて考えたい。その例として、宴会・集会の奄美の習慣である「一重一瓶《いちじゅういちびん》」（もちよりの宴）を紹介したい。しかし奄美を知ってわかるグローバルな文化の拡がりは、何も宴会形式だけではない。その点については、拙著（『世界のなかの沖縄文化』沖縄タイムス社、一九九三年）の読書を勧めることにしておきたい。

生じない酒肴の過不足

宴を催すときには、いろいろな形式があるもので、たとえば個人かグループかを問わず、あらかじめ当番を決めておいて、その当番が酒肴や会場準備などすべてを負担し、つぎの機会には、別の当番が負担するという〈もちまわり制〉、つまり負担当番の形式で行う場合もあれば、主催者はたんに形式にすぎず、酒肴はすべて参加者が分担して用意する〈もちより制〉、つまり割り勘形式で行う場合もある。双方は結局、関係者すべてが労働や経済負担を平等にすることでは同じなのだが、前者の形式で宴を行うと客人である参加者はいつでも気楽に宴に参加できるのに対し、そのときどきの主人、つまり主催者の負担はたいへんだ。あらかじめ参加予想をたてておかないと、酒肴の過不足が生じてしまい負担も大きくなる。

その点で後者の形式なら、参加者が減っても増えても酒肴の過不足は生じないし、そのときどきの負担も、その場で平等に配分できる。だから奄美の〈もちより制〉による「一重一瓶」という宴は、いいルールによったものだ。

〈もちより制〉の宴とは

ここにいう「一重一瓶」とは、村の年中行事、人生儀礼、その他家の改築や送別会など随時に行われる祝いを含めて、行われる宴会形式のひとつである。この宴の特徴は誰かれの別なく重箱ひとつにごちそうを入れ、また焼酎の入った瓶一本をたずさえて、ある日特定の場所にみなみな集まり、一人一人が座中をもちまわって歓をつくすことにある（瀬川、一九七四）。だから「一」つの「重」箱に「一」つの「瓶」なのだ。

参加者各自が持参した酒肴はつくった本人が食するのではなく、自分がつくった料理と持参した酒を相手に勧めることが「一重一瓶」のルールだ。このルールは明治初年の掟《おきて》を記録した『南島村内法』にも記されており、南島一帯の〈習慣法〉として広く行われていたようである（瀬川、一九六九、一九七四）。今は酒肴が〈商品化〉していて、宴の料理ならいつでも売店で手に入るから、このルールが忘れ去られる傾向にあるが、今でもこのルールで宴を催している地域のあることは、たいへん貴重だ。

ある太平洋の島の宴

参加者各自が宴に際して平等負担するという、こんなにいいルールが奄美にあるのだから、きっと世界の他の民族にも見られるはずだ。そう思って類例を探してみると、やはりあるのだ。一例を紹介しよう（Firth 1973）。

メラネシア（外郭ポリネシア）サンタクルーズ諸島の中の小島、ティコピア島である。この島では非公式のレクリエーションとしての宴は夜間行われるのに対し、公の集まりとしての宴は昼間行われるのが常である。公式の宴を行うとき、ここでも参加者が自分の家で料理をつくり、その食事を参加者ともども共食している。ただし参加者がもちよった料理は、つくった者自身が手をつけてはならず、おのおの他の参加者がもってきた料理を食べるというルールがある。自家消費の禁止だ。

ということは参加者が料理した食物を、宴の場で交換しあうというルールが成り立っているということだ。そういえば奄美のある地方では「一重一瓶」のことを別名「トゥイケエ」と称しており、贈物のやりとりと同じく、まさしくそれは「交換（とりかえ）」だった（瀬川、一九六九）。

食物交換により交際を維持

人類社会のどことといわず、ものごとの〈互酬性（やりとり）〉によって社会が成り立っていることは、文化人類学の教えるところである。自給自足経済では、自分の社会でつくれない商品は得られないので生活は向上しない。また、自分の社会だけで嫁や婿の交換をしていては社会関係は外に拡大・発展しない。

宴やそこに出される料理にも、同じようなことがいえる。だから相手に自分の料理を勧め、代わりに相手の料理を食することこそ、食物を通して日頃の交際の確認と、関係の拡大・発展を達成するための最良の手段になる。奄美やティコピア島の宴は、人類社会のこのような原則を料理や食物の交換によって表現しようとしていたのだ。奄美の「一重一瓶」の習慣から人類の原則を学ぶこと、あまたといわなければならない。

（渡邊　欣雄）

おわりに
シマの方々に感謝をこめて

植松　明石

学生たちと奄美のフィールドワークにでかけてから、長い年月が経過しました。卒業後も研究会などさまざまに集まっているうちに、あの頃の日々の生活を思い浮かべ、改めて懐かしさと感謝の心をこめてこの本の刊行を計画することになり、私たちはまた、たびたび奄美を訪れることになりました。

夏休み期間中に実施したあの頃のフィールドワークとは異なり、年間のさまざまな折に出かけ、新たに多くの年中行事に接することができました。以前お世話になった方々とは勿論、新たな多くの方々と固い結びつきを得、さらに各シマの生活全体を実感することになったのです。

こうして、私たちは、ふたたび奄美の豊かな民俗文化に触れ、今度は急速に変化するシマ社会を改めて勉強することになりました。

執筆について、市町村関係の方々からもご教導いただき、行事その他への参加にも、区長はじめ住民の方々の非常なご親切を賜り、感謝の気持ちで一杯になりました。

そのような喜びのなかで、思いがけなく奄美地方が集中豪雨に襲われ（二〇一〇年一〇月二〇日）、大きな被害を受けました。私たち一同は、奄美の一刻も早い復旧を願っておりました。

そうした中で、翌年三月、今度は東日本が大災害に見舞われました。大地震、大津波、さらに原子力発電所破壊による大被害の様子が、次々に明らかになってきたのです。

北から南へ連なる美しい島々からなる私たちの日本列島を改めて地図上に眺め、喜びと悲しみ、さまざまの過去と現在をしのび、考えをめぐらした次第です。

このようなさまざまの思いを胸に、南の奄美の方々の協力のもとに、ようやく一冊にまとめ、豊かな民俗文化を保持する奄美を理解するための足がかりとなる一歩を踏み出すことになりました。

多くの方に原稿を寄せていただいたり、インタビューに応じていただいたり、また、貴重な写真のご提供をいただきました。本書は多くの方のお力をお借りして完成させることができました。

ここに、すべての皆様に、心より感謝申し上げる次第です。

構想から刊行まで長い時間を要してしまい、お世話になった方の中には故人になられた方もいらっしゃいます。本書をお見せすることができなかった方もいらしたことが、心より悔やまれます。

刊行に際し、出版社をご紹介くださいました野中文江氏をはじめ、出版を引き受けてくださった論創社の森下紀夫氏、編集にお骨折りいただいた松永裕衣子氏のご理解とご協力に感謝申し上げます。

二〇一五年　一〇月　吉日

調査と編集でご協力をいただいた方々

本書を刊行するにあたり次の方たちにご協力をいただきました。
ここに御礼申しあげます。なお、敬称は略させていただきました。

〔寄　稿〕

師玉当洋　本田碩孝　前田篤夫　宮之原常輝

〔インタビュー〕

畦町廣和　重信義宏　重信幸子　松村雪子

〔写真提供〕

植田俊秀　大里正治　小幡和子　清水佐恵子　直川裕子
西田美智子　昇睦朗　深見瑞子　真人庵　森直弘　渡辺秀美

〔お世話になった方々〕

畦町廣和　中善勇　池田勝丸　池田フエミ　石野祥子　伊波貞子
泉俊幸　伊元利久　植田俊秀　大里正治　岡入慶一　尾崎博仁
木村弘重　楠田哲久　倉元武秀　栄シズ　重信義宏　重信幸子
重村正志　重村絹子　師玉逸子　師玉仁義　須藤功　平良シゲ子
崟成昭　田春友恵　玉利好文　渡山忠男　渡山ちづよ　中園隆則
中山清美　能勢計子　林喜八郎　林カヅエ　福島繁美　福島ノブ
藤野茂幸　藤野芳一　前田篤夫　前田照代　前田勝彦　前田為穂子
政博文　南ユキ子　宮之原常輝　宮之原福枝　村田真知子　村田裕
子　元田信有　森正則　森正行　森八代子　保田和代　柳井義公
柳井澄江　山下清美　山田紘一　山田千代子　山畑重信　山畑木の実
良井スマ　吉田照和　吉田ヨシノ　米田愛子　脇田敏成　和田美智子

＊

奄美市笠利町宇宿（旧鹿児島県大島郡笠利町宇宿）のみなさま
奄美市笠利町城間（旧鹿児島県大島郡笠利町城間）のみなさま
奄美市笠利町万屋（旧鹿児島県大島郡笠利町万屋）のみなさま
奄美市笠利町用（旧鹿児島県大島郡笠利町用）のみなさま
奄美市住用町川内（旧鹿児島県大島郡住用村川内）のみなさま
奄美市住用町見里（旧鹿児島県大島郡住用村見里）のみなさま
宇検村芦検のみなさま
瀬戸内町請阿室のみなさま
瀬戸内町諸鈍のみなさま
龍郷町嘉渡のみなさま
龍郷町中勝のみなさま

〔ご協力いただいた機関〕

奄美市役所、奄美市立奄美博物館、宇検村役場、鹿児島県大島支庁
瀬戸内町役場、龍郷町役場、（有）サン奄美

【本書執筆者】

植松《うえまつ》　明石《あかし》（奄美調査開始時の跡見学園女子大学指導教員）
一九二三年静岡県生まれ。慶應義塾大学文学部卒業。元跡見学園女子大学教授。民俗学者。南西諸島、台湾各地の民俗を調査、研究。民俗文化研究所代表。著書に『環中国海の民俗と文化―2「神々の祭祀」』凱風社、『沖縄の社会と宗教』（共著）平凡社、『日本民俗学のエッセンス』（共著）ぺりかん社など。二〇〇一年一一月、勲四等宝冠章受勲。

渡邊《わたなべ》　欣雄《よしお》（奄美調査開始時の跡見学園女子大学指導教員）
一九四七年東京都生まれ。東京都立大学大学院博士課程満期退学。博士（社会人類学）。跡見学園女子大学、武蔵大学、東京都立大学・首都大学東京、中部大学を経て、國學院大學文学部教授、東京都立大学・首都大学東京名誉教授、華中師範大学・嘉応大学客員教授。専門は文化人類学、文化地理学、沖縄民俗学、東アジア研究。伊波普猷賞ほか受賞。著書に『風水の社会人類学』（風響社）ほか、共編著に『沖縄民俗辞典』（吉川弘文館）ほかがある。

……………………

浅野《あさの》　博美《ひろみ》（旧姓・前田）　一九八〇年、跡見学園女子大学卒業
東京都生まれ。一般企業に就職。会社勤務の傍ら二〇〇二年奄美再訪を開始する。その後二〇〇七年に宇検村芦検に一年家を借りての長期滞在を含め約二〇回奄美大島を訪問。奄美の祭と宴が興味対象である。現在は埼玉県の図書館に勤務。

荒井《あらい》　典子《のりこ》（旧姓・腰越）　一九八五年、跡見学園女子大学卒業
神奈川県生まれ。

市村《いちむら》　良江《よしえ》（旧姓・樋口）　一九八〇年、跡見学園女子大学卒業
長野県生まれ。一般企業に就職後、長野市立博物館学芸員・同図書館司書として五年間勤務。退職後、長野県史編纂（民俗編）立科町史等に関わる。生協運動・劇場運動子育て支援（市民活動）はライフワーク。小布施まちづくり委員会メンバー。現在、小布施町在宅介護支援センター勤務。高齢者の介護予防・認知症予防に携わっている。フィールドワークの経験が、高齢者とのコミュニケーションに大いに役立つ。奄美では、年中行事の調査を行う。

川北《かわきた》　千香子《ちかこ》（旧姓・今田）　一九八〇年、跡見学園女子大学卒業
東京都生まれ。一般企業に就職後、二年間跡見学園女子大学文化学科事務助手。一九八〇年代、埼玉県和光市、新座市、東京都三鷹市の市史編纂に加わる。調査では、親族関係、社会関係について調査。一九八〇年代「国立柳田を読む会」に所属。二〇一五年三月まで学校職員として勤務。

清水《しみず》　弘子《ひろこ》（旧姓・井上）　一九八〇年、跡見学園女子大学卒業
大阪府生まれ。（財）常民文化研究所に勤務、和光市史編纂、文化財調査などに参加。三度の奄美調査では位牌祭祀を通して家族・親族関係を調査。一九八七～九〇年、一九九三年～九六年家族でソ連邦（当時）モスクワに滞在。帰国後、生協運動、ワーカーズコレクティブ（市民活動）に参加する。現在、認定NPO法人かながわ福祉移動サービスネッ

トワーク理事長、国交省関東運輸局・地域公共交通マイスター。

末岡《すえおか》　三穂子《みほこ》（旧姓・吉原）　一九七九年、跡見学園女子大学卒業

東京都生まれ。大学卒業後、東邦音楽短期大学声楽科卒業。一九九八年より奄美調査を再開し、主に奄美の伝統芸能、民謡の調査を行う。伝統音楽の口承伝承に興味をもち、東京で奄美のシマウタを習ったり、地元の神社の祭囃子連中に参加し、笛・太鼓を演奏したりしている。「シマを超える伝承──関東芦検民謡保存会の活動」『奄美沖縄民間文芸学第七号』（二〇〇七年）。二〇一一年七月より翌年四月まで『南海日日新聞』に「あまみ旅半学」を月に一度連載。

西田《にしだ》　美智子《みちこ》（旧姓・大沼）　一九七九年、跡見学園女子大学卒業

東京都生まれ。都立大学研究生、跡見学園女子大学文化学科助手として請島調査に参加。調査対象は村の互助協同、結、村落組織、継承、人間関係。現在、学生時代に学んだ互助共動の精神で茅ヶ崎市にてＮＰＯ法人を協同組合方式で立ち上げ、訪問介護・居宅介護の事業所「ワーカーズ・コレクティブ一心」で管理者・サービス提供責任者（資格・介護福祉士＆ケアマネジャー）として活動中。単なる介護事務所ではなく地域の活動団体と連携し、サロン、居場所など開催し、行政への政策提案活動を行っている。

福岡《ふくおか》　直子《なおこ》　一九七九年、跡見学園女子大学卒業

千葉県生まれ。豊島区立郷土資料館学芸員、神奈川大学非常勤講師。奄美・千葉県を調査する。地域における民俗事象の受容と伝播がテーマである。「豊年祭に関する一考察──奄美大島宇検村芦検を例として」『南島史学』二三号・南島史学会・一九八四年、「旅の責任──奄美再調査へ始動」『まほら』旅の文化研究所・二〇〇二年、「奄美の文化──集落・建物・墓」『民俗建築』一二九号、日本民俗建築学会、二〇〇六年他。

槇島《まきしま》　知子《ともこ》（旧姓・堀口）　一九八七年、跡見学園女子大学卒業

埼玉県生まれ。奄美研究分野は、葬送儀礼および奄美大島におけるキリスト教について。卒業後、一九九〇年より豊島区教育委員会社会教育指導員として勤務、一九九八年退職。二〇〇四年より教育相談員として地域の小・中学校に勤務。二〇一一年からは群馬県にてスクールカウンセラーとして勤務。

【奄美での調査】

◎第一期　一九七七（昭和五二）〜一九八五（昭和六〇）年の九年間

調査主体──跡見学園女子大学の民俗学ゼミ（指導教員：植松明石）と文化人類学ゼミ（指導教員：渡邊欣雄・一九八〇年度より藤崎康彦）の合同調査

調査に参加した学生──九年で約一四〇人（延べ人数）

調査の成果──各人が報告書を提出、『民俗文化』に掲載（後出リスト参照）

◎第二期　一九九八（平成一〇）〜継続

調査主体──民俗文化研究所（植松明石主宰）

調査参加者──浅野、川北、末岡、福岡を主とした第一期参加者有志

調査の成果──『民俗文化研究』に掲載（後出リスト参照）

〔参照資料〕

『民俗文化』第一号～一〇号

跡見学園女子大学民俗文化研究調査会発行

奄美調査の報告書であり、その後の継続的な調査を進めるに際して基本とするものであり、本書の執筆においてもそれに依拠するところが多いものであるため、目次を調査年順に記した。

なお、『民俗文化』第一号は、本書の調査地とは異なる鹿児島県揖宿郡穎娃町（当時の表記）であった。第一号は、跡見学園女子大学文学部文化学科の第一期生によるもので、民俗文化研究調査会の第一回の調査であった。奄美大島調査に至る経過の記録として、第一号の目次も掲載するものである。

◎**『民俗文化』第一号**……鹿児島県揖宿郡穎娃町佃・鶴田・福留・吉崎

一九七八（昭和五三）年二月一〇日発行

――佃・鶴田の民俗文化調査報告――

生業……飯塚　敦子
村の生活組織――互助慣行と社会関係――……大沼美智子
社会的変化と社会的階層について……鎌田　淳子
年齢集団について……矢島　真弓
家族関係の役割……小川　弘子
佃部落における親族用語について……小林　敦子
薩摩一農村における相続慣行――佃部落――……大塚　英子
佃の婚姻形態……植竹さよ子
婚姻儀礼とそれにまつわる習俗……大竹　公子
出産・産育の儀礼と社会関係――佃――……酒井かつら
出産・産育の儀礼……田村　涼子
祖霊観・他界観……山田　陽子
年中行事……幡谷　文子
佃の祭り……渡辺　康子
祭祀組織と祭祀対象物について……田村　千和
俗信……永島　洋子
鶴田・佃の自然観……加藤　治子

――福留・吉崎の民俗文化調査報告――

ムラのくらし……柚木久美子・内田裕美子
年齢集団とその機能……片田みつ江
農業と農具……加藤　靖子
畑作農村の食生活――吉崎――……池田　紀子
住生活……人見　玲子
相続と隠居慣行……野原　里美
分家の創立と本分家関係――福留――……西条真千子
墓制と「家」……樫下　景子
信仰生活――吉崎――……森橋　愛子
仏教と民間信仰――福留――……角田　典子
信仰資料……坂口　京子
婚姻形態……木村　純子
産育儀礼と社会的承認――吉崎――……宮崎　真弓
産育儀礼と信仰――福留――……山田久美子
墓制とムラ――福留――……藤岡　陽子
祖霊と祭祀――吉崎――……関口　宏子
資料……龍山　七穂・中尾　桂子・石井　泰子

◎**『民俗文化』第二号**……住用村川内

一九七八（昭和五三）年一〇月二〇日発行

労力交換の契機としての労働慣行……大沼美智子
家族と親族……大塚　英子
婚姻形態……押元　瑞枝
産育習俗……山田　和子
葬制……小川　君子

生業暦と農耕儀礼……長沼 洋子
年中行事……松岡みや子
三セツの儀礼……水品 紫乃
食生活と共同飲食……栗原美津江
住生活と方位……矢部 順子
世界観……福岡 直子
八月踊……吉原三穂子
資料・八月踊り唄楽譜……吉原三穂子

◎『民俗文化』第三号……住用村見里
一九七九（昭和五四）年一〇月三日発行

見里の村落組織……嶋口 広子
互助共同と社会関係……井口万里子
親族集団関係名称……宮本智恵子
家族周期……塩田 照代
産育儀礼にみられる社会関係……今田千香子
婚姻儀礼と社会関係……中内久美子
葬送儀礼と葬儀にみられる社会関係……石野 祥子
位牌祭祀と社会関係……井上 弘子
年忌供養にみられる社会関係……松本 初子
年中行事と社会関係……樋口 良江・前田 博美
年中行事と社会関係――盆と正月――……前田 博美

◎『民俗文化』第四号……瀬戸内町請阿室（請島）
一九八〇（昭和五五）年一〇月二日発行

請阿室部落の概況
請阿室の親族用語……宮本智恵子
婚姻を契機とした家族・親族行動……今田千香子
婚姻と社会関係……稲葉 英恵
奄美大島瀬戸内町請阿室における家族の変化……塩田 照代
家族周期……荻野 雅子
祖先祭祀にみられる家族・親族……井上 弘子
位牌祭祀と社会関係……浅原まり子
葬送儀礼……江中 由起
年忌供養と墓制……金森 理江
互助共同と社会関係……三浦 春子
請阿室の年中行事係のあらまし……中原 悦子・塚本 幸子
請阿室の生業……中原 悦子
年中行事と社会関係……塚本 幸子
年中行事と社会関係――盆――……松本美知子
儀礼と食物……松本美知子
請阿室における世界観の一考察……根本佐恵子
資料 楽譜……大沼美智子

◎『民俗文化』第五号……宇検村芦検
一九八一（昭和五六）年九月二〇日発行

宇検村芦検の概況
芦検の漁業……山田 和子
芦検の消費生活と共同店……村田 京子
婚姻と社会関係……稲葉 英恵
奄美大島芦検における家族周期……平山 裕子
位牌祭祀にみられる家族・親族関係……浅原まり子
葬墓制とそれらにみられる親族関係……金森 理江
年中行事と社会関係……塚本 幸子
贈答交際……山口 泉
互助共同と共同作業……宮崎 節子
芦検における伝統宗教……水品 佳哉
〈マチアミ〉漁体験記……福岡 直子
儀礼と食物……松本美知子
世界観の一考察……根本佐恵子

年中行事のなかでの歌と踊り……菊池 瑞子
八月踊りの音楽的分析と考察……吉原三穂子
一人前……山田 光世
産育儀礼とその関係について……松崎 弘子
資料・八月踊り唄楽譜……吉原三穂子

◎『民俗文化』第六号……笠利町用
一九八二（昭和五七）年九月二〇日発行

笠利町用の概要
用の親族用語……吉田 美穂
親族の組織化……清水 弘子・今田千香子
用の家族周期……平山 裕子
婚姻と社会関係……積田 千佳
互助共同……宮崎 節子
現代における宗教……水品 佳哉
用における民間信仰の担い手について……山本 恵子
葬送儀礼と祖霊魂……上野由起子
方向感覚について……廣崎 郁子
奄美の動物観――食用としてのウシ・ブタ・ヤギを中心として
……福岡 直子
笠利町用における童戯について……平牛智恵子
年中行事における唄と踊り……菊池 瑞子
資料・用における養い親（仮親）慣行……松崎 弘子

◎『民俗文化』第七号……笠利町宇宿・城間・万屋
一九八三（昭和五八）年一一月一〇日発行

笠利町宇宿・城間・万屋の概況
農業……中島 裕子
砂糖きび生産の変換と生活の変化……長田 文子
宇宿におけるブタ・ウシ・ヤギの飼育について……保坂有宇子
笠利町万屋の漁業……花井裕美子
奄美大島における女性労働（笠利町宇宿・城間・万屋を例として）
……栗橋 久恵
経済的互助共同……山田 裕子
年中行事……福谷富美子・酒井 依子
親族組織……湯本 真理
位牌祭祀からみた親族関係……渡辺 智明
盆の贈与慣行と社会関係……友野千鶴子
笠利町宇宿における相続と親族関係……関 道子
婚姻と社会……反町 麻子
宇宿における結婚観……積田 千佳
産育儀礼をとおしてみる女性の不浄観……大津 美恵
産育習俗からみた子供の地位の変還……古川真由美
しつけ――群れの教育……岡本ひろみ
儀礼における食物……原 亜早
葬送儀礼と祖霊観……上野由起子
方向感覚の概況……廣崎 郁子
宇宿における世界観について……酒井 孝子
カミについて……山本 恵子

◎『民俗文化』第八号……龍郷町中勝
一九八四（昭和五九）年一〇月二〇日発行

龍郷町中勝の概観
年中行事と村落構造……腰越 典子
婚姻と社会関係……小幡有美子
中勝における民間信仰について……片岡 邦子
生活一般における〈子供〉の位置……江藤 雅子
中勝における女性の労働……児玉 匡子
儀礼と食物……相川 和代
龍郷町中勝の組織構造と社会生活について……石井 裕美

葬送儀礼と祖霊観……丹生　優子
産育習俗に於ける子供の位置の変換……古川真由美
資料・中勝民謡……腰越　典子

◎『民俗文化』第九号……瀬戸内町諸鈍
一九八五（昭和六〇）年一〇月七日発行

瀬戸内町諸鈍の概況
生業の変化と社会関係……上野　敦子
年中行事についての一考察……片岡　邦子
年中行事と贈与交換……飯田　朋子
シマ社会の変容……腰越　典子
生活構造……小幡有美子
家族周期――相続例を中心として――……渡辺　俊子
産育儀礼と子供観……井上ひろみ
婚姻と社会関係……小野田珠美
ムラと諸集団……斉藤恵美子
高年齢者の暮し――交際・行事を中心に――……川村真里子
葬送儀礼と祖霊観……岩永　優子
贈与慣行と社会関係――香典帳の分析を通じて――……村中　邦栄
年忌供養と墓制……金井規親子
墓制……上野由起子
位牌祭祀と祖先観……卯月理恵子
儀礼における会食について……相川　和代
伝説にみられる象徴と方位観――第2次大島征伐を例として――……福岡　直子
諸鈍の地域性とつき合い慣行……石井　裕美

◎『民俗文化』第一〇号……龍郷町嘉渡
一九八六（昭和六一）年一〇月二〇日発行

概況
農業と互助共同……渡辺　りか
嘉渡における大島紬の製造状況……山本　良恵
村落組織……菅野　由美
産育儀礼と社会関係……浜野　美保
年中行事における子供……松本　千枝
婚姻と社会関係……一杉あゆみ
老化に対応する文化的手段について……前田　園子
相続と社会関係……岩波真理子
宗教差からみた葬送儀礼、祖先祭祀、祖霊観……堀口　知子
位牌祭祀と親族関係……西沢　和江
墓制とそれらにみられる親族関係……金井規親子
位牌祭祀と祖霊観……卯月理恵子
年中行事と社会変化……水口　陽子
儀礼と食物……松戸　節子
嘉渡における信仰……朝見いづみ
嘉渡における世界観の一考察……監物なおみ
贈与慣行にみる社会構造……村中　邦栄

『民俗文化研究』創刊号～一〇号 奄美関連論文一覧

民俗文化研究所発行

◎『民俗文化研究』創刊号　二〇〇〇年九月三〇日発行

奄美大島〈芦検〉の新しい共同墓地
――建設にいたる経過と墓制の変化――……福岡　直子
宇検村芦検の伝統芸能の伝承について
――豊年祭における芸能をめぐって――……末岡三穂子

◎『民俗文化研究』第二号　二〇〇一年九月三〇日発行

奄美大島〈芦検〉の八月踊りにおける太鼓のリズム

――宇検村内他集落との比較及び考察――……末岡三穂子

奄美徳之島井之川――米川トヨ嫗の伝承――……本田　碩孝

◎『**民俗文化研究**』第三号　二〇〇二年九月三〇日発行

豊年祭にみる民俗社会の変化

――奄美大島宇検村芦検を例として――……福岡　直子

奄美徳之島井之川――安田福忠翁の伝承――……本田　碩孝

◎『**民俗文化研究**』第四号　二〇〇三年七月三一日発行

ソテツの民俗覚書……増田　昭子

奄美徳之島井之川――井上カナ嫗の昔語り――……本田　碩孝

◎『**民俗文化研究**』第五号　二〇〇四年七月三一日発行

奄美大島〈見里〉の住民移動と集落変化

――一九七八年と二〇〇二年の事例から――……浅野　博美

東京で奄美のシマウタを習う

――島唄教室の現状とその担い手たち――……末岡三穂子

◎『**民俗文化研究**』第六号　二〇〇五年八月一五日発行

徳之島民俗文化の研究課題――井之川からの覚書①――……本田　碩孝

◎『**民俗文化研究**』第七号　二〇〇六年八月三一日発行

徳之島民俗文化の研究課題

――井之川のオーイグティと闘牛覚書――……本田　碩孝

奄美の共同墓地再考……福岡　直子

シマの同級生と過ごした3日間

――奄美大島宇検村芦検の豊年祭の上がり相撲に参加して――

……末岡三穂子

◎『**民俗文化研究**』第八号　二〇〇七年八月三一日発行

沖縄化される奄美のイメージ、脱沖縄化する奄美のイメージ

『南島イデオロギーの発生』批判――南島研究を中心に――

……四條　真也

……渡邊　欣雄

奄美シマウタの三味線譜の考察……末岡三穂子

奄美シマウタのダイナミクス……鈴木みどり

奄美の暮し――集落の葬式体験――……浅野　博美

奄美民俗文化の事例――名瀬勝でのご教示――……本田　碩孝

四五年前（一九六二年三月）の奄美・加計呂麻島実久の様子①

……植松　明石

◎『**民俗文化研究**』第九号　二〇〇八年八月二五日発行

奄美沖縄の死者儀礼と霊魂観念

――死と離脱する二つの霊魂をめぐって――……加藤　正春

奄美大島宇検村芦検の種子おろし行事「ムチムレ（餅貰い）」

……末岡三穂子

奄美の暮し――奄美大島宇検村芦検の行事体験――……浅野　博美

四五年前（一九六二年三月）の奄美・加計呂麻島実久の様子②

……植松　明石

◎『**民俗文化研究**』第一〇号　二〇〇九年八月二五日発行

シバサシ行事体験報告・奄美大島宇検村阿室の事例……鈴木みどり

【参考文献】

赤塚嘉寛『本場奄美大島つむぎ――技術ノート――』広報社、一九九六年
浅野博美「奄美大島〈見里〉の住民移動と集落変化――一九七八年と二〇〇二年の事例から」『民俗文化研究』第五号　民俗文化研究所、二〇〇四年
浅野博美「奄美の暮し――集落の葬式体験」『民俗文化研究』第八号　民俗文化研究所、二〇〇七年
浅野博美「奄美の暮し――奄美大島宇検村芦検の行事体験」『民俗文化研究』第九号　民俗文化研究所、二〇〇八年
「あざみ屋・ミンサー記念事業」委員会編集・発行『ミンサー全書』、南山舎、二〇〇九年
跡見学園女子大学民俗文化研究調査会『民俗文化』第二号～第一〇号　一九七八年～一九八六年（詳細は本書二一四～二一七頁）
安齋伸『南島におけるキリスト教の受容』第一書房　一九八四年
市川健夫・小俣盛男監修『鹿児島県』県別歴史シリーズ46、ポプラ社、一九八九年
伊藤幹治・渡邊欣雄『宴』弘文堂、一九七五年
植松明石・藤崎康彦「現代大学生の共同調査を組織して」『国文学　解釈と鑑賞』第47巻9号、至文堂、一九八二年
『請阿室新公民館落成記念誌　請阿室集落のあゆみ』請阿室新公民館建設推進委員会、二〇〇五年
宇検村誌（集落編）芦検集落編纂委員会編『芦検（あしきん）』芦検集落発行、二〇〇〇年
内田敦、久万田晋「笠利町宇宿の八月踊り――概観と歌詞の局面から」『沖縄芸術の科学』第八号別冊沖縄県立芸術大学附属研究所紀要、一九九五年
漆原和子編著『石垣が語る風土と文化――屋敷囲いとしての石垣』古今書院、二〇〇八年
恵原義盛『復刻　奄美生活誌』南方新社、二〇〇九年
愛媛県歴史文化博物館編集　平成二四年度特別展『佐多岬半島と西日本の裂織』愛媛県歴史文化博物館指定管理者イヨテツケーターサービス（株）、二〇一二年
大塚民俗学会編『日本民俗事典』弘文堂、一九八九年（初版一九七二年）
小川直之・須永敬・藤井弘彰・長野隆之『島のくらし　50年の変化――坪井洋文撮影民俗写真から――』國學院大學文学部・小川直之、二〇〇八年
沖縄県地域史協議会編『シンポジウム沖縄の墓――沖縄の葬制・墓制』沖縄出版、一九八九年
沖縄大百科事典刊行事務局編『沖縄大百科事典』（上巻・中巻・下巻・別巻）、沖縄タイムス社、一九八三年
長田須磨『奄美女性誌』人間選書13、農山漁村文化協会、一九七八年
小野重朗「南島の冬作正月」国分直一博士古稀記念論集『日本民族文化とその周辺――歴史・民族編』新日本教育図書、一九八〇年
鹿児島県大島支庁総務企画課編集発行『平成21年度奄美群島の概況』二〇一〇年
加藤正春『奄美沖縄の火葬と葬墓制――変容と持続』榕樹書林、二〇一〇年
神奈川大学人類文化研究のための非文字資料の体系化第3班編集『神奈川大学21世紀COEプログラム調査研究資料5「澁澤写真」に見る1935～1936年の喜界島』、神奈川大学COEプログラム「人類文化研究のための非文字資料の体系化」研究推進会議、二〇〇八年
神奈川大学日本常民文化研究所編集・発行『神奈川大学日本常民文化研究所アチック写真アルバム12・13』、二〇〇九年
金森理江「奄美大島宇検村芦検調査報告：葬墓制にみる家族・親族」『日

本民俗学』一三八号、日本民俗学会、一九八一年

関東芦検民謡保存会『芦検民謡集』、一九八五年

喜界町誌編纂委員会編『喜界町誌』喜界町、二〇〇〇年

九学会連合奄美大島共同調査委員会編『奄美の島々』毎日新聞社、一九五六年

九学会連合奄美調査委員会編『奄美―自然・文化・社会』弘文堂、一九八二年

九州旅客船協会連合会著『九州旅客船協会連合会六〇年史』九州旅客船協会連合会発行、二〇〇七年

『月刊奄美』二〇一三年三月号　南海日日新聞社発行

監物なおみ「嘉渡における世界観の一考察」『民俗文化』第一〇号　跡見学園女子大学民俗文化研究調査会、一九八六年

国際基督教大学人類学研究所編『奄美・宇検村田検の生活誌』文化人類学調査実習報告書第一二輯、二〇〇〇年

「心癒やされた島歩き―ウォークラリー請阿室」、『月刊奄美』南海日日新聞社、二〇一〇年

腰越典子「年中行事と村落構造」『民俗文化』第八号　跡見学園女子大学民俗文化研究調査会、一九八四年

酒井卯作編著『琉球列島民俗語彙』第一書房、二〇〇二年

佐竹京子編著『軍政下奄美の密航・密貿易』、南方新社、二〇〇三年

サンタ・マリアの島のカトリック教会編・発行『奄美宣教百周年記念資料誌（1）宣教師達の働き（長崎司教区・鹿児島知牧区の頃）』一九九一年

末岡三穂子「奄美大島〈芦検〉の八月踊りにおける太鼓のリズム―宇検村内他集落との比較及び考察」『民俗文化研究』第二号　民俗文化研究所、二〇〇一年

末岡三穂子「東京で奄美のシマウタを習う―島唄教室の現状とその担い手たち―」『民俗文化研究』第五号　民俗文化研究所、二〇〇四年

末岡三穂子「奄美大島宇検村芦検の種子おろし行事「ムチムレ（餅貰い）」『民俗文化研究』第九号民俗文化研究所、二〇〇八年

瀬川清子『沖縄の婚姻』岩崎美術社一九六九年

瀬川清子「会食について」『日本民俗学』九一号、一～一〇頁、一九七四年

関豊志著・関玲子編『うらげどり』道之島通信社、一九八七年

瀬戸内町教育委員会『諸鈍シバヤの解説』一九七八年

瀬戸内町誌歴史編編纂委員会編『瀬戸内町誌―歴史編』瀬戸内町、二〇〇七年

高橋統一編『綜合研究―奄美伝統文化の変容過程』国書刊行会、一九八八年

龍居竹之介編集『庭』第一三三号、特集「奄美に見る庭と自然」建築資料研究社、二〇〇〇年

田中宣一・宮田登編『年中行事事典』三省堂、一九九九年

田畑千秋『奄美の暮しと儀礼』南海文化叢書一四、第一書房、一九九二年

東京奄美会八十年史編纂委員会編『東京奄美会八十年史』東京奄美会、一九八四年

長澤和俊編『奄美文化誌―南島の歴史と民俗』西日本新聞社、一九七四年

中村ひろ子「仕事着を考える―調査のまとめにかえて」『仕事着―西日本編』神奈川大学日本常民文化研究所編、平凡社、一九八七年

長沼洋子「生業暦と農耕儀礼」『民俗文化』第二号　跡見学園女子大学民俗文化研究調査会、一九七八年

名瀬市立奄美博物館編集発行『奄美博物館展示図録』一九九〇年

新里恵二・田港朝昭・金城正篤著『沖縄県の歴史』山川出版社、一九七二年

西村富明『奄美群島の近現代史―明治以降の奄美政策』南島叢書六八、海風社、一九九三年

「日本の食生活全集　鹿児島」編集委員会編集『聞き書き　鹿児島の食事』日本の食生活全集四六、農山漁村文化協会、一九八九年

橋口敏美・橋口歌裕『薩摩竪琴』私家版（鹿児島市）、二〇〇〇年

浜野美保「産育儀礼と社会関係」『民俗文化』第一〇号　跡見学園民俗文化研究調査会、一九八六年
早川美奈子「時代を映す助産道具たち」『民具マンスリー』第四三巻二号、神奈川大学日本常民文化研究所、二〇一〇年
廣﨑郁子「方向感覚の概況」『民俗文化』第七号　跡見学園女子大学民俗文化研究調査会一九八三年
福岡直子「世界観」『民俗文化』第二号、跡見学園女子大学民俗文化研究調査会、一九七八年
福岡直子「〈マチアミ漁〉体験記――信仰からみる本土文化との比較へ――」『民俗文化』第五号、跡見学園女子大学民俗文化研究調査会、一九八一年
福岡直子「伝説にみられる象徴と方位観―第2次大島征伐を例として――」『民俗文化』第九号　跡見学園女子大学民俗文化研究調査会、一九八五年
福岡直子「奄美大島〈芦検〉の新しい共同墓地――建設にいたる経過と墓制の変化――」『民俗文化研究』創刊号　民俗文化研究所、二〇〇〇年
福岡直子「豊年祭にみる民俗社会の変化――奄美大島宇検村芦検を例として」『民俗文化研究』第三号　民俗文化研究所、二〇〇二年
福岡直子「奄美の共同墓地再考」『民俗文化研究』第七号　民俗文化研究所、二〇〇六年
福岡直子「豊年祭についての一考察――奄美大島宇検村芦検を例として――」『南島史学』第二三号、南島史学会、一九八四年
福岡直子「旅の責任――奄美再調査へ始動」『まほら』旅の文化研究所、二〇〇二年
藤井つゆ『新版シマヌジュウリ　奄美の食べ物と料理法』南方新社、一九九九年
麓純雄『奄美の歴史入門――奄美子たちに贈る』南方新社　二〇一一年
外間守善『沖縄の歴史と文化』中公新書、一九八六年
穂積重信編著『奄美の歴史と年表』徳之島郷土研究会、二〇〇〇年
堀口知子「奄美大島嘉渡におけるキリスト教の受容と変容」『フォーラム』第六号、跡見学園女子大学文化学会、一九八八年
本田碩孝編『本田メト嫗の昔語り』奄美民話集6、郷土文化研究会（本田方）、一九九八年
本田安次『奄美の旅――信仰と藝能を尋ねて――』民俗藝能の会（早稲田大学演劇博物館内）、一九六四年
町健次郎「請島ノート」『瀬戸内町立図書館・郷土館紀要』第二号、瀬戸内町立図書館・郷土館、二〇〇七年
松本泰丈・田畑千秋編『奄美復帰50年ヤマトとナハのはざまで』至文堂、二〇〇四年
宮澤智士編『奄美大島笠利町の民家調査報告』財団法人日本ナショナルトラスト、一九九六年
宮城栄昌『沖縄女性史』沖縄タイムス社、一九六七年
八木橋伸浩「民具と民俗資料――豊年祭の相撲様式の事例を端緒として」『民具マンスリー』第三三巻九号、神奈川大学常民文化研究所、二〇〇〇年
柳田國男『海南小記』創元社、一九八六年
柳田国男著・酒井卯作編『南島旅行見聞記』森話社、二〇〇九年
渡邊欣雄「村落起源の七律――聖数「七」の謎――」『奄美文化誌　南島の歴史と民俗』西日本新聞社、一九七四年
渡邊欣雄「初刊にあたって」『民俗文化』第一号、跡見学園女子大学民俗文化研究調査会、一九七八年
渡邊欣雄「第二号によせて」『民俗文化』第二号、跡見学園女子大学民俗文化研究調査会、一九七八年
渡邊欣雄「宴の象徴論――エッセイとして――」、『武蔵大学人文学会雑誌』一八一一号、三三～五〇頁、一九八六年
渡邊欣雄『世界のなかの沖縄文化』、沖縄タイムス社、一九九三年
渡邊欣雄・岡野宣勝・佐藤壮広・塩月亮子・宮下克也編『沖縄民俗辞典』吉川弘文館、二〇〇八年

鹿児島県大島支庁総務企画課編集発行『平成25年度奄美群島の概況』
　二〇一四年インターネット版、二〇一四年五月二〇日閲覧
本場奄美大島紬協同組合作成『本場奄美大島紬共同組合』ホームページ、
　二〇一〇年一〇月閲覧　http://www.oshimatsumugi.co.jp
Firth,R. 1973 *Symbols:Public and Private*, London:George Allen & Unwin

編集後記

一九九七年、香港の中国復帰の年、私は香港の文化に興味をもち、時間を見つけては香港に出かけ、香港・中国・台湾関係の本を読みあさっていました。その本の中に植松先生が書かれた文章をいくつか見つけ、先生のご自宅で開かれていた跡見学園卒業生有志の勉強会に参加するようになりました。そのため勉強会に参加した時点では奄美大島に興味津々というわけでもなく、奄美訪問は学生時代に一度だけ、その調査時も不勉強で皆の苦笑や爆笑を誘うような学生でした。

そんな私が、いつの間にか香港ではなく奄美に通いつめ、奄美について書いています。とても不思議なことです。それほど再訪問した奄美の魅力は大きなものでした。私の無知を笑い飛ばし、根気よくお話を聞かせてくださった奄美の方々のおかげです。そして学校から離れても、年を重ねても、新しい知識を得るのは楽しいことだと教えてくださった植松先生、思考・行動共に方向音痴の私の道案内をしてくれた先輩達、学生時代の経験と知識を私にあずけてくれたゼミ仲間の助けがあったからこそ書けた奄美です。ありがとうございました。

（浅野　博美）

二〇〇六（平成一八）年、二六年ぶりに私は、ふたたび奄美大島を訪れる機会を得ました。かつて民俗の調査を行わせていただいた住用村見里、瀬戸内町請阿室、笠利町用を回り、感激の再会をしたのです。シマの方々は私を覚えていてくださいました。また、他のシマでも、かつて私の後輩たちによる訪問時のことをなつかしそうに語ってくださり感動しました。

本書は、植松先生が「学生時代に出した『民俗文化』だけで終わらせることなく、奄美のシマジマの方々へのお礼もかねて、また、聞いたお話、資料を無駄にしないためにも、二十数年後のシマジマの変化を含めた奄美について書いてはどうか」と示唆され、出版したものです。

個人的には、子育てが一段落し、久しぶりに奄美大島を訪れ、変わりゆく奄美のシマジマの話を聞いて驚き、とくにシマの人が亡くなった話は寂しく思ったものです。

今回の調査中、すでに行われなくなっていたシマの風習について、逆にシマの方々から尋ねられるというハプニングがありました。シマの風習を伝える側にまわった経験は何とも不思議なものでした。

本書は、植松先生はもとより、奄美のシマの方々、そして奄美を忘れていないかつての文化人類学、民俗学ゼミの仲間たちのアドバイスも受け書き上げたものです。

深くお礼申し上げます。

（川北千香子）

大学生のときに初めて奄美を訪れてから三七年の年月が流れ、思い返してみると今までに二六回訪れ、約二〇〇日の日々を奄美で過ごしていました。なぜ、こんなに奄美に惹きつけられてしまったのでしょう。もちろん、この本を執筆するという目的もありましたが、それだけではありません。訪れる度にさまざまな奄美に触れることができ、知れば知るほど奥深く多様な魅力がそこにあったからだと思います。そして、訪れるたびにシマの方々とのつながりが広がり、それを深めることができたからだと思います。

さらに、音楽に興味をもち続けていた私にとって、奄美が音楽――シマウタと八月踊り――の宝庫であったということが、私が奄美に惹かれた大きな理由の一つでした。私自身、東京でシマウタ教室に通い、習うようになりました。教室では、東京にいながらにして、まるでシマで唄遊びをしているように錯覚するぐらい、存分に奄美を感じることができました。こうして、奄美の魅力にどっぷり浸かることになりました。

三七年間、ずっとお付き合いいただいているシマの方々もいらっしゃいますし、再訪後、さまざまなつながりで出会った方々も大勢いらっしゃいます。たくさんのご縁をいただいたお蔭で、本書は完成することができました。お世話になりましたすべての方々に心をこめて感謝申し上げます。

「アリガッサマリョータ」

（末岡三穂子）

祖母は、初めて行く遠い奄美での食事を心配し、わたくしに、梅干しと鉄火味噌《てっかみそ》（落花生を油で揚げ、味噌と白砂糖で炒めた保存食）をもたせてくれました。送られてきたタンカンをガーゼで絞ったジュースを、祖父は、亡くなる数日前までおいしいと言って飲んでいました。手芸が好きな母は、奄美に生まれていたら機織りをしていたわね、と笑顔で話していました。父は、庭にタンカンの種を一〇〇粒ほど蒔き、そのうちの二粒を発芽させました。一本が、ようやく一メートルほどになり、早く花芽がもたないか、毎年眺めては翌年に期待しています。豊年祭を新暦で行う集落は、八月であることが多く、ひと月遅れのわが家の盆と重なります。そのたびに、嫁いだ妹は、姉が不在の実家に戻り、仏壇の掃除と供え物の上げ下げをしてくれました。

お会いした方たちの中には、亡くなられた方が多くなりました。しかし、このたびの執筆にあたり、あの時、あの場所、あの場面のことが次々と思い出されました。これまでに頂戴した貴重な時間とご好意に際し、あらためて感謝を申し上げます。奄美とは、学問の場としてご縁が始まりましたが、歳月を経て、奄美は、わたくしの人生を豊かにしてくれる存在になっています。

奄美の文化が注目され、多方面からの学問的成果が公になり、今や、奄美・琉球世界自然遺産登録への動きがみられるようになりました。その是非を問うわけではありませんが、奄美の人たちにとって、これからも、生まれたシマがいつまでもそこにあり続けてほしいと願わずにはいられません。

寄せては返す波の音をしばらく聞いていません。そろそろ奄美に行きたくなってまいりました。

（福岡　直子）

索　引

峰田山公園　246, 247
宮口川　126
宮古諸島（宮古）　20, 112, 262
民俗学　5, 7, 25, 26, 29, 36
民謡保存会　47, 67, 77, 78, 110, 160, 164, 170, 201, 266, 298
無形文化財　188, 255
ムチムレ　122, 245, 266, 267, 272
ムロアジ　55, 215, 249
明治維新　21, 217
メラベ　171
メンサー織　110, 111
糯米（もち米）　122,233, 240
モノシリ　150, 175, 200, 214

や行

八重山諸島　20
ヤギ（山羊、ヒンジャー）　44, 53, 100, 101, 103, 185, 226, 302
焼内湾　46, 67, 77, 85, 199, 214, 247, 300
焼場　155, 156, 194
ヤギョウ　230, 231
柳田國男　23, 216, 218
大和村　97, 136, 145, 202, 203, 258, 292
ヤンハズ　143, 144
やんばる　304
油井　187
ユイタバ　81, 82, 152, 153
ゆしもんど　304
ユタ　53
湯湾　46, 66, 68, 94, 97, 127
妖怪　143
養蚕　88, 104
用心棒　134, 135
用つばき　90, 91
養豚　44, 88, 89, 104, 105, 261
余興　32, 67, 72, 168, 246, 297, 298, 305
ヨモギ餅（ヨモギモチ）　75, 96
与路島　20, 36, 97, 134, 135, 216, 222, 260
与論島　20, 23, 36, 83, 97, 134, 216

ら行

落花生　45, 76, 104, 294
ラッキョ　102, 294
律音階　184
ＲＩＫＫＩ　210, 297
琉球　20-23, 55, 109, 112, 140, 142, 210, 232, 254, 262
琉球音階　184, 210
琉球征伐　20
りゅーて　252, 253
六月灯　51
六調　43, 45, 47, 163, 165, 167, 172, 184, 185, 187, 192, 266, 298, 303, 304
盧溝橋事変　21

わ行

ワー　100
ワーツブシ　100, 170
和瀬　42, 58, 59, 217, 302
わたしゃ　304
わらべ唄　47, 110, 158-160, 298
ワン（ワ）　64, 157
ワンホネ　121

155, 156, 170, 181, 192, 194-196, 198, 199, 204, 205, 220, 230-233, 300, 301
墓掃除　98, 155, 195, 196, 204
墓参り　30, 55, 181, 195, 196, 198, 225, 300, 301
ハガリョー　139
播種儀礼　82, 262, 263
元ちとせ　210, 297
機織り　56, 57, 90-92, 235, 241
旗竿　155, 156
機織り工場　91, 92
八月踊り　33, 43, 45, 47, 49, 57, 63, 66, 69, 71-73, 75, 122, 123, 126, 163, 166-168, 172, 183-185, 198, 205, 220, 221, 243, 248, 266, 268, 272, 273, 298, 303-306
八月踊り曲目一覧　164, 165
八月節正月　262
指笛（ハトゥ）　185, 188, 253
ハナコー　195
バナナ　43, 45, 74, 75, 102, 120, 294
パパイア　43, 45, 49, 74-76, 102, 119
ハブ　31, 43-45, 49, 63, 67, 92, 97, 124, 126, 134-137, 187, 202
ハブ棒　136, 137
ハブ除け棒　134, 135
ハブル（ハブラ）　113
ハマオレ（ハマウレ、ハマオリ、ハマクダリ）　45, 82, 122, 139, 149, 176, 182, 183, 198
原野農芸博物館　185
ハンニュ　157
東仲間　40, 216
ヒキモン構造　133
ヒブンガエシ　152, 153
ヒラセ（平瀬）　48, 178
フィールドワーク　5-8, 29, 132, 236, 238, 248, 271, 309
フーセンソモト　193
フェリー　44, 54, 222, 249
ふくらかん　120, 206, 256
ブタ（豚）　30, 44, 88, 89, 100, 101, 121, 122, 139, 140, 148, 202, 222, 225, 259, 303
豚肉　76, 100, 101, 115-117, 122, 139, 171, 207
豚味噌　100, 101, 260
ブダイ　238
フタセンソ　193, 194
フチ餅　121
復帰運動　21, 22, 217, 263
フッシュ　157
仏壇　32, 190, 192, 193, 195, 204-207, 264, 265
フナンギョの滝　258, 259
踏耕　263
フリダシ　109, 167, 172, 199, 214, 245, 247, 298
盆　98, 121, 122, 163, 192, 196-198, 204-207, 223, 263, 266, 272
文化人類学　5, 8, 25, 26, 28, 29, 36, 308
分棟型　130, 132, 240
平家　20, 252, 253
辺留　48
豊年祭　46, 47, 71, 88, 94, 100, 101, 109, 120-123, 126, 150, 151, 154, 163, 167, 168, 170-172, 185, 186, 188, 199-201, 219-221, 240, 243, 245-248, 263, 268, 272, 298, 299, 303-305
ホウヤツナ　221
ホウライチク　99
ポツダム宣言　21
群倉（ぼれぐら）　139, 140
ポンカン　256
盆棚　204-207
本茶峠　52, 234
本茶トンネル　38, 52, 218, 221, 234, 235
本土復帰（日本復帰）　21, 22, 157, 217, 263

ま行

マダケ　99
マチアミ（待網）漁　67, 68, 85-87, 170, 214
マツザキハナ（松崎鼻）　42, 43, 220
マユガラ　65
魔除け　131, 135, 208, 214
マンゴー　97, 102, 256, 294
ミキ　43, 56, 75, 119, 122, 123, 205, 206
ミキャナンカ　155, 156, 192
水不足　49
道の島　25, 26, 109
みっちゃれ　69, 77, 78, 165, 167, 247, 266, 298, 303

索　引

チヂン　77, 78, 135, 163, 167, 168, 173, 180, 183, 185, 255, 266, 298
昼食（ヒルバン、ヒンマジキ）　118
提灯　204, 205
チンジ　48, 177, 178, 224
ツカサ　112
ツカリ　163, 303, 304
紬　23, 43, 49, 51, 57, 80, 92, 93, 97, 225, 235, 292
紬工場　44, 109, 292
ツルマキカズラ　62
ツワブキ　118, 119, 121
ティグ（クバ）　185
デイゴ　54, 129, 215
手踊り　163, 184, 266, 304
テラミズ　250
テル　98, 99, 102, 138, 168, 195, 196
テンマセン（伝馬船）　55
東京奄美会　23, 297, 298
東城　42, 43, 58
トゥフル（風葬の墓）　51
豆腐　75, 116, 156
当間　47, 85, 87
トーグラ　130, 132, 190, 193, 241
ドギン（胴衣）　113
徳之島　20, 36, 44, 59, 83, 97, 134, 184, 216, 252, 261
パッションフルーツ（トケイソウ）　45, 56, 74, 97, 102, 256, 294
年越し　121
トシノイワイ（年〔歳〕の祝い）　114, 117, 148, 170, 299
土葬　51, 230, 233
トッゲ　188
トネヤ（トノヤ）　150, 172, 199, 201, 247
土俵　46, 109, 150, 151, 163, 168, 170, 172, 173, 182, 199, 201, 221, 228, 245-248, 266, 303, 305
泥染め　90, 92, 93, 293
泥田　90, 93
ドンガ　82, 163, 272
トンコツ（豚骨）　61, 74, 121, 207
トンネル　22, 38, 46, 52, 53, 95, 96, 182, 216-219, 221, 234, 235, 292, 302
トンパラ　48, 49, 178, 179

な行

流れ舟　247
中渡り　44, 222
ナグサミ　252
名瀬　5, 21-23, 29, 31, 38, 42, 46, 48, 52, 60-62, 65, 66, 69, 82, 89, 92, 94, 95, 97, 136, 142, 145, 182, 185, 191, 194, 197, 206, 216-221, 225, 228, 234, 235, 240, 256, 258, 261, 263, 293, 305
名瀬港　36, 40, 61
七草粥（ナンカンジョウスイ）　148, 149
七歳の祝い（ナナサイユウェー）　114, 148, 149, 235
那覇世　20, 112
海鼠（なまこ）　49
ナリ　105
ナリミソ　118, 119
ナリモチ　82, 198
南島村内法　307
ニシ（北）　141
西仲間　23, 40, 42, 216
ニセーナ　147
二毛作　102, 293
ニワトリ　101
ニンニク　45, 102, 104, 105, 117, 293, 294
ネズミオトシ　139
年忌　192, 193
年中行事　30, 114, 121, 154, 163, 176, 182, 205, 221, 227, 272-291, 307, 309
納骨　51, 155, 156, 194, 230, 231, 233, 300, 301
農林水産大臣賞　257, 260
糊張り　90, 92, 93
ノロ（ヌル）　33, 62, 63, 112, 113, 120, 175, 198
ノロガミ　53, 175

は行

ハーリー　177
ハイ（西）　141
ハイビスカス　43, 56, 299
パイン　88
墓（墓地）　22, 42, 48, 51, 55, 62, 74, 98, 138, 141,

索　引

シュンハナツカイ　252
ジョウグチ　130, 131
ショウジンオトシ　205
焼酎　43, 97, 115, 117, 122, 150, 156, 175, 194, 264, 266, 298, 303, 307
尚巴志　20, 112
精霊殿　231, 300, 301
ショーロハシ　207
食物交換　308
諸鈍シバヤ　54, 185, 186, 252, 255
白砂　170, 240, 241
ジロ　190
シンガイ　118, 119
シンカン　76, 115-117
神事　150, 172
シンジョウ節　252, 253
親族の名称　157
神社　51, 174, 226, 252
水田　20, 42, 51, 55, 82, 239, 262, 263, 293
スクテングワ　186, 252-254
厨子甕　232
ススキ　173, 264, 265
スズメダイ　103, 295
スダカタ　185
須垂坂（すだれざか）　216
ストゥルクテン　186, 253
スナアライ　67
住用村（住用町）　22, 23, 38, 40, 42, 46, 59, 61, 62, 67, 69, 96, 97, 145, 153, 166, 219, 225, 228, 256, 272, 279, 292, 295, 302
相撲　150, 151, 168-173, 198, 199, 201, 214, 219-221, 228, 243, 246-248, 272, 299, 303, 305
相撲節　304
スモモ　75, 76, 243
摺勝　256, 258, 259
摺り臼（スルス）　188
製塩（塩田）　104, 295, 296
生活館　5, 31-33, 40, 41, 43, 56, 57, 60-62, 65, 127, 132, 180, 227, 242, 258, 259, 271
成人式　235
青壮年団　46, 69, 76, 101, 121, 151, 154, 155, 220, 246, 254, 260, 261, 266-268
青年団　22, 33, 47, 49, 67, 68, 70, 71, 105, 107, 150, 151, 154, 155, 170, 172, 177, 185, 199, 200, 219-221, 236, 240, 244, 247, 248, 266-268, 303
製機（せいはた）　90, 91
瀬相　44, 222
瀬戸内町　44, 54, 55, 74, 88, 97, 101, 133, 135, 145, 166, 187, 226, 255, 256, 261, 292
せとなみ　44, 45, 77, 89, 222, 223, 225, 226, 261
線香　190, 195, 204, 205, 233
洗骨　33, 51, 233
センソダナ　192, 193
センソモト　192, 193
惣買入制　21
壮年団　105, 150, 170-172, 177, 219-221, 244, 260, 303
ソテツ　92, 103-105, 119, 125, 172, 239, 295
ソーメン（素麺、そうめん）　119, 206, 303

た行

体験交流館　153, 186, 220, 227, 228
台風　28, 42, 44, 75, 84, 97, 129, 138, 140, 141, 153, 171, 196, 222, 226, 230, 265, 271, 292
高倉　43, 51, 138-141, 293
高機（たかばた）　91, 92, 109
田検　150, 201, 246
龍郷柄　90-93
龍郷町　48, 56, 57, 93, 95, 97, 107, 139, 142, 145, 166, 204, 266, 272, 292, 293
ダットドン　252-254
七夕（タナバタ、タナバタマツリ）　98, 164, 170, 196, 198, 204, 205
タネオロシ（種おろし）　82, 163, 198, 272, 303
タマティユ　252, 253, 255
玉ハブル　112, 113
ダレス声明　21, 263
タンカン　80, 82, 97, 102, 243, 256, 257, 294
団子　156, 202, 205, 207, 264, 265
力水（チカラミズ）　41, 62, 126
チカラメシ　240
地球印　90
畜産　36, 44, 88, 89, 295, 296
千鳥浜　66, 72, 73, 165

共同墓地　138, 196, 230-232, 300, 301
共同風呂　127, 128
キリスト教　48, 197, 198, 232, 238
キンコウ節　252, 253
ククワ節　252-254
クサビ式締め太鼓　184, 185
クツカクシ　161, 162
クバ　185
クブシ　140
黒砂糖（黒糖）　20, 21, 23, 43, 49, 74, 83, 96, 97, 102, 104, 117, 118, 120, 138, 205, 243, 292, 293, 298
黒椀　115
鶏飯　49
敬老会　187, 188, 221, 227
下駄　155, 156
ゲツゲツ　129, 130
ゲットウ　121
献穀田　187
減反政策　51, 80, 82, 103, 138, 293
限地産婆　142, 143
ケンムン　43, 135, 143, 144, 174, 175, 202, 203
豪雨　22, 153, 185, 228, 257-259, 309
郷友会（ごうゆうかい、きょうゆうかい）　210, 258, 268, 269, 297, 298, 300, 305
五右衛門風呂　33, 45, 126, 127
五月五日（ゴガツゴンチ）　121, 183, 198
告別式　155, 156, 194
互酬性　308
小正月　139
ゴー汁　206, 207
琴　180, 181, 225, 226
古仁屋　21, 22, 44, 54, 74, 76, 77, 89, 101, 222, 225, 226, 249, 250, 261
米　20, 23, 43, 45, 80, 81, 103, 104, 122, 123, 138-140, 148, 153, 165, 170, 187, 188, 205, 213, 233, 240, 264, 293
小和瀬　46, 174, 302

さ行

サシガミ（指神）　172, 199, 200, 201
サスヤ　138, 213
薩摩藩　20, 21, 23, 103, 112
サトウキビ　20, 36, 48, 51, 65, 80, 88, 97, 120, 139, 148, 239, 292, 293, 296
砂糖地獄　21
サネン　121, 122, 264
サバニ　44
サン奄美　256, 257, 295
三月三日（サンガツサンチ）　45, 121, 178, 179, 183, 198
サンキュラ餅　121, 122
サンゴ（珊瑚礁、ウルイシ）　20, 36, 48, 216, 233
サンゴン（三献）　33, 68, 76, 114-117, 148, 149, 249, 250
サンシン　53, 57, 67, 180, 181, 184, 210
サンセツ（三セツ）　30, 272
三太郎坂　216, 218
三太郎トンネル　22, 46, 218
産婆　142-144
サンバト　252-254
サンバラ　188, 264-266
シーサー　131
四盛り会　246-248
シシキリ　252, 253, 255
シタンシタン　109, 172, 173, 247
シバ　252
シバサシ　82, 149, 163, 198, 266, 272, 303, 304
地機（ジバタ）　109
シバモン　170, 172, 299
シバヤ　76, 186, 197, 252-255
シマウタ（シマ唄、島唄）　8, 47, 53, 63, 71, 75, 91, 180-184, 210, 220, 242, 246, 297, 298, 306
シマグチ　47
シマごとの年中行事　272-291
シマ名　146, 147
島バナナ　102, 294
締機　90, 92, 93
蛇皮線　184
三味線　167, 184-188, 210, 236, 252, 253, 266, 267, 298, 303, 306
車輪梅（テーチギ）　90, 128
十五夜　82, 163, 168, 186, 198, 219, 221, 264, 265, 272, 273, 303

索　引

イハイツキ　193
位牌（イフェ）　57, 64, 190, 192-194, 198, 204, 205
イモ（イモヅル、サツマイモ、サトイモ、タイモ、マン、カライモ、ムラサキイモ）　23, 36, 51, 80, 99-102, 117-119, 123, 148, 205-207, 262-264
イリ　141
請阿室集落のあゆみ　88, 260
請島　20, 36, 37, 44, 45, 77, 95, 97, 103, 134, 135, 216, 222, 223, 225, 226, 260, 261, 293, 294
ウコン　104, 260, 294
ウシ（牛、肉牛、肉用牛）　36, 44, 81, 89, 99, 101, 104, 185, 222, 225, 263
唄遊び（ウタアソビ）　110, 167, 186, 210
唄者　47, 53, 110, 167, 186, 297, 298
内海　42, 182, 217, 219, 220, 256, 302
ウデマクラ　43, 182, 183
ウニ　44, 49, 103, 104, 295
ウフプール　263
ウヤフジマツリ　196
ウヤワズライ　192
ウンジョウギン　108-110, 188
ウンヤ　130
胞衣（エナ）　142
エラブユリ　20
エン（縁）　241
大勝　234
扇　112, 113
大島征伐　20, 55, 140
大島紬　22, 43, 44, 56, 57, 90 - 93, 109, 128, 225, 235, 292, 293, 296
大屯神社（おおちょんじんじゃ）　252
沖縄　20, 21, 23, 25, 26, 28, 30, 36, 55, 75, 88, 94, 110-112, 131, 134, 135, 177, 184, 187, 190, 208, 210, 217, 262, 293, 306-308,
沖永良部島　20, 36, 83, 97, 134, 184, 216, 298
オクリモチ　205
落人　20, 253
オハツ　204-207
オモテ　132, 192, 193, 240, 241

か行

ガァル（ガラッパ）　174, 175
海上タクシー　135, 222
カイソ（改葬）　51, 231, 233
海南小記　216, 218
ガクヤイリ　186, 252, 253
加計呂麻島　20, 36, 44, 54, 74, 89, 95-97, 103, 129, 134, 135, 216, 218, 222, 225, 226, 249, 252, 260, 263, 292, 293, 305
笠利町　22, 48-50, 97, 123, 135, 145, 149, 166, 181, 187, 188, 236, 240, 261, 266, 272, 292, 293, 295
カシキ（赤飯）　122, 123, 206
カシャ餅　121, 122, 266, 267
ガジュマル　47, 130, 143, 174, 175, 213, 228, 229
絣　90, 108, 187
カセイ　153
火葬　23, 51, 233,
仮装　47, 71, 168, 244, 248, 266, 267, 303
カタガシ　205-207
カツオ　295
門松　30
カトリック　23, 56, 198
蟹（カニ、ガン）　120, 174, 175, 295, 302
カマ踊り　252, 253, 255
カマド　104, 190
カミ（神）　32, 53, 62, 64, 78, 80, 113, 125, 129, 148, 150, 167, 172, 175, 189, 190, 192, 198
神棚　32
カミミチ　53
甕　42, 100, 125, 139, 232, 233
カラカラ　117, 122, 177, 264
川内川　41, 100, 120, 161, 216
間食（マドム、チャウクミ、ムッサリー）　118
元旦　114, 187, 216
カンヤマ　199
喜界島　20, 36, 48, 83, 97, 134, 216
聞得大君（きこえのおおきみ）　112
吉願　263
キヌチ　192
きばれ見里ちゅ　268
旧暦三月三日　45, 178, 179
キュビ　109-111
教会　23, 56, 197, 238
共同売店　46, 69, 94, 146

索　引

1．本文中の重要語句を索引語として抽出し、五十音配列にしました。数字は頁を示します。
2．索引語の次の（　）内のひらがなは、漢字の読み方です。
3．索引語の次の（　）内のカタカナは、主に集落（＝シマ）で使用されていることばです。集落ごとに微妙な差異があること、また表記が困難であることをご了承ください。
4．索引語の次の（　）内には、一般的に使用されていることばの記載もあります。
5．索引語には、本書で特に紹介している調査集落の地名を掲載していません。それは、各項目の文中で頻繁に取り上げられているからです。
　検索できない不便さがあるかと思いますが、第Ⅰ章　はじめての奄美　第二節　訪ねた集落（37 ～ 57 頁）、ならびに各項目を参照してください。
6．索引語に掲載していないものとして、以下に示す一覧をご覧ください。「奄美大島・加計呂麻島トンネル一覧」（218 頁）、「シマごとの年中行事」（272 ～ 291 頁）、「親族の名称」（157 頁）、「八月踊り曲目一覧」（164, 165 頁）。

あ行

アープル　263
Ｉターン　226, 254, 296
赤ウルメ　295
アガリ　71, 233
上がり相撲（アガリスモウ）　172, 173, 243, 246, 248, 303
アガレ　141, 177
赤椀　115, 207
秋名バラ　90, 91
アクマキ　32, 96, 121, 122
アコウ　143, 202
朝崎郁恵　210
朝茶（アサチャ）　118, 206
朝花節　242, 298
芦検商店　46, 94, 95, 246
按司世（あじゆ）　20, 112
汗水節　187, 188
中孝介（あたりこうすけ）　297
あっちゃめ　304
亜熱帯　28, 40, 42, 45, 97, 103, 239, 240, 241, 292, 293, 294
天草　163, 266, 304
奄美大島紬織物協同組合　90
奄美大島・加計呂麻島トンネル一覧　218
奄美大島日本復帰協議会　263
奄美空港　22, 48, 56, 61, 212, 221
奄美島うたのど自慢　210
アマミノクロウサギ　22, 23, 97
奄美祭り　305
奄美世　20, 112
アムゴ　190, 191
アムムズネ（水の神）　62, 190
アヤマル岬　48, 178
アラセツ　82, 122, 123, 149, 163, 198, 263, 266, 272, 303-305
粟　262, 263
安木屋場　142
イエ　192, 193
池地　44, 225, 226
池野無風　187
生間　54, 249, 250, 255
いざり織　110, 111
イーシンゴモリ　161, 162
イシアソビ　183
石敢當（いしがんとう、せっかんとう）　55, 209
イジュンゴ（イジンコ）　125, 202
板付舟（板付け船）　33, 67, 85-87, 177, 178, 222-224
一重一瓶（トウイケエ）　122, 139, 176, 177, 182, 307, 308
一集落一ブランド　187, 188, 258
一期作　80, 82
イッソ（イッソウ）　47, 71, 172, 248, 303
一統一族　231, 300
井戸　49, 124, 125, 202, 262
稲作　80, 82, 138, 152, 171, 172, 213, 262, 263, 266, 267, 293
稲摺り踊り（稲摺り節）　47, 187, 188, 298

奄美の人・くらし・文化 — フィールドワークの実践と継続

2016年6月20日　初版第1刷印刷
2016年6月30日　初版第1刷発行

監修者　植松　明石
編　者　民俗文化研究所 奄美班
発行者　森下　紀夫
発行所　論　創　社
東京都千代田区神田神保町2-23　北井ビル
tel. 03(3264)5254　fax. 03(3264)5232
http://www.ronso.co.jp/
振替口座 00160-1-155266
印刷・製本　中央精版印刷
装　幀　野村　浩

ISBN978-4-8460-1521-3　C0039